EL DIARIO
DE
HEIDELBERG

EL DIARIO DE DE HEIDELBERG

Devocional diario sobre el
Catecismo de Heidelberg

WILLEM J. OUWENEEL

Traducción de
ADOLFO GARCÍA DE LA SIENRA

PAIDEIA
PRESS

2024

Primera edición, 2024

Ouweneel, W. J.
El diario de Heidelberg
Traducción de Adolfo García de la Sienra
Jordan Station, Ontario, Cántaro Institute, 2024
Título original: The Heidelberg Diary:
Daily Devotions on the Heidelberg Catechism
ISBN: 978-1-989169001
Paideia Press es un sello editorial del Cántaro Institute

ISBN: 978-1-990771-72-9

SOBRE EL CÁNTARO INSTITUTE
Heredar, Informar, Inspirar

El Cántaro Institute es una organización evangélica reformada comprometida con el avance de la cosmovisión cristiana para la reforma y renovación de la iglesia y la cultura.

Creemos que a medida que la iglesia cristiana regresa al manantial de las Escrituras como su autoridad máxima para todo conocimiento y vida, y aplica sabiamente la verdad de Dios a cada aspecto de la vida, su actividad misiológica resultará no solo en la renovación de la persona humana, sino también en la reforma de la cultura, un resultado inevitable cuando el verdadero alcance y naturaleza del evangelio se dan a conocer y se aplican.

INTRODUCCIÓN

En este libro nos embarcaremos en una aventura especial. Te introduciré a una de las guías más influyentes sobre doctrina cristiana que jamás haya visto la cristiandad protestante. Es llamada *El Catecismo de Heidelberg*, y fue oficialmente adoptada el 19 de febrero de 1563. Esta ciudad alemana, en la ribera del Río Neckar, fue alguna vez la capital de una de las regiones más importantes de las muchas regiones independientes en las que estaba dividido el Imperio Alemán ("Sacro Romano"). El país era muy importante porque era una de las siete regiones cuyos gobernantes elegían al Sacro Emperador Romano. Por lo tanto, estos gobernantes eran llamados 'príncipes electores'.

En ese tiempo el país estaba gobernado por el elector Conde Federico III del Palatinado (1515-1576), cuyo apodo era "el Piadoso". Federico fue un convencido adherente de la Reforma, la cual había empezado Martín Lutero en Wittenberg dos años después del nacimiento de Federico, y promovió el protestantismo en su tierra hasta donde era posible. El protestantismo ya se había dividido entre luteranos y calvinistas, quienes estaban en desacuerdo en algunos asuntos importantes, tales como la Cena del Señor.

Los calvinistas era usualmente llamados 'reformados', y era entre las de ellos que se hallaban las convicciones teológicas de Federico. Para ayudar a sus súbditos a entender la fe cristiana como la interpretaban los protestantes, Federico hizo un plan. Heidelberg tenía una universidad, la cual por supuesto tenía una facultad de teología. Ésta se hallaba entonces en las manos de los protestantes. Federico pidió a los profesores, especialmente al joven Zacarías Ursino, que desarrollaran una especie de curso en el que se explicaran los principales elementos de la fe cristiana. Tal resumen doctrinal fue llamado 'catecismo', de un verbo griego que significa "enseñar oralmente". 'Catéquesis' era el antiguo término para la enseñanza religiosa de los niños y los adultos conversos.Un catecismo usualmente adopta la forma de una serie de preguntas y respuestas sobre temas religiosos. Típicamente, se requería que los pupilos aprendieran de memoria tanto las preguntas como las respuestas.

El *Catecismo de Heidelberg* no fue el primer catecismo protestante. El *Catecismo Mayor* de Lutero data de 1529, y la primera versión del *Catecismo Ginebrino* de Calvino de 1541. A pesar de algunos de los no triviales desacuerdos, no deberíamos exagerar las diferencias entre los dos grupos. Desde luego, el reformado Ursino era pupilo y amigo del colega y socio pensante más influyente de Lutero, Felipe Melanchton (1497-1560). Sin embargo, al escribir el *Catecismo de Heidelberg*, Ursino y Oleviano se apoyaron más en el *Catecismo Ginebrino*, así como en un simple catecismo escrito por el reformador polaco Juan à Lasco (1499-1560).

Los bien conocidos *Catecismo Mayor* y *Catecismo Menor* de Westminster datan de cerca de cien años después (arededor de 1647), y son mucho más extensos e incluyen una cantidad de ideas teológicas que apenas se habían desarrollado en el tiempo del *Catecismo de Heidelberg*. En mi opinión, el *Catecismo de Heidelberg* se halla por lo tanto más cercano al lenguaje escritural que los catecismos de Westminster; es también más simple y más conciso. En cualquier caso, difícilmente sabría de un catecismo que yo recomendaría más a los lectores evangélicos que el de Heidelberg.

El catecismo fue traído de Heidelberg a Nederlandia por Pedro Dathenus (*c.* 1531-1588), uno de los teólogos líderes del mundo de habla holandesa en ese tiempo. En 1573, el sínodo provincial de la ciudad holandesa de Alkmaar requirió que, en los servicios vespertinos de todas las iglesias, se predicara un sermón con un tema del *Catecismo de Heidelberg*, ejemplo que fue pronto seguido en otras provincias holandesas. En 1586 el *Catecismo de Heidelberg* fue aceptado por el Sínodo Nacional de La Haya. El famoso Sínodo de Dordrecht (Dort, 1618-1619) revisó el *Catecismo de Heidelberg* y lo prescribió para todos los profesores, pastores, ancianos y diáconos de la Iglesia Reformada Holandesa. Los reformados holandesas migrantes llevaron el catecismo con ellos al mundo de habla inglesa.

Por supuesto, el *Catecismo de Heidelberg* no es inspirado como lo es la Biblia. Es un escrito humano falible y, aunque algunos teólogos actuales y a través de la historia han criticado varios puntos, sigue siendo una obra maestra de la teología reformada. Desde luego, faltan ciertos elementos que, si fuera escrito hoy, probhablemente se incluirían, tales como el lugar de Israel, más detalles sobre la obra del Espíritu Santo en el creyente, y el significado del Reino de Dios en la vida práctica de los creyentes. Pero, recuérdese, fue escrito para enseñar a los niños y a los cristianos recientemente convertidos.

El catecismo contiene tres partes: miseria, liberación y gratitud; estas partes cubren dieciséis temas y el tema se divide en 52 domingos, de modo que el pastor puede predicar sobre el catecismo durante un año y comenzar de nuevo. Hay 129 conjuntos de preguntas y respuestas. He distribuido el contenido a lo largo de 365 días, de modo que el lector puede usar el libro como un devocional diario. En algunas P. y R. (preguntas y respuestas) me detengo solamente un día; en otras hasta cinco. Le deseo al lector la más rica bendición conforme se mueve del Día 1 al Día 365. ¡Qué bueno sería que los padres estudiaran este libro con sus hijos! Después de todo el catecismo estaba dirigido originalmente, en primer lugar, a los jóvenes de las familias cristianas.

Mi meta no es estudiar el *Catecismo de Heidelberg* como tal, sino, al igual que el del mismo catecismo, mi deseo es acercar al lector a la Escritura y, al así hacerlo, acercarlo al Dios de la Escritura y a su Hijo unigénito, Jesucristo.

Agradezco al Dr. Nelson D. Kloosterman muy cálidamente su experto trabajo editorial sobre el manuscrito de este libro. Y estoy profundamente agradecido con John Hultink, por animarme a emprender este proyecto.

Willem J. Ouweneel
Cwm Cywarch, Dinas Mawddwy, Gales, Reino Unido
Julio 18 de 2015
Revisado el 29 de enero de 2018 en Ontario, Canadá

Día 1 Mi único consuelo (Domingo 1, **P** y **R** 1, Parte 1)

P. ¿Cuál es tu único consuelo en la vida y en la muerte?

R. *Que yo, con cuerpo y alma, en la vida y en la muerte no me pertenezco a mí mismo, sino a mi fiel salvador Jesucristo.*

¡Qué tremendo comienzo para el catecismo! No somos arrojados de inmediato en temas teológicos complejos; en vez de ello se nos hace una pregunta muy personal y muy práctica. "Tu" es singular aquí. Tú, cristiano, ¿cuál es *tu* consuelo? Cualesquiera que sean tus pecados, cualquiera que sea tu condición de salud, cualesquiera que sean tus circunstancias sociales, económicas o de cualquier otra índole, ¿dónde encuentras el alivio y el consuelo que te ayudan a perseverar? Necesitamos consuelo cuando estamos de luto, cuando nos sentimos infelices, cuando estamos llorando. Nadie puede ir por la vida sin experimentar tiempos de aflicción. Cuando los experimentas, necesitas consuelo. Puede haber buenas personas alrededor de ti que te ofrecen palabras de consolación. Pero, ¿donde encuentras un consuelo verdadero, profundo y duradero, no solamente en esta vida, sino también en la muerte —y más allá?

La respuesta es impactante: *no me pertenezco a mí mismo*. Pertenezco a aquel que es la bendición más grande posible, no sólo para mi alma sino también para mi cuerpo; no solamente durante mi entera vida aquí sobre la tierra, sino también ante la muerte.

Observe que el "yo" que responde aquí habla como un creyente. Esto es casi siempre el caso en el catecismo. Éste no es una obra evangelizadora para atraer fuereños —aunque pueden ser atraídos por ella mientras la leen— sino para instruir creyentes, especialmente creyentes jóvenes. El catecismo da por sentado que los hijos de aquellos creyentes que fielmente sirven al Señor son ellos mismos creyentes. En la edad más tierna posible, pueden aprender qué es pertenecer no a uno mismo, ni a los padres de uno, sino a Jesucristo.

Finalmente, el texto no dice algo como "Jesús es mío", aunque eso es ciertamente verdadero. En vez de ello dice: "pertenezco a Jesús". Soy su siervo. Él es mi Salvador. La novia en el *Cantar de los Cantares* de Salomón empieza diciendo: "Mi amado es mío, y yo suya; El apacienta entre lirios", pero después dice: "Yo soy de mi amado, Y conmigo tiene su contentamiento". Pertenecer a Jesús —¿qué es más grande para un creyente que esto?

Día 2 **Me ha liberado del pecado y del diablo** (Domingo 1, P y R 1, Parte 2)

R. ... *Con su preciosa sangre él ha pagado completamente por todos mis pecados y me ha liberado de la tiranía del diablo.*

Después de que el creyente ha dicho que pertenece a su fiel Salvador Jesucristo, nos dice cómo llegó a pertenecer a él. Por naturaleza, ninguno de nosotros tiene tal relación con Jesucristo. Originalmente, todos éramos sus enemigos. ¿Como llegamos a pertenecerle como sus siervos y seguidores? ¿Qué hicimos para entrar en tal relación? Nada. La única cosa que aportamos —si podemos decirlo de ese modo— fueron nuestros pecados. El mismo Jesús hizo todo. A esto ya se había aludido en su título "Salvador"; esto es, el que nos ha salvado.

Sigue naturalmente la pregunta: ¿de qué nos ha salvado, y cómo es que nos salvó de estos males? Tales preguntas se tratan extensivamente después en el catecismo. Pero ya aquí las respuestas son claramente resumidas. Jesús nos salvó del poder del pecado y del diablo. El texto alude a 1 Pedro 1:18-19: "fuisteis rescatados ... con la sangre preciosa de Cristo, como de un cordero sin mancha y sin contaminación". Un elevado precio se pagó para que nuestros pecados fuesen borrados para siempre.

Más aún, Jesús me ha liberado de la tiranía del diablo. Juan dice: "Para esto apareció el Hijo de Dios, para deshacer las obras del diablo" (1 Juan 3:8). Es el plan de Dios que las personas "se conviertan de las tinieblas a la luz, y de la potestad de Satanás a Dios" (Hechos 26:18). A través de su muerte, Jesús destruyó "al que tenía el imperio de la muerte, esto es, al diablo" (Hebreos 2:14). En este último versículo la muerte es mencionada como un tercer poder del que hemos sido liberados. Jesús es "nuestro salvador ... el cual quitó la muerte y sacó a luz la vida y la inmortalidad por el evangelio" (2 Timoteo 1:10).

¡Qué tremendo comienzo para el catecismo! Nos presenta al insuperablemente importante hombre que se describe en él —Jesucristo, el Hijo de Dios— así como su maravillosa obra de redención. Dio su sangre, esto es su vida, y me liberó del pecado y del diablo. ¡Al morir me libró de la muerte! En la vida o en la muerte, ¿qué consuelo podría ser mayor que éste?

Día 3 Me preserva (Domingo 1, P y R 1, Parte 3)

R. . . . *me preservará de tal manera, que sin la voluntad de mi padre en el cielo ningún cabello de mi cabeza puede caer, sí, y que todas las cosas deben servir para mi bendición.*

JEsús no solamente me libró del poder del pecado, del diablo y de la muerte. Jesús no solamente garantiza que un día habré de entrar a la bendición eterna; también me cuida sobre esta tierra ahora. Me guarda y me guía de todos los modos. El catecismo ilustra esto comparando dos dichos que Jesús mismo ha proferido. Uno es de Mateo 10:29: "¿No se venden dos pajarillos por un cuarto? Con todo, ni uno de ellos cae a tierra sin vuestro Padre". El otro dicho es de Lucas 21:18: "pero ni un cabello de vuestra cabeza perecerá". Aquí, Dios el Padre es introducido por primera vez en el catecismo. Jesús el Hijo, mi Salvador, me preserva y el Padre me protege.

Ni un cabello puede caer de mi cabeza sin la voluntad de mi Padre. El texto en Mateo lo dice de una manera ligeramente diferente: "sin vuestro Padre". Esto es, no estoy siempre seguro de si un cierto mal me acontece porque mi Padre lo *quiere*. Pero sí estoy seguro de que ningún mal puede acaecerme *aparte* de mi Padre. De un modo u otro, él siempre está involucrado. No estoy siempre seguro de si es él quien causa que vaya a través de un valle de oscuridad, pero lo menos que puedo decir es que él siempre va a mi lado en tal valle.

Las cosas difíciles en mi vida —incluso si algunas veces son causadas por el diablo— son siempre parte de los tratos de Dios conmigo aquí en la tierra. El texto alude a las palabras del apóstol Pablo: "sabemos que a los que aman a Dios, todas las cosas les ayudan a bien, esto es, a los que conforme a su propósito son llamados" (Romanos 8:28). Cualesquiera cosas que nos sucedan en la vida, nunca pueden acaecer como una sorpresa para Dios. Por el contrario, las usa para alcanzar la gran meta de nuestra vida terrenal, a saber, adorar a Dios y conformarse cada vez más a la imagen de Cristo (v. 29). Nada en mi vida es en vano, nada es dejado al azar. En la vida o en la muerte me encuentro siempre en las manos de aquel que guía y dirige mi vida entera.

Día 4 (Domingo 1, **P.** y **R.** 1, parte 4)

R. . . . *Porque pertenezco a él, me ha dado también la certeza de la vida eterna a través de su Santo Espíritu.*

La Palabra de Dios nos dice que quienquiera que crea en el Hijo de Dios no morirá sino que tendrá vida eterna (Juan 3:15-16). Por el Espíritu Santo, Jesús me asegura que tengo vida eterna debido a la fe en él: "El Espíritu mismo da testimonio a nuestro espíritu, de que somos hijos de Dios" (Romanos 8:16). Cuando estaba todavía sobre la tierra, Jesús mismo hizo esta firme promesa: "Mis ovejas oyen mi voz, . . . yo les doy vida eterna; y no perecerán jamás, ni nadie las arrebatará de mi mano . . . y nadie las puede arrebatar de la mano de mi Padre" (Juan 10:27-29). Cuánto magnifica esto nuestro consuelo. Jesús les da a sus seguidores vida eterna, y ningún poder en el universo puede separarlo de su mano, o de la mano del Padre.

A Juan le gusta hablar de la vida eterna como algo que ya poseemos en el presente. Esto se halla en línea con el énfasis de Juan de que *Jesús mismo* es nuestra vida: "Dios nos ha dado vida eterna; y esta vida está en su Hijo. El que tiene al Hijo, tiene la vida" (1 Juan 5:11-12). El apóstol Pablo frecuentemente habla de la vida eterna como de algo que hay que mirar en el futuro: "Mas ahora que habéis sido libertados del pecado . . . tenéis por vuestro fruto la santificación, y como fin, la vida eterna" (Romanos 6:22). La vida eterna yace adelante de nosotros pero hasta cierto punto ya podemos disfrutarla ahora, pues la vida eterna es vida *en el Hijo*. Es un tipo de vida que ya es nuestra ahora, pues pertenecemos a Jesús.

Finalmente, observe la palabra 'asegura': "Por lo cual estoy seguro de que ni la muerte, ni la vida, ni ángeles, ni principados, ni potestades, ni lo presente, ni lo por venir, ni lo alto, ni lo profundo, ni ninguna otra cosa creada nos podrá separar del amor de Dios, que es en Cristo Jesús Señor nuestro" (Romanos 8:38, 39).

Día 5 **Deseo vivir para él** (Domingo 1, **P.** y **R.** 1, parte 5)

R. . . . *y, de corazón dispuesto y presto, viviré para él desde ahora.*

La primera respuesta dada en el catecismo termina con una nota acerca de nuestra devoción y consagración a Cristo. Es triste que los cristianos se preocupen demasiado del cielo como un destino final y se enfoquen muy poco en el propósito que Dios tiene para su vida presente sobre la tierra. El cristianismo no es meramente acerca del cielo o la tierra. Es primeramente, y sobre todas las cosas, acerca de la pregunta: ¿Para quién vives —aquí sobre la tierra? Ésta se reitera en la PyR 1 del posterior *Catecismo de Westminster*: "El fin principal y más noble del hombre es el de glorificar a Dios y gozar de él para siempre".

Posteriormente, veremos en el catecismo que no creemos en Jesús solamente como Salvador, sino también como Señor. Estos dos títulos suyos son inseparables. Tienes un Salvador que te lleva al cielo; tienes un Señor que te conduce a través de este mundo. Él está a cargo. Como dice el apóstol Pablo: Cristo "por todos murió, para que los que viven, ya no vivan para sí, sino para aquel que murió y resucitó por ellos" (2 Corintios 5:15). Y en otra parte: "Pues si vivimos, para el Señor vivimos; y si morimos, para el Señor morimos. Así pues, sea que vivamos, o que muramos, del Señor somos" (Romanos 14:8).

Hemos sido colocados bajo la "ley de Cristo". Seguramente, servir al Señor es una obligación divina. Pero es mucho más que eso; lo servimos no simplemente porque debemos, sino porque hemos sido constituidos "de corazón dispuesto y presto" para servirle. Los creyentes han recibido un corazón renovado, que ama al Señor y por lo tanto ama servirle. Como dice Jesús: "Si me amáis, guardad mis mandamientos . . . El que tiene mis mandamientos, y los guarda, ése es el que me ama; y el que me ama, será amado por mi Padre, y yo le amaré, y me manifestaré a él" (Juan 14:15, 21). Así que los mandamientos de Jesús son obedecidos debido al amor por él. Por lo tanto, la ley de Cristo es una "ley de libertad" (Jeremías 1:25; 2:12) porque nos libera de la atadura del pecado, la muerte y el diablo. De hecho, esta ley nos exige precisamente lo que nuestros corazones renovados por él desean por encima de todo: servir a nuestro Señor, vivir para él. Quizá esta sea una buena manera de describir todas las preguntas y respuestas subsecuentes del catecismo: buscan ayudarnos a aprender mejor cómo adorar a Dios y como vivir para Cristo.

Día 6 ¿Qué debemos saber? (Domingo 1, P. y R. 2, parte 1)

P. ¿Que debes tú saber, para que en este consuelo puedas vivir y morir bajo bendición?
R. *Tres cosas.*

Algunos cristianos saben mucho acerca de Dios, acerca de Cristo y acerca de su salvación, mientras que otros saben muy poco. Quizá algunos saben tan poco como el mendigo ciego, quien habló de su encuentro con el Señor: "Entonces él respondió y dijo: Si es pecador, no lo sé; una cosa sé, que habiendo yo sido ciego, ahora veo" (Juan 9:25). Algunas personas malinterpretan al apóstol Pablo cuando dice: "pues me propuse no saber entre vosotros cosa alguna sino a Jesucristo, y a éste crucificado" (1 Corintios 2:2). —¡como si Pablo no supiera ya más que eso. Solamente sabía este poco cuando se dirigió a los paganos corintios. Otros piensan en otra palabra de Pablo: "que si confesares con tu boca que Jesús es el Señor, y creyeres en tu corazón que Dios le levantó de los muertos, serás salvo" (Romanos 10:9). Así que eso es suficiente; ¿que más necesitamos para ser salvos?

Ahora bien, hay un problema cuando algunas personas casi parecen estar orgullosas de que solamente conocen una parte mínima del Evangelio de Dios. Si realmente aman al Señor, también amarían su Palabra y tendrían un deseo ardiente de conocerlo a él y a su Palabra de una manera cada vez más profunda. No obstante es justo plantear la pregunta: ¿Cuál es el mínimo que debemos conocer para vivir y morir en el gozo del consuelo del Evangelio? Esto no es meramente conocer con tu cerebro, sino conocer con tu corazón. Es del conocimiento de la fe de lo que el catecismo está hablando aquí.

Cuán hermoso es que el texto hable del *gozo* de este consuelo. No solamente necesitamos saber que somos salvos, sino que deseamos vivir y morir en el gozo de este conocimiento. Después de que David hubiese pecado terriblemente, ésta fue una de las cosas de las que carecía y por las que lloraba: "Vuélveme el gozo de tu salvación" (Salmo 51:12).

El catecismo nos dice, ya sea que sepas mucho o poco acerca de Dios y su Palabra, que hay tres cosas que debes saber si has de conocer el gozo y consuelo de pertenecer a Jesucristo. Primeramente, tienes que darte cuenta de que necesitas ser salvo porque eres prisionero del poder del pecado, de la muerte y del diablo. En segundo lugar, tienes que conocer la salida de esta cautividad espiritual. En tercer lugar, tienes que aprender cómo vivir una vez que has recibido tu salvación. Esto es lo que esta PyR desarrollará en las siguientes respuestas.

Día 7 Mi miseria y mi liberación (Domingo 1, **P** y **R** 2, Parte 2)

R. *Primero: Cuán grande es mi pecado y miseria. Segundo: Cómo soy liberado de todos mis pecados y miseria.*

Si un hombre niega que tiene un problema de salud, difícilmente puedes convencerlo de que vea a un doctor. Si niega que es un pecador, difícilmente puedes convencerlo de que necesita ser liberado del pecado. La mayoría de las personas admitirán que cometen errores de vez en cuando, pero insistirán en que son buenas personas, que nadie es perfecto, y que no son tan malas como otras. No tienen la menor idea de "cuán grandes son su pecado y su miseria". No es meramente que cometamos errores —estamos errados desde la cabeza hasta los pies.

De seguro, ninguno de nosotros sabe realmente cuán grandes son nuestro pecado y nuestra miseria. Sólo ante la corte de Cristo comprenderemos plenamente cuánto se nos ha perdonado (*cfr.* 1 Corintios 13:12b), y nunca amaremos al Señor más por ello que en ese momento (*cfr.* Lucas 7:47). Sin embargo, ya ahora necesitamos tener algún entendimiento de la miseria del pecado. Sabemos esto por la Biblia, pero también por nuestra propia experiencia práctica.

El catecismo no dice que debamos aprender estas tres cosas (miseria, liberación, gratitud) en este orden preciso. Pedro fue un discípulo de Jesús casi desde el principio (Juan 1:35-42). Supongo que simplemente fue atraído por la grandeza del Señor. Fue sólo tiempo después que exclamara ante Jesús: "Viendo esto Simón Pedro, cayó de rodillas ante Jesús, diciendo: Apártate de mí, Señor, porque soy hombre pecador" (Lucas 5:8). Tarde o temprano tendrás que encontrar que tus pecados causan una separación entre tú y Jesús (*cfr.* Isaías 59:2). Lo amas como tu Amo, pero pronto descubres que también lo necesitas como tu Salvador. Si quieres participar en la vida eterna con Jesús, no puedes darle la vuelta a la necesidad de perdón y liberación. En los muchos encuentros que tuvo Jesús con una variedad de diferentes personas, el problema del pecado surgió muy rápidamente.

No puedes vivir y morir en el gozo del consuelo de pertenecer a Jesús si primeramente no ves que eres un pecador, y que no puedes ser salvo sin confesar tus pecados a Dios y apelar a Jesús como tu Salvador. ¡El catecismo tendrá mucho más que decir sobre esto!

Día 8 La verdadera gratitud (Domingo 1, P. y R. 2, parte 3)

R. *Tercero: Cómo debo ser agradecido con Dios por tal liberación.*

Si miras el asunto de una manera superficial, podrías argumentar que si reconoces que eres un pecador y confiesas tus pecados a Dios, eso será más que suficiente: "Si confesamos nuestros pecados, él es fiel y justo para perdonar nuestros pecados, y limpiarnos de toda maldad" (1 Juan 1:9). Sin embargo, el catecismo agrega un punto importante: si quieres vivir y morir en el gozo del consuelo de pertenecer a Jesús, debes aprender a convertirte en un "dador de gracias", un adorador. Luego de que Jesús había sanado a 10 leprosos, observó: "Respondiendo Jesús, dijo: ¿No son diez los que fueron limpiados? Y los nueve, ¿dónde están? ¿No hubo quien volviese y diese gloria a Dios sino este extranjero?" (Lucas 17:17-18). Este extranjero era samaritano. Entendió mejor que muchos judíos en aquellos días —y que muchos cristianos hoy— qué es la gratitud.

La verdadera gratitud cristiana abarca nuestra entera vida. No puedes pedir a Dios que te perdone y luego seguir viviendo en pecado como si nada hubiese sucedido. "El que encubre sus pecados no prosperará; Mas el que los confiesa y se aparta alcanzará misericordia" (Proverbios 28:13). Pablo dice: "ni tampoco presentéis vuestros miembros al pecado como instrumentos de iniquidad, sino presentaos vosotros mismos a Dios como vivos de entre los muertos, y vuestros miembros a Dios como instrumentos de justicia" (Romanos 6:13). Vivir en gratitud es ya no vivir bajo el poder del pecado sino bajo la autoridad del Señor Jesús y del Espíritu Santo.

Esto es más que tratar continuamente de evitar el pecado, por el lado negativo. No: el vivir cristiano es muy positivo. Vivir agradecido es vivir en una actitud de alabanza y adoración, de dedicación a Dios, de consagración a Jesús. Como habrá de explorar el catecismo desde muchas perspectivas, el gozo de nuestra consolación no solamente involucra el gozo de nuestro perdón y liberación —involucra el gozo de servir a nuestro maravilloso Dios y Padre y de seguir a nuestro maravilloso Señor y Amo.

Día 9 El conocimiento de tu propia miseria (Domingo 2, **P.** y **R.** 3, parte 1)

P.¿De dónde proviene tu conocimiento de tu miseria?

R. *De la ley de Dios.*

El catecismo llega ahora a su primer gran tema: la miseria que experimentan las personas como consecuencia del pecado. La ley de Dios me hace conocer mi miseria, esto es, me muestra que soy un miserable pecador. Desde luego, esa no es la respuesta completa. El catecismo es muy conciso, no nos dice todo acerca de un tema. Hay personas que nunca han escuchado de la ley de Dios, y no obstante se dan cuenta de que son pecadores: "Porque todos los que sin ley han pecado, sin ley también perecerán; y todos los que bajo la ley han pecado, por la ley serán juzgados; … Porque cuando los gentiles que no tienen ley, hacen por naturaleza lo que es de la ley, éstos, aunque no tengan ley, son ley para sí mismos" (Romanos 2:12, 14).

Por otra parte, hay personas que *sí* conocen la ley sinaítica, y sin embargo ello no les hace entender en lo absoluto que son pecadores. Tales personas se engañan pensando que observar la ley habrá de salvarlas, o son hipócritas. Piensen en lo que Pablo pudo escribir, años después de su conversión: "Aunque yo tengo también de qué confiar en la carne. Si alguno piensa que tiene de qué confiar en la carne, yo más: … en cuanto a celo, perseguidor de la iglesia; en cuanto a la justicia que es en la ley, irreprensible" (Filipenses 3:4, 6). El apóstol Santiago compara la ley con un espejo: "Porque si alguno es oidor de la palabra pero no hacedor de ella, éste es semejante al hombre que considera en un espejo su rostro natural. Porque él se considera a sí mismo, y se va, y luego olvida cómo era. Mas el que mira atentamente en la perfecta ley, la de la libertad, y persevera en ella, no siendo oidor olvidadizo, sino hacedor de la obra, éste será bienaventurado en lo que hace" (Santiago 1:23-25). Mirando este espejo, Pablo pudo decir, de manera parecida a la malvada reina en Blancanieves: "¿quién es el más justo de todos ellos?". Y el espejo respondería: "¡tú eres el más justo de todos ellos!". Inspirado por el Espíritu de Dios, Pablo pudo decir de sí mismo ¡que era irreprensible con respecto a la ley de Dios!

Así que, ¿cómo llegó a conocer Pablo su miseria después de todo? Encontrándose con Jesucristo en el camino a Damasco. En los ojos de Jesús, vio su propia miseria. Entonces empezó a darse cuenta de que él era el mayor de todos los pecadores (1 Timoteo 1:15). Y entonces le dio una segunda mirada a la ley de Dios —y ¡descubrió que toda su miseria ya había sido descrita ahí! Después del encuentro de Pablo con el Señor ascendido, pudo escribir: "porque por medio de la ley es el conocimiento del pecado" (Romanos 3:20).

R. *La ley de Dios me lo dice.*

Si el Espíritu Santo no viene a abrir nuestros ojos a la verdad, ni siquiera la ley de Dios será capaz jamás de demostrarnos qué y quienes somos realmente. ¡Benditos son aquellos a quienes el Espíritu ha llegado! Todo está en la ley de Dios —¡pero necesitamos ojos para verlo! Muchos fariseos tuvieron la audacia de preguntarle a Jesús: "¿somos también ciegos?". Jesús les dijo: "Si fuerais ciegos, no tendríais pecado; mas ahora, porque decís: Vemos, vuestro pecado permanece" (Juan 9:40-41). Éstas personas no podían ser ayudadas ¿cómo haces que alguien vaya a un oculista si firmemente cree que no tiene problemas oculares? Como dijese el Señor en otra ocasión: "Al oír esto Jesús, les dijo: Los sanos no tienen necesidad de médico, sino los enfermos" (Mateo 9:12).

De hecho, la ley de Dios tiene dos propósitos muy diferentes, de los cuales ambos son tratados en el catecismo. Primeramente se halla el propósito negativo, el cual es mostrar a los pecadores que por supuesto, son pecadores. Como lo dice Pablo: "Pero yo no conocí el pecado sino por la ley; porque tampoco conociera la codicia, si la ley no dijera: No codiciarás. Mas el pecado, tomando ocasión por el mandamiento, produjo en mí toda codicia" (Romanos 7:7-8).

Debemos de prestar siempre atención a si es el propósito positivo o negativo de la ley el que significa un pasaje dado. Considera, por ejemplo, las instrucciones de Pablo a Timoteo sobre el tópico de la ley: "Pero sabemos que la ley es buena, si uno la usa legítimamente; conociendo esto, que la ley no fue dada para el justo, sino para los transgresores y desobedientes, para los impíos y pecadores, para los irreverentes y profanos, para los parricidas y matricidas, para los homicidas, para los fornicarios, para los sodomitas, para los secuestradores, para los mentirosos y perjuros, y para cuanto se oponga a la sana doctrina, según el glorioso evangelio del Dios bendito, que a mí me ha sido encomendado" (1 Timoteo 1:8-11). Aquí, Pablo habla como si la ley tuviese solamente un propósito negativo: la ley no es para el justo, sino para el malvado, el cual por naturaleza ¡somos todos nosotros! Éste es el significado al que se refiere el catecismo ahora: la ley es un espejo en el que podemos vernos como los pecadores sin ley, impíos y sin santidad que realmente somos.

R. *La ley de Dios me lo dice.*

Ayer dijimos que la ley de Dios tiene dos propósitos muy diferentes, de los cuales ambos son tratados en el catecismo. Primeramente, está el propósito negativo, demostrar a los pecadores que por supuesto son pecadores. Sin embargo, también hay un propósito muy positivo de la ley, el cual se elabora extensamente en los domingos 34-44 del catecismo. Es bueno considerar ya ahora estos dos lados de la ley de Dios. La Escritura pone muy en claro que los creyentes en el Nuevo Testamento se hallan bajo la ley de Cristo (1 Corintios 9:21; Gálatas 6:2). Pablo dijo: "No debáis a nadie nada, sino el amaros unos a otros; porque el que ama al prójimo, ha cumplido la ley. Porque: No adulterarás, no matarás, no hurtarás, no dirás falso testimonio, no codiciarás, y cualquier otro mandamiento, en esta sentencia se resume: Amarás a tu prójimo como a ti mismo. El amor no hace mal al prójimo; así que el cumplimiento de la ley es el amor" (Romanos 13:8-10). Jesús dijo: "Si me amáis, guardad mis mandamientos . . . El que tiene mis mandamientos, y los guarda, ése es el que me ama; y el que me ama, será amado por mi Padre, y yo le amaré, y me manifestaré a él" (Juan 14:15, 21).

Regresaremos a esto después. Por ahora limitaremos nuestra atención al primer propósito de la ley: es un espejo para mostrarnos nuestra pecaminosidad. Por favor recuerde que Dios es el Juez de todas las personas. Al final, no importa cómo se sientan las personas acerca de sí mismas sino como las ve Dios. Somos pecadores no solamente porque experimentamos sentimientos de pecado. No, son los criterios de Dios los que cuentan. Por lo tanto, Dios dio a la humanidad su ley. La ley de Dios dice: "no robarás" —y nos damos cuenta de que esto es exactamente lo que nuestra pecaminosa naturaleza amaría hacer (Éxodo 20:15). Dios dice: "Así harás con su asno, así harás también con su vestido, y lo mismo harás con toda cosa de tu hermano que se le perdiere y tú la hallares; no podrás negarle tu ayuda" —y nos damos cuenta de que a nuestra pecaminosa naturaleza no le gusta en lo absoluto hacer eso (Deuteronomio 22:3). Esto es lo que la ley de Dios nos muestra. Y entre más ves tu pecaminosidad, ¡más cuenta te das de cuán benditos somos de que Dios nos haya liberado del poder de esa naturaleza pecaminosa a través de la persona y obra del Señor Jesús!

Santiago conoce la ley en un sentido muy positivo como la "ley de la libertad" (Santiago 1:25; 2:12) y la "ley real" (2:8). Pero también conoce la ley, que nos condena como transgresores (2:9). La ley es una vara para apoyar a los que caminan con ella —pero también para azotar a los pecadores.

Día 12 **Las exigencias de Dios** (Domingo 2, **P.** y **R.** 4, parte 1)

P. ¿Qué exige, pues, la ley de Dios de nosotros?

R. *Cristo enseña esto en resumen en Mateo 22:37-40.*

Dios es el creador y nosotros somos sus criaturas. Eso significa que él está a cargo y que siempre habrá mandamientos entre el amo y sus siervos. Incluso en la eternidad seguiremos siendo llamados siervos de Dios (literalmente, esclavos) (Apocalipsis 22:3). Cuando Pablo dice que no estamos "bajo la ley, sino bajo la gracia" (Romanos 6:14), el contexto clarifica que lo que él quiere decir es que no estamos bajo el legalismo, un sistema bajo el cual tú ganas la entrada al cielo por tus propios méritos. El mismo Pablo nos dice que los creyentes se hayan bajo la ley de Cristo (1 Corintios 9:21; Gálatas 6:2), bajo los mandamientos de Dios (Romanos 13:8-10; 1 Corintios 7:19).

Estos mandamientos son como el manual que obtienes cuando compras algún aparato técnico. Te dice cuál es la mejor manera de usar esta máquina. La ley de Dios te dice cuál es la mejor manera de funcionar como una criatura en este mundo. Si miras a la ley desde esta perspectiva, entenderás que es en realidad un don de amor. La ley de Dios es "tu misma vida", dice Moisés (Deuteronomio 32:47). Incluso en la eternidad seguirá exigiéndonos, pero siempre será por amor.

El contenido de la ley de Dios es precisamente el mismo: es el principio del amor. No es tanto que Dios nos exija que hagamos o nos abstengamos de hacer esto o aquello. No: en primer lugar y sobre todo está interesado en la actitud de nuestros *corazones*. El padre le dice a su hijo: "Dame, hijo mío, tu corazón" (Proverbios 23:26). Por supuesto, es importante lo que hacemos o no hacemos. Pero lo que es más importante es la verdadera inclinación de nuestros corazones, la mentalidad con la cual hacemos o no hacemos una cosa particular. Esa actitud, esa inclinación, esa mentalidad se resume en una palabra: amor. Hemos sido creados de tal manera que podemos recibir el amor de Dios y regresar amor a Dios, y también amar a nuestro prójimo. Sí: el pecado ha entrado al mundo y ha arruinado todo. El odio parece ser frecuentemente más común que el amor. Pero eso no altera los exigencias de Dios. El nos dice, como el padre en los Proverbios, que abramos nuestros corazones a su amor, le regresemos ese amor y se lo mostremos a otros.

R. . . . *"Tú debes al Señor, tu Dios, amar de entero corazón, de entera alma y de entera mente. Es éste el más alto y el más grande mandamiento".*

S i se te pidiera que resumieras la entera ley de Dios, ¿cómo responderías? Puede ser sorprendente ver como resumió Jesús la ley en Mateo 22: amar a Dios y amar a tu prójimo. No obstante, no era enteramente nuevo; algunos rabinos judíos habían hecho lo mismo. Una tradición judía dice: "todo lo que hagas, hazlo por amor". En este amor hay, por así decirlo, una dimensión vertical y una horizontal. Ama a Dios —esa es vertical. Ama a tu prójimo —esa es horizontal. El amor a Dios viene primero, desde luego. Es imposible amar a tu prójimo si no amas a Dios (1 Juan 4:20). Y si amas a Dios, lo haces con el corazón, el alma y la mente, todo lo que eres y tienes. En Lucas, el Señor es incluso citado como habiendo mencionado cuatro aspectos de tu ser: "Aquél, respondiendo, dijo: Amarás al Señor tu Dios con todo tu corazón, y con toda tu alma, y con todas tus fuerzas, y con toda tu mente" (10:27). Si realmente amas a alguien, están involucrados tu entero ser y tu entera vida. Puedes fácilmente verificar por ti mismo si realmente amas a Dios. ¿Amas estar en su presencia? Llamamos a esto oración. ¿Amas leer lo que tiene que decirte a través de su Palabra? ¿Está tu corazón tan lleno de él que no puedes mantenerte en silencio acerca de él? Llamamos a esto adoración. ¿Amas hacer cosas para él, meramente para agradarle? Éstos son los síntomas usuales cuando estás enamorado de alguien. En realidad, estas son las características de todo amor verdadero. Jesús es nuestro mejor ejemplo cuando se trata de amar a Dios. Pasaba horas ante la presencia del Padre, conocía su Palabra de memoria, le adoraba, hablaba acerca de las otras personas todo el tiempo y podía decir: "Mi comida es que haga la voluntad del que me envió" (Juan 4:34).

Es un mandamiento amar a Dios; es tu obligación como su hijo. Pero, como todo amor, debe provenir de un corazón lleno y dispuesto si es que ha de tener algún significado para Dios, o algún beneficio para ti mismo.

Día 14 Amar a tu prójimo (Domingo 2, **P.** y **R.** 4, parte 3)

R. *"...Pero el otro [mandamiento] es igual: Tú debes amar a tu prójimo como a ti mismo. De estos dos mandamientos penden la entera ley y los profetas".*

Además de amar a Dios, también se nos ordena que amemos a nuestro prójimo; como dice Levítico 19:18: "amarás a tu prójimo como a ti mismo". No sólo Jesús, sino también Pablo citó este versículo: "en esta sentencia se resume: Amarás a tu prójimo como a ti mismo" (Romanos 13:9); "y cualquier otro mandamiento, en esta sentencia se resume: Amarás a tu prójimo como a ti mismo" (Gálatas 5:14). Y Santiago escribió: "Si en verdad cumplís la ley real, conforme a la Escritura: Amarás a tu prójimo como a ti mismo, bien hacéis" (Santiago 2:8). El énfasis en el amor como la esencia de la ley de Dios no era nuevo. Se reporta que el rabino Hillel, el famoso líder religioso judío que muriera poco después del nacimiento de Cristo, dijo: "lo que es odioso para ti, no lo hagas a tu prójimo: ésta es la entera ley, mientras que el resto es el comentario a la misma: ve y apréndela". Jesús dijo algo muy similar pero de un modo más positivo: "Así que, todas las cosas que queráis que los hombres hagan con vosotros, así también haced vosotros con ellos; porque esto es la ley y los profetas" (Mateo 7:12). Del mismo modo, el catecismo dice, haciendo eco a Mateo 22:40: "De estos dos mandamientos depende toda la ley y los profetas".

Los últimos cinco de los Diez Mandamientos son acerca de cómo actuar hacia tu prójimo: honra a tu padre y a tu madre; no matarás; no cometerás adulterio; no robarás; no levantarás falso testimonio contra tu prójimo (Éxodo 20:12-16). Detrás de cada uno de estos se halla siempre el gran principio del amor. Esto es, debes honrar a tus padres por amor. Debes proteger la vida y propiedades de tu vecino por amor. Debes evitar el adulterio por amor a tu propia esposa y a la esposa del otro. Tu amor a Dios y tu amor a tu prójimo siempre están vinculados. Como escribiera Juan: "Si alguno dice: Yo amo a Dios, y aborrece a su hermano, es mentiroso. Pues el que no ama a su hermano a quien ha visto, ¿cómo puede amar a Dios a quien no ha visto?" (1 Juan 4:20). Pero también escribió: "y todo aquel que ama al que engendró, ama también al que ha sido engendrado por él. En esto conocemos que amamos a los hijos de Dios, cuando amamos a Dios, y guardamos sus mandamientos" (1 Juan 5:1-2).

Día 15 Vivir sin guardar la ley (Domingo 2, P. y R. 5, parte 1)

P. ¿Puedes tú guardarlos todos [los mandamientos] enteramente?
R. *No, pues yo estoy por naturaleza inclinado a odiar a Dios y a mis prójimos.*

Parece extraño que Dios haya dado a los humanos una ley que de hecho no pueden guardar. Los humanos no pueden satisfacer la ley de una manera perfecta, y ni siquiera de una manera imperfecta. Hay personas que no tienen amor a Dios, y no obstante admiten que los Diez Mandamientos son razonables y justos. Algunas veces incluso exclaman que si todas las personas vivieran de acuerdo con esta ley el mundo sería un mejor lugar para vivir. No obstante, incluso estas personas no guardan los Diez Mandamientos en lo absoluto, especialmente si tomas la ley de acuerdo con el profundo significado que Jesús le atribuyó. Tu puedes nunca haber matado a un congénere humano —¿pero, cuán frecuentemente deseaste que alguien muriera? Tú puedes nunca haber cometido adulterio —¿pero, cuán frecuentemente codiciabas la esposa de tu prójimo? (*cfr.* Mateo 5:27-28)? Tú puedes nunca haber robado —¿pero, cuán frecuentemente dejaste de compartir lo que tienes con tu prójimo necesitado (*cfr.* Efesios 4:28; 1 Juan 3:17)? Encima de esto, hemos encontrado esta palabra de Santiago: "Porque cualquiera que guardare toda la ley, pero ofendiere en un punto, se hace culpable de todos" (Santiago 2:10).

Ahora bien, ¿qué objeto tiene una ley —no importa cuán bella— si nadie puede guardarla? Cualquiera que sea la respuesta, ¡no culpes a la ley! Pablo dice: "De manera que la ley a la verdad es santa, y el mandamiento santo, justo y bueno" (Romanos 7:12). La ley que dice que debemos detenernos ante una luz roja es una ley buena y útil, incluso si algunos conductores la ignoran. Esto nos dice algo acerca de los conductores imprudentes, no acerca de esta ley como tal. La ley es buena —algunos conductores no son buenos. La ley de Dios no es meramente buena; es perfecta porque es la misma Palabra de Dios. Seríamos perfectamente felices si todos pudiésemos guardarla perfectamente, y el mundo sería un lugar perfecto. Pero no la guardamos. Profundamente en nuestros corazones sabemos cuán bueno y sabio sería que todos guardásemos la ley de Dios. Pero, por naturaleza, tenemos un problema doble. No podemos guardarla y, de hecho, no queremos guardarla, porque usualmente esto entra en conflicto con nuestra natural tendencia a odiar a Dios y a nuestro prójimo.

R. . . . *estoy por naturaleza inclinado a odiar a Dios y a mis prójimos.*

Hemos visto que la esencia de la ley de Dios es el amor. Si no podemos satisfacer la ley del amor, no es de extrañarse que el catecismo describa nuestro comportamiento natural como uno caracterizado por el odio. Observe la palabra 'natural' aquí. El texto dice que tenemos una tendencia "natural" a pecar. Veremos que esto no se refiere a la naturaleza de la humanidad tal y como fue creada por Dios, sino a la naturaleza de la humanidad caída. Originalmente fuimos creados para amar. Desde la Caída en el pecado, no podemos sino odiar. En vez de amar a Dios, lo odiamos, y odiamos a nuestro prójimo, quien está hecho a la imagen de Dios.

Ahora bien, ¿no es esto un poco exagerado? ¿Qué acaso las personas incrédulas no saben nada acerca del amor? ¿Qué acaso muchas de ellas no aman a sus cónyuges y a sus hijos? ¿Acaso no hay muchos no cristianos que son espléndidos ejemplos de altruismo? Jesús nos dice que incluso las personas llenas de odio, caídas, frecuente hacen el bien a otros: "¿Qué padre de vosotros, si su hijo le pide pan, le dará una piedra? ¿o si pescado, en lugar de pescado, le dará una serpiente?" (Lucas 11:11). La caída nos separó de Dios y nuestro prójimo, y por ello estamos constantemente buscando restaurarnos para retornar al compañerismo e intimidad para los que fuimos hechos. Pero éste es un amor débil, inferior, autointeresado, del cual Cristo dice que no nos beneficia nada: "Porque si amáis a los que os aman, ¿qué mérito tenéis? Porque también los pecadores aman a los que los aman" (Lucas 6:32).

En otra parte la Biblia lo dice de una manera más fuerte: "porque el intento del corazón del hombre es malo desde su juventud" (Génesis 8:21). "Engañoso es el corazón más que todas las cosas, y perverso; ¿quién lo conocerá?" (Jeremías 17:9). Y observe especialmente esta declaración de Pablo: "Porque nosotros también éramos en otro tiempo insensatos, rebeldes, extraviados, esclavos de concupiscencias y deleites diversos, viviendo en malicia y envidia, aborrecibles, y aborreciéndonos unos a otros" (Tito 3:3).

No te engañes. Cuando todavía te hallabas sin Dios, la única persona a quien realmente amabas erás tú. Qué tan malos éramos fue mostrado por el hecho de que éramos incluso hostiles hacia la persona más noble que el mundo jamás haya visto —Jesucristo (Hebreos 12:3). Éramos enemigos de Dios (Romanos 5:10), hostiles a él y entre nosotros.

Día 17 La buena creación de Dios (Domingo 3, P. y R. 6, parte 1)

P. ¿Ha pues Dios creado a los hombres tan malvados y perversos?

R. *No. Dios ha creado a los hombres buenos y conforme a su imagen, verdaderamente justos y santos.*

Debido a su creencia en una evolución general, muchos cristianos hoy ya no creen en una caída histórica en el pecado. Parecen creer que la pecaminosa vida de las personas es meramente su imperfección evolutiva. Sin embargo, en la Biblia es fundamental que entendamos que Dios creó a los humanos de una manera perfecta, y que posteriormente las personas pecaron en cierto momento en el tiempo y el espacio. Éramos buenos, y nos volvimos malos. Las personas malas no son capaces de guardar la ley de Dios y, de hecho, odia guardarla. Ello se debe a que su naturaleza se ha vuelto "malvada y perversa", como lo dice nuestro texto.

Qué gran enunciado es este: Dios creó a las personas "buenas y conforme a su propia imagen". En contraste, incluso con los animales más altos, la humanidad exhibía originalmente la imagen mental y moral de Dios (Génesis 1:26-27; 9:6). Hemos aprendido qué es santo y justo a la mala —llegando a familiarizarnos completamente con la injusticia y la impiedad. Recuerda el nombre de ese particular árbol en el Jardín del Edén: el árbol del conocimiento del bien y del mal (Génesis 2:9-10). Nuestros primeros padres no sabían todavía qué era el mal —pero, de hecho, tampoco sabían qué era el bien. Lo aprendieron a la mala; cayendo en el pecado, cayeron en el mal, y desde entonces no pudieron hacer nada más que el mal. Ahora también empezaron entender qué es bueno, pero ya no eran capaces de hacer el bien, hasta que a través de la redención se les concedió saber y hacer el bien a través del poder del Espíritu Santo. La redención no conlleva un retorno al viejo mundo de Génesis 1:2. Por la gracia de Dios ¡conduce a un mundo que es mucho mejor que el que perdieron Adán y Eva! Un mundo en el que tendremos una naturaleza que ya no podrá pecar.

Día 18 El propósito de Dios: que le conozcamos (Domingo 3, **P.** y **R.** 6, parte 2)

R. *Dios ha creado a los hombres buenos ...para que ellos a Dios, su creador, seguramente reconocieran.*

Fue el propósito creador de Dios que su pueblo lo "conociese". Esta es una expresión cargada de significado. "Conocer" frecuentemente tiene un significado especial en la Biblia. Génesis 4:1 dice: "Conoció Adán a su mujer"; esto es, tuvo relaciones íntimas con ella. José "recibió a su mujer [María], Pero no la conoció" hasta que Jesús hubo nacido (Mateo 1:24-25). "Conocer" en tales casos involucra relación, compañerismo, intimidad. Jesús dijo a su Padre: "Y esta es la vida eterna: que te conozcan a ti, el único Dios verdadero, y a Jesucristo, a quien has enviado" (Juan 17:3). Aquí "conocer" porta el mismo sentido de relación, compañerismo e intimidad con Dios. Los apóstoles predicaron "(porque la vida fue manifestada, la cual estaba con el Padre, y se nos manifestó); que te conozcan a ti, el único Dios verdadero, y a Jesucristo" (1 Juan 1:2-3). Esta es la vida eterna: conocer a Dios, tener compañerismo con el Padre y el Hijo en el poder del Espíritu Santo.

Éste es un pensamiento tremendo: Dios crea los humanos para entrar en una relación íntima con ellos. Tan pronto como hubo creado a la primera pareja humana, empezó *hablándoles* a ellos, siendo la comunicación un aspecto importante del compañerismo. Los comisionó para que funcionaran como mayordomos de su creación (vers. 26, 28), una comisión que sólo podía ser exitosa en estrecho contacto con el Rey de reyes y sus vasallos. Incluso después de que nuestros primeros padres habían caído en el pecado, Dios inmediatamente vino a extenderles su mano diciendo: "¿Dónde estás tú?". Adán y Eva se habían escondido de Dios. El pecado había hecho una separación entre Dios y ellos. No obstante, Dios intervino para restaurar su vínculo. Su propósito creador permaneció; la humanidad arrepentida y redimida estaba destinada a conocer a Dios, no sólo como su creador, sino en su ser triuno: Padre, Hijo y Espíritu Santo. David dijo: "La comunión íntima de Jehová es con los que le temen, Y a ellos hará conocer su pacto" (Salmo 25:14).

Día 19 **Amarle, vivir con él** (Domingo 3, **P.** y **R.** 6, parte 3)

R. *Dios ha creado a los hombres buenos . . . para que ellos a Dios de corazón amaran y y vivieran con él en bendición eterna.*

Los cristianos son descritos no solamente como aquellos que creen en Dios sino también como aquellos que *aman* a Dios: "Y sabemos que a los que aman a Dios, todas las cosas les ayudan a bien" (Romanos 8:28). "Cosas que ojo no vio, ni oído oyó, Ni han subido en corazón de hombre, Son las que Dios ha preparado para los que le aman" (1 Corintios 2:9). Y Santiago habla de la "corona de la vida", así como del "reino", "que Dios ha prometido a los que le aman" (Santiago 1:12; 2:5). Pablo concluye su famosa disertación sobre amor con el enunciado de que estos tres permanecen: fe, esperanza y amor, pero el mayor de éstos es el amor (1 Corintios 13:13). Estas tres cosas caracterizan al cristiano. Un cristiano es alguien que cree en Dios, espera en Dios y, por encima de todo que ama a Dios.

Amar a Dios y vivir con Dios para siempre en una atmósfera eterna de amor mutuo —es para esto que fuimos creados. Es por ello que el primero de los dos mandamientos en los que Jesús resumió la ley de Dios era acerca de *amar a Dios*. En su primera carta, Juan da a los creyentes inmaduros cinco características por los cuales podría reconocer al real cristiano. Una de éstas es que un verdadero cristiano ama a Dios y lo demuestra amando a los hijos de Dios y guardando los mandamientos de Dios: "Todo aquel que cree que Jesús es el Cristo, es nacido de Dios; y todo aquel que ama al que engendró, ama también al que ha sido engendrado por él. En esto conocemos que amamos a los hijos de Dios, cuando amamos a Dios, y guardamos sus mandamientos. Pues este es el amor a Dios, que guardemos sus mandamientos" (1 Juan 5:1-3). Juan es muy directo acerca de esto: si no amas al pueblo de Dios, no puedes ser un real cristiano. A veces fallamos, pero la vida cristiana ha de caracterizarse por el amor a nuestros compañeros cristianos y el guardar la ley de Dios.

Dios nos ha predestinado vivir con él en felicidad eterna, en una relación de amor. Empezamos preparándonos para la eternidad aprendiendo a amar aquí y ahora.

Día 20 Alabarle y glorificarle (Domingo 3, **P.** y **R.** 6, parte 4)

R. *Dios ha creado a los hombres buenos . . . para su alabanza y su gloria.*

El catecismo identifica cuatro propósitos para los cuales Dios creó a las personas: el primero es conocerle; el segundo es amarle; el tercero es vivir con él por siempre; y el cuarto, alabarle y glorificarle. No solamente anhelar adorarle cuando estemos con él en la felicidad eterna, sino adorarle ya, ahora. Esto requiere vivir una vida marcada por el agradecimiento y la alabanza: "Dad gracias en todo" (1 Tesalonicenses 5:18); "sed llenos del Espíritu, hablando entre vosotros con salmos, con himnos y cánticos espirituales, cantando y alabando al Señor en vuestros corazones; dando siempre gracias por todo al Dios y Padre, en el nombre de nuestro Señor Jesucristo" (Efesios 5:18-20).

Quizá sepas que la palabra 'judío' puede ser interpretada como "uno que alaba". 'Judío' proviene de 'judeano' y esta palabra proviene de 'Judá', la cual significa "alabanza". Considera lo que la madre de Judá dijo al nacer éste: "Esta vez alabaré a Jehová" (Génesis 29:35). De modo semejante, para el cristiano, alabar y adorar a Dios es un modo de vida. No leemos en ninguna parte que el Padre esté "buscando" siervos —él busca adoradores (Juan 4:23). Adorar a Dios es decirle que es digno de toda nuestra alabanza.

Observa esta diferencia: en la acción de gracias, agradecemos a Dios por lo que nos ha dado. En la adoración, el énfasis cambia del don al Dador. Sólo pensamos en la grandeza de Dios. El verbo 'glorificar' significa literalmente "hacer glorioso", pero, por supuesto no podemos agregar nada a la gloria de Dios. Glorificar a Dios significa proclamar sus glorias, describir sus excelencias. Las multitudes "glorificaban a Dios" debido a los maravillosos hechos de Dios en Jesús (Lucas 7:16; 13:13; Hechos 11:18; Gálatas 1:24). Incluso de Jesús leemos: "Jesús se regocijó en el Espíritu, y dijo: Yo te alabo, oh Padre" (Lucas 10:21). Nunca olvidemos que adorar a Dios es una de las razones básicas por las que nacimos, y no dejemos pasar un solo día sin adorarle.

P. ¿De dónde proviene entonces esta malvada y perversa naturaleza de los hombres?

R. *De la caída y desobediencia de nuestros primeros padres Adán y Eva en el paraíso.*

Cuando Dios crea algo, sólo puede ser bueno, pues él es un Dios bueno: "Y vio Dios todo lo que había hecho, y he aquí que era bueno en gran manera" (Génesis 1:31). Por naturaleza, sin embargo las personas son malas. Ya en Génesis 6:5 leemos: "Y vio Jehová que la maldad de los hombres era mucha en la tierra, y que todo designio de los pensamientos del corazón de ellos era de continuo solamente el mal". ¿Qué sucedió que el pueblo de Dios, habiendo sido creado "muy bueno" se volvió tan malo? La respuesta se encuentra en Génesis 3: la llamamos la caída del hombre en el pecado. Adán y Eva cayeron, y en ellos todos caímos.

El efecto de esta caída fue tremendo. El apóstol Pablo dice de ella: "el pecado entró en el mundo por un hombre, y por el pecado la muerte, así la muerte pasó a todos los hombres, por cuanto todos pecaron ... por la transgresión de uno vino la condenación a todos los hombres ... por la desobediencia de un hombre los muchos fueron constituidos pecadores" (Romanos 5:12, 18-19). Lo que sucedió no fue solamente un error; fue una "transgresión", fue "desobediencia" a los mandamientos de Dios. Jesús llama al diablo "homicida desde el principio" (Juan 8:44) porque causó la muerte espiritual de Adán y Eva. Dios había dicho que en el día en que comieran de la fruta del árbol prohibido seguramente morirían (Génesis 2:17). Y, desde luego, Eva fue astutamente engañada por el diablo (2 Corintios 11:3), ella comió, y también le dio a su marido para que comiera de la fruta prohibida —y ellos "murieron" en el sentido espiritual. El mandamiento de Dios había sido una simple prueba de obediencia: obedézcanme, y yo los bendeciré. Sin embargo, Adán y Eva cayeron debido a las seductoras palabras del diablo: "seréis como Dios". Así, el pecado de nuestros primeros padres fue un acto de pura rebelión. Habían recibido todo de Dios y lo echaron a perder. Hasta el mismo día de hoy, estamos batallando con las terribles consecuencias de lo que hicieron.

Salomón dijo: "Si muerde la serpiente antes de ser encantada, de nada sirve el encantador" (Eclesiastés 10:11) — pero cuando la serpiente "mordió" a Adán y Eva, el "encanto" ya estaba en su lugar: Dios preparó un Cordero incluso antes de la fundación del mundo (1 Pedro 1:19-20). Lo que la serpiente corrompió, el cordero restauraría.

Día 22 **Una naturaleza envenenada** (Domingo 3, **P.** y **R.** 7, parte 2)

R. *[En] la caída y desobediencia de nuestros primeros padres ...fue nuestra naturaleza tan envenenada que nosotros todos desde el principio pecadores somos.*

El término 'envenenada' mantiene nuestra atención sobre los eventos de Génesis 3. La serpiente inyectó su mortal veneno a Adán y Eva, y, como consecuencia, ellos sufrieron una muerte espiritual. Debido a que todos descendemos de la primera pareja humana, nuestra naturaleza es completamente pecaminosa. Jesús explicó a Nicodemo que debemos nacer de nuevo, del Espíritu, pues nuestro origen, nuestra "carne" es pecaminosa por naturaleza y está completamente corrompida: " Lo que es nacido de la carne, carne es"; esto es, tiene las características de la carne; y, por contraste, "lo que es nacido del Espíritu, espíritu es" (Juan 3:6). Todos hemos sido engendrados por padres pecadores, y hemos nacido de madres pecadoras, justo así como ellos, a su vez, habían nacido de padres pecadores.

Observa que el catecismo no dice que hayamos heredado la *culpa* de Adán y Eva, como algunas veces se afirma. Adán y Eva fueron responsables de su propia culpa, así como nosotros lo somos de la nuestra. La Biblia dice muy claramente que el "el hijo no llevará el pecado del padre" (Ezequiel 18:20). Los hijos pueden sufrir los efectos de los pecados de los padres (*cfr.* Éxodo 20:5; Números 14:18; Deuteronomio 5:9), pero eso es algo muy diferente. No, no heredamos la culpa de Adán, pero definitivamente heredamos la condición pecaminosa que Adán introdujo a través de su caída. La Biblia nunca dice que los pecadores sean condenados debido al pecado de Adán. No: los pecadores son condenados debido a sus *propios* pecados (*cfr.* 2 Corintios 5:10; Apocalipsis 20:12).

Y no somos responsables del hecho de que hayamos heredado la naturaleza de Adán —pero seguramente sí somos responsables de los pecados que cometemos debido a esta naturaleza. No tendremos que responder por nuestro origen pecaminoso, pero ciertamente sí por los resultados del mismo: "Porque todos compareceremos ante el tribunal de Cristo" (Romanos 14:10). "la obra de cada uno se hará manifiesta; porque el día la declarará, pues por el fuego será revelada; y la obra de cada uno cuál sea, el fuego la probará" (1 Corintios 13:13).

Día 23 **Concebidos y nacidos pecadores** (Domingo 3, **P.** y **R.** 7, parte 3)

R. *[en la Caída] ...fue nuestra naturaleza tan envenenada que nosotros todos somos pecadores desde desde el principio. .*

Hay abundante testimonio bíblico del innegable hecho de que todos somos "concebidos y nacidos en una condición pecaminosa", o "pecadores desde el principio", como lo dice el catecismo. Esta expresión es casi una cita directa del Salmo 51:5, donde un arrepentido rey David dice: "He aquí, en maldad he sido formado, Y en pecado me concibió mi madre" (v. 5). Algunas personas piensan que David nació de un matrimonio, por ejemplo porque su padre lo dejó de lado cuando el profeta Samuel vino a ver a la familia. En ese caso, el Salmo 51 se referiría al comportamiento pecaminoso de su madre. Pero no hay prueba de esta idea; más aún, difícilmente encajaría en el salmo. David no estaba hablando de los pecados de su madre, sino de los suyos. Confesó que no solamente había hecho cosas pecaminosas, sino que él era pecaminoso hasta sus mismas raíces. Él era un pecador por nacimiento, así como todos lo somos. No somos pecadores porque pecamos, sino que pecamos porque somos pecadores. El árbol es malo; nadie se maravilla de que los frutos sean malos (Mateo 12:33). Por naturaleza somos "hijos de ira, lo mismo que los demás" (Efesios 2:3).

Hay más pruebas bíblicas de que somos pecadores desde el nacimiento: "el intento del corazón del hombre es malo desde su juventud" (Génesis 8:21). "¿Quién hará limpio a lo inmundo? Nadie" (Job 14:4). "¿Qué cosa es el hombre para que sea limpio, Y para que se justifique el nacido de mujer?" (15:14). "Se apartaron los impíos desde la matriz; Se descarriaron hablando mentira desde que nacieron" (Salmo 58:3). Los humanos son concebidos y nacen como criaturas pecaminosas. Esto no significa que las personas pequen desde el momento de su concepción, sino que su naturaleza es corrupta desde el principio, y esto los conducirá al pecado. "(porque no hay hombre que no peque)" (1 Reyes 8:46). "No hay quien haga lo bueno, no hay ni siquiera uno" (Salmo 14:3). Esto es duro, pero es la verdad. Es de esta imposible condición de la que tenemos que ser rescatados.

P. **¿Pero somos nosotros tan malos y perversos, que somos enteramente y en lo absoluto incapaces de todo bien y estamos inclinados a todo mal?**

R. *Sí, a menos que a través del Espíritu de Dios seamos nacidos de nuevo.*

Para entender esta PyR, debemos recordar que la palabra "nosotros" no se refiere a los creyentes, sino a las personas en su condición pecaminosa natural. Muchas veces en el catecismo, el "yo" o el "nosotros" son creyentes, pero no aquí. La misma respuesta hace un contraste entre estos "nosotros" y aquellos que son nacidos de nuevo. La nueva naturaleza del creyente, con el poder del Espíritu Santo, es capaz de hacer el bien, y definitivamente no está inclinado hacia todo mal. Por el contrario, Pablo dice que "Dios muestra su amor para con nosotros, en que siendo aún pecadores, Cristo murió por nosotros" (Romanos 5:8). Un pecador es alguien que se halla bajo el poder del pecado. Los creyentes pueden todavía pecar, pero ya no se hayan bajo el *poder* del pecado; es lo que Pablo quiere decir cuando dice que hemos sido "liberados del pecado". Por lo tanto, Pablo puede decir que ya no somos "pecadores"; esto es ya no somos personas "enteramente y en lo absoluto incapaces de todo bien e inclinadas a todo mal".

Pero hay otra pregunta que debemos plantear aquí. ¿Podemos decir realmente que los incrédulos son "en lo absoluto incapaces de todo bien"? ¿Acaso no hay muchos no cristianos que son más pacientes, generosos, amables o humildes que algunos cristianos? Cada uno de nosotros conoce no cristianos que son personas mucho más agradables que algunos cristianos que conocemos. Sí, eso puede ser verdadero. Pero recuerda, no somos nosotros los que formulamos lo que es bueno y agradable, sino Dios. La Biblia habla de "obras muertas" (Hebreos 6:1); esos son los actos de altruismo, y cosas por el estilo, que no tienen valor para la eternidad porque no han sido realizadas por amor a Dios, con el Espíritu de Dios. Este es el punto decisivo. Si amas al Señor, harás lo que espera de ti (Juan 14:15). Sin este amor tus buenas obras carecen de valor. De hecho, incluso son malas. Sólo de este modo podemos entender lo que el catecismo está diciendo aquí. Lo que cuenta no son tus ideas acerca del bien y el mal sino las de Dios. Las cosas nunca son buenas "en sí mismas". Sólo pueden ser buenas si han sido realizadas por amor a Dios y en obediencia a él. No hay valor eterno en nada que se ha hecho desde un corazón no arrepentido.

Día 25 **Perdido, a menos que nazca de nuevo** (Domingo 3, **P.** y **R.** 8, parte 2)

R. *Sí, a menos que a través del Espíritu de Dios seamos nacidos de nuevo.*

Observe este enfático "sí": sí, somos totalmente incapaces de hacer algún bien, y estamos inclinados hacia todo mal. Es una pérdida total, no hay reparación posible. La redención del pecador penitente no produce una especie de restauración o mejoría, porque eso no habrá de funcionar. Jeremías pregunta: "¿Mudará el etíope su piel, y el leopardo sus manchas? Así también, ¿podréis vosotros hacer bien, estando habituados a hacer mal?" (Jeremías 13:23). Esa es una manera poderosa de decirnos que las personas malas como tales no pueden ser convertidas en personas buenas.

La transformación del pecador en un hijo de Dios es tan radical que es descrita en términos tales como el "viejo yo" y el "nuevo yo" —Romanos 6:6; Efesios 2:15; 4:22; Colosenses 3:9), y el término 'nueva creación': "si alguno está en Cristo, nueva criatura es; las cosas viejas pasaron; he aquí todas son hechas nuevas" (2 Corintios 5:17; *cfr.* Gálatas 6:15).

Jesús describe la transformación del pecador en términos de un "nuevo nacimiento", y es esto a lo que se refiere el catecismo. Le dice a Nicodemo: "que el que no naciere de nuevo, no puede ver el reino de Dios" (Juan 3:3). "De nuevo" no significa una segunda vez de la misma madre (v. 4). Eso no nos ayudaría, pues es por *esa* naturaleza que todos nacemos en pecado. No: significa nacer de un modo totalmente nuevo: "el que no naciere de agua y del Espíritu, no puede entrar en el reino de Dios" (v. 5). El "agua" a la que Jesús se refiere ha sido explicada de varias maneras. Pero al menos la referencia el Espíritu está clara. Si eres nacido de nuevo de la carne de tu madre, siempre permanecerás siendo carne. Pero si eres nacido del Espíritu, te volverás espiritual, como lo es el Espíritu (v. 6).

Más aún, recuerda que nadie puede causar su propio nacimiento. Es el Espíritu el que lo hace. Esto es similar a otra importante metáfora: por naturaleza estamos muertos en nuestras transgresiones (Efesios 2:1, 5; Colosenses 2:13). Nada puede ayudarnos, a menos que alguien venga a levantarnos de los muertos: "Dios, . . . aun estando nosotros muertos en pecados, nos dio vida juntamente con Cristo (por gracia sois salvos)" (Efesios 2:4-5).

P. ¿Ha entonces hecho Dios a los hombres injusticia, cuando él en su ley demanda algo que los hombres no pueden hacer?

R. *No, sino que Dios ha creado al hombre de tal manera, que él era capaz de hacerlo..*

La pregunta que el catecismo plantea aquí es muy comprensible. ¿Es justo que un gobernante imponga a sus súbditos una ley que sabe que nunca serán capaces de guardar? Imagínate que el gobierno introdujera una ley exigiendo a todos los ciudadanos que corrieran un maratón cada semana, y que la penalidad por violarla fuera la muerte. ¡Supongo que aquellos ciudadanos pronto empezarían una revuelta! Del mismo modo, ¿es justo que Dios exija que los pecadores hagan cosas que no pueden hacer? De seguro, los pecadores no *quieren* hacer tampoco estas cosas. Pero, incluso si quisieran, no serían capaces de no hacerlas. Recuerda la previa PyR en el catecismo: los humanos son por naturaleza "incapaces de hacer algún bien, e inclinados a todo mal". He aquí: *incapaces*. Así que, ¿qué objeto tiene que Dios le exija a los pecadores cosas que no pueden hacer?

La respuesta es triple. En primer lugar sigue siendo totalmente justo que Dios exija a las personas, por ejemplo, no matar, robar o engañar unas a las otras. Las personas estarían mucho mejor si no hicieran tales cosas. Aparte de deshonrar a Dios, matar, robar y engañar van en detrimento de las relaciones humanas. Las personas no solamente ofenden a Dios, sino que se arruinan ellas mismas. Eso es tonto. Escuchar los mandamientos de Dios tiene beneficios reales, prácticos.

En segundo lugar, no hay que olvidar que, cuando Dios dio sus primeros mandamientos a Adán y Eva, ellos eran capaces de guardarlos. Ésta es la respuesta que da el catecismo. Nuestros primeros padres entraron voluntariamente en una condición en la que ya no fueron capaces de obedecer a Dios. Esto fue su propia elección. No puedes culpar a Dios por dar leyes a personas que eligen abandonar su capacidad de guardarlas.

En tercer lugar, esta no es la última palabra de Dios sobre el asunto. El catecismo explicará en gran detalle como Dios, a través de la obra de Jesucristo, abrió un camino para que las personas recuperen tanto su voluntad como su capacidad para guardar las leyes de Dios: a través del renacimiento y el poder del Espíritu Santo.

Día 27 **Provocado por el diablo** (Domingo 4, **P.** y **R**. 9, parte 2)

R. *el hombre . . . [fue] incitado por el diablo* .

En la narrativa bíblica de la caída de los primeros humanos en pecado, el diablo desempeñó un papel importante. Puedes decir: el diablo no se menciona en lo absoluto en Génesis 3, es solamente la serpiente la que es mencionada. Pero ¿quién es la serpiente? Juan da la respuesta; habla de "la serpiente antigua, que se llama diablo y Satanás, el cual engaña al mundo entero" (Apocalipsis 12:9; *cfr*. 20:2). Es por ello que Jesús llamó al diablo "homicida desde el principio" (Juan 8:44). Pablo dice: "la serpiente con su astucia engañó a Eva" (2 Corintios 11:3), y apenas un poco después habla de Satanás como alguien que "se disfraza como ángel de luz" (v. 14). Juan agrega: "el diablo peca desde el principio" (1 Juan 3:8). Así que el catecismo se halla perfectamente en lo correcto al decir que los primeros humanos fueron provocados, no meramente por la serpiente sino por el diablo. Fueron incitados, despertados, desafiados, tentados, seducidos para pecar.

Es interesante que Pablo diga que un supervisor no debe ser un "no un neófito, no sea que envaneciéndose caiga en la condenación del diablo" (1 Timoteo 3:6). Esto puede significar que tal persona no debiera ser susceptible de caer bajo la influencia del diablo, como Adán y Eva alguna vez cayeran. O puede significar que tal persona sería condenada por su orgullo, así como lo fue el diablo. En el segundo caso, aparentemente tanto el diablo como nuestros primeros padres cayeron en el pecado del orgullo. Algunos expositores atribuyen Isaías 14:13-14 al diablo: "Subiré al cielo . . . seré semejante al Altísimo". En cualquier caso el engaño seguramente desempeñó un papel en la caída. El diablo le dijo a Eva: "No moriréis; sino que sabe Dios que el día que comáis de él, serán abiertos vuestros ojos, y seréis como Dios, sabiendo el bien y el mal" (Génesis 3:4-5).

¿Ves lo que esto significa? Equivale a afirmar: Dios es amenazado por ti; no quiere que seas como él, conociendo el bien y el mal. Está reteniéndote algo a lo que tienes derecho; ¡a través de ese árbol puedes obtener el conocimiento que Dios quiere guardar para sí mismo! Y Adán y Eva le creyeron al diablo.

R. *Pero el hombre . . . [actuó con] deliberada desobediencia.*

En la respuesta que da el catecismo se halla una interesante tensión. Podrías pensar: si Adán y Eva fueron provocados por el diablo, fueron meramente víctimas, y el diablo fue el principal culpable. Pero esto no es el caso; el texto agrega inmediatamente que Adán y Eva actuaron con deliberada desobediencia. No debemos tratar de excusarlos. Si alguien te "provoca", no tienes que aceptar el desafío; es tu propia elección. Nuestros primeros padres pecaron porque *quisieron* pecar. Desde luego, pudieron tener solamente una vaga idea de lo que su desobediencia iba a acarrear. Pero eso no elimina su responsabilidad. El diablo fue culpable, pero Adán y Eva también.

No obstante, quizá podamos, después de todo, hacer una pequeña distinción. Hay un extraordinario enunciado del apóstol Pablo. Dice: "Adán no fue engañado, sino que la mujer, siendo engañada, incurrió en transgresión" (1 Timoteo 2:14). En otra parte dice que "la serpiente con su astucia engañó a Eva [no a Adán]"(2 Corintios 11:3). Eva mismo le había dicho al señor: "La serpiente me engañó, y comí."(Génesis 3:13). Si lees esto de una manera superficial, podrías pensar que Eva era más culpable que Adán porque ella fue seducida y Adán no lo fue. Pero no olvides que Adán pecó también. Si él no fue seducido, la única conclusión puede ser que pecó deliberadamente; la expresión "desobediencia deliberada" se aplica más a él que a Eva. De seguro, trató de culpar a Eva: ella le dio el fruto para que comiera. Sin embargo, si Adán no fue seducido, ello significa que que podía y debía haberlo rehusado.

En la historia de la Iglesia, Eva ha sido frecuentemente culpada por los líderes eclesiásticos de ser la causa principal de la miseria del pecado y la muerte. De hecho, creo que Pablo pone en claro que es al revés. Eva fue seducida; ella cayó en la trampa que Satanás le presentó. Ésto es bastante malo — pero lo que hizo Adán fue peor. El no fue seducido; el *deliberadamente* siguió a su esposa hacia la apostasía. De los dos, él fue el que desobedeció de la manera más deliberada. Varones cristianos: aprendan del pecado de su ancestro y resistan la tentación a desobedecer.

Día 29 Se privaron ellos solos de los dones (Domingo 4, **P.** y **R.** 9, parte 4)

R. . . . *Pero el hombre . . . se ha privado a sí mismo y a toda su descendencia de los dones de Dios.*

___

Lo último que nos dice el catecismo en esta PyR es que Adán y Eva, por su caída en el pecado, no solamente "se privaron ellos solos", sino que también privaron "a toda su descendencia de los dones de Dios". Aprendemos cuáles son "los dones de Dios" en la PyR 6: reconocer a Dios, amarlo de corazón, y vivir con él en bendición eterna, para su alabanza y su gloria. Cuando cayó la primera pareja humana, se cortó el íntimo vínculo con Dios por un tiempo, hasta que fueron restaurados por la gracia de Dios. Realmente ya no lo amaron —pues, ¿puedes llamar amor el que ellos empezaran a creer que con envidia Dios les negara ciertos beneficios que supuestamente deseaba guardar para sí mismo? Ya no vivieron felices con Dios, pues la desconfianza y la sospecha destruyen la felicidad. Y ciertamente ya no alabaron más a Dios; su acto de desobediencia, fue más bien una queja en contra de Dios.

Difícilmente podían haberse dado cuenta de los terribles efectos que su acción tendría para sus descendientes. Sin pensarlo, podemos tener un tremendo impacto en otros a través de las cosas que hacemos o decimos descuidadamente. Adán y Eva apenas fueron conscientes del hecho de que, por miles de años, los millardos de sus futuros hijos sufrirían por la pecaminosa naturaleza que les sería inherente debido a la transgresión de sus primeros padres.

Al emborracharse, Noé causó una división entre sus hijos y acarreo una maldición sobre Cam, especialmente sobre su hijo Canaán. Al tomar a Agar y engendrar a Ismael, Abraham causó destrozos que perduran hasta la actualidad (la tensión entre musulmanes y judíos). David pagó un alto precio por tomar a Betsabé y hacer que mataran a Urías: le costó perder a cuatro de sus hijos (*cfr.* 2 Samuel 12:6). No obstante el pecado de Adán tuvo la consecuencia de mayor alcance: ninguno de sus descendientes nació jamás sin una naturaleza pecaminosa — con la excepción de Jesús.

P. ¿Habrá de dejar Dios sin castigo esta desobediencia?

R. *No, sino que él está muy airado por la pecaminosa naturaleza de los hombres y sus pecaminosos hechos; ambos él por su justo juicio ha castigado ahora y eternamente.*

Hay al menos cosas acerca de Dios que quizá sean sorprendentes. La primera es que Dios *no puede* hacer algo que nosotros somos muy capaces de hacer. Frecuentemente somos muy capaces de dejar de ver las cosas malas que las personas nos han hecho. Con frecuencia perdonamos fácilmente tales cosas, o decidimos ignorarlas, aunque la persona no nos haya confesado sus pecados. Incluso puede parecer como si fuéramos más perdonadores que Dios, pues Dios no puede pasar por alto ningún pecado. En realidad, Dios es mucho más perdonador que nosotros, pues él nunca se rehúsa a perdonar a los pecadores arrepentidos y nunca conserva enojo hacia aquellos que le confiesan sus pecados. Pero el punto es este: podemos dar la espalda a lo que las personas nos hacen, pero Dios no puede simplemente dejar pasar el pecado. No hay ningún pecado en el mundo, no importa cuán pequeño parezca, que no sea o bien castigado por siempre, o perdonado para siempre. Para lo segundo, Dios solamente necesita un fundamento santo: necesita un sustituto santo que sea capaz y tenga la voluntad de borrar aquellos pecados. De hecho, hay dos condiciones para el perdón de Dios: debe haber un sacrificio aceptable por el pecado, y debemos llegar a Dios con verdadero arrepentimiento y confesión.

Pero hay una segunda cosa que es muy sorprendente acerca de Dios. El texto dice: Dios "está muy airado por la pecaminosa naturaleza de los hombres y sus pecaminosos hechos". Está airado tanto con nuestra *condición* pecaminosa como con los *frutos* que produce esa condición. Juan dice: "el que rehúsa creer en el Hijo no verá la vida, sino que la ira de Dios está sobre él" (Juan 3:36). Y Pablo especifica: "la ira de Dios se revela desde el cielo contra toda impiedad e injusticia de los hombres" (Romanos 1:18). Dios está enojado con el pecado, pero amó de tal manera al mundo que dio a su Hijo unigénito (Juan 3:16). Dios puede hacer algo que difícilmente podemos imaginar: está terriblemente airado con el pecado, más que lo que cualquiera de nosotros podría estarlo, pero ama a los pecadores, más que lo que cualquiera de nosotros los ama. ¿Quién sino nuestro gran Dios podría tener una ira tan consumidora y un amor tan perfecto al mismo tiempo, y hacer que operen para nuestra salvación?

Día 31 **Dios es un juez justo** (Domingo 4, **P.** y **R.** 10, parte 2)

R. *. . . ambos él por su justo juicio ha castigado ahora y eternamente.*

Porque Dios creó a los seres humanos, tiene todos los derechos sobre ellos. Los recompensa cuando le sirven y los castiga cuando se alejan de él. Lo hace como el Juez perfectamente justo. Él esta cargo. Al final, todos tendrán que reconocer que, en justicia, tanto recompensa a los justos, como castiga a los malvados. Dios será "reconocido justo en tu palabra, Y tenido por puro en tu juicio" (*cfr*. Salmo 51:4). "Justo eres tú, oh Señor, el que eres y que eras, el Santo, porque has juzgado estas cosas . . . Ciertamente, Señor Dios Todopoderoso, tus juicios son verdaderos y justos" (Apocalipsis 16:5.7). Dios es aquel que "que perdona el pecado" (Éxodo 34:7). "Porque tú no eres un Dios que se complace en la maldad; El malo no habitará junto a ti. Los insensatos no estarán delante de tus ojos" (Salmo 5:4-5). Si una persona no desea tener nada que ver con Dios en toda su vida, ¿quién se quejaría de que Dios es injusto si le asigna a tal persona un lugar en donde estará eternamente sin Dios?

Ahora puedes preguntar: ¿es realmente justo que una persona que ha estado pecando durante, digamos, ochenta o noventa años, sea castigada no solamente ahora sino con un castigo eterno? ¿Qué son noventa años en comparación con la eternidad? Pero, ¿no es esto lo que experimentamos en la vida cotidiana? Supón que te distraes por un segundo, tienes un accidente terrible, y quedas inválido por el resto de tu vida. ¿Qué es ese único segundo comparado con toda una vida? Te enojas, y en tu furia matas a una persona. Puede suceder en un minuto, pero recibes cadena perpetua por ello. Nuevamente, ¿qué es ese minuto comparado con décadas en la prisión? No obstante, ¿podríamos quejarnos razonablemente de que tal castigo no es justo?

Hemos sido creados como seres eternos y a través del curso de nuestras vidas o bien vivimos en un patrón de arrepentimiento y obediencia a Dios, o bien en rebelión en su contra. "Está establecido para los hombres que mueran una sola vez, y después de esto el juicio" (Hebreos 9:27). Debemos ser conscientes del hecho de que las decisiones pueden tener consecuencias eternas. Si dices toda tu vida: "quiero hacer las cosas a mi manera", no te quejes cuando Dios al final te diga: que así sea.

R. . . . *Maldito el que no confirmare las palabras de esta ley para hacerlas.*

Es un pensamiento muy solemne el de que no haya pecado en el entero universo que vaya a permanecer sin castigo por siempre. Un Juez justo no podría hacerlo de otra manera. Cualquier pecado específico será borrado *o bien* enviando al que lo cometió al infierno, o por Cristo habiendo sufrido el castigo de ese pecado en la cruz por todos aquellos que creen en él. Dios definitivamente puede perdonar pecados, pero solamente si hay un sustituto adecuado que pueda llevar el castigo, y si el pecador verdaderamente se arrepiente y recibe este sustituto en fe. Este último punto será elaborado posteriormente en el catecismo.

Por el momento, el texto trata de este importante tópico: el Justo juez maldecirá a aquellos que no se arrepientan y que mueran en sus pecados. Dios no puede cerrar los ojos ante ningún pecado. Difícilmente podemos imaginar cuán justo y santo es Dios. El profeta Habacuc llamó a Dios aquel que es "Muy limpio de ojos para ver el mal, y no puede ver el agravio" (Habacuc 1:13). Dios simplemente no puede soportarlos. La prueba más clara y solemne de esto ocurre cuando, en el momento en que Jesucristo fue hecho pecado por nosotros (2 Corintios 5:21), un Dios santo y justo alejó su cara de él, para que Jesús exclamara: "Dios mío, Dios mío, ¿por qué me has desamparado?" (Mateo 27:46; *cfr.* Salmo 22:1). Los pecadores arrepentidos en el infierno y el Hijo de Dios llevando nuestro pecado sobre la cruz son los únicos que son verdaderamente desamparados por Dios.

El catecismo cita a Moisés diciendo: "Maldito el que no confirmare las palabras de esta ley para hacerlas" (Deuteronomio 27:26). Como dijera el profeta Nahum: "Jehová es Dios celoso y vengador; Jehová es vengador y lleno de indignación; se venga de sus adversarios, y guarda enojo para sus enemigos" (Nahum 1:2). Hay maldiciones temporales, y hay una maldición eterna. Haya dicho Moisés lo que sea, la aplicación es que todo pecador que permanece sin arrepentirse debiera saber que le espera una maldición eterna. Si tú eres tal persona, ¡apresúrate a venir al señor y confesar tus pecados!

Día 33 ¿Es Dios misericordioso? (Domingo 4, **P.** y **R.** 11, parte 1)

P. ¿No es pues Dios también misericordioso?

R. *Dios es bien misericordioso, pero él es también justo.*

La gracia es para aquellos que carecen de méritos. La misericordia es para aquellos que se hallan en la miseria y necesitan ayuda. El pecador necesita ambas de Dios, pues no merece nada y se halla en profunda necesidad. Las dos, gracia y misericordia, van juntas muy frecuentemente en el Antiguo Testamento, la primera ocasión incluso en las palabras del mismo Dios: "¡Jehová! ¡Jehová! fuerte, misericordioso y piadoso; tardo para la ira, y grande en misericordia y verdad; que guarda misericordia a millares, que perdona la iniquidad, la rebelión y el pecado" (Éxodo 34:6-7). Sí, dice el catecismo, Dios es misericordioso. Pero no lo olvides, también es justo.

Siempre hay una tensión en tales enunciados: Dios es esto, pero también es aquello. Atributos tales como misericordioso y justo parecen estar de alguna manera opuestos entre sí: la palabra 'misericordioso' implica mostrar misericordia al pecador, mientras que la palabra 'justo' implica castigarlo. Sin embargo, debemos tener cuidado de no suponer que hay alguna tensión en Dios mismo. Algunas veces podemos sentirnos divididos entre nuestros conflictivos estados de ánimo y rasgos de carácter, pero Dios no es como eso. Dios no es *parcialmente* misericordioso y *parcialmente* justo, como si de vez en cuando pudiese surgir un conflicto entre las varias partes. No: Dios es siempre *completamente* misericordioso, incluso en su justicia. Y Dios es siempre *completamente* justo, incluso de su misericordia. Nunca hay tensión o conflicto dentro de él. Dios en su sabiduría siempre actúa misericordiosa y justamente al mismo tiempo. Muestra misericordia a los pecadores de tal modo que su justicia no está en riesgo en lo absoluto. E incluso cuando actúa justamente hacia los pecadores no arrepentidos, esto nunca es sin misericordia. En un acto tanto de gran justicia como de misericordia, Dios se preocupa de mostrar a los pecadores porqué han merecido su juicio, señalándoles cuidadosamente sus obras malas (*cfr.* Apocalipsis 20:12-13). En todo acto de Dios, tanto su misericordia como su justicia salen a la luz de una manera perfecta. ¡Dios es sorprendente! ¡Ha de ser eternamente adorado tanto por su justicia como por su misericordia!

Día 34 **El castigo supremo** (Domingo 4, **P.** y **R.** 11, parte 2)

R. *Debido a su justicia, requiere que el pecado, el cual ha ofendido la gloria y majestad de Dios, sea castigado de la manera más extrema.*

¡El catecismo no cede fácilmente! Pensaríamos que este es un momento maravilloso para decir más acerca de la misericordia de Dios. El catecismo lo hará a su debido tiempo, pero no ahora. Algunas veces, al testificar el Evangelio, empezamos demasiado pronto con la misericordia de Dios, antes de que las personas estén lo suficientemente impresionadas con la seriedad del pecado y del juicio de Dios. Esto puede conducir a conversiones superficiales, que Jesús comparó con la de aquel que oye la palabra e inmediatamente la recibe con alegría, "pero no tiene raíz en sí, sino que es de corta duración, pues al venir la aflicción o la persecución por causa de la palabra, luego tropieza" (Mateo 13:21). Entre más profundamente conozcas tu miseria, más profundamente será tu vida espiritual como creyente, y mayor será tu gratitud.

Observa aquí el importante hecho de que desde luego todo pecado es un pecado contra Dios. Si mientes a tu vecino, o le robas, o lo lastimas, pecas contra él. Pero, al mismo tiempo, también pecas contra Dios, porque la falsedad, el robo y la violencia se hallan en una posición de rebeldía contra la santidad que caracteriza a Dios mismo y para la cual nos creó, pues somos hechos a su imagen. Dios tuvo la intención de que fueras veraz; al actuar engañosamente, lo deshonras. Dios tuvo la intención de que protegieras a tu prójimo; al actuar con violencia, deshonras a Dios. Por lo tanto, si mientes, o robas, o lastimas a una persona, debes buscar que te perdonen, pero que te perdone también Dios. Deshonraste a esa persona, pero es mucho más gravoso el que hayas deshonrado a Dios. Si eres bueno para otros, honras a Dios, incluso si no te das cuenta de ello (*cfr.* Mateo 25:40). Si eres malo con otros, deshonras a Dios, incluso si no te das cuenta de ello (*cfr.* v. 45). El más ligero pecado contra tu prójimo es una afrenta a la suprema majestad de Dios. Sería injusto pecar contra tu prójimo y luego seguir sin pedir perdón y buscar enderezar las cosas. Nosotros, e incluso nuestro prójimo, pueden olvidar los males que hemos hecho, pero la justicia de Dios no será satisfecha hasta que se pague la pena por nuestro pecado.

R. *Debido a su justicia, requiere que el pecado, el cual ha ofendido la gloria y majestad de Dios, sea castigado de la manera más extrema, a saber con eterno castigo del cuerpo y el alma.*

Hablando en términos jurídicos, la justicia humana típicamente castiga delitos menores con sentencias ligeras, y felonías mayores con sentencias duras. Ello no es muy diferente en los tratos de Dios con la humanidad. Si su pueblo comete pecados pequeños, su disciplina puede ser ligera; si comete grandes pecados, su disciplina puede ser severa. Pero a la luz de la eternidad, las cosas son diferentes. Incluso el más pequeño de los pecados es una afrenta a la suprema majestad de Dios, y merece la pena suprema; esto es, el castigo eterno del cuerpo y el alma. Santiago dice: "Porque cualquiera que guardare toda la ley, pero ofendiere en un punto, se hace culpable de todos" (Santiago 2:10). Quebrantar un solo mandamiento, o una vida marcada por la desobediencia a la ley, puede hacer una gran diferencia en los tratos providenciales de Dios contigo sobre la tierra. Pero, al final, a la luz de la eternidad, de todas maneras mereces el castigo supremo. La más pequeña fuga hace que un sistema hidráulico se vuelva inútil. La más pequeña mancha en un vestido, y el dependiente ya no lo podrá vender. El más pequeño pecado te hace justamente reo de juicio eterno.

El catecismo correctamente nos dice que el castigo eterno es de "cuerpo y alma". Hablando estrictamente, el infierno no es donde el malvado entra cuando muere, sino donde entra en su resurrección, cuando el cuerpo y el alma serán reunidos. Jesús dijo: "Y no temáis a los que matan el cuerpo, mas el alma no pueden matar; temed más bien a aquel que puede destruir el alma y el cuerpo en el infierno" (Mateo 10:28). Para el justo, la resurrección significará vida; para el malvado significará, en el sentido más pleno y final, muerte (Juan 5:29). La Biblia habla de muerte de tres modos. Primeramente, los malvados se hallaban espiritualmente muertos "en vuestros delitos y pecados" (Efesios 2:1). En segundo lugar, experimentan muerte física en el momento en que mueren. En tercer lugar, cuando son resucitados, seguirán siendo llamados "muertos"(Apocalipsis 20:12), y después de haber sido condenados en el juicio final, entrarán en lo que es llamado "la segunda muerte" (vv. 6, 14); esto es, la muerte eterna, también llamada "el fuego eterno" y "el castigo eterno" (Mateo 25:41.46). ¡Benditos son aquellos que tienen parte en la resurrección para vida!

Día 36 Justicia satisfecha (Domingo 5, **P.** y **R.** 12, parte 1)

P. ¿Aunque nosotros, pues, hemos merecido por el justo juicio de Dios el castigo temporal y eterno, cómo podemos nosotros evitar este castigo y de nuevo recuperar la gracia de Dios?
R. *Dios quiere establecer su justicia.*

Esta PyR abre la sección sobre la "redención" —la segunda de las tres partes principales del catecismo. Incluye tratamientos de el Credo de los Apóstoles, y algunas de las doctrinas clave de la fe protestante: la doctrina de la justificación por la fe, los sacramentos del bautismo y la Santa Cena, y, finalmente, la doctrina del reino de Dios. Pero esta sección empieza primeramente con una especie de introducción en la PyRs 12 hasta la 20, en las cuales Cristo Jesús es introducido. El cristianismo es acerca de Cristo, así que ya era tiempo que el catecismo empezara a hablar de él. Pero lo hace de un modo cuidadoso. Empieza con la miseria humana porque, si no reconocemos nuestra condición de enfermos, no buscaremos un médico.

Pero ahora salta la pregunta de qué tipo de médico necesitamos. Hay médicos buenos y malos. Hay médicos reales y charlatanes. Los cristianos creen que, aunque personajes como Buda, Confucio y Mahoma pueden ser interesantes, no pueden sanarte. Pueden recomendarte un cierto estilo de vida, pero eso no hará nada para sacarte de tu miserable condición. Necesitamos una medicina verdadera. No necesitamos buenos ejemplos —suponiendo que Buda, Confucio y Mahoma pudieran proveernos con ellos. Lo que necesitamos es una medicina tan poderosa que pueda arrebatarnos de las puertas del infierno. No servirán buenos ejemplos y nuevos estilos de vida; lo que necesitamos es salvación. Buda, Confucio y Mahoma no pueden salvarnos; no murieron por nosotros, no llevan nuestros pecados. Tampoco puedo salvarme a mí mismo incluso por el mejor de los estilos de vida, e incluso por más profundo remordimiento. Por naturaleza, somos como el hombre de la parábola que debía a su rey millones de dólares y no poseía nada (Mateo 18:23-25). Buda, Confucio y Mahoma no pueden pagar el precio por mí. Necesito a alguien que pueda pagar mi cuantiosa deuda. ¿Dónde encuentro a tal persona? Ésta es quizá la pregunta más importante de toda tu vida.

R. *Dios quiere establecer su justicia, así que debemos nosotros mismos o a través de otro pagar completamente por nuestra culpa.*

Hay muchas metáforas diferentes que nos ayudan a darnos cuenta de nuestra miseria y del modo en que Dios nos libra de ella. Si se usa la metáfora de una prisión, necesitas ser liberado. En la metáfora de la muerte, necesitas ser resucitado. Si te estás ahogando, necesitas un salvavidas. Si estás en el camino al infierno, se te tiene que dar la vuelta. Llamamos a esto "conversión". Si estás mortalmente enfermo, necesitas la medicina apropiada. Si caes en un pozo, necesitas que alguien te saque.

Aquí se usa otra metáfora, la de la deuda y el pago. Puedes escapar del castigo de Dios y regresar a su favor solamente si la enorme deuda de tus pecados es pagada. Encontramos esta metáfora varias veces en el Nuevo Testamento. Jesús dijo: "el Hijo del Hombre no vino para ser servido, sino para servir, y para dar su vida en rescate por muchos" (Mateo 20:28). Rescatar a una persona es pagar un precio para liberarla. "Porque hay un solo Dios, y un solo mediador entre Dios y los hombres, Jesucristo hombre, el cual se dio a sí mismo en rescate por todos" (1 Timoteo 2:5-6). "fuisteis rescatados de vuestra vana manera de vivir, la cual recibisteis de vuestros padres, con la sangre preciosa de Cristo, como de un cordero sin mancha y sin contaminación" (1 Pedro 1:18-19). "no sois vuestros, Porque habéis sido comprados por precio" (1 Corintios 6:19-20).

La justicia de Dios debe ser satisfecha. Su honor, el cual hemos ofendido, debe ser restaurado. Se debe pagar un precio. O bien pagas por tus pecados por ti mismo, o —si no puedes pagar— alguien más tendrá que pagar por ti. Dios le dijo a Israel: "yo no justificaré al impío" (Éxodo. 23:7). ¡Compara esto con la declaración de Pablo de que Dios es aquel que "justifica al impío" (Romanos 4:5)! ¿No es este un maravilloso contraste? El malvado tiene que pagar; no será exonerado —a menos que (y es esto lo que Pablo se refiere) alguna otra persona pague el precio. De un modo u otro, el precio debe ser pagado. Si no lo puedes hacer por ti mismo, necesitas que alguien lo haga por ti. La gran pregunta es: ¿dónde encuentras a tal persona? El catecismo está llegando a esto ahora.

Día 38 **¿Podemos pagar?** (Domingo 5, P. y R. 13)

P. ¿Pero, podemos nosotros mismos pagar por nuestra culpa?

R. *No, sino que nosotros hacemos que nuestra culpa aumente cada día .*

L a deuda es algo miserable, pero con perseverancia y sacrificio usualmente podemos pagarla. Imagina, no obstante, que tienes una enorme deuda y que tu vida dependiera de pagarla. Trabajarías más duro que nunca para tratar de pagarla. Sin embargo te horrorizas al enterarte de que, a pesar de todo tu duro trabajo y sacrificio, la deuda no está decreciendo en lo absoluto, sino creciendo constantemente, más rápido que lo que tú jamás puedes esperas pagar. ¿Qué podría ser más desalentador? Empiezas a darte cuenta de que nunca serás capaz de salvar tu vida. La sentencia de muerte pende sobre ti.

Ésta es precisamente la condición del pecador. Incluso cuando llega a la fe, tiene que orar todos los días: "Y perdónanos nuestras deudas" (Mateo 6:12). En este caso el "nosotros" en el catecismo es comprensivo: se refiere tanto al malvado como al justo. Ambos grupos son pecadores, y ambos incrementan su deuda cada día. Sin embargo, hay una enorme diferencia: aunque es triste que el creyente también agregue diariamente a sus pecados ("Porque todos ofendemos muchas veces", Santiago 3:2), él sabe que sus deudas han sido cubiertas. Incluso los creyentes incrementan su deuda cada día —pero, al mismo tiempo, Pablo puede decir: "¿Quién acusará a los escogidos de Dios? Dios es el que justifica" (Romanos 8:33); y Dios ha "perdonándoos todos los pecados, anulando el acta de los decretos que había contra nosotros, que nos era contraria, quitándola de en medio y clavándola en la cruz" (Colosenses 2:13-14). ¡Qué bendición!

Día 39 **¿Quién más puede pagar?** (Domingo 5, **P.** y **R.** 14, parte 1)

P. ¿Pero, puede cualquier criatura pagar por nosotros?
R. *No.*

Ninguna criatura puede jamás pagar la deuda del pecado de otra criatura. Ningún ser humano ordinario, o incluso un ángel, es capaz de hacer esto. Podrías pensar que los animales pueden hacerlo, pues los animales eran sacrificados en el Antiguo Testamento por orden de Dios. ¿Acaso no leemos: "sin derramamiento de sangre no se hace remisión" (Hebreos 9:22), y no se refiere esto a los sacrificios animales? Lo hace. Pero esta sangre animal no tenía el mínimo valor *en sí misma*: "la sangre de los toros y de los machos cabríos no puede quitar los pecados" (Hebreos 10:4). Esta sangre tenía valor solamente porque apuntaba hacia adelante, al verdadero y final sacrificio de Cristo. Por lo tanto, continúa Hebreos, "Sacrificio y ofrenda no quisiste; Mas me preparaste cuerpo. Holocaustos y expiaciones por el pecado no te agradaron. Entonces dije: He aquí que vengo, oh Dios, para hacer tu voluntad...En esa voluntad somos santificados mediante la ofrenda del cuerpo de Jesucristo hecha una vez para siempre" (Hebreos 10:5-10). Así que no, la sangre animal como tal no puede quitar tampoco nuestros pecados.

Somos salvos por gracia, a través de la sangre de Jesús, pero ¿qué no es Jesús también una "criatura" después de todo? Él es Dios, pero también es hombre, y por lo tanto una criatura. Bien, el catecismo implica que Jesús no es una criatura, y pienso que el catecismo está en lo correcto. Sí, cuando Jesús se hizo hombre, cuando la Palabra se hizo carne (Juan 1:14), el Hijo de Dios se hizo partícipe de su propia creación. Pero no es correcto decir que aquel a través del cual Dios creó todas las cosas (Juan 1:3; Hebreos 1:2) se convirtió en una "criatura". Colosenses 1 también enfatiza que Dios creó todas las cosas a través de Jesús (v. 16), y lo hace después de haber dicho: "Él es la imagen del Dios invisible, el primogénito [*i.e.* el primero en jerarquía] de toda creación" (v. 15). Cuando el Hijo se hizo partícipe de su propia creación, fue necesariamente el número uno entre todas las criaturas, pues aquí el Instrumento creador de Dios mismo se había hecho humano. Era más que una criatura; era Dios y hombre en una persona.

Día 40 **Cada quién tiene que llevar su propia carga** (Domingo 5, **P.** y **R.** 14, parte 2)

R. … *en primer lugar, Dios no quiere castigar a ninguna otra criatura por la culpa que tiene el hombre..*

Es un importante principio bíblico que una criatura no puede ser castigada por la culpa de otra criatura. Como dice el Señor: " El alma que pecare, esa morirá; el hijo no llevará el pecado del padre, ni el padre llevará el pecado del hijo; la justicia del justo será sobre él, y la impiedad del impío será sobre él" (Ezequiel 18:20). El catecismo enfatiza que, incluso si fuera posible, no sería justo dejar que un ser humano muera por los pecados de otro. "Así que, cada uno someta a prueba su propia obra, y entonces tendrá motivo de gloriarse sólo respecto de sí mismo, y no en otro; porque cada uno llevará su propia carga" (Gálatas 6:4-5).

No pienses que Éxodo 20:4 dice otra cosa; leemos allí que Dios visita "la maldad de los padres sobre los hijos hasta la tercera y cuarta generación de los que me aborrecen" (*cfr*. Deuteronomio 5:9). Este texto más bien habla de las *consecuencias* de los pecados de los padres para los hijos. Pero, incluso si el texto estuviese hablando de real castigo, recuerda aquellas cuatro últimas palabras: "los que me aborrecen". Como puedes ver, el punto no es que los pobres nietos o bisnietos de un hombre tengan que sufrir por sus pecados. No: también estos descendientes están odiando a Dios.

¡No excuses a estas personas! El odio es una cosa atroz, la cual a veces parece ser transferida de una generación a la siguiente. Pero esto no cambia el hecho de que cada generación es y sigue siendo completamente responsable de su propio odio. Nunca culpes a tus ancestros. Ninguna generación es castigada por los pecados de una generación previa; solamente es castigada por sus *propios* pecados. El juicio de Dios siempre es justo. Nunca pienses que estás siendo castigado por los pecados de tus padres; ellos tendrán que llevar su propia carga.

Día 41 **¿Quién puede redimir a otros?** (Domingo 5, **P.** y **R.** 14, parte 3)

R. . . . *En segundo lugar, ninguna criatura puede soportar la ira del Dios eterno contra el pecado y redimir a otros del mismo.*

En la previa PyR, se estableció que no sería correcto o justo castigar al ser humano por aquello de lo que es culpable otro ser humano: "la maldad del malvado recaerá sobre él mismo"; "cada uno tendrá que llevar su propia carga" . Sigue ahora un nuevo argumento: por naturaleza todos somos pecadores —¿cómo podríamos jamás ser capaces de liberar a otros del poder del pecado si nosotros mismos nos hallamos bajo este mismo poder? Incluso la persona más justa del mundo no podría hacer eso. ¿Qué persona en los tiempos bíblicos era más cercana a Dios que Moisés? "Y hablaba Jehová a Moisés cara a cara, como habla cualquiera a su compañero" (Éxodo 33:11). "Y cuando entraba Moisés en el tabernáculo de reunión, para hablar con Dios, oía la voz que le hablaba de encima del propiciatorio" (Números 7:89). Dios dijo: "Cuando haya entre vosotros profeta de Jehová, le apareceré en visión, en sueños hablaré con él. No así a mi siervo Moisés, que es fiel en toda mi casa. Cara a cara hablaré con él, y claramente, y no por figuras; y verá la apariencia de Jehová" (12:26-8).

¿Puedes imaginar a un hombre de Dios más grande? Pero incluso este gran hombre de Dios no podía llevar la culpa del pueblo en sí mismo. Después del pecado de Israel con el becerro de oro, Moisés le dijo al Señor: "Te ruego, pues este pueblo ha cometido un gran pecado, porque se hicieron dioses de oro, que perdones ahora su pecado, y si no, ráeme ahora de tu libro que has escrito" pero el Señor le dijo a Moisés: "Al que pecare contra mí, a éste raeré yo de mi libro" (Éxodo 32:31-33). El Salmo 49 ofrece esto como una regla general: "Ninguno de ellos podrá en manera alguna redimir al hermano, Ni dar a Dios su rescate (Porque la redención de su vida es de gran precio, Y no se logrará jamás), Para que viva en adelante para siempre, Y nunca vea corrupción" (Salmo 49:7-9).

Este es el enorme problema de la raza humana. Los humanos no se pueden rescatar a sí mismos, ni pueden rescatar a otros. La única persona que queda es Dios mismo. Pero, ¿cómo podría el Dios inmortal morir por nuestros pecados? ¡Piense en ello! ¿Cuál puede ser la única solución a esta gran pregunta de todos los tiempos?

Día 42 Tanto digno como capaz (Domingo 5, **P.** y **R**. 15, parte 1)

P. ¿Qué pues debemos buscar como mediador y redentor?

R. *Debemos buscar un verdadero hombre que sea justo.*

El catecismo de manera reiterada y consistente conduce hacia una conclusión cierta e inevitable. Alguien que sea meramente humano no puede librar a otro ser humano de su culpa. Ello se debe, en primer lugar, a que tiene su propia culpa; en segundo lugar, a que los humanos no son lo suficientemente grandes para liberar a otros humanos; y en tercer lugar, debido a que Dios no acepta tales sustituciones: "cada uno tendrá que llevar su propia carga". Así que parece que sólo Dios puede librar a los humanos de su culpa. Pero, ¿cómo puede Dios morir por nosotros? ¿Cómo puede Dios mismo llevar el peso de su propia ira eterna contra el pecado? Esto es, ¿cómo puede sobrellevar Dios en sí mismo su propia ira? Dios es el Juez; cómo puede ser él, al mismo tiempo, nuestro mediador; esto es, el que puede cerrar la brecha entre la humanidad pecaminosa y un Dios airado? La pregunta flota en el aire. Es como la pregunta en Apocalipsis 5: "¿Quién es digno de abrir el libro y desatar sus sellos?". Comenta Juan: "ninguno, ni en el cielo ni en la tierra ni debajo de la tierra, podía abrir el libro, ni aun mirarlo" (vv. 2-3). Como puedes ver, nadie era *digno* y nadie era *capaz*. Un mundo malvado necesita alguien que sea ambas cosas.

Es parecida a ella la primera pregunta del catecismo: en primer lugar, ¿quién es digno de llevar a cabo la obra de redención? ¡Ningún humano es lo suficientemente grande! En segundo lugar, ¿quién es capaz de llevar a cabo esta obra? No Dios como tal; él no puede mediar entre él mismo y la humanidad con la que está airado. De acuerdo con la Biblia, sólo puede haber una respuesta: el mediador debe ser alguien que sea tanto plenamente humano como plenamente Dios, y, no obstante ser una persona. A veces en la Escritura se enfatiza la humanidad de Jesús: "Porque hay un solo Dios, y un solo mediador entre Dios y los hombres, Jesucristo hombre, el cual se dio a sí mismo en rescate por todos" (1 Timoteo 2:5-6). A veces es su divinidad lo que se enfatiza: "nuestro gran Dios y Salvador Jesucristo, quien se dio a sí mismo por nosotros para redimirnos de toda iniquidad y purificar para sí un pueblo propio, celoso de buenas obras" (Tito 2:13-14). Necesitamos ambos: uno que sea tanto Dios como Hombre.

Día 43 Una persona, dos naturalezas (Domingo 5, P. y R. 15, parte 2)

R. *Debemos buscar un verdadero hombre que sea justo y que sin embargo, sea más fuerte que toda criatura, así como también verdaderamente Dios.*

Desde luego, el catecismo no alcanza su conclusión sobre la naturaleza del verdadero Mediador solamente por pura deducción. Por el Nuevo Testamento ya sabe de antemano cuál va a ser la conclusión; esto es, en unas cuantas PyRs va a presentarnos a Jesucristo, quien es verdaderamente Dios y verdaderamente Hombre en una persona. Pero el maestro no lo hace de inmediato; primeramente crea alguna tensión y anticipación. Desea hacer que el pupilo madure para la respuesta final: ¡piensa primero acerca de qué tipo de Redentor necesitamos! ¿Qué condiciones tiene que satisfacer? No las satisfará si es meramente hombre. Pero tampoco puede ser solamente Dios. ¡El punto crucial es que tiene que ser ambas cosas!

Lo que el pupilo habrá de derivar por sí mismo, mediante estas persistentes PyRs, será de mucho mayor valor para él que una respuesta revelada de inmediato por el maestro.

Pasaron varios siglos de la historia de la iglesia antes de que todo esto se desarrollara. Tuvo que deshacerse de muchas enseñanzas erróneas. En primer lugar se hallaba la herejía conocida como docetismo, la cual negaba la verdadera humanidad de Cristo. Afirmaba que Dios había asumido meramente la apariencia externa de un hombre, y solamente por un tiempo. En segundo lugar se hallaban aquellos que negaban la verdadera deidad de Cristo; afirmaban que él era solamente la primera y la más grande de las criaturas de Dios (arrianismo). Algunos decían que Cristo era en realidad dos personas: una persona humana y una persona divina. Otros afirmaban que Cristo sólo tenía una naturaleza, que su naturaleza humana había confluido a su naturaleza divina. Otros más afirmaban que Cristo era un espíritu divino en un cuerpo humano

Finalmente, en el 451 AD , en el Concilio de Calcedonia, la iglesia llegó a una conclusión que desde entonces ha sido aceptada por casi todas las iglesias cristianas: Cristo es una persona con dos naturalezas, la naturaleza divina y la naturaleza humana. Verdaderamente Dios y verdaderamente Hombre en una persona. Y debido a que él no es solamente humano sino también divino, su naturaleza humana es sin mancha, sin pecado, verdadera y justa, más poderosa que la de todas las criaturas.

Día 44 El verdadero mediador (Domingo 6, P. y R. 16, parte 1)

P. ¿Por qué debe él [el mediador] ser un hombre verdadero y justo?

R. *El pecado fue cometido por los hombres, es por ello que la justicia de Dios requiere que un hombre pague por el pecado.*

La figura bíblica del "mediador" es muy importante; es la persona que cierra la brecha entre Dios —creador de la humanidad y santo Juez— por un lado, y la humanidad caída y pecaminosa, por el otro. Job buscaba tal mediador; dijo: Dios "no es hombre como yo, para que yo le responda, Y vengamos juntamente a juicio. No hay entre nosotros árbitro Que ponga su mano sobre nosotros dos" (Job 9:32-33). El hiato permaneció; Job no fue consciente de ningún puente posible. En el mismo libro, Eliú habla de el "mediador muy escogido, Que anuncie al hombre su deber" (33:23). Se lo mostró a Job, pero, naturalmente, sólo pudo hacerlo de una manera vaga e incompleta. En otra parte era Dios mismo el que buscaba un mediador: "Y busqué entre ellos [los israelitas] hombre que hiciese vallado y que se pusiese en la brecha delante de mí, a favor de la tierra, para que yo no la destruyese; y no lo hallé" (Ezequiel 22:30).

En el Nuevo Testamento se levanta finalmente la neblina, y empezamos a reconocer al único y verdadero Mediador entre Dios y la humanidad: "Porque hay un solo Dios, y un solo mediador entre Dios y los hombres, Jesucristo hombre, el cual se dio a sí mismo en rescate por todos" (1 Timoteo 2:5-6). Él pago el precio y conduce a los pecadores arrepentidos de regreso a Dios. "Pero ahora tanto mejor ministerio es el suyo, cuanto es mediador de un mejor pacto, establecido sobre mejores promesas" (Hebreos 8:6) Cristo "es mediador de un nuevo pacto, para que interviniendo muerte para la remisión de las transgresiones que había bajo el primer pacto, los llamados reciban la promesa de la herencia eterna" (9:15).

Quizá el modo más hermoso de describir la tarea que ha logrado sea este: "Porque también Cristo padeció una sola vez por los pecados, el justo por los injustos, para llevarnos a Dios" (1 Pedro 3:18). No solamente nos lleva al cielo, sino de regreso a los brazos de Dios, así como el hijo pródigo aterrizó en los brazos de su padre (Lucas 15:20). Nuestra meta no es el cielo, sino Dios *mismo*, y sólo hay un camino de regreso a él.

Día 45 Verdadero y justo (Domingo 6, **P.** y **R**. 16, parte 2)

R. *El pecado fue cometido por los hombres, es por ello que la justicia de Dios requiere que un hombre pague por el pecado; pero quien es él mismo un pecador no puede pagar por los otros.*

Nuestro mediador debe ser humano, pero no cualquier humano. Debe ser "un verdadero hombre que sea justo" (PyR 15). Desde el tiempo de la Caída hasta hoy, solamente una persona tal ha vivido en este mundo. El es el llamado "fiel y verdadero", quien "juzga en justicia" (Apocalipsis 19:11). Él es el llamado "Santo, el Verdadero" (3:7). Él era tan verdaderamente humano como tú y yo: "Así que, por cuanto los hijos participaron de carne y sangre, él también participó de lo mismo" (Hebreos 2:14). Él fue "tomando forma de siervo, hecho semejante a los hombres" (Filipenses 2:7). Y al mismo tiempo él fue totalmente diferente, incluso como hombre. Dios envió a "su Hijo en semejanza de carne de pecado" (Romanos 8:3), pero la diferencia fue esta: es *en nosotros* que la carne es pecaminosa. Pero en su caso, su carne, aunque era como nuestra carne, era *sin pecado*. Tenemos un testimonio cuádruple de esto: "el cual no hizo pecado" (1 Pedro 2:22), él "no conoció pecado" (2 Corintios 5:21), "no hay pecado en él" (1 Juan 3:5), "fue tentado en todo, pero sin pecado" (Hebreos 4:15).

¿Has tratado alguna vez de imaginar un ser humano que fuera en realidad totalmente sin pecado? Incluso Pilatos tuvo que decir: "Yo no hallo en él ningún delito" (Juan 18:38; 19:4). Jesús era verdaderamente El Justo. La esposa de Pilatos lo llamó "El Justo" (Mateo 27:19). Pedro lo llamó "El Santo y El Justo" (Hechos 3:14; *cfr.* 1 Pedro 3:18). Esteban y Ananías lo llamaron "El Justo" (7:52; 22:14). Pablo lo llamó "el juez justo" (2 Timoteo 4:8). Juan lo llamó "Jesucristo el justo" (1 Juan 2:1). A través de los siglos, la gente ha espetado toda clase de absurdos acerca de Jesús. Pero no muchos se han atrevido a dudar el hecho de que era, como lo dice el catecismo "un hombre verdadero y justo". De seguro, algunos grandes hombres de Dios han sido llamados "justos y santos", tales como Juan el Bautista (Marcos 6:20). Pero lo fueron por la redentora gracia de Dios. Jesús lo fue todo por sí mismo. Fue el único hombre en toda la historia que no necesitó redención —y por lo tanto fue el único humano en toda la historia que podía *traer* redención.

Día 46 **Verdaderamente Dios y verdaderamente hombre** (Domingo 6, P. y R. 17, parte 1)

P. ¿Por qué debe él [el Mediador] ser simultáneamente verdadero Dios?

R. *Solamente cuando él simultáneamente sea verdaderamente Dios, puede un hombre soportar el peso de la ira de Dios.*

Jesucristo era digno de ser nuestro redentor porque fue un humano verdadero y justo; fue sin pecado. Jesús fue tambien *capaz* de ser nuestro redentor porque era Dios. Ésta es una declaración de gran alcance. Muchas personas que se llaman cristianas no son felices con ella. Sugieren que está bien si lo llamamos "divino" o el "Hijo de Dios" como una especie de título honorario —pero no Dios. No obstante, el catecismo dice que el es "Dios verdadero". Y se halla en buena compañía, pues también la Biblia lo dice, explícita y directamente. Juan dice: "En el principio era el Verbo, y el Verbo era con Dios, y el Verbo era Dios . . . Y aquel Verbo fue hecho carne" (Juan 1:1.14). También habla del "Hijo Jesucristo" de Dios, quien "es el verdadero Dios, y la vida eterna" (1 Juan 5:20). Pablo habla de "Cristo, el cual es Dios sobre todas las cosas" (Romanos 9:5 y de "nuestro gran Dios y Salvador Jesucristo" (Tito 2:13); Pedro lo hace de modo similar (2 Pedro 1:1). Podríamos extraer muchas más pruebas del Nuevo Testamento. Sus enemigos incluso lo acusaron de "hacerse él mismo Dios" (Juan 10:33).

Observa ahora la tensión en la respuesta del catecismo: debido a que Cristo es Dios, el es capaz de "soportar el peso de la ira *de Dios*" en *su humanidad*. Cuando hablamos de soportar la ira de Dios, desde luego pensamos en Jesús "en su humanidad", esto es, el hombre que dijo en la cruz: "Dios mío, Dios mío, ¿por qué me has desamparado?" (Mateo 27:46). Sólo un hombre que tiene intimidad con Dios puede hablar de ese modo. Y no obstante, al mismo tiempo era también Dios —Dios el Hijo. Nunca deberíamos de *separar* las dos naturalezas de Cristo, la humana y la divina. Pero ciertamente deberíamos *distinguir* entre las dos. Fue un *Hombre* el que habló a su Dios en la cruz, pero sólo debido a que este Hombre *era* Dios fue capaz de soportar la ira de Dios. Tenemos que mantener plenamente la tensión en la respuesta del catecismo. Esto es, nunca podremos desentrañar plenamente el misterio de la persona de Cristo: verdaderamente Dios, verdaderamente Hombre. ¡Agradezcamos que nuestra responsabilidad no es desentrañar los profundos misterios de Dios, sino adorarle!

R. . . . *y adquirir la justicia y la vida y regresárnoslas* .

¿Cuál era la meta de nuestro mediador Jesucristo? Él restauró la brecha entre Dios y nosotros por un propósito tanto negativo como positivo. El propósito negativo era *eliminar* las iniquidades que nos separaban de Dios (*cfr.* Isaías 59:2). Nos salvó del poder del pecado, el diablo y la muerte. El propósito positivo era *restaurar* para nosotros la justicia y la vida. A través de la palabra 'restaurar' el catecismo nos recuerda lo que perdimos en el Jardín del Edén. Adán era sin pecado, y a través de la redención recibimos una nueva naturaleza, la cual es también sin pecado (*cfr.* 1 Juan 3:6, 9). Pero hay una diferencia importante: no se suponía que Adán cayese en pecado, pero *podía* caer, y cayó. Sin embargo, nuestra nueva naturaleza nunca puede caer nuevamente en pecado. Mientras estemos aquí sobre la tierra podemos pecar; esto es, la "carne" (la naturaleza pecaminosa que permanece todavía en nosotros) puede pecar —pero no el nuevo yo (*cfr.* Efesios 4:24; Colosenses 3:10).

Esto es lo que muchos hombres de Dios siempre nos han dicho: a través de la redención de Cristo *ganamos mucho más que lo que Adán perdió.* ¿Puedes imaginarte a nuestro primer ancestro arruinando todo en un momento de rendición a la tentación, y a Dios necesitando miles de años meramente para traernos de regreso a donde todo había empezado? No: esta es la razón por lo que algunos padres de la Iglesia hablaron de la "feliz caída", o de nuestra "feliz culpa", porque se dieron cuenta de que a través de la caída y la redención, Dios está operando hacia un nuevo mundo de "justicia y vida" que sin la caída no hubiera sido posible. No está meramente reparando el viejo mundo, ni lo está reemplazando —lo está elevando a través del la obra redentora de Cristo.

La historia del mundo no es un círculo sino una espiral ascendente: un día alcanzaremos un mundo mucho mejor que el que Adán perdió. Éste fue el maravilloso plan de Dios desde el principio. Adán ni siquiera pudo decir que significaban 'justicia' y 'vida' porque él no supo lo que la injusticia y la muerte significaban . Todavía no conocía el bien o el mal (*cfr.* Génesis 9:17). Conocemos la justicia y la vida después de una historia del mundo con tanta injusticia y muerte. *Conocemos* el bien y el mal —y por la obra de Cristo estamos destinados al bien. ¡Gracias a Dios por ello!

Día 48 **Cristo es nuestra redención** (Domingo 6, **P.** y **R.** 18, parte 1)

P. ¿Quién es pues este mediador, el que simultáneamente es verdadero Dios y un hombre verdadero y justo?

R. *Nuestro Señor Jesucristo, el que a nosotros nos da perfecta redención y justicia.*

Esta respuesta se cambió en la versión de la Iglesia Cristiana Reformada del catecismo en 2011, pero pienso que es mejor la versión original: "Nuestro Señor Jesucristo: "nos ha sido hecho por Dios sabiduría, justificación, santificación y redención' ". Esto es una cita casi directa de 1 Corintios 1:30: "Mas por él estáis vosotros en Cristo Jesús, el cual nos ha sido hecho por Dios sabiduría, justificación, santificación y redención". Éste es el espléndido modo en que Pablo vive los resultados de la obra de Cristo. Está diciendo que sus resultados nunca pueden ser separados de la persona de Cristo: es *en él* que tenemos estas grandes cosas: sabiduría justificación, santificación y redención. Jamás las poseeremos aparte de él. No son dones que se nos hayan entregado y que se hayan convertido en nuestros independientemente del Dador y separados de él.

En la eternidad tendremos estas cuatro bendiciones en él, y nunca olvidaremos esto. Son hechas por Dios; esto es, él hizo el plan y envía su Hijo, pero tenemos estas bendiciones "en" Jesús. En la obra redentora de Cristo, primeramente, toda la sabiduría de los consejos de Dios ha sido revelada, incluso mucho más que en la creación (*cfr.* Efesios 3:10). En segundo lugar, Cristo se convirtió en nuestra "justificación"; esto es, por fe en él hemos sido justificados (*i.e.*, hechos justos). El que era justo fue hecho pecado "para que nosotros fuésemos hechos justicia de Dios en él" (2 Corintios 5:21).

En tercer lugar, Cristo se convirtió en nuestra "santificación" o "santidad"; esto es, por la fe en él hemos sido santificados. El que era santo se hizo pecado para que nosotros, que éramos pecado nos convirtiésemos en la santidad de Dios. En cuarto lugar, Cristo se hizo para nosotros redención; esto es, en y a través de él hemos sido redimidos del poder del pecado, del diablo y de la muerte. Él encarna esta redención, como quien dice, en su persona y obra. ¡Nunca disfrutes tu justicia, santidad y redención sin recordar a través de quien la has recibido, y en quien la posees!

Día 49 **Cristo es nuestro Redentor** (Domingo 6, P. y R. 18, parte 2)

R. *Nuestro Señor Jesucristo, el que nos da perfecta redención.*

De vez en cuando, la palabra 'nosotros' en el catecismo parece referirse a todas las personas, o en particular a los incrédulos. Pero aquí "nosotros" es una clara referencia a aquellos que creen en Jesús. Él es *nuestro* Señor Jesucristo, como muchas veces lo dice el Nuevo Testamento (*i.e.* Hechos 15:26; Judas 1:25).

Esta versión del catecismo incluso agrega: "nos fue hecho". Estamos familiarizados con el pensamiento de que se entregó *por* nosotros. Quizá el pasaje más conspicuo donde explícitamente se dice que nos fue hecho se halla en Efesios 1:22-23: "y [Dios] sometió todas las cosas bajo sus pies [de Cristo], y lo dio por cabeza sobre todas las cosas a la iglesia, la cual es su cuerpo, la plenitud de Aquel que todo lo llena en todo". Cristo es descrito aquí como el que fue levantado de los muertos y sentado por Dios "a su diestra en los lugares celestiales, sobre todo principado y autoridad y poder y señorío, y sobre todo nombre que se nombra" (vv. 20-21). El Cristo ascendido y glorificado, en toda su grandeza y majestad, fue dado por Dios a la iglesia, el cuerpo de Cristo, para que fuese su "cabeza sobre todas las cosas". La iglesia es tan preciosa para Dios que le dio el mejor regalo que pudo imaginar para que fuese su cabeza. ¡El Cristo glorificado! El mismo que nos fue dado para que nos diese perfecta redención se ha convertido ahora en cabeza de la Iglesia, y en el señor de cada creyente individual.

Cuando el catecismo habla de ser redimido, indica que por naturaleza estamos cautivos, en manos de atroces enemigos: el pecado, el diablo y la muerte. Déjame mencionar dos ejemplos bíblicos: "a través de la muerte" Cristo destruyó "al que tenía el imperio de la muerte, esto es, al diablo, y [libró] a todos los que por el temor de la muerte estaban durante toda la vida sujetos a servidumbre."(Hebreos 2:14-15). El Señor Jesucristo "el cual se dio a sí mismo por nuestros pecados para librarnos del presente siglo malo, conforme a la voluntad de nuestro Dios y Padre" (Gálatas 1:3-cuatro). ¡Qué gran redentor es él!

Día 50 **Cristo es nuestro Restaurador** (Domingo 6, **P.** y **R.** 18, parte 3)

R. *Nuestro Señor Jesucristo, el que nos da perfecta... justicia.*

El catecismo dice que Cristo nos fue dado "para darnos perfecta justicia" —¡interesante expresión! Sugiere la gran verdad de la justificación del Nuevo Testamento, la cual literalmente significa "hacer justo". Pero quizá la expresión sugiere de manera mucho más fuerte la idea de reconciliación. Si tú te justificas con alguien, significa que has lastimado a esa persona y ahora corriges la situación haciendo una confesión de lo que hiciste mal, extendiendo nuevamente la mano de la amistad. El texto no dice que nosotros *nosotros* nos justificamos delante de Dios sino que *Cristo* "nos justifica delante de Dios". Hubo alguien que nos justificó, que intervino por nosotros y nos reconcilió con Dios.

En cierto sentido, Jesús, como nuestro representante, confesó nuestros pecados a Dios como si fuesen suyos, para justificarnos delante de él. Vemos esto presagiado por el Sumo Sacerdote el día de la expiación: "y pondrá Aarón sus dos manos sobre la cabeza del macho cabrío vivo, y confesará sobre él todas las iniquidades de los hijos de Israel, todas sus rebeliones y todos sus pecados, poniéndolos así sobre la cabeza del macho cabrío, y lo enviará al desierto por mano de un hombre destinado para esto" (Levítico 16:21). Esto es lo que hizo Jesús al llevar nuestros pecados sobre la cruz (1 Pedro 2:24). Nos reconcilió con Dios: "Porque si siendo enemigos, fuimos reconciliados con Dios por la muerte de su Hijo" (Romanos 5:10-11). Dios "quien nos reconcilió consigo mismo por Cristo" (2 Corintios 5:18-20). "Y a vosotros también, que erais en otro tiempo extraños y enemigos en vuestra mente, haciendo malas obras, ahora os ha reconciliado en su cuerpo de carne, por medio de la muerte, para presentaros santos y sin mancha e irreprensibles delante de él [Dios]" (Colosenses 1:21-22).

La Biblia nunca dice que Dios tenía que reconciliarse con nosotros, o justificarse con nosotros. Él nunca se comportó como nuestro enemigo; "su mano está extendida" (Isaías 9:17, 21; 10:4). Éramos enemigos; éramos rebeldes hostiles; necesitábamos ser justificados delante de Dios. Más bien, es Dios el que hace esta "apelación" a través de sus "embajadores", quienes dicen: "os rogamos en nombre de Cristo: Reconciliaos con Dios" (2 Corintios 5:20). Dios en su amor suplicándole al pecador —¡que pensamiento tan humillante pero glorioso!

Día 51 El santo Evangelio (Domingo 6, **P.** y **R.** 19, parte 1)

P. ¿De dónde sabes esto?

R. *Del santo Evangelio.*

¿De dónde sabemos acerca de Jesucristo como el único mediador verdadero entre Dios y la humanidad, y el único redentor verdadero del poder del pecado, del diablo y de la muerte? La respuesta del catecismo es simple: "del Santo Evangelio". El mensaje nuclear de la Biblia se describe aquí como "Evangelio". La palabra española 'Evangelio' proviene de un vocablo griego que significa "buena nueva". Éste es precisamente el significado de la palabra griega '*euangelion*' o '*evangelion*', de la cual "Evangelio" es la traducción. Todavía llegamos a conocer este término griego por palabras como 'evangelista' (predicador del Evangelio) y 'evangelizar' (predicar el evangelio). Fuera de la Biblia, e independientemente de la Biblia, escuchamos muy poco acerca de Jesús, e incluso menos acerca del Evangelio. Pero la Biblia misma está llena del Evangelio, de principio a fin.

Esto es casi literalmente verdadero. Casi las primeras palabras de la Biblia son éstas "Sea la luz; y fue la luz" (Génesis 1:2-3). De acuerdo con el apóstol Pablo, podemos leer el Evangelio ya en estas palabras, pues él habla de "la luz del evangelio de la gloria de Cristo, el cual es la imagen de Dios . . . Porque Dios, que mandó que de las tinieblas resplandeciese la luz, es el que resplandeció en nuestros corazones, para iluminación del conocimiento de la gloria de Dios en la faz de Jesucristo" (2 Corintios 4:4, 6). De modo similar, si la Biblia casi empieza diciéndonos acerca del "árbol de la vida" (Génesis 2:9), casi termina diciendo "Bienaventurados los que lavan sus ropas, para tener derecho al árbol de la vida, y para entrar por las puertas en la ciudad" (Apocalipsis 22:14).

Entretanto, hay anuncios de juicio para aquellos que se rehúsan a amar y a obedecer a Dios, pero el mensaje preponderante es el de la redención, la esperanza y la bendición, anclado en la persona de Jesucristo, el Hijo de Dios. Escuchar el evangelio es escuchar el "evangelio de Jesucristo" (Marcos 1:1; Romanos 16:25; 2 Tesalonicenses 1:8); es el "el evangelio de su Hijo [de Dios]" (Romanos 1:9).

Día 52 **El Evangelio en el paraíso** (Domingo 6, **P.** y **R.** 19, parte 2)

R. *Dios mismo primeramente reveló [el Evangelio] en el paraíso.*

El catecismo se refiere aquí a la bien conocida palabra de Dios después de la Caída de la humanidad: "pondré enemistad entre ti y la mujer, y entre tu simiente y la simiente suya; ésta te herirá en la cabeza, y tú le herirás en el calcañar" (Génesis 3:15). Esta declaración de Dios es frecuentemente llamada el *protoevangelio*, el "primer evangelio" anunciado por Dios a los caídos Adán y Eva. A primera vista, no suena como buenas noticias en lo absoluto. En primer lugar, estas palabras no están dirigidas a Adán y Eva, sino al diablo. En segundo lugar, parecen ser más bien una amenaza que una promesa. No anuncian la redención del pueblo de Dios, sino el juicio de Dios sobre el diablo. En tercer lugar, no se refiere literalmente a Cristo sino muy generalmente a la descendencia de la mujer (*i.e.* Eva); esto es, a aquellos que habrían de nacer de Eva.

Pero hay algo más. Ya en Génesis 4 podríamos decir que Caín representa la descendencia del diablo (*cfr.* Juan 8:44; 1 Juan 3:10), y Abel representa la descendencia de la mujer, la descendencia de la *vida* (*cfr.* Génesis 3:20). Caín mató a Abel; esto es, en el lenguaje de Génesis 3:15, la descendencia del diablo "herirá el calcañar" de la descendencia de Eva —y esto ha ocurrido durante miles de años, el diablo persiguiendo a los hijos de Dios.

Dios le dijo a Abraham: "En tu simiente serán benditas todas las naciones de la tierra" (Génesis 22:18). Y Pablo comenta: "No dice: Y a las simientes, como si hablase de muchos, sino como de uno: Y a tu simiente, la cual es Cristo" (Gálatas 3:16). Pudo haber dicho lo mismo de Génesis 3:15; al final, e indirectamente, el versículo es una promesa y un fragmento de Evangelio en cuanto que anuncia que algún día la descendencia de la mujer, esto es Cristo, heriría a la cabeza del diablo. "Para esto apareció el Hijo de Dios, para deshacer las obras del diablo" (1 Juan 3:8). Pablo hace una obvia referencia a Génesis 3:15 cuando dice: "el Dios de paz aplastará en breve a Satanás bajo vuestros pies" (Romanos 16:20). Esta victoria sobre nuestro mayor y más letal enemigo es desde luego buenas noticias.

Día 53 **El evangelio de los patriarcas y los profetas** (Domingo 6, **P.** y **R.** 19, parte 3)

R. *Luego [proclamó el Evangelio] a través de los santos patriarcas y los profetas.*

El Evangelio es el "buen mensaje" de redención y esperanza que impregna la Biblia entera. Fue predicado primeramente por Dios en el Jardín del Edén, y luego en el tiempo de los "santos patriarcas": Abraham, Isaac y Jacob. Dios le dijo a Abraham: "En tu simiente serán benditas todas las naciones de la tierra" (Génesis 22:18) y Pedro dice que se estaba refiriendo a Cristo (*cfr.* Hechos 3:18-26). Jacob, al bendecir a sus hijos, dijo: "No será quitado el cetro de Judá, Ni el legislador de entre sus pies, Hasta que venga Siloh; Y a él se congregarán los pueblos" (Génesis 49:10). Tanto judíos como cristianos han visto en este versículo una referencia al Mesías.

¡Y entonces los profetas! ¿Dónde empezar siquiera a citarlos? Pedro dijo: "De éste dan testimonio todos los profetas, que todos los que en él creyeren, recibirán perdón de pecados por su nombre" (Hechos 10:43). Pablo escribe de "el evangelio de Dios, que él había prometido antes por sus profetas en las santas Escrituras, acerca de su Hijo" (Romanos 1:1-3). Si nos limitamos a los pasajes que hablan de redención y perdón, siempre pensaremos en primer lugar en Isaías 53: "Mas él herido fue por nuestras rebeliones, molido por nuestros pecados; el castigo de nuestra paz fue sobre él, y por su llaga fuimos nosotros curados . . . Jehová quiso quebrantarlo, sujetándole a padecimiento. Cuando haya puesto su vida en expiación por el pecado, verá linaje" (Isaías 53:5, 10).

Miqueas dice: "El volverá a tener misericordia de nosotros; sepultará nuestras iniquidades, y echará en lo profundo del mar todos nuestros pecados" (Miqueas 7:19). Y Dios dice a través de Zacarías: "derramaré sobre la casa de David, y sobre los moradores de Jerusalén, espíritu de gracia y de oración; y mirarán a mí, a quien traspasaron, y llorarán como se llora por hijo unigénito, afligiéndose por él como quien se aflige por el primogénito . . . En aquel tiempo habrá un manantial abierto para la casa de David y para los habitantes de Jerusalén, para la purificación del pecado y de la inmundicia" (Zacarías 12:10; 13:1). ¡El Traspasado resulta ser el gran Purificador!

R. *Dios mismo primeramente reveló [el Evangelio] ... a través de las ofrendas [sacrificiales] y otras costumbres preformadoras de la ley.*

Es maravilloso ponderar los modos en que Cristo y su obra redentora son presentados en las leyes levíticas de los sacrificios (Levítico 1-17) y otras ceremonias. Estas "otras costumbres preformadoras de la ley", tales como la Pascua (Éxodo 12) y otros festivales judíos (Levítico 23; Números 28-29; Deuteronomio 16), al igual que rituales como el de los leprosos sanados (Levítico 14), todas contienen ciertos sacrificios animales. Todos y cada uno de los tipos de sacrificios animales en las leyes sinaíticas apuntan, en su propia manera específica, a la obra de Cristo en la cruz.

Los dos tipos de sacrificio más básicos son la ofrenda quemada (Levítico 1; siempre acompañada de la ofrenda de granos en Levítico 2) y la ofrenda por el pecado (Levítico 4, la ofrenda de la culpa de Levítico 5 es un ejemplo especial de éstos). Leemos que ambos tipos han sido prescritos por Dios para hacer expiación para el pecador (Levítico 1:4; 4:20, 26, 31, 35). Un tercer tipo de sacrificio animal es la ofrenda de paz (Levítico 3; 7:11-36). En ninguna parte se dice que la ofrenda de paz hace expiación, pero Ezequiel 45:17 habla de un modo general de "la expiación, la ofrenda, el holocausto y las ofrendas de paz, para hacer expiación por la casa de Israel".

'Expiación' es un término español que se deriva del latín *'expiare'*, el cual significa limpiar o borrar una culpa. Como tal, cubre dos expresiones neotestamentarias diferentes: 'propiciación' y 'reconciliación'. La propiciación involucra la eliminación de los pecados: "Jesucristo ... es la propiciación por nuestros pecados" (1 Juan 2:1-2; *cfr.* 4:10; Hebreos 2:17). Cristo Jesús fue puesto por Dios "como propiciación por medio de la fe en su sangre" (Romanos 3:25). El lenguaje de los sacrificios levíticos es aquí directamente aplicado a la obra de Cristo (véase Hebreos 10:1-10). El otro término importante es 'reconciliación', el cual involucra la obra por la cual Dios y sus enemigos —en tanto que se arrepientan y vengan a la fe— serán "unidos" (Romanos 5:11; 2 Corintios 5:18-20; Colosenses 1:20-22). Ambos aspectos de la obra de Cristo son claramente representados por los sacrificios levíticos; ¡la luz del Evangelio brilla fulgurante ya en ellos!

R. . . . *pero finalmente [ha revelado el evangelio] plenamente a través de su amado hijo unigénito.* .

¡Finalmente! Todos los cabos sueltos del Antiguo Testamento son atados, todas las imágenes del Antiguo Testamento alcanzan su plenitud, todos los presagios se tornan reales. "El fin [esto es, la meta, o plenitud o culminación] de la ley es Cristo, para justicia a todo aquel que cree" (Romanos 10:4). "Cuando vino el cumplimiento del tiempo, Dios envió a su Hijo" (Gálatas 4:4). Festivales, sacrificios, rituales, éstos son "sombra de lo que ha de venir; pero el cuerpo es de Cristo" (Colosenses 2:16-17). "Dios, habiendo hablado muchas veces y de muchas maneras en otro tiempo a los padres por los profetas, en estos postreros días nos ha hablado por el Hijo" (Hebreos 1:1-2). "En esto se mostró el amor de Dios para con nosotros, en que Dios envió a su Hijo unigénito al mundo, para que vivamos por él" (1 Juan 4:9).

Con la llegada de Cristo a este mundo, nos damos cuenta de que el evangelio del que hablan estas PyRs es más amplio que la misericordia redentora de Dios hacia los pobres pecadores. Cuando Juan el Bautista y y el mismo Jesucristo empezaron su predicación, era otro el aspecto que enfatizaban: "Arrepentíos, porque el reino de los cielos se ha acercado" (Mateo 3:2; 4:17); Jesús proclamó el "evangelio del Reino" (4:23). Esto involucra no sólo salvar pecadores individuales, sino reclamar el mundo para Dios. No sólo el Libertador, sino el *Rey* ha llegado. Y esto también fue presagiado en el Antiguo Testamento: él es el "hijo" en Isaías 9:6-7: "Porque un niño nos es nacido, hijo nos es dado, y el principado sobre su hombro; y se llamará su nombre Admirable, Consejero, Dios Fuerte, Padre Eterno, Príncipe de Paz. Lo dilatado de su imperio y la paz no tendrán límite, sobre el trono de David y sobre su reino, disponiéndolo y confirmándolo en juicio y en justicia desde ahora y para siempre".

"Alégrate mucho, hija de Sion; da voces de júbilo, hija de Jerusalén; he aquí tu rey vendrá a ti, justo y salvador, humilde, y cabalgando sobre un asno, sobre un pollino hijo de asna . . . y hablará paz a las naciones, y su señorío será de mar a mar, y desde el río hasta los fines de la tierra" (Zacarías 9:9-10). ¡Qué promesa! El mundo, con todos sus reinos, es sometido al justo gobierno de Jesús el Rey.

Día 56 **¿Son todos salvos?** (Domingo 7, **P.** y **R.** 20, parte 1)

P. ¿Serán pues todos los hombres vueltos a través de Cristo a la salvación, así como ellos a través de Adán están perdidos?

R. *No.*

Muchos de nosotros desearíamos que la respuesta fuese: "sí, todas las personas son salvas a través de Cristo". Muchas personas desde luego creen en tal expiación universal porque no pueden imaginar cómo puede un Dios amoroso dejar que ciertas personas se pierdan para siempre. Incluso refieren a versículos bíblicos para sustentar esta creencia: "Dios nuestro Salvador ...quiere que todos los hombres sean salvos y vengan al conocimiento de la verdad" (1 Timoteo 2:3-4). Esto es verdad —pero el problema es que muchas personas no desean ser salvas. Dios no las fuerza en contra de su voluntad. Sí, Dios "es paciente para con nosotros, no queriendo que ninguno perezca, sino que todos procedan al arrepentimiento" (2 Pedro 3:9). El problema es que muchos no desean arrepentirse, así que perecen. No es primariamente Dios el que les trae destrucción; ellos están "atrayendo sobre sí mismos destrucción repentina" (2 Pedro 2:1). "La gracia de Dios se ha manifestado para salvación a todos los hombres" (Tito 2:11), y "por la justicia de uno [*i.e.* la obra de Cristo] vino a todos los hombres la justificación de vida" (Romanos 5:18). Pero muchas personas rechazan "una salvación tan grande" (Hebreos 2:3).

¿Tiene la culpa Dios de que nuestros primeros padres cayesen en pecado? No. Ellos mismos fueron responsables de su caída y de todas las consecuencias que la misma iba a acarrear. ¿Es culpa de Dios que ciertas personas se pierdan para siempre? No. Estas personas son responsables por no desear conocer a Dios, por no arrepentirse para ser salvos, y sufrirán todas las consecuencias de ello. Las personas eligieron abandonar a Dios, y eligieron mantenerse lejos de él. El hecho de que una cierta cantidad de personas vaya a ser salva para siempre a través de la fe en Cristo es un acto de la pura gracia de Dios. E incluso esto no deja fuera la responsabilidad propia de las personas: "Echad de vosotros todas vuestras transgresiones con que habéis pecado, y haceos un corazón nuevo y un espíritu nuevo. ¿Por qué moriréis, casa de Israel?" (Ezequiel 18:31). "No quiero la muerte del impío, sino que se vuelva el impío de su camino, y que viva. Volveos, volveos de vuestros malos caminos; ¿por qué moriréis, oh casa de Israel?" (Ezequiel 33:11).

Día 57 Sólo los que creen (Domingo 7, P. y R. 20, parte 2)

R. *No, sino solamente los que a través de la verdadera fe sean injertados en su cuerpo como miembros y acepten todos sus beneficios.*

Podemos entender fácilmente el paralelo que la pregunta del catecismo sugiere. Es el paralelo entre Adán como cabeza de su familia y Cristo (el "postrer Adán", 1 Corintios 15:45) como cabeza de *su* familia, por así decirlo. Éste es el mensaje de Romanos 5:18-19: "Así que, como por la transgresión de uno vino la condenación a todos los hombres, de la misma manera por la justicia de uno vino a todos los hombres la justificación de vida. Porque así como por la desobediencia de un hombre los muchos fueron constituidos pecadores, así también por la obediencia de uno, los muchos serán constituidos justos". El apóstol Pablo enfatiza aquí la vasta diferencia entre Adán y Cristo. El versículo 18 es acerca del efecto de la acción de alguien. El efecto de la singular transgresión de Adán fue que toda la humanidad —pues son todos descendientes de Adán— cayera bajo la condenación de Dios. De modo similar, el efecto del "singular acto de justicia" de Cristo, esto es su obra en la cruz, es "justificación y vida" ofrecida a toda la humanidad. Todos han caído en Adán y en principio *todos* pueden ser salvos en Cristo. La obra de Cristo es lo suficientemente vasta para ofrecer salvación a todos.

Sin embargo, el versículo 19 describe lo que realmente ocurre. Hay dos grupos que son descritos como "los muchos'. Tienes los muchos de Adán —son *su* familia— quienes son todos pecadores debido a su caída. Y tienes "los muchos" de Cristo —ellos son su familia— quienes, por la fe y por la gracia de Dios (*cfr.* Romanos 3:22-25) han sido hechos justos. La Caída tuvo consecuencias para *todos*: convirtió a todas las personas en pecadores. Y aquellos que permanecen en la familia de Adán permanecerán pecadores en la eternidad, y sufrirán las consecuencias de ello. La obra de Cristo en la cruz también tuvo consecuencias para todos porque ahora los embajadores de Dios pueden ofrecer la salvación de Dios a *todas* las personas. Pero solamente aquellos que, a través de la fe, sean movidos de la familia de Adán a la familia de Cristo serán salvos. Solamente éstos, efectivamente, participarán en los resultados de la obra de Cristo.

Para volverse pecador, es suficiente nacer de pecadores. Pero para convertirte en miembro de la familia de la fe necesitas nacer de nuevo, esta vez del Espíritu Santo (Juan 3:5-6).

Día 58 Injertados en Cristo (Domingo 7, P. y R. 20, parte 3)

R. . . . *solamente los que a través de la verdadera fe sean injertados en su cuerpo como miembros y acepten todos sus beneficios.*

Esta es una hermosa expresión: a través de la verdadera fe somos "injertados en Cristo". Esta frase está inspirada en Romanos 11:17-24, donde Pablo dice que los creyentes gentiles han sido injertados en Cristo como ramas silvestres en un olivo cultivado. Este olivo no es Cristo en persona, pero la analogía es muy aceptable: hemos sido injertados en Cristo. El paralelo con Juan 15 apoya esto: "Como el pámpano no puede llevar fruto por sí mismo, si no permanece en la vid, así tampoco vosotros, si no permanecéis en mí. Yo soy la vid, vosotros los pámpanos; el que permanece en mí, y yo en él, éste lleva mucho fruto; porque separados de mí nada podéis hacer. . . . En esto es glorificado mi Padre, en que llevéis mucho fruto, y seáis así mis discípulos" (Juan 15:4-8).

Desde luego, necesitas una "verdadera fe" para esto —no una "fe muerta" (*cfr*. Jeremías 2:17, 20, 26), la cual no es fe en lo absoluto. "El que cree en el Hijo tiene vida eterna; pero el que rehúsa creer en el Hijo no verá la vida, sino que la ira de Dios está sobre él" (Juan 3:36). Sin la obediencia de la fe nunca participarás de los beneficios de Cristo, esto es, de todos los resultados benéficos de su obra redentora (*cfr*. Hebreos 4:2). "Pero sin fe es imposible agradar a Dios; porque es necesario que el que se acerca a Dios crea que le hay, y que es galardonador de los que le buscan" (Hebreos 11:6).

Los creyentes son aquellos que "*aceptan* todos los beneficios de Cristo". Debe haber una aceptación: ¡estira tus manos y recibe! "Porque por gracia sois salvos por medio de la fe; y esto no de vosotros, pues es don de Dios" (Efesios 2:8). Pero esto no excluye tu propia responsabilidad. La Biblia es muy clara en este punto: "a todos los que le recibieron, a los que creen en su nombre, les dio potestad de ser hechos hijos de Dios" (Juan 1:12). "Recibiendo la palabra en medio de gran tribulación, con gozo del Espíritu Santo" (1 Tesalonicenses 1:6). Para perderte no tienes que hacer nada. Para ser salvo tienes que aceptar el Evangelio y ¡regocijarte en la gracia que *hizo* que lo aceptaras!

P. ¿Qué es la verdadera fe?

R. *La verdadera fe no es solamente un conocimiento confiable a través del cual yo tengo por totalmente verdadero lo que a nosotros Dios en su Palabra nos ha ofrecido, sino también una confianza de corazón.*

Hay todo tipo de fe. Tienes la fe sin obras —la cual es muerte (Jeremías 2:17.26). Hay la fe que no obra por el amor (Gálatas 5:6) —no es fe genuina. Puede haber un "creyente" que "no tiene raíz en sí, sino que es de corta duración, pues al venir la aflicción o la persecución por causa de la palabra, luego tropieza" (Mateo 13:21). Hay aquellos que "creen" cuando ven señales y maravillas —pero su fe carece de valor ante Dios (Juan 2:23-25). Y luego se hallan aquellos cuya fe involucra "un conocimiento confiable a través del cual yo tengo por totalmente verdadero lo que a nosotros Dios en su Palabra nos ha ofrecido", pero no es una "confianza de corazón".

Con toda seguridad, ver señales y maravillas puede ciertamente ayudar a la fe. Y un "conocimiento confiable" es incluso más valioso. Imagina a alguien que confesase la fe cristiana pero no tuviese idea de lo que está hablando. No podría decirte nada acerca de Dios o Cristo, o acerca del contenido de la Biblia. Eso sería extraño. Si la fe es "confianza de corazón", debes tener algún idea de qué es aquello en lo que has puesto tu confianza. Sin embargo, lo opuesto no es necesariamente verdadero. Puedes tener mucho conocimiento del cristianismo, conocimiento del cual inclusive puedes estar seguro, y aún así no ser un creyente en el sentido bíblico. "También los demonios creen, y tiemblan" (Jeremías 2:19). Dar un asentimiento meramente intelectual a las palabras de la Biblia (o del catecismo, o del Credo de los Apóstoles) no es lo que hace a un cristiano. Por lo tanto, el catecismo agrega que la verdadera fe es también confianza de corazón. No solamente crees lo que Dios dice en su Palabra, sino que confías en Dios y te entregas a él.

La verdadera fe es compromiso. Es rendición. Es entrar en un vínculo eterno con Dios. Esto no es meramente conocimiento intelectual del cristianismo, sino conocimiento en el sentido de relación, intimidad, compañerismo: "esta es la vida eterna: que te conozcan a ti, el único Dios verdadero, y a Jesucristo, a quien has enviado" (Juan 17:3). También conduce a la confianza, como la que tuvo Abraham, quien estaba "plenamente convencido de que [Dios] era también poderoso para hacer todo lo que había prometido" (Romanos 4:21). "Acerquémonos, pues, confiadamente al trono de la gracia" (Hebreos 4:16).

Día 60 **Una confianza de corazón** (Domingo 7, **P.** y **R.** 21, parte 2)

R. *La verdadera fe es . . . una confianza de corazón, que el Santo Espíritu opera en mí a través del santo Evangelio.*

Si la fe es "confianza de corazón", ¿cómo nace esta confianza en tu corazón? ¿De seguro, somos nosotros los que creemos. No es el Espíritu Santo creyendo por nosotros. Dios incluso nos ordena que creamos; lo opuesto a "creer" es "desobedecer" (Juan 3:36). Se halla "el mandamiento del Dios eterno,. . . para que obedezcan a la fe" (Romanos 16:26). Dios "manda a todos los hombres en todo lugar, que se arrepientan" (Hechos 17:30). Es Dios el que nos implora, a través de sus embajadores, que nos reconciliamos con él (2 Corintios 5:20). Así que, si no crees en Dios, tienes un gran problema: lo estás desobedeciendo. "El que no creyere, será condenado" (Marcos 16:16). "el que no cree a Dios, le ha hecho mentiroso" (1 Juan 5:10). "El que en él cree, no es condenado; pero el que no cree, ya ha sido condenado, porque no ha creído en el nombre del unigénito Hijo de Dios" (Juan 3:18).

Al mismo tiempo, sin embargo, es perfectamente verdadero que, si no fuese por el Espíritu Santo, ninguno de nosotros llegaría jamás a la fe. Creer es enteramente nuestra responsabilidad, pero también es enteramente verdadero que es el Espíritu Santo el que opera esta fe en nuestro corazón. Nadie puede nacer de nuevo sin la obra del Espíritu Santo dentro de él (Juan 3:5-6). No fue exactamente Lidia misma, sino *el Señor* quien abrió su corazón al Evangelio (Hechos 16:14). Es "Jehová tu Dios" quien "circuncidará . . . tu corazón, y el corazón de tu descendencia, para que ames a Jehová tu Dios con todo tu corazón y con toda tu alma, a fin de que vivas" (Deuteronomio 30:6).

Una vez Dios le dijo a su pueblo: "Os daré corazón nuevo, y pondré espíritu nuevo dentro de vosotros; y quitaré de vuestra carne el corazón de piedra, y os daré un corazón de carne. Y pondré dentro de vosotros mi Espíritu, y haré que andéis en mis estatutos, y guardéis mis preceptos, y los pongáis por obra" (Ezequiel 36:26-27). Hoy no es diferente. Debes creer; eso es una orden. Pero, después de que hayas creído, empezarás a darte cuenta de que fue Dios quien, en su gracia, a través de su Espíritu, operó en tu corazón.

R. *La fe verdadera ... es una confianza de corazón ... [que Dios ha concedido por gracia] no solamente a otros, sino también a mí.*

Éste es uno de aquellos muy personales momentos en el catecismo: "no solamente a otros, sino también a mí". Nos recuerda la primera PyR del catecismo: "¿Cuál es tú único consuelo en la vida y en la muerte? Que yo, con cuerpo y alma, en la vida y en la muerte no me pertenezco a mí mismo, sino a mi fiel salvador Jesucristo". No dice: "¿cual es el único consuelo *del cristiano*?". Ni siquiera dice: ¿cuál es *nuestro* único consuelo? No dice "que *nosotros* no nos pertenecemos, etcétera". El catecismo es acerca de la muy *personal* fe del creyente individual. Es grandioso saber que Dios ha concedido gratuitamente la fe a millones de creyentes a lo largo de la historia —a su verdadera iglesia, esa "grande nube de testigos" (Hebreos 12:1). Pero, si deseo tomar mi lugar entre aquellos santos, esa misma fe me debe ser dada a *mí*.

Desde luego, es importante darse cuenta de que el contenido de mi fe es básicamente idéntica a la de todos los otros creyentes. Junto somos la iglesia. Pero no son meramente un pequeño granito en una enorme montón. Mi fe es mi relación personal con Dios y con el Señor Jesucristo. Pablo pudo hablar del "Hijo de Dios, el cual me amó y se entregó a sí mismo por mí" (Gálatas 2:20). Es maravilloso saber que Cristo amó a millones de personas y se entregó por ellas. Pero ese conocimiento no me da ninguna seguridad de salvación. Tengo que saber que murió por *mí*. "Yo soy de mi amado, Y conmigo tiene su contentamiento" (Cantar de los cantares 7:10). Quiero ser capaz de decir que "Mi Dios, pues, suplirá todo lo que os falta conforme a sus riquezas en gloria en Cristo Jesús" (Filipenses 4:19). David pudo decir: "Jehová es mi roca y mi fortaleza, y mi libertador; Dios mío, fortaleza mía, en él confiaré; Mi escudo, y el fuerte de mi salvación, mi alto refugio; Salvador mío" (2 Samuel 22:2-3), y María dijo: "mi espíritu se regocija en Dios mi Salvador" (Lucas 1:47).

¿Sabes? Es grandioso poder decir con el Credo de los Apóstoles, junto con millones de otros cristianos, "creo en el perdón de los pecados". Pero es mucho más grandioso poder decir, por la gracia de Dios, "creo que *mis* pecados han sido perdonados".

Día 62 Pura gracia (Domingo 7, P. y R. 21, parte 4)

R. *La verdadera fe ... [es] una confianza de corazón ... [de que] a mí el perdón de los pecados, la justicia eterna y la bendición de Dios me son dados, por su manifiesta gracia, sólo por los méritos de Cristo.*

Finalmente, esta PyR nos dice qué es lo que Dios me ha dado "por su manifiesta gracia": Dios me ha perdonado mis pecados; ya no se hallan entre él y yo porque han sido borrados por la sangre de Cristo.

Además, me ha concedido justicia eterna, que es lo mismo que decir que me ha justificado: estaré por siempre unido al resucitado y glorificado Cristo. Soy perfectamente justo ante sus ojos, tan justo como el mismo Cristo, pues estoy cubierto por su justicia. Puedo no siempre vivir como una persona justa, pero, por lo que concierne a mi *posición* en Cristo, no hay nada que alguien pudiera sostener en mi contra. "¿Quién acusará a los escogidos de Dios? Dios es el que justifica. ¿Quién es el que condenará?" (Romanos 8:33-34).

Enseguida, el texto nos dice que se nos ha dado "salvación". Esto es, hemos sido salvados de todos las potestades que nos habían aprisionado: el pecado, el diablo, la muerte, mi viejo yo, la ley como un sistema legalista. Todavía tenemos que ser salvos de la "carne", esto es nuestra vieja naturaleza pecaminosa, y de este cuerpo mortal con todas sus debilidades. Los cristianos todavía tienen que ser salvados de todos sus enemigos pero en Cristo tenemos la seguridad de estas promesas ahora. El encarna para nosotros toda "sabiduría, justificación, santificación y redención [de Dios]" (1 Corintios 1:30).

El catecismo agrega que éstos "son dados, por su manifiesta gracia, sólo por los méritos de Cristo". Pablo dice: "por gracia sois salvos por medio de la fe; y esto no de vosotros, pues es don de Dios; no por obras, para que nadie se gloríe" (Efesios 2:8-9). Y en otra parte lo resume para nosotros: primeramente, hemos sido "justificados gratuitamente por su gracia". En segundo lugar, tenemos esta gracia "mediante la redención que es en Cristo Jesús, a quien Dios puso como propiciación por medio de la fe en su sangre". Y en tercer lugar, la recibimos "por fe" (Romanos 3:24-25). La fe, la justicia y todas sus bendiciones relacionadas se deben todas a la "pura gracia" de Dios, concedida solamente por los méritos de Cristo. La única cosa que tenemos que hacer es arrojarnos confiadamente en los brazos de Dios. Esto es llamado fe —e incluso esto es un don de Dios, operado en nosotros por su Santo Espíritu.

Día 63 Prometido en el evangelio (Domingo 7, P. y R. 22, parte 1)

P. ¿Qué es necesario que crea un cristiano?

R. *Todo lo que a nosotros en el evangelio se nos ha prometido.*

Ésta es una interesante manera de decirlo: lo que debemos creer nos es dado en el evangelio en la forma de promesas. Prácticamente toda bendición cristiana encierra algún elemento de *promesa* en sí, algo que todavía tiene que ser completado. El perdón de los pecados es una clara excepción. En el momento en que llegamos a la fe en Cristo, recibimos el perdón de nuestros pecados, no solamente de los pecados que hemos cometido hasta ese punto, sino también de los pecados que desafortunadamente cometeremos durante el resto de nuestra vida terrenal. En la eternidad veremos con mayor claridad *cuánto* nos ha sido perdonado, pero ya no poseeremos *más* perdón que el que nosotros, por la gracia de Dios, ya poseemos ahora.

Otro don de Dios que nos ha sido plenamente concedido es el Espíritu Santo. Jesús prometió a sus discípulos: "Y yo rogaré al Padre, y os dará otro Consolador, para que esté con vosotros para siempre: el Espíritu de verdad . . . vosotros le conocéis, porque mora con vosotros, y estará en vosotros" (Juan 14:16-17). Tenemos al Espíritu morando en nosotros ahora. Podemos no siempre estar llenos del Espíritu (Efesios 5:18), podemos no siempre caminar en el Espíritu (Gálatas 5:16-18); no obstante, nuestro actual cuerpo mortal es un templo del Espíritu Santo (1 Corintios 6:19).

Para el resto de las promesas siempre hay un elemento de futuro. Espiritualmente, ya has sido vivificado (Efesios 2:5), pero todavía esperas el tiempo en que Dios "vivificará también vuestros cuerpos mortales por su Espíritu que mora en vosotros" (Romanos 8:11); "gemimos dentro de nosotros mismos, esperando . . . la redención de nuestro cuerpo" (Romanos 8:23). Ello también involucrará el ser liberados de nuestra naturaleza pecaminosa. Toda esta espera está conectada con el retorno de Cristo: estamos "aguardando la esperanza bienaventurada y la manifestación gloriosa de nuestro gran Dios y Salvador Jesucristo, quien se dio a sí mismo por nosotros para redimirnos de toda iniquidad y purificar para sí un pueblo propio, celoso de buenas obras" (Tito 2:13-14). Las promesas de Dios, escritas en su evangelio y garantizadas por el Espíritu Santo, son la esperanza del cristiano.

Día 64 **Los artículos de la fe** (Domingo 7, **P.** y **R.** 22, parte 2)

R. *Todo lo que a nosotros en el evangelio se nos ha prometido, lo que nuestro verdadero credo general sumariamente nos enseña.*

A través de la historia de la iglesia, han estado sometidas a disputa muchas doctrinas y detalles de la fe cristiana, algunas veces, lamentablemente, de una manera violenta. Al mismo tiempo, podemos estar agradecidos de que, desde tiempos muy tempranos, ha habido un documento cristiano en el que casi todas las denominaciones cristianas parecen estar de acuerdo (no estoy hablando de grupos pseudocristianos como los testigos de Jehová o los mormones). El catecismo aquí habla de los "artículos de nuestra fe cristiana", pero el término común es *Credo de los apóstoles*. En tanto que prácticamente todas las denominaciones cristianas están de acuerdo en él, el *Credo de los apóstoles* es verdaderamente universal y no está sujeto a disputa. Es un documento humano, no está divinamente inspirado, y no es perfecto; pero no tenemos ningún documento mejor. Desde luego, tenemos el posterior *Credo niceno*, pero éste es mucho más extenso, y por lo tanto un poco más abierto a la crítica. Pero casi todos los cristianos parecen estar satisfechos con el *Credo de los apóstoles*. Imagínate: ¡no importa cuántas diferencias pueda haber entre los cristianos ortodoxos orientales, católicos romanos y protestantes, todos están de acuerdo en el *Credo de los apóstoles*!

A pesar de su nombre, podemos decir con certeza que los doce apóstoles no lo escribieron. El credo se retrotrae a una forma más antigua y corta, llamada el *Antiguo credo romano*, el cual probablemente se origina en el siglo segundo y reza como sigue: "creo en Dios Padre todopoderoso, y en Jesucristo su único Hijo, nuestro Señor, que nació del Espíritu Santo y la virgen María, quien fue crucificado y sepultado bajo Poncio Pilatos, resucitó en el tercer día de entre los muertos, ascendió a los cielos, se sienta a la derecha del Padre, de donde vendrá a juzgar a los vivos y a los muertos; y en el Espíritu Santo, la santa Iglesia, la remisión de los pecados, la resurrección de la carne, (la vida perdurable)" (estas últimas palabras faltan en la versión griega de este credo). El núcleo de nuestra fe está todo aquí, y de todo corazón decimos *amén* al mismo.

Día 65 Una fórmula bautismal (Domingo 7, P. y R. 23, parte 1)

P. ¿Cuál es este credo?

R. *Creo en Dios el Padre, el omnipotente, creador del cielo y de la tierra.*

Decisiva para el origen del *Credo de los apóstoles* fue ciertamente la Gran Comisión que el Cristo resucitado dio a sus doce apóstoles: "Por tanto, id, y haced discípulos a todas las naciones, bautizándolos en el nombre del Padre, y del Hijo, y del Espíritu Santo" (Mateo 28:19). Nada fue más característico de la joven cristiandad que esta creencia en el Dios triuno, y en ninguna parte describe el Nuevo Testamento esto de una manera más clara, en un enunciado, que como lo hace aquí. Éste no es el único versículo que hace referencia a las tres personas divinas. Considera: "La gracia del Señor Jesucristo, el amor de Dios, y la comunión del Espíritu Santo" (2 Corintios 13:14). Pero Mateo 28:19 es el más conspicuamente trinitario, refiriéndose al "Padre" en vez de a "Dios". Aquí, por primera vez, Padre, Hijo y Espíritu Santo son puestos en yuxtaposición, como socios iguales.

Si los apóstoles tenían que bautizar en el nombre del Padre, del Hijo y del Espíritu, es obvio que estos nombres eran también pronunciados en el bautismo. Y es igualmente obvio que, antes de que alguien fuese bautizado, a esta persona se le preguntaba si creía realmente en las tres personas de la Trinidad. En algunas tradiciones, las personas eran de hecho sumergidas tres veces. El ministro preguntaba: "¿crees en Dios, el Padre, el omnipotente, creador del cielo y de la tierra?". La persona respondía: "creo", y era sumergida. Luego el ministro preguntaba: "¿crees en Jesucristo, su Hijo unigénito, Nuestro Señor? Y: "¿crees en el Espíritu Santo, la santa Iglesia, el perdón de los pecados, la resurrección de la carne?" Con cada afirmación el candidato era nuevamente sumergido.

Podemos fácilmente entender que el bautismo —la transición formal del mundo pagano o judío a la iglesia cristiana— desempeñaba un papel importante en la cristiandad temprana, y que el más antiguo credo cristiano se desarrollara a partir de una fórmula bautismal.

Día 66 **Tres personas** (Domingo 7, **P.** y **R.** 23, parte 2)

R. *Creo en Dios el Padre, . . . en Jesucristo, su hijo unigénito . . . creo en el Espíritu Santo.*

Ayer vimos que la doctrina de la Trinidad —del Dios triuno, esto es, Padre, Hijo y Espíritu Santo— es la base del *Credo de los apóstoles*. Ha sido enfatizado que el *Credo de los apóstoles* como tal no declara explícitamente la divinidad del Hijo o del Espíritu Santo. Es verdad que el texto habla de Dios el Padre, pero no de Dios el Hijo y de Dios el Espíritu Santo. No obstante, la tripartición del credo es muy sugerente: en su primera parte habla del Padre, en su segunda parte del Hijo y en su tercera parte del Espíritu Santo, precisamente como en la fórmula bautismal de Mateo 28:19.

Lo que se sintió que no era suficientemente explícito en el *Credo de los apóstoles* fue ricamente suplido por el *Credo niceno constantinopolitano* (381 AD), al menos por lo que concierne al Hijo: "Creemos en un solo Señor, Jesucristo, Hijo único de Dios, nacido del Padre antes de todos los siglos: Dios de Dios, Luz de Luz, Dios verdadero de Dios verdadero, engendrado, no creado, de la misma naturaleza que el Padre". Algunas personas han afirmado que estas adiciones involucraban nuevas ideas, las cuales surgieron en etapas posteriores, y que no se hallaban en lo absoluto en las mentes de aquellos que formularon por primera vez el *Credo de los apóstoles*. Pero no hay evidencia de esto. Por el contrario, si creemos —como lo creemos— que estas ideas ya están contenidas en el Nuevo Testamento, se hallaban también en las mentes de aquellos que escribieron el *Credo de los apóstoles*. Solamente necesitaban hacerse más explícitas en el siglo cuarto debido a varias herejías que aparecieron, especialmente el arrianismo (Arrio enseñaba que el Hijo era la primera y más alta criatura de Dios, y no Dios mismo).

Los cristianos creen en la Trinidad no porque ésta se enseña en el *Credo niceno*, sino porque se halla en el Nuevo Testamento. Por lo tanto, también creen que se encuentra en la superficie del *Credo de los apóstoles*. Creo en *Dios* el Padre, *Dios* el Hijo y *Dios* el Espíritu Santo.

Día 67 **Dios el Hijo** (Domingo 7, **P.** y **R.** 23, parte 3)

R. . . . *Creo en Jesucristo, nacido de María la virgen, que padeció bajo Poncio Pilatos, crucificado, muerto y sepultado, descendió al infierno [hades, seol], al tercer día resucitó de los muertos, ascendió a los cielos, se sentó a la diestra de Dios . . . de allí vendrá a juzgar a los vivos y a los muertos.*

Con mucho, la parte más grande del *Credo de los apóstoles* se ocupa de la segunda persona de la Deidad, "Jesucristo, su único Hijo, y Señor nuestro". El cristianismo es acerca de Cristo. Puede parecer obvio, pero ¡no pienses que esto es autoevidente! El budismo no es acerca de la *persona* de Buda, sino acerca de la *enseñanza* de Buda. El hinduismo no se refiere a una persona en lo absoluto, sino a la región en donde esa religión se practicó por primera vez. En ambos casos, el mensajero es secundario al mensaje. Jesús fue también un mensajero de Dios; el Evangelio es literalmente el "buen mensaje" de Dios, y Jesús lo predicó. Sin embargo, el mensaje no es meramente acerca de Dios —es igualmente acerca de Jesús mismo. Su obra redentora y su propia persona son el centro del mismo.

De hecho, realmente no importa quién era Buda o quiénes fueron los primeros hindúes. Su biografía es básicamente irrelevante a la religión que lleva su nombre; es su *mensaje* lo que cuenta: apuntan a algo o a alguien más allá de ellos mismos. Pero en el cristianismo es vital que veamos que el mensaje cristiano es acerca de Jesús *mismo* y su obra. Su biografía es tan importante que en forma resumida constituye el núcleo del *Credo de los apóstoles*. Nos dice quién es él (el Hijo unigénito de Dios, Nuestro Señor), lo que le sucedió: su concepción milagrosa, sus sufrimientos, su muerte, su sepultura, su resurrección, su ascensión y qué habrá de hacer —regresará, esta vez para juzgar a los vivos y a los muertos.

Jesús fue un profeta, un mensajero de Dios. Pero fue mucho más que eso. Él era Dios mismo, la Palabra hecha carne (Juan 1:14), como El que se manifestó en la carne (1 Timoteo 3:16). Él no tenía meramente un *mensaje* que predicar, también tenía una *obra* que realizar. Esta obra fue el núcleo vital del mensaje. Y la persona que la logró era esencial a la obra. La obra de Jesús de alguna manera es minimizada en el Credo de los Apóstoles; sin embargo el *Credo niceno* llena cualquier laguna: Jesús descendió "para nuestra salvación".

Día 68 **Dios el Espíritu** (Domingo 7, **P.** y **R.** 23, parte 4)

R. . . . *Creo en el Espíritu Santo, una santa iglesia cristiana general, la comunidad de los santos, el perdón de los pecados, la resurrección de la carne, y una vida eterna.*

La tercera persona de la Deidad recibe notablemente poca atención en el *Credo de los apóstoles*. El cristiano confiesa que cree en el Espíritu Santo, y eso es todo. No es de extrañar. Casi desde el principio, los padres de la iglesia describieron al Espíritu Santo como el "Dios desconocido", o en términos similares. No obstante el *Credo niceno* tiene mucho más que decirnos: "creemos en el Espíritu Santo, Señor y dador de vida, que procede del Padre y del Hijo; que con el Padre y el Hijo recibe una misma adoración y gloria, y que habló por los profetas".

Si lees cuidadosamente el credo, puede impactarte que, después de mencionar al Espíritu Santo, el texto no repite el término "creemos". Esto puede sugerir que todo lo que sigue debe ser visto como vinculado con el Espíritu Santo. Esto es ciertamente verdadero para la primera cosa mencionada: "la santa iglesia católica [*i.e.* universal]". Pablo llama a la iglesia el templo del Espíritu Santo (2 Corintios 6:16; Efesios 2:20-22). Podríamos decir que la gloria espiritual de Dios el Padre se manifiesta en la creación física que hizo, y que similarmente la gloria espiritual del Hijo se manifiesta en el Hombre Jesucristo. Del mismo modo podemos decir que la gloria espiritual del Espíritu Santo se manifiesta en la iglesia de Dios. Hay un paralelo aquí con la encarnación del Hijo: el cuerpo de Jesús, también, era un templo del Espíritu Santo (*cfr.* Lucas 1:35; Juan 2:19-21).

Los temas que siguen en el texto está claramente vinculados con el Espíritu. ¿Qué es la "comunión con el Espíritu Santo (2 Corintios 13:14) sino la comunión de los santos? Pedro vincula el perdón de los pecados con el don del Espíritu (Hechos 2:38). Pablo dice que la resurrección del cuerpo es a través del Espíritu (Romanos 8:11). Y por lo que concierne a la vida perdurable, Pablo dice que "el que siembra para el Espíritu, del Espíritu segará vida eterna" (Gálatas 6:8). Aunque el credo no da al Espíritu mucha atención específica, vemos cuán importante es el Espíritu Santo en sus efectos.

P. ¿Cómo será dividido el credo?

R. *En tres partes: la primera trata de Dios el Padre y nuestra creación....*

E s interesante observar que el *Credo de los apóstoles* vincula cada una de las tres personas de la Deidad con una obra divina específica: el Padre está vinculado con la obra de la creación, el Hijo con la obra de redención y el Espíritu Santo con la obra de la santificación. Desde luego, esta *especialización* no implica *compartimentalización* como como si las otras dos personas no tuvieran nada que hacer con una obra específica. En toda obra de Dios, las tres personas de la Deidad están siempre involucradas; es imposible que alguna de las tres trabaje independientemente de las otras dos. Ello se debe a que no son precisamente tres, sino uno.

Pablo habla de "un Dios, el Padre, del cual proceden todas las cosas, y nosotros somos para él; y un Señor, Jesucristo, por medio del cual son todas las cosas, y nosotros por medio de él" (1 Corintios 8:6). Observa la diferencia entre "del" (Padre) y "a través del" (Hijo). No hay duda de que la obra de la creación es "del" Padre, pero tampoco hay duda de que esta obra fue lograda "a través" del Hijo y en el poder del Espíritu Santo. Juan dice: "Todas las cosas por él fueron hechas, y sin él nada de lo que ha sido hecho, fue hecho" (Juan 1:3); esto es, a través de la Palabra, el Hijo de Dios. Y Pablo dice que todas las cosas fueron creadas "en" él, a través de él y para él (Colosenses 1:16); y Hebreos dice que fue través del Hijo que Dios creó el mundo (Hebreos 1:2). También el Espíritu Santo estuvo involucrado en la obra de la creación, justo desde el comienzo (Génesis 1:2; Salmo 104:30).

Pablo dice acerca de Dios: "Porque de él, y por él, y para él, son todas las cosas" (Romanos 11:36). Este es el Dios triuno: Padre, Hijo y Espíritu Santo. Debemos reconocer la divina diversidad, diciendo que todas las obras divinas son *del* Padre, todas las obras son *a través del Hijo* y son logradas *en* el Espíritu Santo, esto es en el poder del Espíritu. Y, finalmente, todas las cosas son también *para* Dios, o *para* el triuno Dios —para *su* gloria y honor. Pero nunca olvidemos la unidad esencial en la diversidad. El Padre el Hijo y el Espíritu son uno, así como el alma, el cuerpo y el espíritu son uno; ninguno pueda actuar sin que los otros estén involucrados.

Día 70 **La redención** (Domingo 8, **P.** y **R.** 24, parte 2)

R. . . . *Dios el Hijo y nuestra redención.*

Hemos visto que el *Credo de los apóstoles* asocia cada una de las tres personas de la Deidad con una obra divina específica: el Padre está vinculado con la obra de la creación, el Hijo con la obra de redención y el Espíritu Santo con la obra de la santificación. Al mismo tiempo, hemos enfatizado que en toda obra de Dios las tres personas de la Deidad siempre están involucradas. Los creyentes entienden que Jesús es específicamente nuestro Redentor, pero también entendemos que este hecho no puede ser separado del papel del Padre y del Espíritu. En el libro de Isaías (por ejemplo 45:14-15, 21) y en las epístolas pastorales (*v.g.* 1 Timoteo 1:1), Dios es frecuentemente llamado "el Dios Redentor" o "Dios nuestro Redentor", y esta participación en los variados actos de la redención es un testimonio implícito de la naturaleza triuna de Dios.

Las tres personas de la Trinidad siempre participan en cada obra divina, y así también en la obra de redención. Para dar unos cuantos ejemplos: si "nuestro Señor Jesucristo . . . se dio a sí mismo por nuestros pecados" (Gálatas 1:3-4), es igual de verdadero que el Padre dio a su Hijo único por nosotros (Juan 3:16) y si Cristo "se ofreció a sí mismo sin mancha a Dios", fue "mediante el Espíritu eterno" (Hebreos 9:14).

Cuando Jesús empezó su jornada final hacia la cruz pudo decir: "He aquí la hora viene, y ha venido ya, en que seréis esparcidos cada uno por su lado, y me dejaréis solo; mas no estoy solo, porque el Padre está conmigo" (Juan 16:32). Esto es maravillosamente representado en la historia de Abraham e Isaac escalando el Monte Moriah, donde por mandato de Dios el hijo iba ser sacrificado por el padre: "Y tomó Abraham la leña del holocausto, y la puso sobre Isaac su hijo, y él tomó en su mano el fuego y el cuchillo; y fueron ambos juntos . . . [y dijo] Abraham: Dios se proveerá de cordero para el holocausto, hijo mío" (Génesis 22:6-8). En la cruz, el hombre Cristo Jesús fue desamparado por un Dios santo y justo —pero este mismo Dios también resucitó a Jesús y lo sentó a su mano derecha, donde él ahora intercede por su pueblo (Romanos 8:34).

R. *. . . Dios el Espíritu Santo y nuestra santificación.*

Un día la humanidad fue creada por Dios. Otro día, la humanidad cayó en pecado. Ésta fue nuestra vida hasta el día de nuestra redención. Esta vida terminó cuando nosotros, por fe, recibimos a Jesucristo como nuestro redentor y nos convertimos en una "nueva creación". Subsecuentemente, esta nueva vida —después del día de nuestra redención hasta el momento en que entremos a la eternidad, al momento de nuestra muerte o en la Segunda Venida de Cristo— se resume en una sola palabra: 'santificación'. Es una vida vivida en santidad, en dedicación y consagración. En realidad, estas palabras tienen significados específicos y limitados pero aquí el término *santificación* se usa como una descripción de nuestra vida cristiana entera. Y si somos serios al respecto, ésta es desde luego una vida vivida bajo la guía y el poder del Espíritu Santo. Fue el plan de Dios "que la justicia de la ley se cumpliese en nosotros, que no andamos conforme a la carne, sino conforme al Espíritu . . . los que son del Espíritu, [piensan] en las cosas del Espíritu . . . todos los que son guiados por el Espíritu de Dios, éstos son hijos de Dios. Pues no habéis recibido el espíritu de esclavitud para estar otra vez en temor, sino que habéis recibido el espíritu de adopción, por el cual clamamos: ¡Abba, Padre!" (Romanos 8:4-5, 14-15).

Recuerda que las *tres* personas de la Deidad están todas involucradas en nuestra santificación. Mientras que el Espíritu Santo se halla especialmente activo en nuestra cristiana vida, leemos al final de los versículos citados arriba que ahora somos vistos como hijos del Padre y clamamos "Abba, Padre". ¿Cómo podríamos entender nuestra cristiana vida si no nos diéramos cuenta de que somos ahora hijos del Padre? Y por lo que concierne al Hijo de Dios, ¿no tendríamos una concepción muy limitada de la vida cristiana si no nos diéramos cuenta qué significa ser discípulos de Cristo, seguidores de él, siervos de él? Y, si somos verdaderamente guiados por el Espíritu Santo, reconoceremos a Jesús como nuestro Señor (1 Corintios 12:3; *cfr.* 1 Pedro 3:15) y, a través del Espíritu del Señor seremos transformados en la imagen de Cristo (2 Corintios 3:17-18).

Día 72 La Trinidad (Domingo 8, **P**. y **R**. 25, parte 1)

P. ¿Por qué mencionas, pues, tres: el Padre, el Hijo y el Espíritu Santo, dado que Dios uno es?

R. *Debido a que Dios mismo en su Palabra así lo ha revelado.*

¡Ésta es una respuesta fascinante! Si el profesor le pregunta al estudiante de teología porqué creemos en la Trinidad, no quedará satisfecho si el estudiante responde: "porque la Biblia lo enseña". Esperaría un argumento profundo que explique cómo y porqué la iglesia cristiana ha llegado a creer en la doctrina de la Trinidad. Ciertamente este desarrollo histórico y teológico tiene valor, pero el catecismo es una confesión de fe de la iglesia para los más sofisticados y los más simples de los creyentes. Y, como simples creyentes, algunas veces debemos tener el valor de decir simplemente: "está escrito". Esto es lo que Jesús hizo en respuesta al diablo (Mateo 4:4, 6, 10). No entró en una larga disputa, sino simplemente citó la Escritura

En sus propios tiempos, tanto el padre de la iglesia Agustín como el reformador Martín Lutero escribieron algo para este efecto: *creemos que el Padre es Dios, creemos que el Hijo es Dios, y creemos que el Espíritu Santo es Dios, y no obstante creemos que hay un solo Dios.* Y luego agregaron: *cuán maravilloso sería si simplemente pudiéramos dejarlo ahí. Sin embargo debido a los herejes tenemos que explicar en detalle lo que creemos y por qué lo creemos.* ¡Agustín procedió a escribir catorce libros sobre el tema!

El *término* 'Trinidad puede no estar en la Biblia, pero la *sustancia* del tema sí se halla allí. La Biblia pone en claro que el Padre es Dios, que el Hijo es Dios y que el Espíritu Santo es Dios, y que, no obstante, hay un solo Dios. Definitivamente no creemos en tres dioses. Con perfecta confianza, confesamos con nuestros amigos judíos el *Shema*: "Oye, Israel: Jehová nuestro Dios, Jehová uno es". Somos *monoteístas*, exactamente igual que los judíos y los musulmanes. Y, al mismo tiempo, creemos que Dios es tres: Padre, Hijo y Espíritu Santo. ¿Por qué? Porque la Biblia lo dice. Con gratitud a los teólogos que lo desarrollaron, en el presente momento estamos simplemente *confesando* —profundamente conscientes del significado vital de esta confesión para nuestro entendimiento de Dios y su Palabra.

R. . . . *estas tres personas son distinguidas y no obstante son un verdadero y eterno Dios.*

Aunque el catecismo hace una "simple" confesión aquí —un Dios, tres personas— reconoce que no es un tema sencillo. Considera la palabra 'persona'. En el siglo dieciséis, cuando se escribió el catecismo, no tenía el significado que tiene hoy. Desde la Ilustración, y con el surgimiento de la psicología moderna, una "persona" se ha convertido en un individuo independiente, con sus propias características y sus propias opciones y elecciones. Marido y mujer son dos personas, quienes están vinculadas por el matrimonio; tienen sus propios caracteres, sus propias preferencias, sus propias elecciones, su propio trabajo; de muchas maneras actúan *independientemente* uno del otro. Sin embargo, hablar de las tres personas de la Trinidad no es sugerir que alguna vez actúan independientemente una de la otra. Sus actividades están *siempre* entretejidas, sus voluntades y preferencias son siempre idénticas. Si enfatizamos la palabra 'persona' en el sentido moderno, terminaríamos con tres dioses, y desde luego esto ha sucedido en el pasado. Es precisamente de lo que los judíos y los musulmanes nos acusan, y algunas veces lo que hemos erróneamente creído.

Otros han cometido el error opuesto al hablar del Padre, el Hijo y el Espíritu como tres "facetas" o "modos" de una Deidad. Evitan términos como 'personas' o 'subsistencias', y enfatizan la unidad de la Deidad. Es un Dios que se revela de tres modos. Pero, si hablamos así, borramos las diferencias entre los tres. Padre, Hijo y Espíritu no son independientes, pero tampoco *son idénticos*.

Es imposible formular esta complicada materia de tal modo que todos los posibles malentendidos sean excluidos por adelantado, de una vez y para siempre. Es como caminar en una cuerda tensa: puedes caer fácilmente a cualquiera de los dos lados. Aquí ¡los tontos corren donde los ángeles tienen temor de pisar! Los teólogos aman resolver todos los problemas —ese su trabajo. Estamos felices de tener teólogos; si hacen apropiadamente su trabajo, puede ser de gran ayuda. Pero los creyentes comunes son felices meramente de confesar: Padre, Hijo y Espíritu Santo son un solo Dios, verdadero y eterno.

Día 74 Un solo Dios (Domingo 8, P. y R. 25, parte 3)

R. *Debido a que Dios mismo en su Palabra así lo ha revelado, que estas tres personas son distinguidas y no obstante son un verdadero y eterno Dios.*

Para demostrar la gran verdad cristiana de la Trinidad, tenemos que demostrar solamente que el Padre es Dios, el Hijo es Dios, el Espíritu Santo es Dios, y que no obstante hay un solo Dios. Cada una de estas aserciones está plenamente apoyada por la Escritura. Para empezar, confesamos que el Señor es el único Dios (Deuteronomio 6:4; *cfr.* 1 Corintios 8:4, 6). El Nuevo Testamento nos da muchas demostraciones de que Jesús es Dios, a veces en enunciados explícitos: "el Verbo era Dios" (Juan 1:1). Pablo habla de "Cristo, el cual es Dios sobre todas las cosas" (Romanos 9:5), y de "nuestro gran Dios y Salvador Jesucristo" (Tito 2:13; *cfr.* 2 Pedro 1:1). Y Juan habla de el "Hijo [de Dios] Jesucristo", quien "es el verdadero Dios, y la vida eterna"(1 Juan 5:20). El Nuevo Testamento muestra que el Espíritu Santo no es solamente divino (ningún judío ortodoxo negaría eso), sino también un individuo distinto, quien es enviado por el Hijo desde el Padre, quien mora en los creyentes, les enseña, les recuerda cosas, los guía, les declara cosas, glorifica al Hijo (Juan 14: 26; 15:26; 16:13-15), ora (Romanos 8:26), se le puede mentir (Hechos 5:3) y contristar (Efesios 4:30).

Es impactante ver cuán frecuentemente son mencionados juntos. El Espíritu desciende sobre Cristo desde el Padre (Mateo 3:16-17), las personas son bautizadas en el nombre del Padre, del Hijo y del Espíritu Santo (Mateo 28:18-19). El Espíritu, el Señor y Dios (el Padre) conceden juntos los dones y ministerios (1 Corintios 12:4-6). Los cristianos son bendecidos con la "gracia del Señor Jesucristo, el amor de Dios, y la comunión del Espíritu Santo" (2 Corintios 13:14). Dios envía al Espíritu Santo, llamado el "Espíritu de su Hijo", a los corazones de los creyentes (Gálatas 4:6). El Dios de Nuestro Señor Jesucristo les da el "Espíritu de sabiduría" (Efesios 1:17). A través de Cristo "tenemos entrada por un mismo Espíritu al Padre" (2:18). El Padre fortalece a su pueblo a través de su Espíritu, para que Cristo more en sus corazones (3:14-17). Hay un Espíritu, un Señor, un Dios y Padre (4:4-6). Dios derrama su Espíritu sobre su pueblo a través de Jesucristo (Tito 3:4-6). La verdadera Trinidad se halla por doquier en el Nuevo Testamento —si es que estás preparado para verla.

Día 75 **Mi Dios y Padre** (Domingo 9, **P.** y **R.** 26, parte 1)

P. ¿Qué crees tú, cuando dices: "Creo en Dios, el Padre, el todopoderoso, el creador del cielo y de la tierra"?

R. *Yo creo que el eterno Padre de nuestro señor Jesucristo es, por la voluntad de su Hijo, mi Dios y mi Padre..*

Este es un enunciado tremendo. En el Antiguo Testamento, Dios es el Padre de Israel como nación porque él los creó (Isaías 63:16; 64:8; Malaquías 2:10). La idea de un "Padre eterno", quien desde la eternidad fue el Padre del "Hijo eterno", fue totalmente desconocida en el Antiguo Testamento. Cuando Jesús vino a este mundo, uno de sus grandes mandatos fue el de dar a conocer el nombre del Padre —el Padre eterno del Hijo eterno— a sus seguidores (Juan 17:6, 26). Éste es un gran privilegio: a través del Espíritu Santo, conocemos ahora a Dios como el Padre eterno del Hijo eterno. Pero las cosas mejoran: dice el catecismo que este Padre se ha convertido en mi Dios y Padre debido a Cristo el Hijo.

La primera vez que esta verdad pudo ser expresada fue después de la resurrección de Cristo. Jesús le dijo a María Magdalena: "Subo a mi Padre *y a vuestro Padre*, a mi Dios y a vuestro Dios" (Juan 20:17). En la oración del Señor, Jesús había hablado de Nuestro Padre (Mateo 6:9), pero nunca antes de su resurrección dijo el que *su* Padre —el Padre eterno del Hijo eterno— se había convertido en el Padre de sus discípulos también. La vida del Hijo tenía primeramente que pasar a través de la muerte y la resurrección antes de que pudiese ser compartida con sus seguidores. Después de su resurrección, esto se convirtió en una realidad espiritual: debido a que el Hijo se ha convertido en mi vida, el Padre eterno del Hijo eterno se ha convertido en mi Padre: "este es el testimonio: que Dios nos ha dado vida eterna; y esta vida está en su Hijo. El que tiene al Hijo, tiene la vida; el que no tiene al Hijo de Dios no tiene la vida... estamos en el verdadero [*i.e.* Dios el Padre], en su Hijo Jesucristo. Este es el verdadero Dios [*i.e.* Dios el Hijo], y la vida eterna" (1 Juan 5:11-12, 20).

Jesús dijo: "Abba, Padre" en Getsemaní (Marcos 14:36). Y ahora decimos: "Abba, Padre" a esta misma persona (Romanos 8:15; Gálatas 4:6) porque somos nacidos de él como sus hijos (Juan 1:12-13), y adoptados como parte de su familia (Romanos 8:14-15).

R. . . . *el eterno Padre de nuestro señor Jesucristo . . . ha creado de la nada el cielo y la tierra con todo lo que en ellos hay, y los mantiene y gobierna a través de su eterno consejo y providencia.*

Hemos visto que tanto el Hijo con el Espíritu estuvieron involucrados en la obra de la creación, pero está claro que la obra "procedió de Dios el Padre" (*cfr.* 1 Corintios 8:6). Podrías decir que él creó "a partir de sí mismo", de su "eterno poder y deidad" (*cfr.* romanos 1:20). El catecismo usa las palabras de la ley: "en seis días hizo Jehová los cielos y la tierra, el mar, y todas las cosas que en ellos hay" (Éxodo 20:11; *cfr.* Hechos 4:24; 14:15). Lo hizo por su palabra y por el aliento de su boca (Salmo 33:6). Él es el Dios que "llama las cosas que no son, como si fuesen" (Romanos 4:17). "Por la fe entendemos haber sido constituido el universo por la palabra de Dios, de modo que lo que se ve fue hecho de lo que no se veía" (Hebreos 11:3).

Este Dios no es el Dios imaginado por los deístas, un Dios que, después de haber creado el mundo, lo abandona a su suerte y deja que funcione por sí mismo. No: se halla no solamente la obra divina de la creación sino también la divina obra en *proceso* de la providencia: el Hijo de Dios es aquel "por quien asimismo [Dios] hizo el universo; y quien sustenta [*i.e.* el Hijo] todas las cosas con la palabra de su poder" (Hebreos 1:2-3). Es Dios quien hace el bien, "dándonos lluvias del cielo y tiempos fructíferos, llenando de sustento y de alegría nuestros corazones" (Hechos 14:17). "En él vivimos, y nos movemos, y somos" (Hechos 17:28).

El modo en que Dios gobierna el universo está basado en su "consejo eterno"; esto es, en los planes que hizo antes de la fundación del mundo (*cfr.* Efesios 1:4-5, 9, 11). Lo que el catecismo llama la "providencia" de Dios son los variados modos a través de los cuales Dios hace que su eterno consejo tenga lugar en el tiempo y en la historia. Sus caminos pueden variar de acuerdo con las circunstancias, pero el consejo eterno de Dios ha sido establecido de una vez y para siempre. A través de la historia, el obrará hacia la meta determinada incluso antes de la creación: el reino de Dios.

R. . . . *En él confío y no dudo que me proveerá todo lo que necesito para el cuerpo y el alma.*

Necesito fe en Dios, mi Salvador, para heredar salvación eterna. Pero también necesito fe (confianza, seguridad) en Dios, ni guardador, para vivir en el mundo presente. Confío en él por lo que concierne a mi destino *eterno*, pero también debo confiar en él para mis circunstancias *cotidianas*. Sea lo que sea que necesite para mi cuerpo y alma, mi Padre en el cielo se ocupará de ello "El que camina en justicia . . . se le dará su pan, y sus aguas serán seguras" (Isaías 33:15-16). "Joven fui, y he envejecido, Y no he visto justo desamparado, Ni su descendencia que mendigue pan" (Salmo 37:25). "Echa sobre Jehová tu carga, y él te sustentará; No dejará para siempre caído al justo" (Salmo 55:22).

Esos no son versículos fáciles, pues ha habido creyentes en la historia que murieron de hambre —y sería fácil decir que esto siempre sucedió porque, de hecho, no fueron lo suficientemente justos. No obstante, aparentemente, éstas son las excepciones. La regla general ha sido proclamada por el mismo Jesús: "Por tanto os digo: No os afanéis por vuestra vida, qué habéis de comer o qué habéis de beber; ni por vuestro cuerpo, qué habéis de vestir. ¿No es la vida más que el alimento, y el cuerpo más que el vestido? Mirad las aves del cielo, que no siembran, ni siegan, ni recogen en graneros; y vuestro Padre celestial las alimenta. ¿No valéis vosotros mucho más que ellas?" (Mateo 6:25-26).

Desde luego, el modo en que experimentamos esto es también dependiente de nuestras propias reclamaciones y deseos. El apóstol Pablo dijo: "gran ganancia es la piedad acompañada de contentamiento; porque nada hemos traído a este mundo, y sin duda nada podremos sacar. Así que, teniendo sustento y abrigo, estemos contentos con esto" (1 Timoteo 6:6-8). El mismo apóstol, en las difíciles circunstancias de la prisión, pudo decir: "No lo digo porque tenga escasez, pues he aprendido a contentarme, cualquiera que sea mi situación. Sé vivir humildemente, y sé tener abundancia; en todo y por todo estoy enseñado, así para estar saciado como para tener hambre, así para tener abundancia como para padecer necesidad. Todo lo puedo en Cristo que me fortalece" (Filipenses 4:11-13).

R. . . . *todas las cargas que en esta vida me son impuestas [por Dios] son para mi bien.*

El texto original del catecismo poderosa y poéticamente usa la expresión "el valle de lágrimas", no "este triste mundo". La expresión proviene del Salmo 84:6, donde muchas traducciones ponen "valle de Baca", mientras que otras traducciones dicen este "valle de llanto". Un valle de lágrimas no es un lugar fácil o placentero para pasar, pero, como dice el Salmo, los del pueblo de Dios "lo cambian en fuente, Cuando la lluvia llena los estanques. Irán de poder en poder; Verán a Dios en Sion" (vv. 6-7). Esto se debe a que tienen fe en Dios y esperanza de un brillante fin de su jornada. Hay llanto, pero también la fortaleza de Dios para sobrellevarlo

Hasta aquí solamente hemos escuchado acerca de la creación de Dios y de la providencia de Dios. Ahora se nos recuerda que este mundo de Dios ha sido echado a perder por el pecado y la muerte. Viajando a través del valle de lágrimas, atravesamos todo tipo de adversidad —esto es precisamente por lo que a veces tenemos que llorar. El catecismo nos dice que es Dios el que envía estas adversidades sobre nosotros (*cfr.* Isaías 45:7; Amós 3:6), pero usualmente el sentido es más el de que Dios permite tales cosas. Esto se debe a que sabemos que es a veces el diablo el que envía los males (*cfr.* 1 Crónicas 21:1; Job 1:2; Mateo 13:39; Hechos 5:3; 2 Corintios 12:7). Sin embargo, incluso en tales casos, las cosas nunca suceden aparte de Dios. Puede incluso usar a Satanás como un instrumento en sus tratos con la humanidad.

Esto se resume en un versículo bien conocido, al cual está aludiendo claramente el catecismo: "sabemos que a los que aman a Dios, todas las cosas les ayudan a bien, esto es, a los que conforme a su propósito son llamados" (Romanos 8:28). Ya sea que llamemos a Dios la causa directa de una cierta adversidad, o a Satanás, prácticamente no hace mucha diferencia: aceptamos todas las cosas que provienen de la mano de Dios, sabiendo que las usa de tal modo que las transforma para nuestro bien. Y eso es un tremendo alivio en medio de todos nuestras problemas y lágrimas.

Día 79 **Omnipotente y fiel** (Domingo 9, **P.** y **R.** 26, parte 5)

R. . . . *Él puede hacerlo como el Dios omnipotente que es, y quiere también hacerlo como un Padre fiel.*

Observe las dos palabras clave aquí: Dios *puede* ayudarnos y él *desea* ayudarnos. Puede porque es omnipotente, y quiere porque es fiel. Ambos elementos son necesarios y, gracias a Dios, él es tanto omnipotente como fiel.

Algunas personas argumentan que si Dios es omnipotente, y aún así no evita todo mal de inmediato, entonces no puede ser amoroso. Y si Dios es un Dios amoroso y, sin embargo, no impide todo entuerto de inmediato, entonces, aparentemente, no es lo suficientemente poderoso. No podemos tener las dos cosas, argumentan. Pero no entienden. No ven que Dios puede ciertamente permitir cierto problema *por un tiempo* si, al final, se alcanza un bien mayor que el que hubiera sido posible sin él. El dolor que sufres en el dentista conduce a una meta más elevada —mejores dientes— que lo que de otra manera hubiera sido posible. Los dolores musculares y el sudor durante el entrenamiento fuerte conducirán a una mejor condición y a la salud. El dolor puede ser un paso necesario para alcanzar una meta más grande. Dios *habrá* de llevar a cabo su propósito por nosotros porque él es lo suficientemente poderoso para hacerlo. Y el *ama* llevar a cabo su propósito porque nos ama.

"¿Qué, pues, diremos a esto? Si Dios es por nosotros, ¿quién contra nosotros? El que no escatimó ni a su propio Hijo, sino que lo entregó por todos nosotros, ¿cómo no nos dará también con él todas las cosas? . . . ¿Quién nos separará del amor de Cristo? ¿Tribulación, o angustia, o persecución, o hambre, o desnudez, o peligro, o espada? . . . en todas estas cosas somos más que vencedores por medio de aquel que nos amó. Por lo cual estoy seguro de que ni la muerte, ni la vida, ni ángeles, ni principados, ni potestades, ni lo presente, ni lo por venir, ni lo alto, ni lo profundo, ni ninguna otra cosa creada nos podrá separar del amor de Dios, que es en Cristo Jesús Señor nuestro" (Romanos 8:31-39)

P. ¿Qué entiendes por la providencia de Dios?

R. *La omnipotente y presente fuerza de Dios, a través de la cual sostiene y gobierna con su mano el cielo y la tierra con todas las criaturas.*

Nos movemos ahora un poco más hacia el tema de la divina providencia. Dios no solamente creó el mundo, sino que constantemente se preocupa de él y lo cuida. Lo conserva en su mano, como quien dice. Dios es "omnipotente", esto es, puede hacer lo que quiera; llamamos a esto su *omnipotencia*. Y su poder está "siempre presente" dondequiera que vayas; llamamos a esto su *omnipresencia*. Como dijera David: "Si subiere a los cielos, allí estás tú; Y si en el Seol hiciere mi estrado, he aquí, allí tú estás. Si tomare las alas del alba Y habitare en el extremo del mar, Aun allí me guiará tu mano, Y me asirá tu diestra" (Salmo 139:8-10). El Señor dijo a través de Jeremías: "¿Se ocultará alguno, dice Jehová, en escondrijos que yo no lo vea? ¿No lleno yo, dice Jehová, el cielo y la tierra?" (Jeremías 23:24). "en su mano están las profundidades de la tierra, Y las alturas de los montes son suyas" (Salmo 95:4).

Dios está en todos lados, tiene todas las cosas en su mano; nada puede escapar a sus ojos. Daniel le habló al rey Belsasar acerca del "Dios en cuya mano está tu vida, y cuyos son todos tus caminos" (Daniel 5:23). "Como los repartimientos de las aguas, Así está el corazón del rey en la mano de Jehová" (Proverbios 21:1). "Sostiene y gobierna con su mano el cielo y la tierra", pero "sostiene en su mano al pequeño niño", así como el aliento y el corazón del poderoso rey.

Para el incrédulo, este es un pensamiento amenazador, que si Dios quita su mano, la vida de un hombre llega a su fin: los malvados son "arrebatados de tu mano" (Salmo 88:5). Pero, para el creyente, la providencia de Dios es un pensamiento muy consolador. No importa qué enemigo pueda estar contra nosotros, estamos en las manos de Dios. Incluso cuando la disciplina de Dios tiene que golpearnos, argumentaremos, como lo hizo David: "caigamos ahora en mano de Jehová, porque sus misericordias son muchas, mas no caiga yo en manos de hombres" (2 Samuel 24:14). "En tu mano encomiendo mi espíritu ... En tu mano están mis tiempos" (Salmo 31:5, 15; *cfr.* Lucas 23:46). Jesús dijo: "nadie las puede arrebatar [mis ovejas] de la mano de mi Padre" (Juan 10:28-29). ¡Qué maravillosa seguridad!

Día 81 **Lluvia y sequía** (Domingo 10, **P.** y **R.** 27, parte 2)

R. ... *el follaje y la hierba, la lluvia y la sequía, los años fértiles y los infértiles, la comida y la bebida.*

Dios gobierna el mundo de tal manera que la lluvia y la sequía, los años fructíferos y los magros, nos llegan por su mano paternal. Dios "da lluvia temprana y tardía en su tiempo" (Jeremías 5:24). Y Pablo dijo que Dios hizo bien "dándonos lluvias del cielo y tiempos fructíferos, llenando de sustento y de alegría nuestros corazones" (Hechos 14:17). Moisés dijo: "comerás y te saciarás, y bendecirás a Jehová tu Dios por la buena tierra que te habrá dado" (Deuteronomio 8:10). Sin embargo, le agregó una condición: Israel tenía que guardar la ley de Dios. Si Dios los bendecía, le agradecían por ello. Pero si él contenía su bendición, tenían que preguntarse el porqué. Podría ser una prueba de parte de Dios, pero también podría ser una medida disciplinaria. Dios da la lluvia, pero en otras ocasiones da sequía. Él da años fructíferos, pero a veces los años son magros y las cosechas son pobres.

Recuerda que el catecismo está tratando de la providencia de Dios, no de todas las causas detrás de todo evento. Algunas veces la miseria que acaece a las personas ha sido causada por ellas mismas, a veces por otras personas. Es verdad que "el rico y el pobre se encuentran; A ambos los hizo Jehová" (Proverbios 22:2). Pero también es verdad que algunas personas se han empobrecido ellas mismas; u otras personas, que las oprimen y las explotan, lo han hecho. Dios permite que esto suceda; en este sentido siempre está involucrado. Pero eso no quita nada de la responsabilidad humana.

Ciertas regiones de mi nativa Nederlandia eran muy piadosas porque, a través de los siglos, eran inundadas cada cuantas décadas. Las personas aprendieron a depender de Dios, quien sostiene "las aguas con el hueco de su mano" (Isaías 40:12). Actualmente, los holandeses son tan listos protegiendo la tierra que las inundaciones han sido virtualmente eliminadas. Actualmente estas regiones son mucho menos piadosas, ¡quizá porque ya no ven su desesperada necesidad de Dios! La relación entre la soberanía de Dios y la responsabilidad humana es intrincada.

Día 82 La salud y la enfermedad (Domingo 10, P. y R. 27, parte 3)

R. . . . *la salud y la enfermedad, la pobreza y la riqueza.*

Aparte de causas biológicas, ¿de donde proviene la enfermedad? El catecismo dice: "de Dios". Algunos cristianos carismáticos dicen: "de Satanás". Y yo agregaría que algunas veces son las mismas personas las que han de ser culpadas, debido a sus poco saludables estilos de vida (fumar, beber, la obesidad, el estrés, la carencia de movimiento y de descanso). ¿Quién tiene la razón? Es obvio que puedes enfermarte mucho. También está claro que la Biblia atribuye ciertas enfermedades directamente a Satanás, como en los casos de Job (2:6-7), la mujer encorvada (Lucas 13:10-17) y —si el aguijón en la carne era desde luego una enfermedad— el apóstol Pablo (2 Corintios 12:7-9). Jesús sanó a "todos los oprimidos por el diablo" (Hechos 10:38), y de algunos enfermos se nos dice: "las enfermedades se iban de ellos, y los espíritus malos salían" (Hechos 19:12). No toda enfermedad proviene directamente del diablo, pero definitivamente algunas veces él sí está involucrado. En algunos otros casos de males, podemos decir con igual certeza: "Un enemigo [*i.e.,* el diablo] ha hecho esto" (Mateo 13:28, 39). Pablo sabía exactamente en qué momentos estaba siendo obstaculizado por el Espíritu de Jesús (Hechos 16:7), y en qué ocasiones estaba siendo obstaculizado por Satanás (1 Tesalonicenses 2:18). Pero en este momento el catecismo no está interesado en tales distinciones, y ello se debe a una muy buena razón: los creyentes siempre aceptan los problemas que provienen de la mano de Dios. Ése es el punto. Job no tenía entendimiento del papel directo que Satanás jugaba en su miseria; pero dijo correctamente: "Jehová dio, y Jehová quitó" (1:21), y: "¿Recibiremos de Dios el bien, y el mal no lo recibiremos?" (2:10). Satanás puede estar definitivamente involucrado, como en el caso de David: "Satanás . . . incitó a David" (1 Crónicas 21:1). Pero Dios se hallaba detrás de ello, pues el texto paralelo dice: "Jehová . . . incitó a David" (2 Samuel 24:1). Dios puede no ser siempre la causa directa de cierta miseria, pero recuerda siempre dos cosas. Primeramente, siempre está involucrado en ella; nada puede acontecernos aparte de él, de modo que los creyentes la aceptan de su mano. Y en segundo lugar, en la miseria él es siempre nuestro refugio, nuestra fortaleza y nuestra ayuda (Salmos 46:1); él está con nosotros en ella (Salmos 23:4), en las aguas y en el fuego (Isaías 43:2).

Día 83 **No es por casualidad** (Domingo 10, **P.** y **R.** 27, parte 4)

R. *[Dios] sostiene y gobierna con su mano el cielo y la tierra con todas las criaturas ... y todo lo demás, los cuales no nos llegan de manera casual ....*

El tema de la causalidad es un tópico interesante; muchos cristianos han tenido disputas ardientes acerca de ella. En un mundo gobernado por Dios, ¿hay algo así como casualidad o coincidencia? Sí, en las calles de Buenos Aires, me tropezase con mi amigo de Indonesia, ciertamente hablaríamos de una notable coincidencia, especialmente si no podemos discernir ningún propósito divino especial en este encuentro. La Biblia parece hablar de un modo semejante. Nos dice que "aconteció que aquella parte del campo [al que Rut había ido a espigar] era de Booz" (Rut 2:3). En la parábola del buen samaritano, Jesús nos dice: "Aconteció que descendió un sacerdote por aquel camino" (Lucas 10:31). No tuvo dificultades utilizando la palabra 'aconteció. Salomón habló de las personas en general: "tiempo y ocasión acontecen a todos" (Eclesiastés 9:11).

De hecho, *vemos* coincidencias por todos lados y no obstante, especialmente en el caso de Rut, vemos la maravillosa *guía* de Dios detrás de sus operaciones. Para el ojo ordinario puede parecer asunto de la casualidad, pero el creyente ve la paternal mano de Dios en lo que le sucedió a ella y a Booz. Sean cuales fueren las cosas que nos acontezcan, nunca acontecen puramente por azar. Podemos no verlo de inmediato pero frecuentemente, después de un rato, miramos hacia atrás y nos damos cuenta de que Dios estaba en el entero curso de aquellos eventos.

Proverbios 16:33 nos dice que "la suerte se echa en el regazo; Mas de Jehová es la decisión de ella". Desde luego, la Biblia está llena de casos en los cuales se echan suertes, y la mano de Dios se veía maravillosamente en los resultados, como en los casos de Acán (Josué 7:14-15), Saúl (1 Samuel 10:20-21) y Matías (Hechos 1:26).

La palabra 'purim' significa "suerte". La fiesta del Purim recibió ese nombre porque la suerte se había echado para exterminar a Israel (Ester 3:7; 9:24). Sin embargo, la fecha que fue determinada era lo suficientemente remota como para que Israel tuviese tiempo de plantear su propia defensa. La mano de Dios se hallaba en el asunto, ¡aun cuando el nombre de Dios nunca se menciona en el libro de Ester! Todo el tiempo estuvo allí. Todo evento casual se halla bajo el mandato del Señor.

R. *[Dios] sostiene y gobierna ... y todo lo demás, los cuales no nos llegan de manera casual ... sino que provienen de su mano paternal.*

A primera vista, este enunciado parece ser de resignación o aquiescencia. Puede sonar a nuestros oídos como la hipócrita respuesta del sacerdote Elí: "Jehová es; haga lo que bien le pareciere" (1 Samuel 3:18). O como la amarga respuesta de Noemí: "Jehová ha dado testimonio contra mí, y el Todopoderoso me ha afligido" (Rut 1:21). Ambas respuestas revelaron una actitud errónea. Observa que el catecismo no habla del Señor o del Omnipotente de una manera desprendida, sino de la "mano paternal" de Dios. Hay amor en esta expresión, y el creyente es consciente de eso. Nunca cae fuera del amor de Dios. No importa cuán duras sean las circunstancias, la mano del Padre está allí para el bien del creyente. "¿No se venden dos pajarillos por un cuarto? Con todo, ni uno de ellos cae a tierra sin vuestro Padre" (Mateo 10:29).

La resignación puede ser una actitud de fatalismo (como en el Islam, "es la voluntad de Alá"), la cual es totalmente abíblica. Elí era fatalista, pero el verdadero pueblo de Dios no lo es. Clama libremente a Dios con su ¿porqué? (Salmos 44:23-24 es un ejemplo impactante). El pueblo de Dios frecuentemente argumentó con él, como Abraham (Génesis 18:22-33), Moisés (Éxodo 32:11-14; 33:12-17), Elías (1 Reyes 19:4-18) y Jeremías (Jeremías 20). En una relación íntima con Dios tal argumentar es incluso natural —precisamente porque el creyente está convencido del amor y cuidado del Padre. Abraham y Moisés fueron llamados "amigos de Dios" (Éxodo 33:11; 2 Crónicas 20:7; Isaías 41:8; Jeremías 2:23). Y Moisés y Elías se hallaban entre los grandes hombres de Dios en el Antiguo Testamento (Malaquías 4:4-6; Mateo 17:3; *cfr.* Revelación 11:6).

Job es quizá el ejemplo más vívido en el Antiguo Testamento de alguien que lanzó sus "porqués" al cielo pero se mantuvo apegado a Dios. Nunca obtuvo la respuesta que buscaba; en Job 38 al 41 Dios enfatizó principalmente su propia majestad y sabiduría. No obstante, Job se mantuvo confiando en Dios. Esta frase de Job lo dice todo: "aunque él me matare, en él esperaré; No obstante, defenderé delante de él mis caminos" (Job 13:15). Esto es, protestaré, pero al mismo tiempo me aferraré a mi Padre celestial, no importa lo que me suceda.

Día 85 La paciencia (Domingo 10, P. y R. 28, parte 1)

P. ¿De qué nos sirve el conocimiento de la creación y la providencia de Dios?

R. *Dios quiere mediante el mismo que sepamos que a nosotros, en toda adversidad . . . nada puede separarnos de su amor.*

La paciencia es un tremendo don de Dios. Es uno de los frutos del Espíritu (Gálatas 5:22; *cfr.* Lucas 8:15). Hebreos 6:12 y 15 hablan de aquellos que "por la fe y la paciencia" heredaron lo que Dios había prometido. Y Santiago escribió: "tened paciencia hasta la venida del Señor. Mirad cómo el labrador espera el precioso fruto de la tierra, aguardando con paciencia hasta que reciba la lluvia temprana y la tardía . . . tomad como ejemplo de aflicción y de paciencia a los profetas que hablaron en nombre del Señor" (Santiago 5:7, 10). "Guarda silencio ante Jehová, y espera en él" (Salmos 37:7). "gozosos en la esperanza; sufridos en la tribulación; constantes en la oración" (Romanos 12:12, *cfr.* 2 Corintios 1:6).

La paciencia es la cualidad que necesitas cuando las circunstancias están en contra tuya, cuando los problemas duran más que lo que tú piensas que puedes soportar, cuando no ves la luz al final del túnel. Pablo pudo decir: "nos gloriamos en las tribulaciones, sabiendo que la tribulación produce paciencia" (Romanos 5:3). Y Santiago escribió: "sabiendo que la prueba de vuestra fe produce paciencia. Mas tenga la paciencia su obra completa, para que seáis perfectos y cabales, sin que os falte cosa alguna" (Santiago 1:3-4). En estos casos, 'resistencia' y 'firmeza' son palabras equivalentes a 'paciencia'.

Si nos damos cuenta de cuán vasta es la creación de Dios, y cuán intrincado su gobierno de este mundo —de hecho, este es el mensaje de Job 38 al 41 —entenderemos que nuestras vidas individuales son meramente partes pequeñas de un enorme plan divino. Estamos ciertamente convencidos del amor y el cuidado del Padre, y del hecho de que el Padre hace que todas las cosas operen conjuntamente para nuestro bien (Romanos 8:28). Pero también nos damos cuenta de que Dios opera con un itinerario diferente. Le prometió un hijo a Abram, pero el hombre tuvo que esperar muchos años. Le prometió a Israel el éxodo, pero el pueblo tuvo que esperar 430 años. Le prometió a su iglesia el retorno de Cristo, pero hemos estado esperando 2000 años y seguimos contando. Los molinos de Dios muelen con lentitud pero con seguridad. Sus promesas pueden poner a prueba nuestra paciencia hasta el límite, pero ninguna de ellas caerá al suelo.

Día 86 **La gratitud** (Domingo 10, **P.** y **R.** 28, parte 2)

R. . . . *con felicidad y gratitud y con plena confianza en el futuro en nuestro fiel Dios y padre.*

La disposición a agradecer es un tremendo don de Dios. La entera tercera parte del catecismo es llamada 'gratitud', lo cual significa lo mismo. Pablo dice: "Y la paz de Dios gobierne en vuestros corazones, a la que asimismo fuisteis llamados en un solo cuerpo; y sed agradecidos. La palabra de Cristo more en abundancia en vosotros, enseñándoos y exhortándoos unos a otros en toda sabiduría, cantando con gracia en vuestros corazones al Señor con salmos e himnos y cánticos espirituales. Y todo lo que hacéis, sea de palabra o de hecho, hacedlo todo en el nombre del Señor Jesús, dando gracias a Dios Padre por medio de él" (Colosenses 3:15-17). "Estad siempre gozosos. Orad sin cesar. Dad gracias en todo, porque esta es la voluntad de Dios para con vosotros en Cristo Jesús" (1 Tesalonicenses 5:16-18). Incluso puedes ser agradecido por adelantado: "sean conocidas vuestras peticiones delante de Dios en toda oración y ruego, con acción de gracias" (Filipenses 4:6). Esto es, le dices a Dios tus necesidades y expresas tu gratitud porque él es fiel para responder a tus oraciones —cualquiera que sea el modo en que vaya a hacer esto.

Considera el contenido de nuestras oraciones. ¿El tiempo que pasamos pidiéndole cosas a Dios excede con mucho el tiempo que pasamos agradeciéndole y alabándole? Podemos clamar a él cuando las circunstancias estén en contra de nosotros, pero frecuentemente olvidamos agradecerle cuando las cosas van bien. Dios es feliz con todos aquellos que le oran a él —pero él busca adoradores (Juan 4:23), personas que agradecen, alaban, glorifican y le honran por todo lo que da, y especialmente por todo lo que es. El es mucho más grande que nuestras necesidades. Mira más allá de ellas y velo a él. Él es altamente digno de nuestro agradecimiento y alabanza. "Te alabaré, oh Jehová, con todo mi corazón; Contaré todas tus maravillas" (Salmo 9:1; *cfr.* 75:1). "Jehová es mi fortaleza y mi escudo; En él confió mi corazón, y fui ayudado, Por lo que se gozó mi corazón, Y con mi cántico le alabaré" (Salmos 28:7). "Te alabaré porque me has oído, Y me fuiste por salvación" (Salmos 118:21).

Antes de que le pidas lo que sea por la mañana, no olvides en primer lugar agradecerle. Los levitas debían "asistir cada mañana todos los días a dar gracias y tributar alabanzas a Jehová, y asimismo por la tarde" (1 Crónicas 23:30). Eso es un gran ejemplo para nosotros.

R. . . . *con felicidad y gratitud y con plena confianza en el futuro en nuestro fiel Dios y Padre, nada puede separarnos de su amor.*

Los términos 'seguridad' y 'confianza' en la Escritura son frecuentemente sinónimos de 'fe'. Necesitamos fe para llegar al cielo, pero también necesitamos fe para sortear este mundo. Tenemos que confiar en Dios para nuestra salvación eterna, pero también tenemos que confiar en él para nuestras circunstancias cotidianas. Dios es "nuestro fiel Dios y Padre", y necesitamos tener la fe de que él es desde luego fiel, con respecto tanto a nuestra vida eterna como a nuestra vida cotidiana. Todo se halla en las manos de Dios —sólo tienes que confiar en él.

Es obvio que el catecismo se está refiriendo a Romanos 8: "Por lo cual estoy seguro de que ni la muerte, ni la vida, ni ángeles, ni principados, ni potestades, ni lo presente, ni lo por venir, ni lo alto, ni lo profundo, ni ninguna otra cosa creada nos podrá separar del amor de Dios, que es en Cristo Jesús Señor nuestro" (Romanos 8:38-39). Este importante capítulo está lleno de cosas que se esperan de nosotros, como caminar en el Espíritu para satisfacer el requerimiento de justicia de la ley de Dios (vv. 4-6), hacer morir las obras de la "carne" (vv. 12-13), vivir como hijos de Dios (vv. 14-16), mirar hacia adelante a un futuro luminoso más allá de la muerte y la resurrección (vv. 18-30).

Aunque estas cosas sólo se pueden lograr con el poder del Espíritu Santo, pertenecen al dominio de nuestra responsabilidad humana: *tenemos* que hacerlas. Sin embargo, los últimos versículos de Romanos 8 hablan del lado de Dios, de lo que *él* hace, de su amor soberano y preservador, y de su cuidado en medio de todos los tipos de potestades que pueden amenazarnos. Incluso las propias dudas del creyente, sus propias incertidumbres y vacilaciones, pueden empañar su brillante prospecto, pero no debiera permitir que esto suceda. En vez de eso, ¡mira al Espíritu Santo, la única garantía de tu salvación eterna! ¡Escucha sus promesas! "nos gloriamos en las tribulaciones, sabiendo que la tribulación produce paciencia; y la paciencia, prueba; y la prueba, esperanza; y la esperanza no avergüenza; porque el amor de Dios ha sido derramado en nuestros corazones por el Espíritu Santo que nos fue dado" (Romanos 5:3-5).

R. *. . . porque todas las criaturas se hallan de tal manera en sus manos, que ellas sin su voluntad no pueden moverse ni ser movidas.*

¡Esto suena muy absoluto! ¿No hay criatura que sea capaz de moverse, o de no moverse, sin la voluntad de Dios? Si nos restringimos a los seres humanos, ¿cómo puede Dios ordenar que los humanos se muevan, y luego castigarlos si se rehúsan a moverse del modo en que quiere que lo hagan? Dios le dijo a Jonás: "Levántate y ve a Nínive". Jonás desde luego se levantó, pero solamente para huir a Tarsis, la cual se encontraba en la dirección opuesta (Jonás 1:1-3) Era la voluntad de Dios que Jonás se moviera al este pero él se movió hacia el oeste. Aparentemente ésta no era la voluntad de Dios, y no obstante, Jonás lo hizo, y Dios tuvo que detenerlo. ¿Así que, que hay de la voluntad de Dios sin la cual ninguna criatura se puede mover?

Los teólogos han hecho una distinción entre la voluntad "resistible" y la "irresistible" de Dios. Pablo dice que Dios nuestro Salvador *quiere* que todos los hombres sean salvos" (1 Timoteo 2:4) y, no obstante, sabemos que no todas las personas *habrán* de ser salvas. Ésta es la voluntad resistible de Dios, la voluntad que puede ser desobedecida. Fue esta voluntad resistible la que Jonás desobedeció. Pero también se halla esa otra voluntad, de la cual Pablo dice "¿quién ha resistido a su voluntad?" (Romanos 9:19). Ésta es la voluntad del consejo de Dios, de la cual el Señor dice: "Mi consejo permanecerá, y haré todo lo que quiero" (Isaías 46:10), a saber, a través del "varón de mi consejo" (*cfr.* v. 11), esto es, Cristo. Pablo habla del Dios que "hace todas las cosas según el designio de su voluntad" (Efesios 1:11). Ésta es la voluntad de Dios de la cual está hablando el catecismo: la voluntad que no puede ser resistida. Ésta es la voluntad mediante la cual Dios realiza sus planes, independientemente de lo que sus criaturas puedan emprender.

Éste es el significado de las dos montañas de bronce en Zacarías 6:1. El profeta ve cuatro carrozas, que son los cuatro imperios mundiales de los tiempos antiguos. Parecen estarse moviendo alrededor libremente, pero, en realidad, solamente se pueden mover dentro de los límites que les imponen aquellas dos montañas. Daniel le habló al rey Belsasar acerca de "Dios en cuya mano está tu vida, y cuyos son todos tus caminos" (Daniel 5:23). Y Salomón dijo: "Como los repartimientos de las aguas, Así está el corazón del rey en la mano de Jehová; A todo lo que quiere lo inclina" (Proverbios 21:1). Sean las que fueren las acciones e intenciones de los reyes y las naciones, Dios mueve la historia de acuerdo con su buena voluntad y propósitos.

P. ¿Por qué es el hijo de Dios llamado Jesús, esto es "salvador"?

R. *Porque él nos ha salvado de nuestros pecados.*

Empezamos ahora con la parte segunda y más larga del *Credo de los apóstoles*: la sección acerca de Jesús. La primera PyR es acerca de su nombre. En un evangelio, es José quien recibe la orden de llamar 'Jesús' al divino niño que iba a nacer (Mateo 1:21); en otro es María la que recibe esta orden (Lucas 1:31). El nombre 'Jesús' proviene de la palabra griega *Yesous*, la cual a su vez proviene del nombre hebreo *Yeshua*. Esta forma proviene del verbo *yasha*, el cual significa "salvar". Esta explicación del nombre es apoyada por la que le da el ángel a José: "[María] dará a luz un hijo, y llamarás su nombre JESÚS, porque él salvará a su pueblo de sus pecados" (Mateo 1:21). Jesús es el Salvador, el que trae salvación de los pecados. Podrías también decir que él es el Libertador o Redentor, lo cual equivale a lo mismo. Él libera a su pueblo de los poderes del pecado, el diablo y la muerte (Hebreos 2:14).

En Mateo, la frase "su pueblo" claramente se refiere a Israel. Pero gradualmente, conforme se desarrolla este evangelio, se amplía el círculo: "El campo es el mundo" (Mateo 13:38). Si Jesús dice: "el Hijo del Hombre no vino para ser servido, sino para servir, y para dar su vida en rescate por muchos" (20:28), estos "muchos" definitivamente incluyen a todos aquellos que habrán de venir a la fe en Jesús, de cualquier nación que sean. De modo similar, en la institución de las Cena del Señor: "esto es mi sangre del nuevo pacto, que por muchos es derramada para remisión de los pecados" (26:28). Compare la palabra anterior de Jesús: "será predicado este evangelio del reino en todo el mundo, para testimonio a todas las naciones" (24:14). Y su última palabra, "id, y haced discípulos a todas las naciones" (28:19). Jesús salvó no solamente a los creyentes de Israel de sus pecados, sino también a aquéllos de todas las naciones, hasta el fin de la tierra. Es por ello que el catecismo puede decir: "nos ha salvado de nuestros pecados". Ya no hay limitación: todos los que confiesan sus pecados e invocan el nombre del Señor Jesús serán salvos.

R. ... *porque en ningún otro se busca o se encuentra salvación.*

No hay otro Salvador más que Dios; él ha dicho esto a través del profeta: "fuera de mí no hay quien salve" (Isaías 43:11). Desde la venida de Jesucristo, podemos especificar adicionalmente esto en las palabras del apóstol Pedro, a las cuales el catecismo está claramente aludiendo: "la piedra reprobada por vosotros los edificadores, la cual ha venido a ser cabeza del ángulo [*cfr.* Salmos 118:22]. Y en ningún otro hay salvación; porque no hay otro nombre bajo el cielo, dado a los hombres, en que podamos ser salvos" (Hechos 4:11-12). Y Pablo escribió: "hay un solo Dios, y un solo mediador entre Dios y los hombres, Jesucristo hombre, el cual se dio a sí mismo en rescate por todos" (1 Timoteo 2:5-6).

En el tiempo de los apóstoles había literalmente cientos de religiones en el Imperio Romano. Todas se desvanecieron, con excepción de dos: el judaísmo y el cristianismo. Una de las razones interesantes para ello fue la afirmación judeocristiana de exclusividad. Los cristianos sostuvieron que había solamente un camino a Dios, y que ése era Jesús. Como Jesús mismo había dicho: "Yo soy el camino, y la verdad, y la vida; nadie viene al Padre, sino por mí" (Juan 14:6). Ahora bien, o ésta es la aseveración más arrogante jamás hecha, o fue un ejemplo patético de autoengaño —o era la verdad.

Si se tratase meramente de pronunciar el mensaje más verdadero, el hinduismo, el budismo, el islam, etcétera, podrían fácilmente sostener que lo tienen. Todos ellos pueden darte una receta para servir al Dios verdadero, o a los dioses, o para alcanzar eterna bienaventuranza. Pero cuando se trata de pecados que se hallan entre tú y Dios (*cfr.* Isaías 59:2) ¿quién puede realmente ayudarte? ¿Murió Confucio por ti? ¿O Sócrates, o Buda, o Mahoma? Desde luego que no. Ellos señalaron un camino que debieras seguir —no tuvieron el poder para quitarte tus pecados, ni de concederte el poder ver el camino que señalaban (aparte de la pregunta de si el camino que señalaban era el camino correcto). Jesucristo hizo y hace ambas cosas: murió por los pecados de todos aquellos que creen en él, y nos del poder del Espíritu Santo para recorrer el camino que nos señala: el camino al Padre a través de él.

Día 91 El único Salvador (Domingo 91, **P.** y **R.** 30, parte 1)

P. ¿Creen pues también en un único salvador Jesús, aquéllos que buscan salvación y bendición en los santos, en ellos mismos o en otros?

R. *No. Ellos alardean de ello con sus palabras, pero lo niegan con sus actos.*

Si le preguntaras a un teólogo católico romano o a un ortodoxo oriental si hay salvación a través de los santos —esto es, a través de personas que han sido canonizadas después de su muerte— respondería que por supuesto que no; la salvación es solamente a través de Cristo. Eso es correcto. Pero es otra cosa si los simples creyentes de países predominantemente católicos u ortodoxos sienten del mismo modo. Frecuentemente ves en tales países cómo las personas acuden directamente a la estatua de la Virgen María y le dicen todas sus necesidades, como si fuese ella la que pudiera realmente ayudarlos. Algunos católicos inclusive la llaman "corredentora", refiriéndose a su supuesto papel en la obra de la redención. Esto es un gran error. La salvación se halla solamente en su Hijo, Jesucristo. Pensemos aquí en las palabras de Pablo: "cada uno de vosotros dice: Yo soy de Pablo; y yo de Apolos; y yo de Cefas; y yo de Cristo. ¿Acaso está dividido Cristo? ¿Fue crucificado Pablo por vosotros? ¿O fuisteis bautizados en el nombre de Pablo?" (1 Corintios 1:12-13). Aquellos que dijeron "soy de Cristo", no eran los mejores de este grupo. Tenían la respuesta correcta, pero empezaron con la misma suposición, y convirtieron a Cristo en cabeza de un grupo partisano, así como otros lo habían hecho con Pablo, Apolo o Cefas.

Otros buscan su salvación "en sí mismos". Éstos son personas que piensan que guardando los mandamientos de Dios, haciendo buenas obras, pueden agradar a Dios y merecer el cielo. Pero dice Pablo: "De Cristo os desligasteis, los que por la ley os justificáis [o sois contados como justos]; de la gracia habéis caído" (Gálatas 5:4). Tú no tienes poder en ti mismo para agradar a Dios a través de tus obras. Dependes de la gracia. Necesitas un Salvador. No puedes salvarte a ti mismo. El catecismo habla de un tercer grupo, aquellos que buscan su salvación "en otra parte". Pueden llamarse a sí mismos cristianos ("alardean de ser de él"), pueden tener a Jesús en alta estima, pero sostienen que es arrogante decir que el cristianismo es el *único* camino de salvación. Olvidan que el cristianismo no es en lo absoluto un camino de salvación —¡Lo es Cristo! ¿Quien puede compararse con él? ¿María? ¿Mahoma? ¿La moral? ¡Necesitas un Salvador y solamente hay uno!

Día 92 **¿Perfecto, o no?** (Domingo 11, **P.** y **R.** 30, parte 2)

R. *Pues o no es Jesús un salvador perfecto, o todos los que con verdadera fe lo reciben tienen todo lo que es necesario para su bienaventuranza.*

Hay sólo dos alternativas: Jesús es el Salvador perfecto, o no lo es. Si afirmas que también hay salvación a través de los santos, o a través de tus propias buenas obras, o a través de otros grandes líderes espirituales de la historia, entonces Jesús no es un "salvador perfecto". Puede haber hecho sus propias contribuciones interesantes a la bendición de la humanidad, pero no más que eso. De acuerdo con esta idea, hay muchos caminos que conducen al cielo. Como me dijera un masón alguna vez: "creo que Dios se halla en la cúspide de la montaña, y que en todos los lados de la montaña hay muchos caminos que conducen a la cúspide. Las personas piensan que sus caminos son muy diferentes, o que su camino es el único correcto. Pero, cuando llegan a la cúspide, encuentran que todas estas personas han alcanzado la misma meta". Contrariamente al masón, los cristianos no creen en caminos que conduzcan a la cúspide. Creemos que Dios *ha descendido* de la cúspide en la persona de su Hijo, Jesucristo, porque nosotros no tenemos el poder para alcanzar a Dios. Así que Dios envió a su Hijo para liberarnos del todas las potestades que nos mantenían cautivos.

En realidad, todos los supuestos caminos hacia la cúspide se tropiezan con la misma muralla: la muralla de nuestros pecados que hacen una separación entre Dios y nosotros (Isaías 59:2). Necesitamos que alguien derribe ese muro. No es que simplemente necesitemos una "guía espiritual" hacia la cúspide —necesitábamos que un *Salvador* descendiera y nos llevase a la cúspide muriendo por nuestros pecados y mostrándonos el camino al Padre.

Sólo hay una alternativa a la idea de que hay muchos caminos que conducen a la misma meta: Jesús es el único Salvador. No puedes compartirlo con otro algo o alguien. Solamente él llevó tus pecados en la Cruz, solamente él nos da el poder del Espíritu Santo para vivir vidas agradables a Dios. "por cuanto agradó al Padre que en él habitase toda plenitud, y por medio de él reconciliar consigo todas las cosas, así las que están en la tierra como las que están en los cielos, haciendo la paz mediante la sangre de su cruz" (Colosenses 1:19-20; *cfr.* 2:10). Todo lo demás es un mazacote de errores patéticos —patéticos porque son engañosos. Las personas piensan que se hallan en camino a la cúspide sólo para descubrir —cuando es demasiado tarde— que se hallan en su camino hacia el abismo

Día 93 **El ungido** (Domingo 12, **P.** y **R.** 31, parte 1)

P. ¿Por qué es llamado 'Cristo'; esto es, "ungido"?

R. *Él es instrumento de Dios el Padre y fue ungido con el Espíritu Santo.*

El nombre 'Cristo' proviene de la palabra griega *christos*, derivado del verbo griego, *chrio*, "ungir". Es el equivalente de 'Mesías', la cual proviene del hebreo *Mashiah*, del verbo *mashah*, "ungir". Cristo es el Ungido. En general, en el Antiguo Testamento el "ungido" era el rey de Israel: primeramente Saúl, luego David, luego el rey de la casa de David. El libro de los Salmos habla frecuentemente del "ungido", el cual, en su primer significado, se refiere al rey davídico, pero en un nivel más profundo al Mesías, el prometido perfecto Rey de Israel, quien restauraría al pueblo y regiría las naciones (Salmos 2:2; 18:50; 20:6; 28:8; 45:7; 84:9; 89:38; 51; 132:10, 17). El término 'Mesías' se refiere en primer lugar y sobre todo al Rey de Israel del fin de los tiempos, "ordenado" por Dios (*cfr*. Salmos 2:6).

Una vez escuché a un rabino decir: "Jesús no pudo ser el Mesías porque nunca fue ungido con aceite". Hay dos respuestas a esto. La primera es ¿qué autoridad más alta debiera haber desempeñado esta función? Moisés nunca fue ungido tampoco; nuevamente, ¿qué autoridad más alta hubiera podido hacer esto? La segunda, si bien Jesús no fue ungido con aceite, no obstante recibió una función más alta: el Padre lo ungió con el Espíritu Santo. Pedro explicó esto a Cornelio: "Dios ungió con el Espíritu Santo y con poder a Jesús de Nazaret, y ... éste anduvo haciendo bienes y sanando a todos los oprimidos por el diablo, porque Dios estaba con él" (Hechos 10:38). Este ungimiento tuvo lugar en el bautizo de Jesús por Juan el Bautista: "Jesús fue bautizado; y orando, el cielo se abrió, y descendió el Espíritu Santo sobre él en forma corporal, como paloma" (Lucas 3:21-22). Poco después, Jesús explicó al pueblo en la sinagoga de Nazaret: "El Espíritu del Señor está sobre mí, Por cuanto me ha ungido" (4:18; *cfr*. Isaías 61:1). Y en Hebreos 1:9 se le dice al Hijo de Dios: "te ungió Dios, el Dios tuyo, Con óleo de alegría más que a tus compañeros" (*cfr*. Salmos 45:7).

Así que Jesús fue desde luego el Ungido —ungido, sin embargo no por un hombre, sino por Dios; ungido no con aceite, sino con el Espíritu Santo, como los profetas habían predicho.

Día 94 **Nuestro principal profeta.** (Domingo 12, **P.** y **R.** 31, parte 2)

R. *... ungido con el Espíritu Santo para ser nuestro principal profeta y maestro, el cual nos ha revelado completamente el secreto consejo y voluntad de Dios para nuestra redención.*

Los cristianos han históricamente hablado del triple oficio de Cristo: Profeta, Sacerdote y Rey. De modo similar, los seguidores de Jesús son profetas, sacerdotes y reyes, como habremos de ver. La respuesta a esta pregunta empieza describiendo el oficio profético de Cristo. El apóstol Pedro le dijo a los judíos: "Moisés dijo a los padres: El Señor vuestro Dios os levantará profeta de entre vuestros hermanos, como a mí; a él oiréis en todas las cosas que os hable; y toda alma que no oiga a aquel profeta, será desarraigada del pueblo" (Hechos 3:22-23; *cfr.* Deuteronomio 18:15-19). Pedro aplicó estas palabras a Cristo.

Un profeta es alguien que se halla cerca de Dios y habla las palabras de Dios al pueblo "para edificación, exhortación y consolación" (1 Corintios 14:3). El profeta necesita la unción de Dios para esto porque es a través del Espíritu Santo que él habla; él es "el varón de espíritu" (Oseas 9:7). Pablo explica que "nadie conoció las cosas de Dios, sino el Espíritu de Dios" pero Dios, a través de este mismo Espíritu, revela sus pensamientos a sus siervos (1 Corintios 2:10-11). Como dijera el profeta Amós: "no hará nada Jehová el Señor, sin que revele su secreto a sus siervos los profetas" (Amós 3:7).

Desde luego, debido a que Jesús es el Hijo de Dios, él es un profeta de un tipo muy especial; como dice el catecismo, el "nos ha revelado completamente el secreto consejo y voluntad de Dios para nuestra redención". Incluso más que eso: nos ha revelado quien es realmente Dios: "A Dios nadie le vio jamás; el unigénito Hijo, que está en el seno del Padre, él le ha dado a conocer" (Juan 1:18). Jesús mismo dijo "ni al Padre conoce alguno, sino el Hijo, y aquel a quien el Hijo lo quiera revelar" (Mateo 11:27). Le dijo a sus discípulos: "os he llamado amigos, porque todas las cosas que oí de mi Padre, os las he dado a conocer" (Juan 15:15), y le dijo a su Padre: "He manifestado tu nombre a los hombres que del mundo me diste" (17:6; *cfr.* v. 26). Nadie jamás ha conocido la mente del Padre como la conoció el hijo —y, como el Ungido, se la reveló a sus seguidores a través del Espíritu Santo.

Día 95 **Nuestro único Sumo Sacerdote** (Domingo 12, **P.** y **R.** 31, parte 3)

R. *. . . ungido con el Espíritu Santo para ser . . . nuestro único sumo sacerdote, que nos ha redimido mediante la ofrenda única de su cuerpo y que en todo tiempo nos representa ante el Padre con su intercesión.*

Jesús no fue solamente un profeta sino también un sacerdote. El libro de Hebreos explica extensamente que Jesús, aunque no descendió de la tribu de Leví, es no obstante un sacerdote, de acuerdo con un orden diferente, el de Melquisedec, quien fue rey y sacerdote de Salem (Hebreos 7:11, 17; *cfr.* Génesis 14:18-20; Salmo 110:4). Sin embargo, aunque Jesús no era de la familia de Aarón, su ministerio sacerdotal se halla enteramente de acuerdo con el modelo del ministerio de Aarón. Aarón tenía una tarea especial en el día de la expiación, para la cual tenía sus vestimentas sacerdotales blancas (Levítico 16). Para todas sus otras tareas a lo largo del año tenía sus vestimentas especiales, coloridas. También Jesús tenía y tiene dos tareas sacerdotales. El dio plenitud al día del perdón en la cruz, de una vez y para siempre: él se convirtió en "misericordioso y fiel sumo sacerdote en lo que a Dios se refiere, para expiar los pecados del pueblo" (Hebreos 2:17); "no por sangre de machos cabríos ni de becerros, sino por su propia sangre, entró una vez para siempre en el Lugar Santísimo [como lo hacía Aarón en el día de la expiación], habiendo obtenido eterna redención . . . en la consumación de los siglos, se presentó una vez para siempre por el sacrificio de sí mismo para quitar de en medio el pecado" (9:12, 26; *cfr.* 10:11-14).

La segunda tarea de Jesús como nuestro gran sacerdote es la que lleva a cabo diariamente para nosotros desde que tomó su lugar a la diestra de Dios. Aarón intercedió por el pueblo cargando sus nombres en sus espaldas y en su pecho ante Dios en el santuario. Del mismo modo, Jesús se halla "[presente] ahora por nosotros ante Dios" (Hebreos 9:24). "Porque no tenemos un sumo sacerdote que no pueda compadecerse de nuestras debilidades, sino uno que fue tentado en todo según nuestra semejanza, pero sin pecado. Acerquémonos, pues, confiadamente al trono de la gracia, para alcanzar misericordia y hallar gracia para el oportuno socorro" (Hebreos 4:15-16). Pablo dice que Cristo siempre está intercediendo por nosotros a la diestra de Dios (Romanos 8:34) como nuestro sumo sacerdote, Jesús "puede también salvar perpetuamente a los que por él se acercan a Dios, viviendo siempre para interceder por ellos" (Hebreos 7:25).

Día 96 Nuestro eterno Rey (Domingo 12, P. y R. 31, parte 4)

R. . . . ungido con el Espíritu Santo para ser . . . nuestro eterno rey, que con su Palabra y Espíritu nos gobierna.

El catecismo habla aquí del reino de Cristo en su significado actual, así como lo hizo con respecto a Cristo como Profeta y Sacerdote. Cristo es nuestro Señor, quien "con su Palabra y Espíritu nos gobierna". Muchos cristianos, cuando se refieren al reino de Cristo, se refieren solamente al futuro, ya sea a lo que es llamado el reino milenial, o a los nuevos cielos y la nueva tierra. Pero, ya hoy, Jesús es el que puede decir: "Toda potestad me es dada en el cielo y en la tierra" (Mateo 28:18). Podemos no ver todavía "que todas las cosas le sean sujetas" (Hebreos 2:8), pero al menos vemos el reino de Dios dondequiera que los seguidores de Jesús se someten a su gobierno y guía; esto es, lo reconocen como su Señor y lo muestran a través de sus obras. Dios el Padre "nos ha librado de la potestad de las tinieblas, y trasladado al reino de su amado Hijo" (Colosenses 1:13).

Cuando hay disensión entre los creyentes, Pablo puede referirlos al reino de Dios de un modo muy práctico: "porque el reino de Dios no es comida ni bebida, sino justicia, paz y gozo en el Espíritu Santo. Porque el que en esto sirve a Cristo, agrada a Dios, y es aprobado por los hombres" (Romanos 14:17-18).

Ya hoy, el reino de Dios no es un reino de palabras ociosas sino de poder (1 Corintios 4:20) porque Cristo está gobernando en su reino a través de su Palabra y en el poder del Espíritu Santo. Dondequiera que el espíritu está operativo, se halla el reino de Cristo. Dondequiera que las personas amorosamente le sirven y obedecen, se halla el reino de Cristo.

R. ...*ungido con el Espíritu Santo para ser ...nuestro eterno rey, ...que ...en la adquirida redención nos protege y preserva.*

Uno podría pensar que el gobierno de un rey que tiene toda autoridad y poder sobre sus súbditos es lo opuesto a la verdadera libertad. Sin embargo, el catecismo enfatiza que esto es un error. Si los súbditos de un cierto rey le aman de todo corazón, y aman servirle, y si este rey promulga leyes que son para el beneficio de sus súbditos y les son agradables, nunca se verían a sí mismos como no libres —al contrario. Hemos sido ubicados en el reino del Hijo amado del Padre (Colosenses 1:13). Todo es amor allí, y, donde hay verdadero amor, hay libertad: "si el Hijo os libertare, seréis verdaderamente libres" (Juan 8:36). "Estad, pues, firmes en la libertad con que Cristo nos hizo libres" (Gálatas 5:1). En el reino de Dios es la "ley real" la que rige (Jeremías 2:8). Una ley justa no es opresiva; desde luego, *esta* ley es llamada la "ley de la libertad" (Jeremías 1:25; 2:12). No es una paradoja decir que aquellos que han sido "liberados del pecado" se han vuelto "esclavos de la justicia" y "esclavos de Dios" (Romanos 6:18.22). En el reino de Dios, todos están totalmente sometidos a la voluntad del Rey (*cfr.* Mateo 28:18-19) —y ésta es la misma cúspide de la verdadera libertad cristiana.

En el reino de Cristo el diablo es un enemigo conquistado (Apocalipsis 12:10-11). Fuera de este reino hay esclavitud, porque ahí reinan los poderes de las tinieblas: el pecado, el diablo y la muerte. Dentro del reino hay libertad, porque aquí encontramos a aquellos que han sido liberados por el Rey, y que son guardados y conservados en esta libertad. Afuera se encuentran las tinieblas, el diablo y la muerte; adentro es luz, amor y vida. Los dos mundos nunca se interceptan, nunca confluyen. Afuera somos una presa impotente en las manos de las potestades; adentro somos siervos con poder del Rey de reyes; afuera hay temor, adentro hay descanso y seguridad. "En esto se ha perfeccionado el amor en nosotros, para que tengamos confianza en el día del juicio; ... En el amor no hay temor, sino que el perfecto amor echa fuera el temor ...el que teme, no ha sido perfeccionado en el amor. Nosotros le amamos a él, porque él nos amó primero" (1 Juan 4:17-19). Es libertad para estar en las manos del Rey, de las cuales ninguna potestad puede arrebatarnos (Juan 10:28).

Día 98 **Compartiendo la unción** (Domingo 12, **P.** y **R.** 32, parte 1)

P. ¿Pero por qué eres llamado cristiano?

R. *Porque yo a través de la fe soy un miembro de Cristo y por ello comparto su unción.*

En el Nuevo Testamento, los seguidores de Jesús son llamados "cristianos" en tres ocasiones: en Hechos 11:26, 26:28 y en 1 Pedro 4:16. La explicación común de este término es que los cristianos son seguidores de Cristo, así como los budistas siguen la doctrina de Buda. Sin embargo, el catecismo atribuye un significado mucho más profundo al término 'cristiano'. Un cristiano es un miembro del cuerpo de Cristo (1 Corintios 12:12-27), un "miembro de Cristo" dice el catecismo. Pero puedes decir también que, debido a que 'Cristo' significa "ungido", un cristiano es alguien que comparte la unción de Cristo. Esto es, desde luego, lo que enseña el Nuevo Testamento: Dios ha "derramado" su Espíritu sobre su pueblo (*cfr.* Hechos 2:17; Joel 2:28), lo cual es otro modo de decir que Dios ha "ungido" a su pueblo con su Espíritu, así como lo hizo con Cristo (Hechos 10:38).

Como lo dijera el apóstol Pablo: "el que nos confirma con vosotros en Cristo, y el que nos ungió, es Dios, el cual también nos ha sellado, y nos ha dado las arras del Espíritu en nuestros corazones" [*cfr.* Efesios 1:13; 4:30]" (2 Corintios 1:21-22). Y el apóstol Juan dice: "vosotros tenéis la unción del Santo, y conocéis todas las cosas ... la unción que vosotros recibisteis de él permanece en vosotros, y no tenéis necesidad de que nadie os enseñe; así como la unción misma os enseña todas las cosas, y es verdadera, y no es mentira, según ella os ha enseñado, permaneced en él" (1 Juan 2:20, 27). Por favor nota este detalle: eres ungido *por* el Santo (Dios), pero eres ungido *con* el Espíritu Santo.

Si hemos recibido la misma unción que Cristo, es comprensible que también tengamos los tres oficios de Cristo: profetas, sacerdotes y reyes. Pablo dice del servicio de la Iglesia: "si todos profetizan ... podéis profetizar todos" (1 Corintios 14:24, 31). Pablo dice que los creyentes son "edificados como ... sacerdocio santo ... [un]real sacerdocio" (1 Pedro 2:5, 9). Y Juan dice que el Señor nos ha hecho "reyes y sacerdotes para Dios, su Padre" (Apocalipsis 1:6; *cfr.* 5:10; 20:6). El resto de esta PyR desarrollará más el significado de compartir la unción de Cristo.

R. . . . *comparto su unción, por la cual también confieso su nombre.*

E s interesante que el catecismo no se refiera explícitamente a los tres oficios de los creyentes —profeta, sacerdote y rey— aunque es obvio que éstos son los tres que están enlistados en esta PyR. Ser "ungido para confesar el nombre [de Cristo]" es una referencia al oficio profético del creyente.

En el Nuevo Testamento, el de profeta es meramente uno de los varios ministerios diferentes que Cristo ha dado a su iglesia (*cfr.* Romanos 12:6-8; 1 Corintios 12:28; Efesios 4:11). En todos estos casos, el Nuevo Testamento se refiere a los profetas en un sentido estrecho, tal como el que encontramos en el libro de los Hechos (11:27; 13:1; 15:32; 21:10). Sin embargo, en un sentido más amplio se podría decir que todos los cristianos tienen un oficio profético. Por ejemplo, en el sentido del enunciado de Pedro: "Cada uno según el don que ha recibido, minístrelo a los otros, como buenos administradores de la multiforme gracia de Dios. Si alguno habla, hable conforme a las palabras de Dios" (1 Pedro 4:10-11). Y Pablo dice: "el que profetiza habla a los hombres para edificación, exhortación y consolación" (1 Corintios 14:3). Incluso supone que esto podría suceder a todos los creyentes: "si todos profetizan . . . podéis profetizar todos" (vv. 24, 31).

El profeta proclama a Dios, así como su Palabra, tal y como ha sido comisionado por Dios. Por lo tanto, en el sentido más amplio, todos los creyentes son profetas porque todos son testigos de Cristo; esto es, todos rinden su testimonio acerca de Cristo (*cfr.* Mateo 24:14; Hechos 4:33; Apocalipsis 12:11); "el testimonio de Jesús es el espíritu de la profecía" (Apocalipsis 19:10). Es virtualmente impensable ser un creyente en Cristo, y no un confesante de Cristo: "si confesares con tu boca que Jesús es el Señor, y creyeres en tu corazón que Dios le levantó de los muertos, serás salvo. Porque con el corazón se cree para justicia, pero con la boca se confiesa para salvación" (Romanos 10:9-10). Si no soy nada profético; esto es, si yo —a mi manera propia, de acuerdo con mis propios talentos— no soy un confesante de Cristo, las personas pueden justamente preguntarse si soy un cristiano (*cfr.* Mateo 10:32).

R. . . . *comparto su unción . . . para presentarme como sacrificio vivo en acción de gracias.*

Una tarea esencial de los sacerdotes en el Antiguo Testamento era la de traer los sacrificios, o de ayudar a los israelitas ordinarios a traer su sacrificios. El sacerdocio de Cristo está estrechamente conectado con su propio sacrificio (Hebreos 1:17; 9:26; 10:12), y el sacerdocio del creyente involucra también traer sacrificios: "ofrezcamos siempre a Dios, por medio de él, sacrificio de alabanza, es decir, fruto de labios que confiesan su nombre. Y de hacer bien y de la ayuda mutua no os olvidéis; porque de tales sacrificios se agrada Dios" (Hebreos 13:15-16). Esta es una referencia a Oseas 14:2, mientras que la expresión "sacrificio de alabanza" nos recuerda el "sacrificio de gratitud" (Levítico 7:12-15; 22:9; Salmos 50:14.23). Obsérvese cómo ahora, en este pasaje, en un aliento, nuestros elevados sacrificios de alabanza están vinculados con los terrenales sacrificios de bienes materiales.

El modo en que Pedro describe nuestro sacerdocio es el de ser tanto santo como real: "vosotros también, como piedras vivas, sed edificados como casa espiritual y sacerdocio santo, para ofrecer sacrificios espirituales aceptables a Dios por medio de Jesucristo . . . vosotros sois linaje escogido, real sacerdocio, nación santa, pueblo adquirido por Dios, para que anunciéis las virtudes de aquel que os llamó de las tinieblas a su luz admirable" (1 Pedro 2:5, 9). Los elementos reales y sacerdotales son también unidos por Juan, quien explica que el Señor "nos hizo reyes y sacerdotes para Dios, su Padre" (Apocalipsis 1:6; *cfr.* 5:10; 20:6).

Aquí el catecismo menciona el aspecto de nuestro sacerdocio que es enfatizado por Pablo: "os ruego por las misericordias de Dios, que presentéis vuestros cuerpos en sacrificio vivo, santo, agradable a Dios, que es vuestro culto racional" (Romanos 12:1). Aquí, el sacrificio no es algo que nosotros traigamos (alabanza, acción de gracias, bienes materiales), más bien somos *nosotros* el sacrificio: con todo lo que tengo y todo lo que soy, me consagro yo mismo a Dios, como un "sacrificio vivo".

Día 101 Nuestro oficio real (I) (Domingo 12, P. y R. 32, parte 4)

R. comparto su unción [para] ... con conciencia libre luchar contra el pecado y Satanás en esta vida y después reinar en la eternidad con él sobre toda criatura.

Llegamos así al tercer oficio de los cristianos: el reinar. El primer aspecto que menciona el catecismo es lo que pudiéramos llamar el rey guerrero. Hemos sido ungidos; esto es, se nos ha concedido el Espíritu Santo, para fungir como reyes. Un día habremos de reinar con Cristo "por los siglos de los siglos" (Apocalipsis 22:5). Pero tenemos que reinar, hasta donde nos es dado, sobre las potestades en nuestras vidas: el pecado y el diablo. "Os he escrito a vosotros, jóvenes", dice Juan, "porque sois fuertes, y la palabra de Dios permanece en vosotros, y habéis vencido al maligno" (1 Juan 2:14). "Vestíos de toda la armadura de Dios", dice Pablo, "para que podáis estar firmes contra las asechanzas del diablo. Porque no tenemos lucha contra sangre y carne, sino contra principados, contra potestades, contra los gobernadores de las tinieblas de este siglo, contra huestes espirituales de maldad en las regiones celestes" (Efesios 6:11-12). Es un reino contra el otro: el reino de Satanás *versus* el reino de Dios (Mateo 12:25-28).

La noción del rey guerrero también surge en la palabra de Pablo a Timoteo: "Pelea la buena batalla de la fe, echa mano de la vida eterna, a la cual asimismo fuiste llamado, habiendo hecho la buena profesión ... Te mando delante de Dios, que da vida a todas las cosas, y de Jesucristo, que dio testimonio de la buena profesión delante de Poncio Pilato, que guardes el mandamiento sin mácula ni represión, hasta la aparición de nuestro Señor Jesucristo, la cual a su tiempo mostrará el bienaventurado y solo Soberano, Rey de reyes, y Señor de señores" (1 Timoteo 6:12-15). La "buena confesión" de Cristo a Pilatos fue esa confesión concerniente a su reino. Jesús dijo: "Mi reino no es de este mundo; si mi reino fuera de este mundo, mis servidores pelearían para que yo no fuera entregado a los judíos; pero mi reino no es de aquí" (Juan 18:36). El reino romano era terrenal y material; el reino de Jesús es celestial y espiritual. Los romanos pelearon con armas mundanas; los seguidores de Jesús son reyes guerreros que pelean con armas espirituales.

R. ... *comparto su unción [para] ... con conciencia libre luchar contra el pecado y Satanás en esta vida y después reinar en la eternidad con él sobre toda criatura.*

El camino de todo discípulo de Cristo pasa a través del valle hacia la cumbre de la montaña. Dice Pablo: "Si sufrimos, también reinaremos con él" (2 Timoteo 2:12), y, como dice en otra parte, "si es que padecemos juntamente con él, para que juntamente con él seamos glorificados" (Romanos 8:17). Y dice Pedro: "gozaos por cuanto sois participantes de los padecimientos de Cristo, para que también en la revelación de su gloria os gocéis con gran alegría" (1 Pedro 4:13). "por el gozo puesto delante de él sufrió la cruz, menospreciando el oprobio, y se sentó a la diestra del trono de Dios" (Hebreos 12:2). Esta es también la "carrera" para nosotros (v. 1): a través de los sufrimientos a la gloria, de rey guerrero a rey gobernante. Por muchos años, David fue el rey guerrero ungido antes de que se convirtiese en el ungido rey gobernante.

En las luchas de nuestras vidas es bueno que se nos recuerde para qué estamos peleando, que llegaremos a ser algún día. Por ejemplo, cuando los creyentes corintios tenían pleitos entre ellos, Pablo vinculó a éstos con su futuro: "cuando tiene algo contra otro, ir a juicio delante de los injustos, y no delante de los santos? ¿O no sabéis que los santos han de juzgar al mundo? Y si el mundo ha de ser juzgado por vosotros, ¿sois indignos de juzgar cosas muy pequeñas? ¿O no sabéis que *hemos de juzgar a los ángeles*? ¿Cuánto más las cosas de esta vida?" (1 Corintios 6:1-3).

El libro de Apocalipsis nos dice que los creyentes son reyes que habrán de reinar "sobre la tierra" (Apocalipsis 5:10). Los santos resucitados habrán de reinar con Cristo "por los siglos de los siglos" (22:5). Pero reinar como reyes en la eternidad debiera ya afectarnos ahora. Si eres un rey, ¡compórtate como tal! En su más grande sufrimiento, Jesús siempre habló y actuó con realeza, así que incluso sobre la cruz estaba escrito: "ESTE ES EL REY DE LOS JUDÍOS" (Lucas 23:38). Así también nosotros, incluso en el sufrimiento, ¡actuemos como los reyes para ser los cuales hemos sido hechos!

Día 103 El único hijo (Domingo 13, P. y R. 33, parte 1)

P. ¿Por qué es llamado Jesucristo "hijo unigénito de Dios" cuando también nosotros somos hijos de Dios?

R. *Cristo solo es desde la eternidad por su propia esencia hijo de Dios.*

Dos palabras griegas del Nuevo Testamento son relevantes aquí. La primera es *monogenes*, la cual en traducciones más antiguas es traducida como "unigénito", y en traducciones más nuevas meramente como "único" (Juan 1:18; 3:16, 18; 1 Juan 4:9). La otra palabra es *prototokos*, la cual es usualmente traducida como "primogénito", algunas veces meramente como "primero", indicando no tanto una secuencia de tiempo como un ordenamiento jerárquico (Romanos 8:29; Colosenses 1:15, 18; Hebreos 1:6) el término *monogenes* enfatiza la absoluta unicidad de Jesús como Hijo de Dios, mientras que el término *primogénito* enfatiza la asociación de Jesús con otros: con la creación, con la iglesia o con los humanos resucitados, entre los cuales él es siempre el primero, esto es el más alto.

En este último sentido —Cristo como el primogénito— podemos decir verdaderamente que el Hijo de Dios se hizo humano para que los humanos pudiéramos convertirnos en hijos de Dios, siendo Jesús el "primogénito entre muchos hermanos" (Romanos 8:29), esto es, de humanos que son hijos de Dios al igual que él: "Porque todos los que son guiados por el Espíritu de Dios, éstos son hijos de Dios. Pues no habéis recibido el espíritu de esclavitud para estar otra vez en temor, sino que habéis recibido el espíritu de adopción, por el cual clamamos: ¡Abba, Padre!" (Romanos 8:14-15).

Como "Hijo unigénito", Jesús es único. Él era y es el Hijo eterno del Padre eterno, desde la eternidad "que está en el seno del Padre" (Juan 1:1-3, 18). Visto como humano, él se *convirtió* en "Hijo de Dios" al ser engendrado por el Espíritu Santo (Lucas 1:35). Por lo que concierne a su posición actual, él "fue declarado Hijo de Dios con poder, según el Espíritu de santidad, por la resurrección de entre los muertos" (Romanos 1:4). Sin embargo, por lo que concierne a su divinidad, él ha sido "el Hijo del Padre" (2 Juan 1:3) desde la eternidad. Como tal, no podemos compararnos con él. Nosotros fuimos concebidos en el tiempo. El es eternamente "el Hijo", pero en "el cumplimiento del tiempo" (Gálatas 4:4), el Verbo "se hizo carne" (Juan 1:14). Con nosotros fue lo opuesto: nosotros fuimos "carne" desde el primer momento de nuestra existencia, pero a su debido tiempo nos convertimos en aquello a lo que habíamos ido eternamente predestinados: *hijos* del Padre celestial (Efesios 1:5).

Día 104 **Nacimiento y adopción** (Domingo 13, **P.** y **R.** 33, parte 2)

R. ... *Cristo solo es desde la eternidad por su propia esencia hijo de Dios. Pero nosotros por su voluntad y por su gracia somos adoptados como hijos de Dios.*

El Nuevo Testamento usa al menos dos metáforas diferentes para el modo en que los creyentes están relacionados con Dios. Aunque el catecismo no parece ver mucha diferencia entre los "infantes" (en griego: *teknoi* o *paidia*) e "hijos" (*huioi*), pienso que la primera metáfora, la del "nacimiento", está vinculada con "infantes"; mientras que la segunda metáfora, la de la "adopción", con "hijos". Por una parte, somos "hijos de Dios; los cuales no son engendrados de sangre, ni de voluntad de carne, ni de voluntad de varón, sino de Dios" (Juan 1:12-13). Compare esta maravillosa palabra: "Mirad cuál amor nos ha dado el Padre, para que seamos llamados hijos de Dios" (1 Juan 3:1). "El, de su voluntad, nos hizo nacer por la palabra de verdad, para que seamos primicias de sus criaturas" (Jeremías 1:18).

Por otra parte, "Pues no habéis recibido el espíritu de esclavitud para estar otra vez en temor, sino que habéis recibido el espíritu de *adopción*, por el cual clamamos: ¡Abba, Padre! Así que ya no eres esclavo, sino hijo; y si hijo, también heredero de Dios por medio de Cristo" (Romanos 8:15; *cfr.* v. 23). "Adoptar como hijos" es una palabra, *huiothesia*, la cual encontramos también en otro lado: "para que redimiese a los que estaban bajo la ley, a fin de que recibiésemos la adopción de hijos. Y por cuanto sois hijos, Dios envió a vuestros corazones el Espíritu de su Hijo, el cual clama: ¡Abba, Padre! Así que ya no eres esclavo, sino hijo; y si hijo, también heredero de Dios por medio de Cristo" (Gálatas 4:5-7). Dios nos predestinó "para ser adoptados hijos suyos por medio de Jesucristo" (Efesios 1:5).

Cuando pensamos en los niños, se nos recuerdan cosas tales como nacimiento, parentesco, y, por lo tanto, similaridad, parecidos de familia. Si Dios es luz (1 Juan 1:5), sus hijos son luz: "ahora sois luz en el Señor; andad como hijos de luz" (Efesios 5:8). Sed "irreprensibles y sencillos, hijos de Dios sin mancha en medio de una generación maligna y perversa, en medio de la cual resplandecéis como luminares en el mundo" (Filipenses 2:15). Sin embargo, la mención de adopción trae a la mente pensamientos de posición, herencia, madurez, y, por lo tanto, adoración: "¡Abba, Padre!" (Marcos 14:36). Dios nos hizo hijos para que nosotros, por el Espíritu de adopción, pudiéramos decir lo mismo (Romanos 8:15).

R. . . . *por su gracia somos adoptados como hijos de Dios.*

Algunos cristianos parecen pensar que todo lo que Dios hizo fue enteramente para nosotros, como si no hubiese nada en ello para él mismo. Pero la Biblia deja en claro que lo que Dios hace no es solamente para nuestro bien, sino también para el suyo: "en amor habiéndonos predestinado para ser adoptados hijos suyos por medio de Jesucristo, según el puro afecto de su voluntad, para alabanza de la gloria de su gracia, con la cual nos hizo aceptos en el Amado" (Efesios 1:5-6). La mayoría de las personas desean tener hijos. Como han sido creados a imagen de Dios, suponemos que Dios es así. El Padre tiene un Hijo eterno, y el amor entre ellos era suficiente para ambos. Y, no obstante, en el corazón de Dios había espacio para multitudes de hijos, predestinados "para que fuesen hechos conformes a la imagen de su Hijo" (Romanos 8:29), *para su propio placer*, hijos a quienes pudiese amar, pero quienes también regresarían este amor, como reverbera en las palabras: "¡Abba, Padre" (Romanos 8:15; Gálatas 4:6).

De modo similar, Jesús deseaba una iglesia novia "a fin de presentársela a sí mismo, una iglesia gloriosa, que no tuviese mancha ni arruga ni cosa semejante, sino que fuese santa y sin mancha" (Efesios 5:27). Jesús no solamente se entregó por su Iglesia; la deseaba para sí mismo como su novia.

Observe las palabras "A través de Cristo" que menciona el catecismo, y que también encontramos en Efesios 1:5. Sea un privilegio grande o pequeño, nunca nos puede ser otorgado aparte de Cristo y su obra en la cruz. Eso también significa que nunca podemos merecer ni siquiera la más pequeña de las bendiciones. Cada una es un don de la gracia de Dios: "adoptados hijos suyos por medio de Jesucristo . . . para alabanza de la gloria de su gracia, con la cual nos hizo aceptos en el Amado, en quien tenemos redención por su sangre, el perdón de pecados según las riquezas de su *gracia*" (Efesios 1:5-7). Todo es por *gracia* en Efesios: "nos dio vida juntamente con Cristo (por *gracia* sois salvos) . . . para mostrar en los siglos venideros las abundantes riquezas de su *gracia* en su bondad para con nosotros en Cristo Jesús. Porque por *gracia* sois salvos por medio de la fe; y esto no de vosotros, pues es don de Dios" (Efesios 2:5-8).

Día 106 **No con oro o plata** (Domingo 13, **P.** y **R**. 34, parte 1)

P. ¿Por qué lo llamas "nuestro señor"?

R. *Él nos ha redimido ... no con oro o plata, sino con su cara sangre.*

Llamamos a Jesús "Nuestro Señor" porque nos ha comprado, y de ese modo nos ha hecho su propiedad. El es nuestro Amo, nuestro Poseedor, nuestro Dueño. Es incluso más precioso si somos capaces de decir "mi Señor", como lo hicieran Elisabet, María Magdalena, Tomás y Pablo (Lucas 1:43; Juan 20:13, 28; Filipenses 3:8).

Esto señala hacia una relación muy personal y muy preciosa: "estimo todas las cosas como pérdida por la excelencia del conocimiento de Cristo Jesús, mi Señor, por amor del cual lo he perdido todo, y lo tengo por basura, para ganar a Cristo" (Filipenses 3:8). Para comprarnos, el Señor Jesús pagó un precio. Es obvio que el catecismo esta aludiendo a 1 Pedro 1:18-19, donde el apóstol nos dice "fuisteis rescatados de vuestra vana manera de vivir, la cual recibisteis de vuestros padres, no con cosas corruptibles, como oro o plata, sino con la sangre preciosa de Cristo, como de un cordero sin mancha y sin contaminación". Dos medios de redención son aquí excluidos. En primer lugar, no hemos sido liberados "con oro o plata". En Números 31 leemos que los líderes del ejército que habían obtenido la victoria sobre Madián trajeron a "Jehová ofrenda, cada uno de lo que ha hallado, alhajas de oro, brazaletes, manillas, anillos, zarcillos y cadenas, para hacer expiación por nuestras almas delante de Jehová. Y Moisés y el sacerdote Eleazar recibieron el oro de ellos, alhajas, todas elaboradas" (Números 31:50-51). Sin embargo, es obvio que oro y plata son, en el mejor de los casos, alusiones al único precio que tiene valor eterno ante Dios: la preciosa sangre de Cristo.

En segundo lugar, es igualmente obvio que la sangre animal no será suficiente tampoco: "porque la sangre de los toros y de los machos cabríos no puede quitar los pecados" (Hebreos 10:4). Incluso más claramente que en el caso del oro y la plata, esta sangre animal es en el mejor de los casos una *alusión* a la sangre de Cristo, el único precio que es válido ante Dios. En Apocalipsis 5 los santos celestiales le dicen: "fuiste inmolado, y con tu sangre nos has redimido para Dios, de todo linaje y lengua y pueblo y nación" (Apocalipsis 5:9; *cfr.* 1:5-6).

Día 107 Redimidos (Domingo 13, P. y R. 34, parte 2)

R. *Él nos ha redimido . . . del pecado y de toda violencia del diablo.*

Antes de que Jesús nos hiciera suyos, estábamos esclavizados bajo la tiranía del diablo y sus obras —el pecado y la muerte. Al precio de su sangre, Jesús nos liberó de estos oscuros enemigos. Sorprendentemente, los creyentes siguen siendo esclavos, si bien, en vez de esclavos del pecado, la muerte y el diablo, son esclavos de la justicia (Romanos 6:18), esclavos de Dios (v. 22), esclavos de Cristo (1 Corintios 4:1; Filipenses 1:1). Algunas traducciones ponen "siervo", pero el significado literal es "esclavos". Pero ¡qué esclavos tan felices, que aman a su amo y son amados por su amo! ¡Esclavos y no obstante perfectamente libres! Qué paradoja tan adorable: antes éramos esclavos no libres, en atadura y bajo tiranía. Ahora somos esclavos libres: "Estad, pues, firmes en la libertad con que Cristo nos hizo libres, y no estéis otra vez sujetos al yugo de esclavitud" (Gálatas 5:1).

Todo mundo sirve a alguien. Todo depende del amo que tienes. Si tienes un amo que te oprime, que te hace sentir miserable e infeliz, que constantemente demanda cosas que odias, entonces te encuentras en una patética atadura. Necesitas ser liberado. Pero si tienes un amo que te ama, que sirve tus mejores intereses, que primeramente se hizo esclavo por ti (Filipenses 2:7), que te da órdenes que encajan perfectamente con los deseos de tu nueva naturaleza —entonces eres la persona más feliz del mundo.

Jesús nos convirtió "de las tinieblas a la luz, y de la potestad de Satanás a Dios" (Hechos 26:18). Jesús vino "para destruir por medio de la muerte al que tenía el imperio de la muerte, esto es, al diablo, y librar a todos los que por el temor de la muerte estaban durante toda la vida sujetos a servidumbre" (Hebreos 2:14-15). El Padre "nos ha librado de la potestad de las tinieblas, y trasladado al reino de su amado Hijo" (Colosenses 1:14). "Vosotros sois . . . pueblo adquirido por Dios, para que anunciéis las virtudes de aquel que os llamó de las tinieblas a su luz admirable" (1 Pedro 2:9).

Día 108 **Comprados para ser de su propiedad** (Domingo 13, **P.** y **R.** 34, parte 3)

R. *Él nos ha redimido, cuerpo y alma, . . . y comprado para ser de su propiedad.*

En la PyR 1 lo escuchamos ya: "yo, con cuerpo y alma, en la vida y en la muerte no me pertenezco a mí mismo, sino a mi fiel salvador Jesucristo". Vuestros cuerpos le pertenecen a él, por lo tanto estáis llamados a presentar "vuestros cuerpos en sacrificio vivo, santo, agradable a Dios" (Romanos 12:1). Y Pablo tenía la esperanza de que "con toda confianza, como siempre, ahora también será magnificado Cristo en mi cuerpo, o por vida o por muerte" (Filipenses 1:20). "Habéis sido comprados por precio; glorificad, pues, a Dios en vuestro cuerpo" (1 Corintios 6:20; *cfr.* 7:23). Y, desde luego, tu alma está involucrada: "Amarás al Señor tu Dios con todo tu corazón, y con toda tu alma, y con todas tus fuerzas, y con toda tu mente" (Lucas 10:27). María dijo: "Engrandece mi alma al Señor; Y mi espíritu se regocija en Dios mi Salvador" (Lucas 1:46-47). La Biblia usa el lenguaje de un rescate como metáfora para expresar lo que le costó a Jesús liberarnos. Jesús pagó el rescate para nuestra liberación y libertad. No preguntes a quién le pagó el rescate —¿a Dios? ¿Al diablo?— Porque de cualquier modo te vas a meter en un problema teológico. Estás estirando la metáfora. No podemos decir que Jesús pagó el precio a Dios porque no teníamos que ser liberados de la cautividad de Dios sino de la de Satanás. Tampoco podemos decir que Jesús pagó el precio al diablo porque él no le debía nada diablo; simplemente triunfó sobre él. Se entregó a sí mismo como rescate para "todos" (1 Timoteo 2:6) porque todas las personas pueden llegar a recibir su salvación. Se ofrece a todo el mundo. Y Jesús dio su vida como rescate por "muchos" (Mateo 20:28); esto es, por los muchos que en realidad crean en él.

El resultado es grandioso: Jesús "se dio a sí mismo por nosotros para redimirnos de toda iniquidad y purificar para sí un pueblo propio, celoso de buenas obras" (Tito 2:14). Jesús quería tener un pueblo "para sí mismo, para su propia posesión", pueblo que le perteneciese, que le amase, le sirviese, le agradase. Dio todo lo que tenía por ellos, y ahora, por su Santo Espíritu operando en sus vidas, los capacita y espera que den todo lo que tienen por él.

Día 109 **Seguirá siendo Dios** (Domingo 14, **P.** y **R.** 35, parte 1)

P. ¿Qué significa: "Recibido a través del Santo Espíritu, nacido de la virgen María?

R. *El eterno hijo de Dios es y seguirá siendo el verdadero y eterno Dios teniendo a través de la operación del Espíritu Santo una naturaleza verdaderamente humana.*

Siempre ha sido difícil para las personas mantener apropiadamente la verdad de las dos naturalezas de Cristo. Desde la eternidad el Hijo era Dios (Juan 1:1-3), en la plenitud del tiempo (Gálatas 4:4) se hizo carne (Juan 1:14a), para permanecer por siempre siendo tanto Dios como hombre. Históricamente, se han cometido al menos tres errores en este respecto. El catecismo aborda especialmente el primer error (Jesús *es Dios*, y el segundo (Jesús *sigue siendo* Dios), pero hay un tercero que también es común. En primer lugar, algunos niegan la eterna preexistencia de Cristo, y así también su verdadera deidad. Sin embargo, el Nuevo Testamento claramente testifica tanto su preexistencia (*i.e.* Juan 1:1-3; Colosenses 1:17) como el hecho de que Jesús es Dios (*i.e.* Juan 10:30-36; Romanos 9:5; 2 Pedro 1:1).

En segundo lugar, algunos piensan que cuando el hijo se hizo hombre dejó de lado su deidad por un tiempo. Argumentan que Jesús era en la forma de Dios y que en la encarnación adoptó la forma de un siervo (Filipenses 2:6-7) dejando así de lado la forma de Dios. Pero esto es un error. Aquí sobre la tierra tuvo la forma tanto de Dios como de siervo. Es seguro que Jesús *ocultó* su gloria divina en gran medida tras el velo de su humanidad. Pero permaneció siendo Dios también sobre la tierra. Sólo de este modo podemos entender, por ejemplo, que Jesús pudiera perdonar pecados (Marcos 2:7) y pudiera aceptar que las personas se postrarse ante él y le adorasen (Mateo 14:33; 8:28; para un contraste, *cfr.* Hechos 10:25-26; Apocalipsis 19:10).

El tercer error es que algunos piensan que cuando Jesús regresó al cielo dejó de lado su humanidad. Tales personas olvidan que, hoy mismo, Jesús sigue siendo el Hijo del Hombre, y que algún día habrá de retornar como el Hijo del Hombre (Mateo 10:23; 16:27; 24:27; 25:31). Pablo escribe en el tiempo presente: "en él [Cristo] habita corporalmente toda la plenitud de la Deidad" (Colosenses 2:9). Con su cuerpo glorificado él está sentado a la diestra de Dios. Así como permaneció siendo Dios sobre la tierra y permanecerá siendo Dios por siempre, él permanecerá siendo Hombre por siempre.

Día 110 **El nacimiento virginal** (Domingo 14, **P.** y **R.** 35, parte 2)

R. *El eterno hijo de Dios ... teniendo a través de la operación del Espíritu Santo una naturaleza verdaderamente humana.*

El catecismo no lo dice explícitamente, pero se implica aquí que Jesús no tenía un padre terrenal; el fue "engendrado", por así decirlo, por el Espíritu Santo: "Estando desposada María su madre con José, antes que se juntasen, se halló que había concebido del Espíritu Santo ... un ángel del Señor le apareció [a José] en sueños y le dijo: ... lo que en ella es engendrado, del Espíritu Santo es" (Mateo 1:18, 20). El ángel Gabriel le dijo a María: "El Espíritu Santo vendrá sobre ti, y el poder del Altísimo te cubrirá con su sombra; por lo cual también el Santo Ser que nacerá, será llamado Hijo de Dios" (Lucas 1:35).

Esta verdad del nacimiento virginal involucró la verdad de que María todavía era virgen cuando dio a luz a Jesús. Esto es de la mayor importancia. No es algún mito que hubiese sido introducido en una etapa posterior al Nuevo Testamento, como algunos han afirmado. Por el contrario, esta verdad se halla implicada por Pablo en una carta temprana: "cuando vino el cumplimiento del tiempo, Dios envió a su Hijo, nacido de mujer" —no de un padre terrenal (Gálatas 4:4). Porque Dios era su Padre, no necesitó un padre terrenal —pero, debido a que él iba a ser un hombre verdadero, necesitaba una madre terrenal.

Observe el interesante término "cubrir con su sombra" en Lucas 1:35. Es un término que encontramos, por ejemplo, en la traducción griega de Éxodo 40:34, 35, donde se dice que la "nube" (la *Shekinah*, la Santa presencia de Dios, que en el Nuevo Testamento es comparable solamente al Espíritu Santo) "cubrió" el recién construido tabernáculo. Jesús llamó a su cuerpo un "templo", y lo comparó con el templo de Jerusalén (Juan 2:19-22) porque en él moraba la *Shekinah*. O, como lo dice Pablo: "agradó al Padre que en él habitase toda [la] plenitud" de la Divinidad (Colosenses 1:19). Jesús recibió su cuerpo a través de María, pero, debido a su divino origen ("concebido del Espíritu Santo") la plenitud de la Divinidad moraba en este hombre. La plenitud de Dios nunca podría morar de esa manera en nosotros, porque somos humanos ordinarios, con ordinarios padres y madres. Pero, aunque el tenía un cuerpo humano, Jesús era Dios mismo; en este cuerpo humano incluso la entera plenitud de Dios podía morar.

Día 111 De la carne de María (Domingo 14, **P.** y **R.** 35, parte 3)

R. *El eterno hijo de Dios ... teniendo ... una naturaleza verdaderamente humana, la que asumió de la carne y de la sangre de la virgen María.*

El catecismo enfatiza que la "naturaleza verdaderamente humana" que el Hijo de Dios "asumió" fue "de la carne y de la sangre de la virgen María". ¿Qué significa esto exactamente? ¿Qué tienen que ver la carne y la sangre de María con la carne y la sangre de Jesús?

Hay una controversia teológica en curso acerca de si el cuerpo de Jesús en el vientre de María se desarrolló de un óvulo de María o no. Es cierto que el Hijo "se hizo carne" (Juan 1:14), y como " por cuanto los hijos participaron de carne y sangre, él [el Hijo] también participó de lo mismo" (Hebreos 2:14). Dios envió "a su Hijo en semejanza de carne de pecado" (Romanos 8:3), esto es, en carne humana, la que en nosotros está manchada por el pecado. Así que tenemos la certeza de que Jesús tenía un cuerpo humano genuino, un cuerpo de real carne y sangre. Pero no conozco ningún versículo de la Biblia que nos diga qué contribución hizo la "carne y sangre" de María a la carne y sangre de Jesús. He escuchado los más solemnes argumentos teológicos alegando *en favor* de la teoría del óvulo, y similares serios argumentos alegando *en contra* de ella. A veces es sabio dejar los asuntos santos solos.

Piensen en los estultos hombres de Bet-semes, quienes con curiosidad "habían mirado dentro del arca de Jehová" y fueron "heridos" por ello (1 Samuel 6:19). El arca es una sorprendente imagen de Cristo, en la que el oro se refiere a su divina naturaleza, y la madera a su naturaleza humana. ¡No miréis irreverentemente en el arca! Hay misterios que simplemente se hallan más allá de nosotros.

Día 112 **El descendiente de David** (Domingo 14, **P.** y **R.** 35, parte 4)

R. *El eterno hijo de Dios ... teniendo ... una naturaleza verdaderamente humana, la que asumió de la carne y de la sangre de la virgen María, ... es verdadero descendiente de David.*

Jesús es frecuentemente identificado en la Escritura como "el verdadero descendiente de David" (Mateo 1:1; 9:27; 12:23; 15:22; 20:30-31; 21:9). Esta descendencia es de gran importancia, pues le da a Cristo el derecho al trono de David. Como le dijera el ángel a María: "el Señor Dios le dará el trono de David su padre; y reinará sobre la casa de Jacob para siempre, y su reino no tendrá fin" (Lucas 1:32-33). Y fue profetizado de él: "Lo dilatado de su imperio y la paz no tendrán límite, sobre el trono de David y sobre su reino, disponiéndolo y confirmándolo en juicio y en justicia desde ahora y para siempre" (Isaías 9:7). Pablo habla del "el evangelio de Dios ... acerca de su Hijo, nuestro Señor Jesucristo, que era del linaje de David según la carne" (Romanos 1:3).

Ahora surge la pregunta: ¿cómo fue que descendió de David? Uno podría concluir a partir de nuestra PyR que fue "a través de María". Esto puede muy bien ser el caso. Sin embargo, es interesante que es de José de quien repetidamente se dice que es de la casa de David, pero nunca de María. Se dice que ella es una pariente de Elisabet, quien era levita (Lucas 1:5.36). Se ha argumentado que la genealogía en Lucas 3 es de hecho la de María (así que ella sería descendiente de David), pero muchos han objetado a esta inverosímil idea. Sin embargo, la objeción más importante es esta: ¿cómo podría Jesús haber llegado a tener derecho al trono de David si hubiese descendido de David solamente a través del lado materno?

Es mucho más probable que Jesús haya recibido el derecho al trono de David porque José, quien era de ancestros davídicos (Mateo 1:1, 16, 20; Lucas 1:27; 2:4), era su padre legal. Jesús nació dentro del matrimonio de José y María, y es así que tenía pleno derecho a la herencia de José (*cfr.* Lucas 2:48, "tu padre y yo"). Judíos pensantes dirán algunas veces que no son posibles las dos cosas al mismo tiempo: o Jesús el hijo de María era el Hijo de Dios, pero entonces no pudo ser Hijo de David; o era Hijo de David, pero entonces no podía ser Hijo de Dios. La respuesta cristiana a esta objeción es que el nacimiento virginal de Jesús enfatiza que es Hijo de Dios; pero la paternidad legal de José hace a Jesús verdadero Hijo de David.

Día 113 Como nosotros pero sin pecado (Domingo 14, **P.** y **R.** 35, parte 5)

R. *El eterno hijo de Dios ... teniendo ... una naturaleza verdaderamente humana, la que asumió de la carne y de la sangre de la virgen María, ... es verdadero descendiente de David, igual en todo a sus hermanas y hermanos, pero sin pecado.*

Jesús fue "en todo igual a sus hermanos y hermanas". La Escritura nos dice: "por cuanto los hijos participaron de carne y sangre, él también participó de lo mismo ... Porque ciertamente no socorrió a los ángeles, sino que socorrió a la descendencia de Abraham. Por lo cual debía ser en todo semejante a sus hermanos" (Hebreos 2:14, 16-17; sus "hermanos y hermanas" son aquí específicamente Israel). Pablo dice que Jesús nació habiendo sido "hecho semejante a los hombres" (Filipenses 2:7), y: "Dios, enviando a su Hijo en semejanza de carne de pecado y a causa del pecado, condenó al pecado en la carne" (Romanos 8:3).

Jesús fue exactamente como nosotros. Era un hombre de carne y sangre. El podía "fatigarse" (Juan 4:6), podía padecer hambre y sed (Mateo 4:2; Juan 4:7). "Él mismo padeció siendo tentado" (Hebreos 2:18). "Porque no tenemos un sumo sacerdote que no pueda compadecerse de nuestras debilidades, sino uno que fue tentado en todo según nuestra semejanza, *pero sin pecado*" (Hebreos 4:15). Aquí se encuentra la gran decepción: conocía la debilidad y la tentación, precisamente al igual que nosotros. Pero, debido a que tenemos una naturaleza pecaminosa, podemos caer en aquellas tentaciones. El no podía porque no tenía una naturaleza pecaminosa. El Nuevo Testamento insiste en esto: refiriéndose a sus actos, Jesús "no *hizo* pecado" (1 Pedro 2:22), más fuertemente: el "no *conoció* pecado" (2 Corintios 5:21), incluso más fuertemente todavía: "no *hay* pecado en él" (1 Juan 3:5; esto se refiere a su naturaleza). El era y es "santo, inocente, sin mancha, apartado de los pecadores" (Hebreos 7:26).

Mira ahora nuevamente a Romanos 8:3: Jesús vino "en semejanza de carne de pecado". Esto sólo puede significar que Jesús vino en una carne perfectamente humana, exactamente como nuestra carne, con esta diferencia: en *nosotros* esta carne está manchada por el pecado, en *él* no lo estaba. Y tiene que ser de este modo, de otra manera Jesús nunca hubiera podido convertirse en nuestro Redentor, o en la verdadera "ofrenda por el pecado". Sólo un Mediador perfectamente humano puede redimir seres humanos imperfectos. Ambas eran condiciones esenciales para nuestra redención: tenía que ser plenamente humano como nosotros y tenía que ser sin pecado, a diferencia de nosotros (*cfr.* PyR 15 y 16).

P. ¿Cómo nos beneficia que él a través del Santo Espíritu haya sido recibido y haya nacido de la virgen María?

R. *Él es nuestro mediador y ha ocultado de los ojos de Dios con su inocencia y perfecta santidad mi pecado, en el que yo siempre vivo.*

Es una agradable característica del catecismo el que, de vez en cuando, pregunte qué uso práctico tienen para nosotros los elementos específicos del Credo de los Apóstoles. No nos da primariamente una enseñanza teológica, sino una instrucción existencial. Por ejemplo, el Credo dice: "creo . . . en el perdón de los pecados" —pero si se pregunta: "¿En qué nos beneficia eso?", nuestra respuesta es: "Dios quiere que por Cristo ya no piense más en *ninguno* de mis pecados, tampoco en aquellos con los cuales habré de luchar toda mi vida" (PyR 56). ¡Eso es muy personal! Del mismo modo, puedes considerar *interesante* el que Cristo haya venido a este mundo a través del nacimiento virginal, sin que este hecho toque realmente tu corazón y tu vida. Pero no puede ser ésta la intención del Credo; se supone que es la confesión de *tu fe personal*. El creyente está existencialmente involucrado en todo elemento del mismo.

Así, la santa concepción y el nacimiento de Cristo también son importantes para nosotros, porque garantizaron que Jesús sería tanto perfectamente humano como perfectamente sin pecado. Era vital que fuese plenamente humano como nosotros, y era igualmente vital que fuese sin pecado, a diferencia de nosotros. Para convertirse en nuestro Mediador, tenía que cumplir al menos estas dos condiciones (*cfr.* 1 Timoteo 2:5-6; Hebreos 9:13-15). (Una tercera condición era que fuese Dios.) Jesús era y es "santo, inocente, sin mancha, apartado de los pecadores" (Hebreos 7:26). Si no hubiese sido inocente, esto es sin pecado, el mismo hubiese necesitado redención.

Su inocente vida fue la preparación necesaria para su muerte sacrificial. La ley mosaica no prescribía ninguna ofrenda quemada que no incluyese una ofrenda de granos. El grano no sangriento de la ofrenda habla de la vida perfecta de Jesús, la cual precedió a su perfecta muerte expiatoria, representada en la sangrienta ofrenda quemada (*cfr.* Levítico 1:2). Por naturaleza nosotros éramos pecado y el era justicia. Pero en la cruz fue hecho pecado para que así nosotros pudiéramos convertirnos en la justicia de Dios (2 Corintios 5:21). Y ahora hemos sido revestidos con la "inocencia" (justicia y santidad) de Cristo (*cfr.* 1 Corintios 1:29, 30, "Cristo Jesús . . . nos ha sido hecho por Dios sabiduría, justificación, santificación y redención").

Día 115 Su santidad (Domingo 14, **P**. y **R**. 36, parte 2)

R. ...*ha ocultado de los ojos de Dios con su inocencia y perfecta santidad mi pecado, en el que yo siempre vivo.*

Una de las versiones en español del catecismo dice 'pecados' aquí, pero la versión alemana revisada de 1997 (de la que se ha tomado la presente traducción al español) dice '*Sünde*' ('pecado', en singular), en el sentido de "pecado original", y es de esto de lo que trata esta PyR. La razón porque la referencia aquí debe ser a lo que los teólogos han llamado "pecado original" es que el texto se refiere a Salmo 51:5: "He aquí, en maldad he sido formado, Y en pecado me concibió mi madre". David confiesa no solamente que ha *hecho* cosas pecaminosas —piénsese en los burdos pecados en contra de Betsabé y Urías (2 Samuel 11)— sino que él *era* pecaminoso hasta los huesos. El era un pecador desde su concepción y nacimiento, al igual que todos nosotros. No somos pecadores porque pecamos; pecamos *porque* somos pecadores. Es nuestra naturaleza. Sólo puede ser cambiada mediante una *transformación* radical de nuestro ser, la cual es llamada "renacimiento", "regeneración", incluso convirtiéndonos en una "nueva creación".

El catecismo se mueve aquí de la concepción y el nacimiento santos de Jesús a nuestra propia concepción y nacimiento no santos. El segundo hecho es testificado muchas veces en la Biblia: "el intento del corazón del hombre es malo desde su juventud" (Génesis 8:21). "¿Quién hará limpio a lo inmundo? Nadie" (Job 14:4). "¿Qué cosa es el hombre para que sea limpio, Y para que se justifique el nacido de mujer?" (15:14). "Se apartaron los impíos desde la matriz; Se descarriaron hablando mentira desde que nacieron" (Salmo 58:3). Los humanos son concebidos y nacen como seres pecaminosos, mientras que Jesús fue concebido y nació de un modo perfecto, divino. Su naturaleza humana fue pura desde el comienzo, mientras que la nuestra está podrida. Como Mediador necesitamos alguien que no solamente conduzca una vida perfecta, sino uno que haya tenido un comienzo perfecto como Hombre sobre la tierra.

Gracias a Dios, nuestra vieja condición es ahora cubierta por la justicia y santidad de Cristo: "Bienaventurado aquel cuya transgresión ha sido perdonada, y cubierto su pecado" (Salmo 32:1; *cfr.* Romanos 4:7). Ante los ojos de Dios el creyente es ahora tan justo y santo como lo es Cristo.

Día 116 **El sufrimiento de Cristo** (Domingo 15, **P.** y **R.** 37, parte 1)

P. ¿Qué entiendes por la palabra 'sufrió'?

R. *Jesucristo tuvo cuerpo y alma durante todo el tiempo de su vida sobre la tierra, particularmente hacia el final, cuando sobrellevó la furia de Dios . . . .*

Puede ser curioso pensar en un Jesús *sufriente* a través de su entera vida sobre la tierra. Sin embargo, la Escritura afirma en varios lugares que esto es así: "Considerad a aquel que sufrió tal contradicción de pecadores contra sí mismo" (Hebreos 12:3). Pedro dice: "Mas también si alguna cosa padecéis por causa de la justicia, bienaventurados sois" (1 Pedro 3:14), y Jesús dijo: "Bienaventurados los que padecen persecución por causa de la justicia" (Mateo 5:10). Si alguna vez hubo uno que sufrió "en aras de la justicia" fue el justo Jesús en medio de tantos injustos. Durante su entera vida sobre la tierra Cristo sufrió la ira de pecadores malvados, hostiles —pero "al final", esto es, en la cruz, "Cristo sufrió la ira de Dios".

Durante su vida sobre la tierra, Jesús siempre disfrutó de su compañerismo con su Padre. Dos veces dijo el Padre: "Este es mi Hijo amado, en quien tengo complacencia" (Mateo 3:17; 17:5). No ira, sino placer. No sorprende que Jesús pudiese decir: "yo hago siempre lo que le agrada [a mi Padre]" (Juan 8:29) y: "Mi comida es que haga la voluntad del que me envió, y que acabe su obra" (Juan 4:34). Incluso al borde de ir a la cruz todavía pudo decir a sus discípulos: "me dejaréis solo; mas no estoy solo, porque el Padre está conmigo" (Juan 16:32). Así, Padre e Hijo fueron juntos, al igual que lo hicieran Abraham e Isaac, discutiendo acerca del cordero para la ofrenda ardiente (Génesis 22:6-8).

Sin embargo, durante las tres horas de oscuridad sobre la cruz, "él herido fue por nuestras rebeliones, molido por nuestros pecados; el castigo de nuestra paz fue sobre él, y por su llaga fuimos nosotros curados" (Isaías 53:5). Cuando Pedro cita estas palabras, dice explícitamente que Jesús "llevó él mismo nuestros pecados en su cuerpo sobre el madero", esto es en la cruz (1 Pedro 2:24). Durante estas horribles horas no oímos nada acerca del compañerismo entre el Padre y el Hijo, sino que oímos a este santo Hombre clamando: "Dios mío, Dios mío, ¿por qué me has desamparado?" (Mateo 27:46; Marcos 15:34; *cfr.* Salmos 22:1).

Día 117 La ira de Dios (Domingo 15, P. y R. 37, parte 2)

R. ...*durante todo el tiempo de su vida sobre la tierra, particularmente hacia el final, cuando sobrellevó la furia de Dios por el pecado de toda la humanidad.*

¡Qué expresión tan oscura y apabullante es "la furia de Dios"! La Biblia dice que la ira de Dios se halla sobre el pecador que se rehúsa a arrepentirse (Juan 3:36), y que "la ira de Dios se revela desde el cielo contra toda impiedad e injusticia de los hombres que detienen con injusticia la verdad" (Romanos 1:18). El día del juicio será un "día de ira" (Romanos 2:5; *cfr.* Génesis 3:6; 1 Tesalonicenses 5:9; Apocalipsis 14:10). Los pecadores no arrepentidos son llamados "vasos de ira" (Romanos 9:22). Si el juicio de Dios sobre los malvados es descrito como la "ira de Dios", es obvio que, cuando Jesús vicariamente sufría el juicio de Dios por nosotros, este juicio debiera ser llamado la "ira de Dios" también.

"Ira" es equivalente a enojo, furia, cólera. Difícilmente podríamos decir que en la cruz Dios estaba enojado con Jesús. Pero ciertamente podemos decir que estaba enojado con "el pecado de la raza humana entera". Nunca puede haber una persona que esté enojada con el pecado tanto como lo está Dios. Al mismo tiempo, nunca puede haber una persona que ame a los pecadores tanto como los ama Dios. Incluso ama a nuestros seres queridos más que nosotros mismos.

Esto es un gran misterio, en parte porque nosotros mismos difícilmente podemos arreglárnosla para mantener los dos separados. Esto es, si detestamos una maldad que una cierta persona ha cometido, difícilmente podemos evitar detestar a esa persona también. Pero "de tal manera amó Dios al mundo, que ha dado a su Hijo unigénito" por él (Juan 3:16), no debido a su maldad, sino a pesar de ella. Su odio al pecado está contrabalanceado por su amor a los pecadores. Dios prefirió dejar que su ira se derramara sobre su Hijo amado en vez de que millones de pecadores que lo merecían sufrieran la destrucción eterna. El odio de Dios hacia el pecado fue demostrado por el pleno castigo vicario que Jesús tuvo que sufrir. El amor de Dios hacia los pecadores fue mostrado por el hecho de que no nosotros, sino su Hijo amado, tuvo que sufrir este castigo. ¡Que Dios tan grande tenemos!

Día 118 Librado de la condenación eterna (Domingo 15, P. y R. 37, parte 3)

R. *Con su sufrimiento como ofrenda única por el pecado ha librado a nuestro cuerpo y alma de la condenación eterna.*

Ni siquiera podemos empezar a conjeturar lo que realmente significó que Jesús sobrellevara la "ira de Dios" en la cruz. No sorprende que la escena en el Calvario fuese ocultada en oscuridad ante los ojos de los espectadores. Sus enemigos se quedaron callados. Se trataba ahora enteramente de un asunto entre un Dios santo y justo, y este hombre perfecto que había sido hecho pecado por nosotros (2 Corintios 5:21). Quizá uno pueda decir que Jesús sufrió en tres horas lo que los malvados tendrán que sufrir por los siglos de los siglos. Pero los malvados sabrán porque sufren, mientras que Jesús podía correctamente preguntar: "¿por qué me has desamparado?" (Mateo 27:46; Marcos 15:34; *cfr.* Salmo 22:1). No había ninguna razón personal por la que Dios debiera desampararlo. Sin embargo, en el Salmo 22 se nos da la respuesta: "tú eres santo" (Salmo 22:3). En el momento en que fue hecho pecado por nosotros, un Dios santo y justo tuvo que ocultar su rostro de él porque Dios es "muy limpio . . . de ojos para ver el mal, ni [puede] ver el agravio" (Habacuc 1:13).

Jesús fue el sacrificio expiatorio que murió en nuestro lugar (Romanos 3:25; 1 Juan 2:2; 4:10) para que no tuviésemos que sufrir para siempre en el infierno. Él ordenó a sus discípulos que temieran "a aquel que puede destruir el alma y el cuerpo en el infierno" (Mateo 10:28). Jesús sufre las torturas del infierno para nuestra expiación, redención y salvación eterna: "Ahora, pues, ninguna condenación hay para los que están en Cristo Jesús" (Romanos 8:1). Todo lo que la gente le hizo a Jesús durante los últimos días de su vida no contribuyó nada a nuestra salvación; solamente incrementó la culpa humana. No, fue lo que *Dios* le hizo en la cruz lo que nos salvó: "Jehová quiso quebrantarlo, sujetándole a padecimiento" (Isaías 53:10). "Levántate, oh espada, contra el pastor, y contra el hombre compañero mío" (Zacarías 13:7). "Me has puesto en el polvo de la muerte" (Salmo 22:15). Las llagas de Jesús por las que somos sanados (Isaías 53:5; 1 Pedro 2:24) no son las llagas que los soldados romanos le infligieron, sino las llagas con las cuales Dios lo hirió en la cruz.

Día 119 Ha adquirido la gracia de Dios (Domingo 15, **P.** y **R.** 37, parte 4)

R. *Con su sufrimiento . . . ha librado a nuestro cuerpo y alma de la condenación eterna y ha adquirido para nosotros la misericordia de Dios, justicia y vida eterna.*

A veces nos enfocamos demasiado en el lado negativo de la redención, en las cosas de las que hemos sido liberados. Hemos sido liberados del poder del pecado y la muerte, y por lo tanto ahora "ninguna condenación hay para los que están en Cristo Jesús" (Romanos 8:1). Hemos sido liberados del poder de Satanás (Hechos 26:18). Podemos imaginar cuán feliz es una persona que, habiendo estado profundamente subyugada por estas potestades, y por el temor a la muerte (Hebreos: 15), es liberada. Cuando una persona es liberada de la prisión, este es su primer pensamiento: "¡soy libre! ¡Ya no estoy en cautividad!". Pero la libertad de la cautividad es meramente la primera parte de nuestra liberación, no el fin de ella.

Desde el momento en que somos liberados del pecado, el diablo y la muerte, también tenemos que aprender el lado positivo de esta redención. ¿Qué ganamos? Una de las respuestas bíblicas es: "Dios . . . que nos bendijo con toda bendición espiritual en los lugares celestiales en Cristo" (Efesios 1:3). Algunas de estas bendiciones son enumeradas aquí. En primer lugar, se encuentra la gracia de Dios. Ésta no es solamente la gracia de la redención como tal; todas nuestras nuevas bendiciones son también muestras de la gracia: Dios "en amor habiéndonos predestinado para ser adoptados hijos suyos por medio de Jesucristo, . . . para alabanza de la gloria de su gracia, con la cual nos hizo aceptos en el Amado, en quien tenemos redención por su sangre, el perdón de pecados según las riquezas de su gracia, que hizo sobreabundar para con nosotros . . . dándonos a conocer el misterio de su voluntad, según su beneplácito, el cual se había propuesto en sí mismo, de reunir todas las cosas en Cristo, en la dispensación del cumplimiento de los tiempos, así las que están en los cielos, como las que están en la tierra" (Efesios 1:5-10). ¡*Todo* es gracia!

Pasa lo mismo con la justicia: fuimos convertidos en "justicia de Dios" (2 Corintios 5:21), o "Cristo Jesús . . . nos ha sido hecho . . . justificación" (1 Corintios 1:30). Todas las bendiciones que recibimos las tenemos *en Cristo*. Tenemos vida eterna en él (Juan 5:24), y él mismo es para nosotros "el verdadero Dios y la vida eterna" (1 Juan 5:20). Mantén la gracia, la justicia y la vida eterna en mente conforme continúes leyendo. Todas estas cosas serán elaboradas en posteriores PyRs.

Día 120 **Poncio Pilatos** (Domingo 15, **P.** y **R**. 38, parte 1)

P. ¿Por qué sufrió bajo el gobernante Poncio Pilatos?

R. *Él resultó inocente de la condena del gobernante mundano.*

A parte de Jesucristo mismo, sólo dos personas son mencionadas en el *Credo de los apóstoles*: María la madre de Jesús, y Poncio Pilatos. Que haya una referencia a María es comprensible —¿pero, por qué a Pilatos? ¿No es ello demasiado honor para este hombre, tan cobarde y deshonesto? Él era solamente un pequeño gobernador en una pequeña esquina del poderoso Imperio Romano. Y ahora, debido un prisionero, su nombre es conocido por millardos de personas a lo largo de muchos siglos. Desde luego, él no mereció esta atención —ese no es el punto. La referencia a Pilatos nos ayuda a darnos cuenta de que la vida y la muerte de Jesús pertenecen a la historia del mundo real. No son parte de alguna mitología, de alguna piadosa invención religiosa. Poncio Pilatos fue una figura real en la historia de Roma, un hombre que sirvió bajo el emperador Tiberio y fue prefecto de la provincia romana de Judea desde el 26 hasta el 36 AD. Conocemos su nombre y unos cuantos hechos de su vida por varios autores: escritores romanos (Tácito) y judíos (Filón de Alejandría, Flavio Josefo), varias obras apócrifas y la famosa Piedra Pilatos, encontrada en Cesarea en 1961. Incluso la esposa de Pilatos, mencionada en Mateo 27:19, nos es conocida con el nombre de Claudia Prócula. En la Iglesia Oriental Ortodoxa, ella es conmemorada como santa debido a su supuesta conversión.

La condena de Jesús no es una historia en un oscuro pasado prehistórico. Es parte del registro público de las historias romana y judía. Los judíos eran famosos por su ley, la cual Dios les había dado. Pero abusaron de esta ley para sostener que Jesús merecía la pena de muerte (Juan 19:7). Los griegos fueron famosos por su sabiduría; la palabra griega *filosofía* significa "amor a la sabiduría". Pero esta sabiduría no les impidió llamar a la cruz mera locura (1 Corintios 1:20-25). Los romanos fueron famosos por su justicia; la ley romana es todavía ampliamente estudiada. Pero esta justicia no evitó que algunos de ellos cometiesen la mayor injusticia en la historia del mundo (Lucas 23:13-24; Juan 19:4.12-16). En contra de este trasfondo de maldad humana, el oro de la gracia de Dios brilla intensamente.

R. *Él resultó inocente de la condena del gobernante mundano y con ello nos ha librado del severo juicio de Dios contra nosotros.*

E l catecismo traza un interesante paralelo entre la condena de Jesús por el injusto juez terrenal, Poncio Pilatos, y el severo juicio que recayó sobre él de un Juez celestial santo y justo. Es desde luego impactante ver cómo se entrelazan estas dos historias. Por un lado, está la historia de la maldad de algunos romanos y judíos sentenciando a Jesús a muerte. Por otra parte, está la historia del juicio de Dios que nosotros merecíamos pero que recayó sobre Jesús. En su sabiduría, Dios determinó que el momento en que la locura y maldad de la humanidad surgiera a la luz en su plena expresión coincidiera con el momento en que la gracia y misericordia de Dios se revelaran en su máxima expresión.

Nunca se hizo más evidente la maldad de la humanidad que en el Viernes Santo —y nunca fue la bondad de Dios más evidente. Pilatos condenó a Jesús en su propia corte, y ayudó así a llevar a la miseria humana a su punto más profundo. En el mismo día, Dios puso su "severo juicio sobre Jesús" durante las horas de oscuridad en la cruz, y condujo a la humanidad a la cumbre de la gracia salvadora de Dios. La condena de Pilatos involucró el mayor incremento posible de culpa humana —el juicio de Dios quitó completamente esa culpa para todos aquellos que creen. Pilatos puso sobre Jesús el castigo que eventualmente conduciría a la decadencia del pagano Imperio Romano. Dios descargó sobre Jesús el castigo que nos trae paz (*cfr.* Isaías 53:5).

Una lectura superficial podía conducirlo a uno a concluir que el catecismo sugiere que la condena de Jesús por Pilatos como tal fue una contribución a nuestra salvación. Pero no puede ser esa su intención. El juicio de Pilatos no quitó la culpa de la humanidad; solamente la incrementó. Pilatos fue en el mejor de los casos un instrumento indirecto en la mano de Dios para llevar a Jesús a la cruz, donde Dios trataría con Jesús a su manera. Considera las dos facetas de Hechos 2:23: "a éste [Jesús], entregado por el determinado consejo y anticipado conocimiento de Dios, prendisteis y matasteis por manos de inicuos, crucificándole".

Día 122 Crucificado (Domingo 15, P. y R. 39, parte 1)

P. ¿Significa la muerte en la cruz más que si hubiera muerto de otra manera?
R. *Sí.*

Hay dos facetas en la muerte de Jesús. Por un lado, Jesús mismo declaró: "Por eso me ama el Padre, porque yo pongo mi vida, para volverla a tomar. Nadie me la quita, sino que yo de mí mismo la pongo. Tengo poder para ponerla, y tengo poder para volverla a tomar" (Juan 10:17-18). Ésta es su muerte como se ve desde la perspectiva divina. Sin embargo, también hay otro lado, humano, de acuerdo con el cual es igualmente verdadero decir que Jesús fue muerto por seres humanos malvados: "a éste [Jesús], entregado por el determinado consejo y anticipado conocimiento de Dios, prendisteis y matasteis por manos de inicuos, crucificándole" (Hechos 2:23; *cfr.* 3:15; 5:30). Esteban incluso habló del "justo, de quien vosotros ahora habéis sido entregadores y matadores" (Hechos 7:52).

Jesús fue asesinado por los malvados romanos y judíos juntos. No podemos decir que fueron realmente los romanos los que lo hicieron, como si los judíos fuesen inocentes. Las palabras de los cuatro pasajes de Hechos recién referidos estaban todos dirigidos a los judíos. Desde luego, no todos los judíos de todos los siglos desde el Calvario son culpables. Pablo, cuando hablaba a los judíos en la Antioquía Pisidiana —lejos de Jerusalén— dijo: "los habitantes de Jerusalén y sus gobernantes, no conociendo a Jesús, ni las palabras de los profetas que se leen todos los días de reposo, las cumplieron al condenarle. Y sin hallar en él causa digna de muerte, pidieron a Pilato que se le matase" (Hechos 13:27-28). Aquellos malvados romanos y judíos que crucificaron al Señor representan a la humanidad en su integridad: fue la humanidad —tú y yo— los que lo rechazamos y lo condenamos.

El libro de los Hechos también se refiere al modo en que Jesús fue muerto: "a quien vosotros matasteis colgándole en un madero" (Hechos 5:30). Esto parece ser una clara referencia a la ley de Moisés: "Si alguno hubiere cometido algún crimen digno de muerte, y lo hiciereis morir, y lo colgareis en un madero, no dejaréis que su cuerpo pase la noche sobre el madero; sin falta lo enterrarás el mismo día, porque maldito por Dios es el colgado" (Deuteronomio 21:22-23).

R. *. . . pues desde entonces tengo la certeza de que ha tomado sobre sí la maldición que pesaba sobre mí, pues la muerte en la cruz era maldita por Dios.*

La crucifixión es quizá la muerte más horrible y cruel que la humanidad haya inventado jamás. Si la muerte de Jesús es evidencia de la más grande maldad de los humanos, podemos también imaginar que el modo en que lo ejecutaron fue el más malvado posible.

Sin embargo, hay mucho más que eso. Pablo escribió: "Cristo nos redimió de la maldición de la ley, hecho por nosotros maldición (porque está escrito: Maldito todo el que es colgado en un madero)" (Gálatas 3:13). Esto no es una aplicación literal de la ley mosaica. En Deuteronomio, la referencia es a una persona que primero era ejecutada —generalmente apedreada— y luego colgada de un "árbol" (un poste). Los rabinos dicen que solamente algunos de los peores criminales sufrieron este tratamiento. Tal cadáver no iba a permanecer en ese poste toda la noche: "no dejaréis que su cuerpo pase la noche sobre el madero . . . porque maldito por Dios es el colgado". Esta última frase es lo que llamó la atención de Pablo y que aplicó a Cristo: "Maldito todo el que es colgado en un madero", no sólo la persona colgada bajo la ley de Moisés, sino también la persona crucificada en los tiempos del Nuevo Testamento.

Más aún, el término 'maldito' aquí tiene un significado específico. En la cruz, Jesús llevó la maldición por nosotros, en nuestro lugar. La maldición es la consecuencia de no guardar los mandamientos de Dios (Deuteronomio 27:13-26). En su significado más profundo, esto no es meramente una maldición providencial sino eterna: "excluidos de la presencia del Señor" (2 Tesalonicenses 1:9). Solamente hay dos maneras de escapar de esta maldición eterna. La una es guardar los mandamientos de Dios —pero por naturaleza los humanos no son capaces de hacer esto. La otra opción es encontrar un sustituto que se convierta en una maldición por nosotros, en nuestro lugar. Esto es lo que Jesús hizo en aquellas horas de oscuridad en la cruz, por todos aquellos que creen en él. Vicariamente llevó la maldición para que ya no fuésemos afectados por ninguna maldición en la eternidad.

Día 124 Dios requería muerte (Domingo 16, P. y R. 40, parte 1)

P. ¿Por qué Cristo ha debido sufrir la muerte?

R. *Por la justicia y verdadera voluntad de Dios nuestro pecado no podía ser pagado de otra manera.*

¿Por qué Cristo ha debido sufrir la muerte? Para salvarnos del poder de la muerte. No había una manera más fácil de salvarnos. Debido a nuestros pecados, se exigía un sacrificio vicario. La justicia y la verdad de Dios exigían el castigo del pecado. Si hubiésemos tenido que llevar las consecuencias de nuestro pecado en nosotros mismos, estaríamos eternamente condenados. Y aquellos que rechazan el sacrificio de Cristo desde luego que tendrán que pagar sus pecados por la eternidad. Pero aquellos que creen en Cristo y su sacrificio saben por fe que Cristo sobrellevó el juicio de Dios en vez de ellos.

Debido al gran perdón de Dios, a veces somos tentados a pasar por alto ligeramente el pecado en nosotros u otros. Pero Dios no puede hacer eso. Ningún pecado puede dejar de ser castigado, porque ello violaría su justicia y verdad. Su justicia exige castigo; ya sea el castigo del transgresor, o el castigo de un inocente, un sacrificio vicario. No hay otra manera. "sin derramamiento de sangre no se hace remisión" (Hebreos 9:22). No puede haber vida para el pecador sin la muerte del sacrificado. No puede haber perdón para el pecador sin que el castigo recaiga sobre la cabeza del sacrificado. Ninguna otra cosa será aceptable a Dios: ni nuestras buenas obras, ni nuestras buenas intenciones, ni nuestros ruegos y súplicas.

Dios aludió a esta verdad ya inmediatamente después de la Caída: "Jehová Dios hizo al hombre y a su mujer túnicas de pieles, y los vistió" (Génesis 3:21). Aparentemente, algunos animales tenían que morir para que los primeros humanos pudiesen ser cubiertos con las pieles. Abel captó este mensaje; Caín no lo hizo. Caín llevó a Dios los frutos de su propio trabajo, y pensó que podía agradar a Dios de este modo (Génesis 4:3). Pero Abel trajo una ofrenda encendida de su rebaño (Génesis 4:4). Aparentemente se dio cuenta, no importa cuán incompletamente, que sólo podía presentarse ante Dios sobre la base de un sacrificio inocente que muriera en su lugar. Por lo tanto, "miró Jehová con agrado a Abel y a su ofrenda; pero no miró con agrado a Caín y a la ofrenda suya" (Génesis 4:4-5).

Día 125 **La justicia y la verdad de Dios** (Domingo 16, **P.** y **R.** 40, parte 2)

R. *Por la justicia y verdadera voluntad de Dios nuestro pecado no podía ser pagado de otra manera, que no fuera a través de la muerte del Hijo de Dios.*

En sus cartas, el apóstol Pablo mira la condición natural de los pecadores de dos maneras que parecen ser contradictorias. En la carta a los Romanos, ve al pecador viviendo en pecado. Sólo hay una solución para tal pecador: su vida en pecado debe terminar en la muerte de Cristo: "¿cómo viviremos aún en él? ¿O no sabéis que todos los que hemos sido bautizados en Cristo Jesús, hemos sido bautizados en su muerte? Porque somos sepultados juntamente con él para muerte por el bautismo, a fin de que como Cristo resucitó de los muertos por la gloria del Padre, así también nosotros andemos en vida nueva. Porque si fuimos plantados juntamente con él en la semejanza de su muerte, así también lo seremos en la de su resurrección; sabiendo esto, que nuestro viejo hombre fue crucificado juntamente con él, para que el cuerpo del pecado sea destruido, a fin de que no sirvamos más al pecado" (Romanos 6:2-6).

En la epístola de Pablo a los Efesios tenemos la concepción opuesta: por naturaleza estamos muertos en nuestros pecados. Sólo hay una solución para nosotros, la cual es la de ser vivificados con Cristo: "estabais muertos en vuestros delitos y pecados, en los cuales anduvisteis en otro tiempo, siguiendo la corriente de este mundo ... Pero Dios, que es rico en misericordia, por su gran amor con que nos amó, aun estando nosotros muertos en pecados, nos dio vida juntamente con Cristo (por gracia sois salvos), y juntamente con él nos resucitó, y asimismo nos hizo sentar en los lugares celestiales con Cristo Jesús" (Efesios 2:1-6).

Ambas perspectivas son verdaderas. Por fe, el pecador viviente tiene que llegar al punto de reconocer que su vieja vida encontró su fin en la muerte de Cristo. Por fe, el muerto pecador debe llegar al punto de reconocer que a través de la muerte de Cristo ha sido vivificado y elevado a una nueva vida. Cualquiera que sea tu concepción del asunto, la muerte de Cristo era un prerrequisito. Vivías en el pecado, pero Cristo murió y tú moriste con él, para encontrar más allá de la muerte de Cristo una vida enteramente nueva. Estabas muerto en el pecado, pero Cristo entró a tu muerte, y junto con él regresaste a la vida. La muerte de Cristo fue el gran hito de tu existencia.

Día 126 **La muerte de Jesús** (Domingo 16, **P.** y **R.** 40, parte 3)

R. . . . *no podía ser pagado de otra manera, que no fuera a través de la muerte del Hijo de Dios.*

L a primera vez que escuchamos acerca de la muerte en la Biblia es en Génesis 2:17: "mas del árbol de la ciencia del bien y del mal no comerás; porque el día que de él comieres, ciertamente morirás". Eso es exactamente lo que sucedió. En el momento en que Adán y Eva comieron del árbol prohibido murieron en el sentido espiritual (*cfr.* Efesios 2:1; Colosenses 2:13). Y al final de una larga vida —Adán alcanzó la edad de 930 años (Génesis 5:5)— sufrieron la muerte física pues "la paga del pecado es muerte" (Romanos 6:23).

Había todavía otra muerte esperándolos, más allá de la muerte física: es llamada la "segunda muerte" (Apocalipsis 20:6.14). Ésta es la muerte eterna en el fuego eterno (*cfr.* Mateo 18:8; 25:41; Judas 1:7), el "lago de fuego" (Apocalipsis 19:20). Se les permitió a nuestros primeros padres escapar de esta muerte tardía por su fe y por la misericordia de Dios.

Ninguno de nosotros puede escapar de la muerte espiritual porque nacemos con ella: estamos espiritualmente muertos desde nuestra concepción y nacimiento. En tanto que Cristo no regrese no podemos eludir la muerte física tampoco: "está establecido para los hombres que mueran una sola vez, y después de esto el juicio" (Hebreos 9:27). Sin embargo, por la gracia de Dios, a través de la fe podemos escapar de la muerte eterna por la muerte de su Hijo.

Sabemos que Dios no puede morir; él es "el único que tiene inmortalidad" (1 Timoteo 6:16). Para poder sufrir la muerte física en lugar de nosotros, como nuestro sustituto, tuvo que adoptar un cuerpo mortal. El modo normal de Dios para perpetuar la raza humana es que los niños crezcan hasta alcanzar la madurez, tengan a sus propios hijos, y que éstos sobrevivan a sus padres. Pero el Hijo de Dios se hizo hombre por ninguna otra razón más que la de poder morir: "por cuanto los hijos participaron de carne y sangre, él también participó de lo mismo, para destruir por medio de la muerte al que tenía el imperio de la muerte, esto es, al diablo" (Hebreos 2:14). "Estando en la condición de hombre, se humilló a sí mismo, haciéndose obediente hasta la muerte, y muerte de cruz" (Filipenses 2:8). El Hijo fue enviado por el Padre "en semejanza de carne de pecado y a causa del pecado" (Romanos 8:3). Se hizo hombre para morir por el pecado.

Día 127 **¿Por qué sepultado?** (Domingo 16, **P.** y **R.** 41, parte 1)

P. ¿Por qué fue sepultado?

R. *Con ello se testificó el hecho de que verdaderamente murió.*

El catecismo conecta la sepultura de Jesús con su muerte, lo cual desde luego es perfectamente correcto. Sin embargo, es interesante ver que Pablo conecta la sepultura de Jesús con su resurrección; señala que "Cristo murió por nuestros pecados, conforme a las Escrituras; y que fue sepultado, y que resucitó al tercer día, conforme a las Escrituras" (1 Corintios 15:3-4). Dos veces usa Pablo la expresión "conforme a las Escrituras", de tal modo que la sepultura de Jesús es más estrechamente conectada con su resurrección que con su muerte. Puedes decir que sepultamos a las personas porque han muerto; la sepultura es un testimonio de que las personas en cuestión están realmente muertas. Pero los creyentes también pueden decir que sepultan a las personas con vistas a la resurrección. Ponemos una semilla en la tierra esperando que un día saldrá una planta de ella: "lo que siembras no es el cuerpo que ha de salir, sino el grano desnudo, ya sea de trigo o de otro grano" (1 Corintios 15:37). Un día, de este grano crecerá el cuerpo de la resurrección.

La sepultura de Jesús fue el fin del horrible proceso de su sufrimiento y muerte: "Y habiendo cumplido todas las cosas que de él estaban escritas, quitándolo del madero, lo pusieron en el sepulcro" (Hechos 13:29). "Y se dispuso con los impíos su sepultura, mas con los ricos fue en su muerte" (Isaías 53:9). Habían tomado su cuerpo de la cruz y "lo envolvieron en lienzos con especias aromáticas, según es costumbre sepultar entre los judíos" (Juan 19:40). Jesús estaba realmente muerto. Y nadie parece haber tenido la más remota idea de la posibilidad de la resurrección, aunque Jesús la había mencionado frecuentemente (*i.e.,* cinco veces tan sólo en Mateo: 16:21; 17:9, 23; 20:19; 26:32). Para la mente humana, la muerte y la sepultura son el fin de una persona. Lo único en que podían pensar las mujeres era en preparar especies y ungüentos para cuidar el cuerpo (Lucas 23:56). Lo único en que podían pensar los discípulos en el camino a Emaús era: "nosotros esperábamos que él era el que había de redimir a Israel" —pero no, en vez de ello murió (Lucas 24:21). ¡Iban todos a ser sorprendidos! "Oh insensatos, y tardos de corazón" (Lucas 24:25)— ¿como podía su sepultura ser jamás su fin?

R. *Con ello se testificó el hecho de que verdaderamente murió.*

Pablo habla dos veces de nuestra sepultura con Jesús y la conecta con el bautismo: "¿O no sabéis que todos los que hemos sido bautizados en Cristo Jesús, hemos sido bautizados en su muerte? Porque somos sepultados juntamente con él para muerte por el bautismo, a fin de que como Cristo resucitó de los muertos por la gloria del Padre, así también nosotros andemos en vida nueva" (Romanos 6:3-4). Y: "En él también fuisteis circuncidados con circuncisión no hecha a mano, al echar de vosotros el cuerpo pecaminoso carnal, en la circuncisión de Cristo; sepultados con él en el bautismo, en el cual fuisteis también resucitados con él, mediante la fe en el poder de Dios que le levantó de los muertos" (Colosenses 2:11-12).

Pablo dice que hemos sido bautizados en la muerte de Cristo, e incluso que fuimos "sepultados" con él por el bautismo en la muerte. La mayoría de los cristianos están familiarizados con la idea de que hemos "muerto" con Cristo (Romanos 8:4; Colosenses Génesis 2:20; 2 Timoteo 2:11), y de que hemos sido "resucitados" con Cristo (Efesios 2:6; Colosenses 2:12; 3:1). Pero Pablo argumenta que también hemos sido "sepultados" con él, como se representa en el bautismo.

Encontramos un hermoso ejemplo de esto en la madre de Moisés (Éxodo 2). Cuando recibía su hijo, se dio cuenta de que el juicio de muerte pesaba sobre él. Todos los niños tenía que ser arrojados al Nilo, el río de la muerte. Así que ella desde luego confió su niño al río, pero de un modo seguro: dentro de los seguros confines de una canasta de juncos. Esto es lo que sucede cuando llevamos a una persona a las aguas bautismales. Reconocemos que la persona ha merecido la muerte, y de hecho la entregamos a la muerte tal y como se representa por el agua. Pero lo hacemos en el único modo seguro: ¡sepultamos a la persona en la muerte de Cristo! La tumba de Cristo es el único lugar seguro sobre la tierra, porque el juicio de Dios ya ha rugido ahí, y no tiene más poder sobre el bautizado.

P. ¿Por qué tenemos todavía que morir, si Cristo ya murió por nosotros?

R. *Nuestra muerte no es un pago por nuestro pecado, sino solamente una muerte al pecado y una entrada a la vida eterna.*

Es importante darse cuenta de que la muerte física de los cristianos no es la paga de nuestro pecado (Romanos 6:23). La muerte es la *consecuencia* del pecado, pero nunca puede ser el *pago* de la deuda del pecado. No puede ser esto para el incrédulo, pues "Ninguno de ellos [de los hombres] podrá en manera alguna redimir al hermano, Ni dar a Dios su rescate" (Salmo 49:7), ya sea la vida de otro o la suya propia. Y no puede ser esto para el creyente, porque Cristo pagó está deuda por él. La muerte de un creyente no es más que la transición a una forma más alta, más plena, más *intensa* de vida.

Por lo tanto, en un cierto sentido, nuestra muerte física ya no puede ser llamada "muerte". Jesús dijo: "El que oye mi palabra, y cree al que me envió, tiene vida eterna; y no vendrá a condenación, mas ha pasado de muerte a vida" (Juan 5:24) —no meramente en la resurrección sino en el momento en que uno llega a la fe. Y, "Yo soy la resurrección y la vida; el que cree en mí, aunque esté muerto, vivirá. Y todo aquel que vive y cree en mí, no morirá eternamente" (Juan 11:25-26). En primer lugar, Jesús dijo: "aunque esté muerto, vivirá", pero luego lo dice de una manera incluso más fuerte: en realidad la muerte del creyente ya no es muerte —el "nunca morirá". Es por ello que, cuando se trata de los creyentes, el Nuevo Testamento prefiere usar el término "dormir" o "dormirse" para referirse a la muerte física: "Tampoco queremos, hermanos, que ignoréis acerca de los que duermen, para que no os entristezcáis como los otros que no tienen esperanza. Porque si creemos que Jesús murió y resucitó, así también traerá Dios con Jesús a los que durmieron en él" (1 Tesalonicenses 4:13-14).

Cristo Jesús "quitó la muerte y sacó a luz la vida y la inmortalidad por el evangelio" (2 Timoteo 1:10). "Sorbida es la muerte en victoria. ¿Dónde está, oh muerte, tu aguijón? ¿Dónde, oh sepulcro, tu victoria? ya que el aguijón de la muerte es el pecado, y el poder del pecado, la ley. Mas gracias sean dadas a Dios, que nos da la victoria por medio de nuestro Señor Jesucristo" (1 Corintios 15:54-56).

Día 130 **Entrada a la vida eterna** (Domingo 16, **P.** y **R.** 42, parte 2)

R. *Nuestra muerte ... [es] una muerte al pecado y una entrada a la vida eterna.*

Nuestra muerte física no es un punto terminal; es una transición. Interesantemente, Jesús mismo dijo que el creyente "no vendrá a condenación, mas ha pasado de muerte a vida" (Juan 5:24) —no meramente en la muerte física o la resurrección, sino en el momento en que uno llega a la fe. En realidad, hay tres grandes transiciones mencionadas en el Nuevo Testamento. La primera es la recién citada: la transición en el momento de la fe. Aquí, la vida eterna no es una cosa futura sino una posesión presente: quienquiera que cree en Cristo *tiene* vida eterna (Juan 3:15-16; 6:40; 1 Juan 3:15; 5:13).

La segunda transición es a la que el catecismo se refiere. Como lo dijera Pablo: "teniendo deseo de partir y estar con Cristo, lo cual es muchísimo mejor" (Filipenses 1:23). Al morir perdemos nuestra vida física pero al mismo tiempo nos movemos a una forma más alta de existencia, cuya precisa naturaleza todavía no podemos concebir. No obstante, ¿qué puede ser mejor que estar *con Cristo* en el paraíso (Lucas 23:43)? Un día, Pablo "fue arrebatado al paraíso, donde oyó palabras inefables que no le es dado al hombre expresar" (2 Corintios 12:3-4). Los teólogos llaman a éste el "estado intermedio"; esto es, el estado entre la muerte física y la resurrección física. No es la meta final del creyente; es "meramente" el estado intermedio. No obstante, es un estado en el cual ya no pecaremos, como dice el catecismo, y en el cual ya no batallaremos con las debilidades del cuerpo y la mente.

La tercera transición es la que tiene lugar en el momento de la resurrección (o en el momento en que regresa Cristo; 1 Corintios 15:51; 1 Tesalonicenses 4:15). Las palabras del criminal en la cruz parecen implicar claramente que, para él, la resurrección sería en el momento en el que Cristo "viniera en su reino", y él mismo esperando estar junto con Cristo (Lucas 23:42). Para los judíos creyentes, el término "vida eterna" estuvo aparentemente vinculado con el reino mesiánico: heredar la vida eterna implicaba entrar en el reino (Mateo 19:16, 29; 25:46; Lucas 18:18; *cfr.* Salmos 133; Daniel 12:2). La muerte física es en vista de la resurrección, y la resurrección es en vista del reino.

Día 131 Beneficio adicional (Domingo 16, P. y R. 43, parte 1)

P. ¿Qué otro beneficio obtenemos de la ofrenda y muerte de Cristo en la cruz?

R. *A través del poder de Cristo nuestro viejo hombre ha sido crucificado con él, muerto y sepultado.*

Cuando se trata de la salvación, nos gusta distinguir sus lados objetivo y subjetivo. El aspecto *objetivo* involucra lo que sucedió hace casi 2,000 años en la cruz del Calvario: Jesús murió por nuestros pecados, y en él también morimos. Escuché de un hermano reformado que al conocer a un hermano evangélico le preguntó: "¿cuando fuiste salvo?" Su respuesta fue "alrededor del 30 AD". Desde luego, esto es verdadero, pero no es la historia completa. Hay un tiempo durante nuestras vidas cuando esta verdad objetiva debe convertirse en nuestra posesión *subjetiva* práctica. A través de la fe, *me doy cuenta* en mi corazón de que he muerto con Cristo. Esto ya era verdadero en 30 AD, pero *se hizo* prácticamente verdadero para mi cuando empecé a creer.

Nuestro propio yo fue crucificado con Cristo (Romanos 6:6; Gálatas 2:20; 6:14) en 30 AD. Es muy importante que entendamos esto. Dios no empezó a actuar para nosotros en el momento de los primeros ejercicios espirituales de nuestras almas. Él empezó actuando para nosotros ya cientos de años antes de que naciéramos, a saber en la cruz. Y, en realidad, empezó incluso mucho antes: cuando Dios planeó nuestra salvación —y esta planeación es desde la eternidad— no solamente el Cordero fue "ya destinado desde antes de la fundación del mundo" (1 Pedro 1:19-20), sino también nosotros. *Nuestros nombres ya se encontraban en su mente*: "nos escogió en él antes de la fundación del mundo, para que fuésemos santos y sin mancha delante de él, en amor habiéndonos predestinado para ser adoptados hijos suyos por medio de Jesucristo, según el puro afecto de su voluntad" (Efesios 1:4-5).

Dios pensó en nosotros desde la eternidad. ¡Qué gracia tan maravillosa! Dios pensó en nosotros en la cruz de Cristo. Nuevamente: ¡qué gracia! Y Dios pensó en nosotros después de que nacimos y empezó a obrar en nuestras almas. Y cuando, por la gracia de Dios y a través de su Espíritu, recibimos la seguridad de la salvación, nuestra muerte en la cruz se convirtió en una realidad espiritual para nosotros en la fe. Que gracia tan extraordinaria el que Dios haya estado pensando en nosotros desde la eternidad hasta este mismo día, y que siempre habremos de estar en su corazón.

Día 132 El viejo hombre (Domingo 16, P. y R. 43, parte 2)

R. *A través del poder de Cristo nuestro viejo hombre ha sido crucificado con él, muerto y sepultado.*

Ayer vimos que Dios pensó en nosotros en la eternidad, pensó en nosotros en la cruz, y pensó en nosotros durante nuestras vidas, conduciéndonos a la fe. Lo que ha sucedido *objetivamente* en la cruz se convierte en una realidad subjetiva para nuestros corazones a través de la fe. Ahora avanzamos un paso más. En esta realidad *subjetiva* hay de nuevo dos fases, por así decirlo. Cuando llegamos a la fe, nos damos cuenta: Cristo murió por mí, y yo morí con él. Esto se refiere a nuestra posición en Cristo: somos en él, y nada habrá de cambiar jamás esto. Pero lo que es verdadero con respecto a la posición debe volverse verdadero en la práctica en nuestra vida cotidiana. *Fui* crucificado con Cristo; eso es pasivo. Pero también hay una crucifixión *activa* en beneficio nuestro: "los que son de Cristo han crucificado la carne con sus pasiones y deseos" (Gálatas 5:24).

Esto es muy notable. Primeramente me doy cuenta de que *fui* crucificado; luego me doy cuenta de que debo elaborar esto durante mi vida cristiana en el poder del Espíritu Santo. En fe reconozco el juicio de Dios sobre mi carne activamente, "crucificando la carne con sus pasiones y deseos" O, como dice Pablo en otra parte, "por el Espíritu hacéis morir las obras de la carne" (Romanos 8:13). "Haced morir, pues, lo terrenal en vosotros: fornicación, impureza, pasiones desordenadas, malos deseos y avaricia, que es idolatría" (Colosenses 3:5). O, para decirlo más positivamente: "vestíos del Señor Jesucristo, y no proveáis para los deseos de la carne" (Romanos 13:14).

Observe la distinción en los tiempos aquí. Es verdad que el creyente *ha* crucificado la carne. Pero es igualmente verdadero que él (continuamente) *hace morir* las cosas de la carne y *se reviste* del Señor Jesús. Cuando vienes a la fe, empiezas a odiar el pecado. Afirmas, como quien dice, que ya no tienes nada que ver con las obras de la carne. De una vez por todas te deshaces de la carne. Pero rápidamente encuentras que todavía está allí, y que todavía genera sus malvados productos si no te hayas vigilante. Éste es el momento en el que nuevamente haces morir las obras de la carne.

Día 133 Los malos deseos (Domingo 16, P. y R. 43, parte 3)

R. *A través del poder de Cristo nuestro viejo hombre ha sido crucificado con él, muerto y sepultado, para que el pecado ya no se enseñoree de nosotros.*

Que gran declaración: "para que el pecado ya no se enseñoree de nosotros". El catecismo lo declara como un hecho *presente* y esto puede plantearnos una dificultad a algunos de nosotros. Frecuentemente hemos escuchado que esto será una realidad solamente cuando estemos con Cristo en la eternidad. Todavía experimentamos la presencia de aquellos malos deseos de la carne como una realidad tangible todos los días de nuestras vidas. ¡Pero observa la importante palabra 'enseñorearse' en la formulación del catecismo!

Este es un punto importante que debemos entender bien. Pablo dice: "Dios muestra su amor para con nosotros, en que *siendo aún pecadores*, Cristo murió por nosotros" (Romanos 5:8). Tal formulación puede significar nada menos que, para Pablo, los creyentes ya no son "pecadores". ¿Significa esto que la pecaminosa carne ya no está con nosotros? Lo sabemos bien ("todos ofendemos muchas veces", Santiago 3:2). Pero Pablo hace una clara distinción entre tener todavía la carne en nosotros y que la carne se "enseñoree" de nosotros. ¿De qué otra manera podríamos entenderlo cuando dice que hemos sido justificados "del pecado" (Romanos 6:7, 18, 22; 8:2)? Esto significa que ya no estamos bajo el *poder* del pecado. Todavía tenemos la carne pecaminosa en nosotros y experimentamos como en ciertas ocasiones produce sus malos efectos. Sin embargo, si "andamos en el Espíritu", ya no satisfacemos "los deseos de la carne" (Gálatas 5:16).

Pablo es muy claro en esto: "No reine, pues, el pecado en vuestro cuerpo mortal, de modo que lo obedezcáis en sus concupiscencias; ni tampoco presentéis vuestros miembros al pecado como instrumentos de iniquidad, sino presentaos vosotros mismos a Dios como vivos de entre los muertos, y vuestros miembros a Dios como instrumentos de justicia. Porque *el pecado no se enseñoreará de vosotros*; pues no estáis bajo la ley, sino bajo la gracia" (Romanos 6:12-14). Juan dice: "Si decimos que no tenemos pecado, nos engañamos a nosotros mismos, y la verdad no está en nosotros" (1 Juan 1:8). Pero también dice: "Todo aquel que es nacido de Dios, no practica el pecado, porque la simiente de Dios permanece en él; y no puede pecar, porque es nacido de Dios" (1 Juan 3:9). Desafortunadamente, todavía pecamos. Pero ese no es nuestro estilo de vida cristiano: servimos a Dios y nos hallamos bajo *su* señorío.

Día 134 **Un sacrificio de gratitud** (Domingo 16, **P.** y **R.** 43, parte 4)

R. *A través del poder de Cristo nuestro viejo hombre ha sido crucificado con él, muerto y sepultado, para . . . que nos dediquemos a él como una ofrenda viva de acción de gracias.*

Primero teníamos el lado negativo: "A través del poder de Cristo nuestro viejo hombre ha sido crucificado con él, muerto y sepultado, para que el pecado ya no se enseñoree de nosotros". Ahora tenemos el lado positivo: "para que nos dediquemos a él como una ofrenda viva de acción de gracias". Ya no estamos preocupados con evitar el pecado todo el tiempo. Una mentalidad negativa tal no habría de ayudarnos. Es mucho mejor enfocarse lo que es positivo: en Cristo mismo y en amarle y servirle. Si estuviésemos llenos de Cristo todo el tiempo, no tendríamos ni el tiempo ni la oportunidad de pecar. Si estamos llenos del Espíritu (Efesios 5:18), no podemos estar llenos de pecado. Si nos concentramos en Dios, no podemos estar concentrados en Satanás.

El catecismo tiene su propio modo interesante de formular esto. Habla de un "sacrificio de gratitud", el cual nos recuerda los "sacrificios de acción de gracias" en el Antiguo Testamento (Levítico 7:12-15; 22:29). "El que sacrifica alabanza me honrará; Y al que ordenare su camino, Le mostraré la salvación de Dios" (Salmo 50:23; *cfr.* v. 14). Hebreos 13 se refiere tales sacrificios: "ofrezcamos siempre a Dios, por medio de él [de Cristo], sacrificio de alabanza, es decir, fruto de labios que confiesan su nombre" (v. 15).

Pablo da un paso adicional: no traemos solamente nuestras alabanzas y acciones de gracias a Dios —nuestros "sacrificios espirituales" (1 Pedro 2:5)— sino que nos presentamos *nosotros mismos* como tal sacrificio: "Así que, hermanos, os ruego por las misericordias de Dios, que presentéis vuestros cuerpos en sacrificio vivo, santo, agradable a Dios, que es vuestro culto racional" (Romanos 12:1). En este respecto, Cristo es nuestro ejemplo: "andad en amor, como también Cristo nos amó, y se entregó a sí mismo por nosotros, ofrenda y sacrificio a Dios en olor fragante" (Efesios 5:2). Tu haces lo mismo: lo amas, te entregas a él, ¡una ofrenda y sacrificio fragantes a Dios! Esta es la verdadera vida cristiana de gratitud: en amor siguiéndole, tras sus pisadas, sirviéndole, alabándole.

Día 135 **Descendió a los infiernos** (Domingo 16, **P.** y **R.** 44, parte 1)

P. ¿Por qué sigue "descendió a los infiernos"?

¡Cuántas controversias han rodeado a esta corta frase del *Credo de los apóstoles*! Para empezar, algunos han argumentado que las palabras no pertenecen al credo en lo absoluto, alegando que fueron agregadas mucho después. Otros han sostenido que las palabras fueron adoptadas de Efesios 4:9 ("[descendió] primero a las partes más bajas de la tierra"), que se refiere a la sepultura de Cristo en la tierra, y que no tiene nada que ver con el infierno. Otros más han objetado el término "infierno" como siendo una traducción errónea de las versiones originales griega y latina. Prefiero una traducción tal como: "descendió al reino de la muerte" o "de los muertos". Esto es, Jesús murió, y luego pasó tres días entre los muertos antes de resucitar. Otros, como los católicos romanos y los anglicanos, han mantenido la versión "infierno".

No puede haber duda acerca de una cosa, y eso es el orden del *Credo de los apóstoles*: el descenso de Jesús al infierno es claramente presentado como habiendo ocurrido *después* de su muerte y sepultura, y *antes* de su resurrección. Desde luego, esto plantea un problema. ¿Dónde estaba Jesús entre su muerte y su resurrección? Hay tres respuestas. En primer lugar, estaba en el paraíso (Lucas 23:43). En segundo lugar, estaba en la tumba (Juan 9:42). En tercer lugar, Hechos 2:27 parece sugerir que estaba en el Hades (el "inframundo"), que *no* es lo mismo que el infierno (*cfr.* Apocalipsis 20:14, el cual dice que el Hades fue arrojado al lago de fuego). En ninguna parte dice en la Biblia que, entre su muerte y resurrección, Jesús estuviese en el *infierno*.

Desde luego la gente se ha referido frecuentemente a las palabras de Pedro: en el Espíritu, Jesús "en espíritu ... fue y predicó a los espíritus encarcelados, los que en otro tiempo desobedecieron, cuando una vez esperaba la paciencia de Dios en los días de Noé" (1 Pedro 3:18-20). El problema es que hay docenas de interpretaciones de este versículo. En cualquier caso, este pasaje no demuestra que Jesús "descendiera al infierno" entre su muerte y resurrección. Así que, en vez de "infierno" deberíamos de leer o bien la tumba, o bien el ámbito de los muertos —o podemos pensar, con el catecismo, en una dirección muy diferente. Habremos de discutir esto mañana.

R. *Con ello se me promete que ...mi Señor Jesucristo me ha librado del temor y el tormento infernal, pues él también en su alma ya ha sufrido previamente en la cruz inefable dolor, temor y terror.*

Ayer vimos los problemas que encontramos si pensamos que Jesús descendió al infierno entre su muerte y resurrección. Por lo tanto, se busca una solución muy diferente: el orden muerte–descenso–resurrección es ignorado, y el "descenso a los infiernos" es visto como habiendo ocurrido durante el sufrimiento de Cristo en la cruz. Se ha argumentado que si los pecadores no arrepentidos habrán de ir al infierno, era necesario para nuestra redención que Cristo, nuestro sustituto, sufriera en su alma, en nuestro lugar en la cruz, "inefable dolor, temor y terror". En otras palabras, Jesús "descendió al infierno" *no* durante el tiempo de su muerte y resurrección, sino durante sus sufrimientos en la cruz, durante las tres horas de oscuridad. Estuvo en vez de nosotros en la angustia y el tormento del infierno para que nosotros no tengamos que experimentar esta angustia y tormento.

Una de las principales características del infierno es que es el lugar en el que se está totalmente abandonado por Dios. En los nuevos cielos y la nueva tierra, Dios será "todo en todos" (1 Corintios 15:28), con una excepción: "los perros estarán *fuera*, y los hechiceros, los fornicarios, los homicidas, los idólatras, y todo aquel que ama y hace mentira" (Apocalipsis 22:15). Dios será "todo en todos" excepto para ese lugar de total abandono. Esto es lo que Jesús experimentó en la cruz: "Dios mío, Dios mío, ¿por qué me has desamparado?" (Mateo 27:46; Marcos 15:34; *cfr.* Salmo 22:1). Ser abandonados por Dios es puro infierno.

El infierno es también llamado "tinieblas de afuera" (Mateo 8:12; 22:13; 25:30), y esta oscuridad fue representada por la oscuridad *literal* en la cruz. Jesús pudo decir: "Me has puesto en el hoyo profundo, En tinieblas, en lugares profundos" (Salmo 88:6). Al mismo tiempo, el infierno es descrito como "fuego" (el lago de fuego, Apocalipsis 20:10-15; el fuego eterno, Mateo 18:8; 25:41), y esto es también lo que Jesús experimentó en la cruz: "¿Hasta cuándo, oh Jehová? ¿Te esconderás para siempre? ¿Arderá tu ira como el fuego?" (Salmo 89:46). En la cruz, ¡Jesús estuvo en el infierno por nosotros, para que nosotros nunca tengamos que estar en el infierno!

Día 137 **Jesús experimentó el infierno** (Domingo 16, **P.** y **R.** 44, parte 3)

R. *Con ello se me promete que yo mismo, en mis más difíciles pruebas, puedo estar cierto de que mi Señor Jesucristo me ha librado del temor y el tormento infernal.*

En el sentido literal, ningún creyente habrá de experimentar jamás el infierno, ya sea durante su vida, después de su muerte física o después de su resurrección. Nunca es abandonado por Dios: "Joven fui, y he envejecido, Y no he visto justo desamparado" (Salmo 37:25). No obstante, tenemos que darnos cuenta de que los salmos citados ayer son registros de experiencias reales. En el Salmo 22:1, David no fue literalmente abandonado por Dios, sino que él pudo expresar poéticamente su sentido de abandono de ese modo. Los hijos de Coré *sintieron* como si hubiesen sido puestos "en el hoyo profundo, En tinieblas, en lugares profundos" (Salmo 88:6). Hemán el ezraíta *sintió* como si la ira de Dios lo quemase como fuego (Salmo 89:46). Conforme escribían, fueron conducidos por el Espíritu Santo, quien "anunciaba de antemano los sufrimientos de Cristo, y las glorias que vendrían tras ellos" (1 Pedro 1:11). Inspirados por el Espíritu describieron experiencias que fueron más allá de ellos porque de hecho estaban representando las de Cristo en la cruz.

No obstante, tomamos tales expresiones de los salmistas muy seriamente. Tuvieron experiencias que se acercaron a lo que Jesús experimentó. El catecismo describe con precisión nuestro consuelo: cuando estamos en "difíciles pruebas", nos damos cuenta de que Jesús estuvo ahí antes —en una medida que ni siquiera podemos empezar a concebir. "Porque no tenemos un sumo sacerdote que no pueda compadecerse de nuestras debilidades, sino uno que fue tentado en todo según nuestra semejanza, pero sin pecado. Acerquémonos, pues, confiadamente al trono de la gracia, para alcanzar misericordia y hallar gracia para el oportuno socorro" (Hebreos 4:15-16).

El salmista dijo una vez: "Me rodearon ligaduras de muerte, Me encontraron las angustias del Seol; Angustia y dolor había yo hallado. Entonces invoqué el nombre de Jehová, diciendo: Oh Jehová, libra ahora mi alma" (Salmo 116:3-4). "Cristo, en los días de su carne, ofreciendo ruegos y súplicas con gran clamor y lágrimas al que le podía librar de la muerte, fue oído a causa de su temor reverente" (Hebreos 5:7). La respuesta de Dios fue levantar a Jesús de los muertos. La respuesta última de Dios para nosotros será la misma: la resurrección.

Día 138 La resurrección de Cristo (Domingo 17, P. y R. 45, parte 1)

P. ¿En qué nos aprovecha la resurrección de Cristo?

R. *Primeramente: A través de su resurrección Cristo ha vencido a la muerte.*

¿Qué sería el Viernes Santo sin la Pascua? Justo antes de su muerte dijo Jesús: "Consumado es" (Juan 19:30), pero desde luego esto fue solamente en anticipación (justo como en 17:4, donde dijo, "he acabado la obra que me diste que hiciese"). Si, después de estas palabras, Jesús no hubiese muerto, su obra ciertamente *no* hubiera sido terminada, y, si no hubiese resucitado al tercer día, tampoco hubiera sido terminada. Si Jesús estuviese todavía en la tumba hoy, no podríamos saber si había realmente conquistado al pecado, al diablo y a la muerte: "si Cristo no resucitó, vuestra fe es vana; aún estáis en vuestros pecados. Entonces también los que durmieron en Cristo perecieron. Si en esta vida solamente esperamos en Cristo, somos los más dignos de conmiseración de todos los hombres. Mas ahora Cristo ha resucitado de los muertos; primicias de los que durmieron es hecho" (1 Corintios 15:17, 19-20)

Por favor tome nota de este término: "resucitado" (*cfr.* Mateo 27:64; 28:6-7; Lucas 24:6, 34). Este es el lado divino de Cristo: Jesús "resucitó" de los muertos en su propio poder divino. El "tomó nuevamente" la vida que había "puesto" en el momento de la muerte (Juan 10:17-18). Está también el lado humano: el hombre Jesús fue "levantado" de los muertos por la gloria del Padre (Romanos 6:4; *cfr.* Mateo 16:21; 20:19; 27:52). Éste fue el núcleo del gran mensaje de salvación predicado por los primeros apóstoles en Hechos del 2 al 5: Dios "levantó" (2:24, 32; 3:7; 4:10; 5:30). "nuestro Salvador Jesucristo ... quitó la muerte y sacó a luz la vida y la inmortalidad por el evangelio" (2 Timoteo 1:10). "Acuérdate de Jesucristo, del linaje de David, resucitado de los muertos" (2 Timoteo: 2:8). Jesús "fue declarado Hijo de Dios con poder, según el Espíritu de santidad, por la resurrección de entre los muertos" (Romanos 1:4). Dios "nos hizo renacer para una esperanza viva, por la resurrección de Jesucristo de los muertos" (1 Pedro 1:3).

"Sorbida es la muerte en victoria. ¿Dónde está, oh muerte, tu aguijón? ¿Dónde, oh sepulcro, tu victoria? ya que el aguijón de la muerte es el pecado, y el poder del pecado, la ley. Mas gracias sean dadas a Dios, que nos da la victoria por medio de nuestro Señor Jesucristo" (1 Corintios 15:54-56).

R. *A través de su resurrección Cristo ha vencido a la muerte, para otorgarnos la justicia que a través de su muerte hemos adquirido.*

El catecismo está aludiendo a Romanos 4:24-25: la fe les "ha de ser contada, esto es, a los que creemos en el que levantó de los muertos a Jesús, Señor nuestro, el cual fue entregado por nuestras transgresiones, y resucitado para nuestra justificación": Jesús tenía que llevar nuestros pecados en la cruz, y como consecuencia tenía que morir por nosotros. Todos los sacrificios sangrientos del Antiguo Testamento testifican esto (*cfr.* Hebreos 2:17; 9:22, 28; 10:12). Jesús murió para que nosotros pudiéramos vivir.

Sin embargo, la segunda verdad es menos conocida y comprendida: Jesús fue "resucitado para nuestra justificación". Piensa aquí en otro versículo: "el que ha muerto, ha sido justificado" (Romanos 6:7). Tal persona se halla más allá de la muerte, y así más allá del entero problema del pecado. Ha sido ya resuelto para siempre. Un día Jesús aparecerá "sin relación con el pecado" (Hebreos 9:28); esto es, el problema del pecado ha sido resuelto y una vez y para siempre a través de su muerte y resurrección. No sólo eso: no tenemos ya nada que ver con el problema del pecado, porque *en Cristo* hemos muerto y hemos sido resucitados también. Estamos para siempre asociados con el Cristo resucitado, más allá del ámbito del pecado. Él ha adquirido la justicia a través de su muerte, dice el catecismo. Dios me ve estando incorporado *en* el Cristo muerto y resucitado, quien ha eliminado al problema del pecado. Dios ya no ve ningún pecado en mí; me ve tan justo como lo es el mismo Cristo.

Desde luego, *en la práctica* sabemos que la carne todavía está en nosotros y que puede —frecuentemente lo hace— todavía producir obras malas. Pero esto es otro asunto. Aquí Pablo se está refiriendo a nuestra posición, a lo que *somos* formalmente en Cristo, como siendo uno con el Cristo muerto y resucitado. Se ha convertido en nuestra justicia (1 Corintios 1:30). Pasamos con él a través de la muerte, y llegamos al ámbito de la resurrección, donde el pecado es un enemigo derrotado. Cristo fue resucitado y nosotros también hemos sido resucitados con él (Efesios 2:6; Colosenses 2:12), de modo que estamos en el ámbito en donde el pecado es para siempre algo del pasado.

Día 140 **Resucitados a una nueva vida** (Domingo 17, **P.** y **R.** 45, parte 3)

R. . . . *En segundo lugar: Por su fuerza también somos desde ahora resucitados a una nueva vida.*

En el Día 126 vimos que la Biblia da tres significados diferentes a la palabra 'muerte'. De modo similar, se nos recuerda ahora el hecho de que hay dos tipos de "resurrección" (no tres, pues nadie puede "resucitar" de la muerte eterna). La segunda resurrección es la resurrección física de los muertos, la cual habremos de discutir mañana. La primera es la resurrección espiritual respecto de nuestra condición natural de muerte espiritual. Pablo habla de ella varias veces: "Dios, que es rico en misericordia . . . estando nosotros muertos en pecados, nos dio vida juntamente con Cristo (por gracia sois salvos), y juntamente con él *nos resucitó*, y asimismo nos hizo sentar en los lugares celestiales con Cristo Jesús" (Efesios 2:4-6). "En [Cristo] también fuisteis circuncidados . . . en la circuncisión de Cristo; sepultados con él en el bautismo, en el cual fuisteis también *resucitados con él*, mediante la fe en el poder de Dios que le levantó de los muertos. Y a vosotros, estando muertos en pecados y en la incircuncisión de vuestra carne, os dio vida juntamente con él, perdonándoos todos los pecados" (Colosenses 2:11-13). "Si, pues, habéis *resucitado con Cristo*, buscad las cosas de arriba, donde está Cristo sentado a la diestra de Dios . . . Porque habéis muerto, y vuestra vida está escondida con Cristo en Dios" (Colosenses 3:1-3). "Porque somos sepultados juntamente con él para muerte por el bautismo, a fin de que como Cristo resucitó de los muertos por la gloria del Padre, así también nosotros andemos en vida nueva" (Romanos 6:4).

Desde Juan 3 parece que el nuevo nacimiento está más bien conectado con nuestra "vieja naturaleza" y la recepción de una "nueva naturaleza" ("Lo que es nacido de la carne, carne es; y lo que es nacido del Espíritu, espíritu es", Juan 3:6). Ser "vivificados" está vinculado con nuestra condición natural de muerte espiritual. Y ser "resucitados con Cristo" parece enfatizar el pensamiento de que somos arrebatados de la compañía de los muertos. ¡Morimos *con Cristo*, fuimos vivificados *con Cristo*, fuimos resucitados con Cristo, y *en él* hemos sido sentados en los lugares celestiales!

Día 141 **Nuestra propia resurrección** (Domingo 17, **P.** y **R.** 45, parte 4)

R. ... *En tercer lugar: La resurrección de Cristo es para nosotros una prenda segura de nuestra bienaventurada resurrección.*

Nos enteramos en primer lugar de que la muerte es un enemigo derrotado porque Cristo ha sido levantado de los muertos. En segundo lugar nos enteramos de que un Dios santo y justo ha recibido plena satisfacción de Cristo, y de que participamos completamente de la justicia del Cristo resucitado. En tercer lugar, sabemos que hemos sido resucitados con él, como se ilustra en el bautismo: con él estamos ahora espiritualmente al otro lado de la muerte y de la tumba. Nos hallamos en el ámbito donde el Cristo resucitado y glorificado tiene toda autoridad y donde el pecado, el diablo y la muerte no pueden entrar. Jesús los derrotó a todos.

Llegamos ahora a un cuarto punto: debido a que Dios levantó a Cristo de los muertos, podemos estar seguros de que, si fuésemos a morir antes del retorno de Cristo, un día nuestros cuerpos muertos serán levantados del mismo modo en que el cuerpo muerto de Cristo fue levantado. Pablo establece este vínculo de una manera directa: "Y si el Espíritu de aquel que levantó de los muertos a Jesús mora en vosotros, el que levantó de los muertos a Cristo Jesús vivificará también vuestros cuerpos mortales por su Espíritu que mora en vosotros" (Romanos 8:11). Algunos han explicado esto como referido a nuestra resurrección espiritual, pero la mayoría está de acuerdo en que Pablo habla aquí de nuestra resurrección corporal.

En su bien conocido capítulo sobre la resurrección, Pablo dice: "Mas ahora Cristo ha resucitado de los muertos; primicias de los que durmieron es hecho. Porque por cuanto la muerte entró por un hombre, también por un hombre la resurrección de los muertos. Porque así como en Adán todos mueren, también en Cristo todos serán vivificados" (1 Corintios 15:20-22). ¡Incluso la resurrección de los malvados es garantizada por la resurrección de Cristo! Como dijera Jesús al Padre: me "has dado potestad sobre toda carne" (Juan 17:2). Y en una ocasión anterior: "como el Padre levanta a los muertos, y les da vida, así también el Hijo a los que quiere da vida" (Juan 5:21, 28-29). A través de su propia muerte y resurrección, ¡Cristo aseguró la resurrección de todos nosotros!

P. ¿Cómo entiendes el significado de "ascendió al cielo"?

R. *Jesucristo ante los ojos de sus discípulos subió de la tierra al Padre en el cielo.*

La mayoría de los cristianos conocen el significado de la muerte de Cristo, aunque pocos entienden el significado redentor de su resurrección, y todavía menos son conscientes del significado redentor de su *ascensión*. Este importante evento es descrito en Lucas 24:50-51: "se separó de ellos, y fue llevado arriba al cielo" y en Hechos 1:9-11: "fue alzado, y le recibió una nube que le ocultó de sus ojos". Sorprendentemente, Mateo y Juan, quienes estaban ahí, no lo mencionan, excepto en el sentido general: "otra vez dejo el mundo, y voy al Padre" (Juan 16:28). La ascensión es descrita solamente por Lucas, aunque él *no* estaba presente cuando sucedió. El Espíritu Santo decidió lo que cada autor neotestamentario tenía qué escribir y qué omitir. Pablo, quien tampoco se hallaba presente, citó el Salmo 68:18 diciendo: "Subiendo a lo alto, llevó cautiva la cautividad, Y dio dones a los hombres. Y eso de que subió, ¿qué es, sino que también había descendido primero a las partes más bajas de la tierra? [*i.e.*, la sepultura de Cristo] El que descendió, es el mismo que también subió por encima de todos los cielos para llenarlo todo" (Efesios 4:8-10).

La ascensión de Jesús fue la cumbre de su tremenda victoria: Dios le resucitó "de los muertos y sentándole a su diestra en los lugares celestiales, sobre todo principado y autoridad y poder y señorío, y sobre todo nombre que se nombra, no sólo en este siglo, sino también en el venidero …sometió todas las cosas bajo sus pies, y lo dio por cabeza sobre todas las cosas a la iglesia, la cual es su cuerpo, la plenitud de Aquel que todo lo llena en todo" (Efesios 1:20-22). Pablo habla de "la resurrección de Jesucristo, quien habiendo subido al cielo está a la diestra de Dios; y a él están sujetos ángeles, autoridades y potestades" (1 Pedro 3:21-22). El Cristo sufriente estuvo en la cruz, el Cristo muerto estuvo en la tumba, el Cristo resucitado estuvo durante cuarenta días entre sus discípulos (Hechos 1:1-8), el Cristo resucitado se halla a la diestra de Dios en el cielo por encima de todas las potestades, humanas y angelicales, buenas y malas.

Día 143 A la diestra del Padre (Domingo 17, P. y R. 46, parte 2)

R. *Jesucristo ... subió de la tierra al Padre en el cielo y está allí para nuestro beneficio.*

¡Cuán gran declaración es esta: "para nuestro beneficio"! Jesús, a la diestra de Dios, no está meramente descansando y disfrutando ahí. Está *trabajando*. Como el esclavo en Éxodo 21:1-6, se ha convertido en un "esclavo para siempre". Vino a servir (Mateo 20:28; Lucas 22:27) y todavía está sirviendo a su pueblo hoy en todo lo que hace por los suyos. Miremos varios aspectos importantes del servicio que Jesús nos presta.

Primeramente, debido a que Jesús se halla a la diestra del Padre, sabemos que la obra de la expiación está completa: a Cristo, "Dios ha exaltado con su diestra por Príncipe y Salvador, para dar a Israel arrepentimiento y perdón de pecados" (Hechos 5:31). "Habiendo efectuado la purificación de nuestros pecados por medio de sí mismo, se sentó a la diestra de la Majestad" (Hebreos 1:3); "Cristo, habiendo ofrecido una vez para siempre un solo sacrificio por los pecados, se ha sentado a la diestra de Dios" (Hebreos 10:12).

En segundo lugar, como Jesús está a la diestra de Dios, sabemos que ya no tenemos que temer a los poderes del oscuridad, pues Jesús ha prevalecido sobre ellos. Está sentado a la diestra de Dios, "sobre todo principado y autoridad y poder y señorío" (Efesios 1:20). Jesús "habiendo subido al cielo está a la diestra de Dios; y a él están sujetos ángeles, autoridades y potestades" (1 Pedro 3:21-22). Éste fue el gran mensaje que Jesús le dio a los apóstoles para que predicaran: "Toda potestad me es dada en el cielo y en la tierra" (Mateo 28:18).

En tercer lugar, sólo porque Jesús está a la diestra de Dios, se nos ha podido dar el Espíritu Santo: "Así que, exaltado por la diestra de Dios, y habiendo recibido del Padre la promesa del Espíritu Santo, ha derramado esto que vosotros veis y oís" (Hechos 2:33). El Espíritu fue enviado por el Padre en el nombre del Jesús glorificado (Juan 14: 26; *cfr.* 15:26): "El me glorificará; porque tomará de lo mío, y os lo hará saber. Todo lo que tiene el Padre es mío; por eso dije que tomará de lo mío, y os lo hará saber" (Juan 16:14-15). El Espíritu es *el* testigo del Cristo glorificado.

R. *Jesucristo . . . subió de la tierra al Padre en el cielo y está allí para nuestro beneficio.*

Continuemos viendo varios respectos en los que Jesús está sentado a la diestra de Dios "para nuestro beneficio", o para nuestro provecho:

En cuarto lugar, puesto que Jesús está a la diestra de Dios, es ahí el lugar de nuestra vida espiritual actual: "Si, pues, habéis resucitado con Cristo, buscad las cosas de arriba, donde está Cristo sentado a la diestra de Dios. Poned la mira en las cosas de arriba, no en las de la tierra. Porque habéis muerto, y vuestra vida está escondida con Cristo en Dios. Cuando Cristo, vuestra vida, se manifieste, entonces vosotros también seréis manifestados con él en gloria" (Colosenses 3:1-4). Donde Cristo está, está tu vida real —¡no acá abajo, sino arriba! (véase también PyR 49).

En quinto lugar, los dones y ministerios espirituales en la Iglesia provienen del Cristo glorificado: "Pero a cada uno de nosotros fue dada la gracia conforme a la medida del don de Cristo . . . El que descendió [a la tierra], es el mismo que también subió por encima de todos los cielos para llenarlo todo. Y él mismo constituyó a unos, apóstoles; a otros, profetas; a otros, evangelistas; a otros, pastores y maestros" (Efesios 4:7-11). ¡Todo oficial en la Iglesia es un don del trono de Dios, donde está Cristo!

En sexto lugar, "tenemos tal sumo sacerdote, el cual se sentó a la diestra del trono de la Majestad en los cielos, ministro del santuario" (Hebreos 8:1-2). Aquí la palabra para "ministro" es *leitourgos*; Jesús es el "líder de la liturgia". Jesús a la diestra de Dios representa a su Iglesia en adoración sobre la tierra. Es a través de él que nosotros nos acercamos a Dios (Hebreos 7:25), y a través de él que nosotros ofrecemos "siempre a Dios, por medio de él, sacrificio de alabanza" (Hebreos 13:15).

En séptimo lugar, porque Jesús está a la diestra de Dios sabemos que nuestra fatigada raza terminará también en ese glorioso lugar: " corramos con paciencia la carrera que tenemos por delante, puestos los ojos en Jesús, el autor y consumador de la fe, el cual por el gozo puesto delante de él sufrió la cruz, menospreciando el oprobio, y se sentó a la diestra del trono de Dios" (Hebreos 12:1-2). Jesús pasó a través de los valles oscuros para nuestro beneficio, y sabemos que en él alcanzaremos también la cumbre gloriosa.

R. *Jesucristo ... subió de la tierra al Padre en el cielo ... y de allí ha de venir a juzgar a los vivos y a los muertos.*

La ascensión de Jesús ocurrió debido a lo que había sucedido antes —su muerte expiatoria y su resurrección— y ocurrió en vista de lo que iba a suceder: su regreso de los cielos, frecuentemente llamado su "segunda venida". Jesús les dijo a sus jueces: "desde ahora veréis al Hijo del Hombre sentado a la diestra del poder de Dios, y viniendo en las nubes del cielo" (Mateo 26:64). La primera frase fue una alusión al Salmo 110:1, y la segunda frase una alusión a Daniel 7:13, "he aquí con las nubes del cielo venía uno como un hijo de hombre". Para desconcierto de sus jueces, Jesús implicó que él era el cumplimiento de ambos pasajes.

Después de que Jesús hubo ascendido al cielo, dos ángeles les dijeron a los discípulos que observaban: "Varones galileos, ¿por qué estáis mirando al cielo? Este mismo Jesús, que ha sido tomado de vosotros al cielo, así vendrá como le habéis visto ir al cielo" (Hechos 1:11).

Leemos de Esteban: "lleno del Espíritu Santo, puestos los ojos en el cielo, vio la gloria de Dios, y a Jesús que estaba a la diestra de Dios, y dijo: He aquí, veo los cielos abiertos, y al Hijo del Hombre que está a la diestra de Dios" (Hechos 7:55-56) —¡"está", no "está sentado"! Como si Jesús estuviese a punto de venir nuevamente, si su pueblo tan sólo hubiera creído en él ante el testimonio de Esteban.

Pablo escribió: "Porque Cristo para esto murió y resucitó, y volvió a vivir, para ser Señor así de los muertos como de los que viven" (Romanos 14:9); y a Timoteo: "te encarezco delante de Dios y del Señor Jesucristo, que juzgará a los vivos y a los muertos en su manifestación y en su reino" (2 Timoteo 4:1). Pedro dice de los malvados: "ellos darán cuenta al que está preparado para juzgar a los vivos y a los muertos" (1 Pedro 4:5). Ni aquellos que estén vivos en el momento del regreso de Cristo, ni aquellos que estén muertos en ese momento, habrá de escapar de Cristo, el juez supremo: "Porque es necesario que todos nosotros comparezcamos ante el tribunal de Cristo, para que cada uno reciba según lo que haya hecho mientras estaba en el cuerpo, sea bueno o sea malo" (2 Corintios 5:10).

Día 146 Cristo con nosotros (Domingo 17, P. y R. 47, parte 1)

P. ¿Entonces Cristo no está con nosotros todos los días, hasta el fin del mundo, como él nos había prometido?

R. *Cristo es verdaderamente hombre y verdaderamente Dios.*

En unos cuantos lugares el catecismo entra en polémica con otros cristianos sin siempre decirlo. Para aquellos que conocen la historia de la Reforma, las PyR 47 y 48 obviamente implican una controversia con los luteranos. Tempranamente, los luteranos y los calvinistas se separaron debido a las diferentes concepciones sobre la Cena del Señor. Apegándose más estrechamente al pensamiento católico romano, los luteranos argumentaron que Cristo se hallaba *corporalmente* presente bajo los símbolos del pan y el vino. Los calvinistas replicaron que esto era imposible porque el cuerpo glorificado de Cristo está en el cielo y, después de su resurrección y ascensión, el cuerpo de Cristo no es omnipresente; sólo puede estar en un lugar específico. En otras palabras, de acuerdo con su naturaleza *divina* Jesús es omnipresente, pero de acuerdo con su naturaleza *humana* no lo es.

Tenemos que darnos cuenta ahora de que la precisa relación entre las naturalezas divina y humana de Cristo siempre ha sido controversial. No es de extrañar —es un misterio que los teólogos no pueden enteramente dilucidar. Siempre ha habido cristianos que acusan a otros cristianos de "separar" las dos naturalezas. Y aquellos otros cristianos acusaron a los primeros de "confundir" las dos naturalezas. Los luteranos acusaron a los calvinistas de "dividir" las dos naturalezas al afirmar que una involucraba la omnipresencia mientras que la otra no lo hacía. Los calvinistas acusaron a los luteranos de "hacer confluir" las dos naturalezas afirmando que una cierta característica *divina* —la omnipresencia— debe ser atribuida también a la naturaleza humana de Cristo.

Quizá ambas partes querían saber más de lo que realmente podían explicar. ¿No es este otro ejemplo de desear "mirar en el arca"? (Véase el Día 111). No obstante, en apoyo al lado calvinista, no hay ni la más ligera evidencia bíblica de que el cuerpo glorificado de Cristo sea omnipresente. Esta concepción es llamada *extra calvinisticum* (literalmente, el calvinista más allá o afuera; véase la PyR 48): la *infinita* naturaleza divina permanece "distinta" (o "más allá", "fuera de") la naturaleza humana, aunque las dos estén inseparable e íntimamente unidas para siempre. Si ha prometido estar con nosotros hasta el fin del mundo, podemos estar seguros de su presencia.

Día 147 ¿**Omnipresente como hombre?** (Domingo 17, **P.** y **R.** 47, parte 2)

R. *Cristo es verdaderamente hombre y verdaderamente Dios. En su naturaleza humana no está ya más sobre la tierra.*

Ésta es una continuación de la discusión de ayer. Las naturalezas divina y humana están inseparable e intrincadamente unidas; no pueden ser *separadas*, y no obstante tienen que ser claramente *distinguidas*. Aquello que es divino en Cristo no adquiere características humanas; y aquello que es humano en él no tiene características divinas. La omnipresencia es un atributo divino, no humano, y la naturaleza humana nunca puede adquirirlo. En otras palabras, Cristo es omnipresente de acuerdo con su naturaleza divina, no de acuerdo con su naturaleza humana —así como, por ejemplo, es corporal como hombre, no como Dios; u omnisciente como Dios, no como hombre (*cfr.* Marcos 13:32).

Por lo tanto, los calvinistas argumentaron en contra de los luteranos que el cuerpo de Cristo no puede estar literalmente presente bajo los símbolos del pan y el vino. Su cuerpo ascendió a los cielos (Hechos 1:9-11); no desciende, por así decirlo, cada vez que celebramos la Cena del Señor. Jesús descenderá solamente en su segunda venida. Entretanto, su cuerpo glorificado se halla a la diestra de Dios: Jesús, "...a quien de cierto es necesario que el cielo reciba hasta los tiempos de la restauración de todas las cosas" (Hechos 3:20-21).

Desde luego, hay una cierta tensión aquí porque Jesús prometió, por un lado: "he aquí yo estoy con vosotros todos los días, hasta el fin del mundo" (Mateo 28:20). Por otro lado dijo: "Os conviene que yo me vaya; porque si no me fuera, el Consolador no vendría a vosotros; mas si me fuere, os lo enviaré" (Juan 16:7). Jesús tenía que partir, de otra manera el Ayudador —el Espíritu Santo— no podría llegar. Jesús se fue, y el Espíritu vino. Y este Espíritu estaría con los seguidores de Cristo para siempre, el Señor lo prometió (Juan 14:16).

Pero, si esto es así, cómo puede Jesús decir "yo estoy con vosotros todos los días" (Mateo 28:20)? ¿Por qué no dijo "el Espíritu"? La respuesta es que, aunque la segunda y la tercera persona de la Deidad son distintas, el Espíritu Santo es el Espíritu de Jesús (Hechos 16:7), el Espíritu de Cristo (Romanos 8:9; 1 Pedro 1:11), el Espíritu de Jesucristo (Filipenses 1:19), el Espíritu del Hijo de Dios (Gálatas 4:6). Donde el Espíritu Santo está, allí también está Jesús.

Día 148 **Omnipresente en Espíritu** (Domingo 17, **P.** y **R.** 47, parte 3)

R. ... *En su naturaleza humana no está ya más sobre la tierra, pero en su divinidad, majestad, gracia y Espíritu nunca se separa de nosotros.*

Vimos ayer que el Espíritu Santo está frecuentemente conectado con Cristo a través de varios nombres, tales como el Espíritu de Jesús, el Espíritu de Cristo o el Espíritu del Hijo de Dios. Desde luego, el Espíritu está igualmente conectado con el Padre: "no sois vosotros los que habláis, sino el Espíritu de vuestro Padre que habla en vosotros" (Mateo 10:20); "el Padre de nuestro Señor Jesucristo ... os dé, conforme a las riquezas de su gloria, el ser fortalecidos con poder en el hombre interior por *su* Espíritu" (Efesios 3:14, 16). Dentro del Dios triuno, el Padre es el Padre del Hijo, el Hijo es el Hijo del Padre, el Espíritu es el Espíritu del Padre y del Hijo.

La unión entre Cristo y el Espíritu es tan fuerte que Jesús pudo decir: "No os dejaré huérfanos; vendré a vosotros" (Juan 14:18), donde hubiésemos esperado que dijese: "el Espíritu Santo vendrá a vosotros". Primeramente, Jesús vino a este mundo cuando nació en Belén. En segundo lugar, vino a este mundo en la forma del Espíritu Santo. En tercer lugar, vendrá a este mundo nuevamente como el Hombre glorificado cuando regrese sobre las nubes del cielo. En cada una de estos tres advenimientos, Jesús aparece con toda su "divinidad, majestad, gracia y Espíritu", como lo dice el catecismo (aunque hayan estado "velados" o escondidos, en su primer advenimiento).

Entretanto, Cristo está con nosotros en la persona del Espíritu Santo. La Escritura es muy clara en este punto. Decir que el Espíritu Santo vino es lo mismo que decir que Cristo vino, porque el Espíritu es el Espíritu de Cristo. No confundas las personas —pero tampoco las separes. Jesús dijo: "donde están dos o tres congregados en mi nombre, allí estoy yo en medio de ellos" (Mateo 18:20). Eso fue verdadero entonces y es verdadero ahora. Cristo no está *corporalmente* presente entre los "dos o tres" —su cuerpo glorificado están el cielo— pero *espiritualmente*, esto es en el Espíritu, está presente.

Día 149 Las dos naturalezas (Domingo 17, **P.** y **R.** 48, parte 1)

P. ¿Pero entonces de esta manera no están separadas la divinidad y la humanidad de Cristo, cuando él no está en su naturaleza humana donde está en su divinidad?

R. *No, pues que la divinidad es incomprensible y se encuentra actualmente en todas partes se sigue del hecho de que se encuentra más allá de su adoptada humanidad.*

La pregunta que plantea el catecismo aquí es de hecho una pregunta luterana. Los luteranos culparon a los calvinistas de separar las dos naturalezas de Cristo al atribuir omnipresencia a la divina naturaleza de Cristo, pero no a su glorificada naturaleza humana. Argumentaron que, si queremos mantener juntas las dos naturalezas, no podemos decir que Cristo glorificado está espiritualmente omnipresente a la diestra de Dios, pero no corporalmente. Los calvinistas responden, en primer lugar, que no hay fundamento bíblico para el alegato de que Cristo está también omnipresente de acuerdo con su naturaleza humana; esto es, que el *cuerpo* glorificado de Cristo es, o puede estar, por doquiera en el universo al mismo tiempo. En segundo lugar, en sí mismo no hay nada erróneo con la concepción de que la naturaleza divina de Jesús permanece siempre siendo completamente divina, y de que la naturaleza humana de Jesús permanece siendo por siempre completamente humana. No tenemos razón para deificar su naturaleza humana glorificada, o para humanizar su naturaleza divina.

Acerca de la *omnipresencia* de Dios como tal, difícilmente hay alguna discusión: "¿A dónde me iré de tu Espíritu? ¿Y a dónde huiré de tu presencia?" (Salmo 139:7-10) Dios pregunta: "¿Soy yo Dios de cerca . . . y no Dios desde muy lejos? ¿Se ocultará alguno, dice Jehová, en escondrijos que yo no lo vea? ¿No lleno yo . . . el cielo y la tierra?" (Jeremías 23:23-24).

Si Dios es omnipresente, entonces Dios el Padre es omnipresente, Dios el Hijo es omnipresente (*cfr.* Efesios 1:23, Cristo "Aquel que todo lo llena en todo") y Dios el Espíritu es omnipresente. Pero el *Hombre* Cristo Jesús *no* es omnipresente. Cuando Jesús dijo: "Os conviene que yo me vaya; porque si no me fuera, el Consolador no vendría a vosotros" (Juan 16:7), una de las ventajas es que sobre la tierra Cristo sólo puede estar en un lugar, mientras que el Espíritu está por doquier. La Biblia no nos da ninguna razón para suponer que esto es en modo alguno diferente con el cuerpo *glorificado* de Cristo.

R. *y, no obstante, también en la misma y en una persona [la divinidad de Cristo] permanece unido a ella [su humanidad].*

¿**P**odría Dios convertirse verdaderamente en un hombre? Sí: "aquel Verbo fue hecho carne" (Juan 1:14) —lo cual es un poderoso testimonio en contra de cualquier herejía que niegue la verdadera humanidad de Cristo. No es meramente que haya adoptado una forma humana por un tiempo, como las tres figuras angélicas que visitaron a Abraham (Génesis 18). No, él *se hizo* humano para siempre, y al mismo tiempo *permaneció* siendo divino. Para siempre su divinidad y su humanidad permanecerán unidas: una persona, dos naturalezas. Es el *Hombre* Jesucristo el que se halla a la diestra de Dios en su cuerpo glorificado. Nota el tiempo presente: "en él habita *corporalmente* toda la plenitud de la Deidad" (Colosenses 2:9). Es el Hijo del Hombre el que habrá de venir con las nubes del cielo (Daniel 7:13; Mateo 26:64), quien al mismo tiempo es Dios (*cfr.* Zacarías 14:5).

La inspirada Escritura cuidadosamente nos previene en contra de cualquier forma de separación. Lo hace por ejemplo, usando nombres *divinos* cuando claramente se quiere significar la *naturaleza* de Cristo, y también al revés: "" (Marcos 13:32). El *Hombre* Jesús, quien no sabe todo lo que sabe el Padre, es descrito aquí con el nombre "el Hijo" —obviamente uno de sus nombres divinos. Si Pablo dice que el Hijo de Dios se entregó por él (Gálatas 2:20), es obvio que fue el *Hombre* Jesús el que murió por Pablo —pues Dios no puede morir. No obstante, la persona que murió por nosotros es el Hijo de Dios.

Conversamente, Jesús dice explícitamente que fue el *Hijo del Hombre* el que "descendió de los cielos" (Juan 3:13; *cfr.* 1 Corintios 15:47, ""), mientras que, desde luego, fue el Hijo de Dios el que *se hizo* Hombre, y no había sido todavía Hombre cuando se hallaba todavía en el cielo. Traducciones más antiguas incluso agregan las palabras "quien está en los cielos". Esto es, cuando Jesús hablaba con Nicodemo, él era el Hijo del Hombre, mientras que al mismo tiempo estaba "en el seno del Padre" (Juan 1:18). Sin embargo, está claro que, cuando el hijo se hallaba en el vientre del Padre, estaba ahí como el Hijo de *Dios*, no como el Hijo del *Hombre*. No obstante, para que nosotros no separemos las dos naturalezas, se dice "Hijo del Hombre". Conserva las dos naturalezas juntas en la persona *una* de Cristo.

P. ¿En qué nos aprovecha la ascensión de Cristo a los cielos?

R. *Primeramente: Él está en el cielo ante la presencia de su Padre como nuestro abogado.*

Cristo es nuestro "abogado" en el cielo en la presencia de su padre. El término "abogado" es la traducción literal del griego *parakletos*. Esta palabra se usa frecuentemente en Juan 14-16 para referirse al Espíritu Santo, y es entonces traducida como "consolador" en la RVR. Pero en 1 Juan 2:1 se usa para Cristo: "Hijitos míos, estas cosas os escribo para que no pequéis; y si alguno hubiere pecado, abogado tenemos para con el Padre, a Jesucristo el justo". El *abogado* (literalmente, uno que es "llamado") es un ayudador, un representante, un consejero. Aparece cuando estás en problemas. Juan insiste en que los creyentes no debieran de pecar (*cfr.* Juan 3:4-9; 5:18). Pero, gracias a Dios, cuando lo hacemos, tenemos un representante en el cielo que siempre intercede por nosotros sobre la base de su sangre (*cfr.* Juan 1:7).

Pablo conecta esto aún más claramente con la ascensión de Cristo: "Cristo es el que murió; más aun, el que también resucitó, el que además está a la diestra de Dios, el que también intercede por nosotros" (Romanos 8:34). Y Hebreos 7 dice que Jesús "puede también salvar perpetuamente a los que por él se acercan a Dios, viviendo siempre para interceder por ellos. Porque tal sumo sacerdote nos convenía: santo, inocente, sin mancha, apartado de los pecadores, y *hecho más sublime que los cielos*" (vv. 25-26). "Porque no entró Cristo en el santuario hecho de mano, figura del verdadero, sino en el cielo mismo para presentarse ahora *por nosotros* ante Dios" (Hebreos 9:24).

En 1 Juan 2 el énfasis está sobre los pecados que los creyentes podrían todavía cometer. En Hebreos el énfasis está más sobre las debilidades y las tentaciones. Nosotros *no* necesariamente *caemos* en ellas, pero ciertamente necesitamos ayuda para que tal caída pueda ser evitada: "Pues en cuanto él mismo padeció siendo tentado, es poderoso para socorrer a los que son tentados" (Hebreos 2:18). "Porque no tenemos un sumo sacerdote que no pueda compadecerse de nuestras debilidades, sino uno que fue tentado en todo según nuestra semejanza, pero sin pecado. Acer-quémonos, pues, confiadamente al trono de la gracia, para alcanzar misericordia y hallar gracia para el oportuno socorro" (Hebreos 4:15-16).

Día 152 **Las arras de la certeza** (Domingo 18, **P.** y **R.** 49, parte 2)

R. *En segundo lugar: Nosotros tenemos, a través de nuestro hermano Jesucristo en el cielo, la certeza de que él, como nuestra cabeza, nos hará también sus miembros.*

Es bello que el catecismo hable aquí de Cristo como "nuestra cabeza", y de los creyentes como "sus miembros". Conocemos estas imágenes por el apóstol Pablo en Efesios (1:22; 4:15; 5:23) y Colosenses (1:18; 2:10). Muy apropiadamente funciona aquí como un argumento en pro de que nosotros también algún día seremos elevados a donde él está. ¿Pues, como podrían estar separados la cabeza y los miembros? El esposo y la esposa pueden, a veces, estar separados por kilómetros, pero la cabeza y los miembros del cuerpo no pueden ser separados. Para Pablo, el vínculo entre la cabeza y el cuerpo es tan estrecho que es autoevidente que, si Cristo fue elevado y sentado a la diestra de Dios en los lugares celestiales, nosotros hemos sido elevados y sentados allí *junto* con él. "En Cristo Jesús" Pablo ya nos ve en el cielo (Efesios 2:5-6).

Otros pasajes subrayan la misma idea básica de que donde el exaltado y glorificado Cristo está, es *ese* el lugar al que también pertenecemos: "En la casa de mi Padre muchas moradas hay; . . . voy, pues, a preparar lugar para vosotros. Y si me fuere y os preparare lugar, vendré otra vez, y os tomaré a mí mismo, *para que donde yo estoy, vosotros también estéis*" (Juan 14:2-3). "Padre, aquellos que me has dado, quiero que *donde yo estoy*, también ellos estén conmigo, para que vean mi gloria que me has dado; porque me has amado desde antes de la fundación del mundo" (Juan 17:24).

Jesús no solamente logró cosas vitales *para* nosotros, el también se unió para siempre *a* nosotros. Somos inseparables de él. Donde el habrá de estar, nosotros estaremos eternamente. Como *Hijo de Dios*, él ha asociado muchos hijos e hijas consigo mismo (*cfr.* Romanos 8:29). Como *Hombre*, Cristo Jesús es la cabeza del cuerpo, para siempre unido con sus miembros. Morimos con él, fuimos levantados con él, fuimos sentados con él, moraremos con él, reinaremos con él.

Incluso en el "estado intermedio" —entre la muerte la resurrección— una verdad esencial es que estaremos con Nuestro Señor Jesucristo (Lucas 23:42-43; 2 Corintios 5:6-7; Filipenses 1:23).

Día 153 **El Espíritu como arras** (Domingo 18, **P.** y **R.** 49, parte 3)

R. *En tercer lugar: Él, sentado a la diestra de Dios, nos envió su Espíritu para que a través de su fuerza elevemos nuestra mirada a los cielos, y no consideremos lo que se halla sobre la tierra .*

La palabra 'arras' es usada en varias traducciones de Efesios 1:14: "...que es las arras de nuestra herencia hasta la redención de la posesión [de Dios] adquirida, para alabanza de su gloria". "Y el que nos confirma con vosotros en Cristo, y el que nos ungió, es Dios, el cual también nos ha sellado, y nos ha dado las arras del Espíritu en nuestros corazones" (2 Corintios 1:21-22). "Mas el que nos hizo para esto mismo es Dios, quien nos ha dado las arras del Espíritu" (2 Corintios 5:5). La palabra 'arras' también se traduce como 'sinceridad', 'pago garante' o 'garantía'.

En el griego moderno, la palabra original parece ser usada para un anillo de compromiso. Como quien dice, el hombre le dice a su prometida: "he aquí que te doy este anillo como garantía; un día me entregaré *yo mismo* ti". De modo parecido, el Señor nos dice: "ahora te doy el Espíritu Santo como un pago garante; un día te daré la herencia completa".

El punto del catecismo es la conexión entre la *ascensión* de Cristo y el *descenso* del Espíritu. Cuando Jesús parte, el Espíritu llega: "Pero yo os digo la verdad: Os conviene que yo me vaya; porque si no me fuera, el Consolador no vendría a vosotros; mas si me fuere, os lo enviaré" (Juan 16:7).

Hay al menos tres razones por la que es mejor que Jesús haya partido y el Espíritu llegado. En primer lugar, Jesús, como hombre, estaba atado a un lugar en alguna parte en Israel, mientras que el Espíritu se halla por doquier en y con los creyentes: "mora con vosotros, y estará en vosotros" (Juan 14:17). En segundo lugar, sin el advenimiento del Espíritu, no entenderíamos lo que el Señor nos está enseñando: "Lo que yo hago, tú no lo comprendes ahora; mas lo entenderás después" (Juan 13:7). En tercer lugar, sin el Espíritu no tendríamos poder espiritual: "quedaos vosotros en la ciudad de Jerusalén, hasta que seáis investidos de poder desde lo alto" (Lucas 24:49). "Pero recibiréis poder, cuando haya venido sobre vosotros el Espíritu Santo, y me seréis testigos" (Hechos 1:8).

R. ... *nos envió su Espíritu para que a través de su fuerza elevemos nuestra mirada a los cielos, y no consideremos lo que se halla sobre la tierra.*

Para todo cristiano, es importante entender la diferencia entre cosas mundanas y cosas terrenales. En general, las cosas *mundanas* son malas porque están vinculadas con el pecado, el diablo y la muerte (*cfr.* Romanos 12:2; 1 Juan 2:15-17; Tito 2:12; Judas 1:19). Las cosas *terrenales* son las cosas buenas de la creación de Dios: "Porque todo lo que Dios creó es bueno, y nada es de desecharse, si se toma con acción de gracias; porque por la palabra de Dios y por la oración es santificado" (1 Timoteo 4:4-5). Sin embargo, *fijar tu mente* sobre las cosas terrenales también es mundano. "... por ahí andan muchos, de los cuales os dije muchas veces, y aun ahora lo digo llorando, que son enemigos de la cruz de Cristo; el fin de los cuales será perdición, cuyo dios es el vientre, y cuya gloria es su vergüenza; que sólo piensan en lo terrenal" (Filipenses 3:18-19).

Por doquier usa Pablo las palabras a las que el catecismo obviamente alude: "Si, pues, habéis resucitado con Cristo, buscad las cosas de arriba, donde está Cristo sentado a la diestra de Dios. Poned la mira en las cosas de arriba, no en las de la tierra. Porque habéis muerto, y vuestra vida está escondida con Cristo en Dios. Cuando Cristo, vuestra vida, se manifieste, entonces vosotros también seréis manifestados con él en gloria" (Colosenses 3:1-4). Las "cosas de la tierra" son buenas en sí mismas, creadas por Dios, pero no hay que fijar la mente en ellas. Nunca pueden ser la plenitud de tu vida porque tu vida verdadera está conectada con Cristo, y con el lugar donde él está —"arriba, a la diestra de Dios".

Pablo le escribió a Timoteo: "Pero gran ganancia es la piedad acompañada de contentamiento; porque nada hemos traído a este mundo, y sin duda nada podremos sacar. Así que, teniendo sustento y abrigo, estemos contentos con esto ... *echa mano de la vida eterna*, a la cual asimismo fuiste llamado ... A los ricos de este siglo manda que no ... pongan la esperanza en las riquezas, las cuales son inciertas, sino en el Dios vivo, ... Que hagan bien, que sean ricos en buenas obras, dadivosos, generosos; atesorando para sí buen fundamento para lo por venir, que *echen mano de la vida eterna*" (1 Timoteo 6:6-8, 12, 17-19). Ésta es la vida que realmente importa. Aférrate a ella y apégate a las cosas terrenales ligeramente.

P. ¿Por qué se agrega "se sentó a la diestra de Dios"?

R. *Cristo ha sido exaltado a los cielos, para que desde allí sea la cabeza de su iglesia.*

El tema de Cristo como *cabeza* desempeña un gran papel en las cartas de Pablo a los Efesios y los Colosenses. El término funciona de dos modos en estas cartas. En primer lugar, "Cristo es cabeza de la iglesia, la cual es su cuerpo" (Efesios 5:23; *cfr.* 4:15); "y él es la cabeza del cuerpo que es la iglesia" (Colosenses 1:18); "y no asiéndose de la Cabeza, en virtud de quien todo el cuerpo . . . crece" (Colosenses 2:19). En segundo lugar, Cristo es "la cabeza de todo principado y potestad" (Colosenses 2:10). El catecismo se refiere aquí a ambos significados a la vez.

Los dos significados se juntan agradablemente en Efesios 1:20-23. Dios levantó a Cristo "resucitándole de los muertos y sentándole a su diestra en los lugares celestiales, sobre todo principado y autoridad y poder y señorío, y sobre todo nombre que se nombra, no sólo en este siglo, sino también en el venidero; y sometió todas las cosas bajo sus pies, y lo dio por cabeza sobre todas las cosas a la iglesia, la cual es su cuerpo, la plenitud de Aquel que todo lo llena en todo". Cristo es aquí "cabeza sobre todas las cosas", y al mismo tiempo es cabeza de su cuerpo. Dios estima a la Iglesia tan elevadamente que le entregó el mejor regalo imaginable: le dio a ella el que es la "cabeza sobre todas las cosas" para que fuese *su* cabeza. (Ella no le fue entregada a él, como una novia es dada por su padre a un novio, sino que ¡él le fue dado a ella!).

Observa que ¡la Iglesia *no* pertenece a "todas las cosas" que han sido puestas "bajo sus pies" (*cfr.* Hebreos 2:5-8; Salmos 8:6)! Una excepción a "todas las cosas" es obviamente Dios mismo (1 Corintios 15:27) y la otra excepción es la iglesia. Ella es la última Eva, por así decirlo, junto al "último Adán" (1 Corintios 15:45); reinarán juntos. Cuando Dios le dijo Adán y Eva: "llenad la tierra, y sojuzgadla, y señoread" (Génesis 1:28), estas formas verbales eran en plural; esto es, incluyen a Eva. No meramente una "cabeza" gobernará sobre todo, sino una "cabeza" con su "cuerpo", o el último Adán *y* la última Eva. Los creyentes reinarán con Cristo: "Al que venciere, le daré que se siente conmigo en mi trono, así como yo he vencido, y me he sentado con mi Padre en su trono" (Apocalipsis 3:21).

155

Día 156 La creación y el cuerpo (Domingo 19, P. y R.50, parte 2)

R. *Cristo ha sido exaltado a los cielos, para que desde allí sea la cabeza de su iglesia, a través del cual el Padre gobierna todo.*

En este domingo tenemos una maravillosa imagen de los dos aspectos de Cristo como cabeza. Como cabeza del universo y como cabeza de la Iglesia.

En Colosenses 1 se nos dicen tres cosas acerca de este doble carácter de Cristo como cabeza. En primer lugar, Cristo es la *cabeza* del universo. Esto es, en él, a través de él y para él, todas las cosas han sido creadas y "él es antes de todas las cosas, y todas las cosas en él subsisten" (Colosenses 1:15-17). Cristo es también "la cabeza del *cuerpo* que es la *iglesia*, él que es el principio, el primogénito de entre los muertos, para que en todo tenga la preeminencia" (Colosenses 1:18). Cristo es preeminente no solamente en la creación sino también en la iglesia. La cabeza de todas las cosas es la misma persona que la cabeza del cuerpo (*cfr.* Efesios 1:22-23).

En segundo lugar, Cristo es el *Reconciliador* del universo: "por cuanto agradó al Padre que en él habitase toda plenitud, y por medio de él reconciliar consigo todas las cosas, así las que están en la tierra como las que están en los cielos, haciendo la paz mediante la sangre de su cruz" (Colosenses 1:19-20). Más aún, él es el Reconciliador de todos los creyentes: "Y a vosotros también, que erais en otro tiempo extraños y enemigos en vuestra mente, haciendo malas obras, ahora os ha reconciliado en su cuerpo de carne, por medio de la muerte, para presentaros santos y sin mancha e irreprensibles delante de él" (Colosenses 1:21-22).

Finalmente, Pablo se había convertido en *ministro* de Cristo para el universo, por así decirlo. Se refiere a "la esperanza del evangelio que habéis oído, el cual se predica en toda la creación que está debajo del cielo; del cual yo Pablo fui hecho ministro" (Colosenses 1:23). Pero Pablo también se había convertido en el ministro de la *iglesia*: "Ahora me gozo en lo que padezco por vosotros, y cumplo en mi carne lo que falta de las aflicciones de Cristo por su cuerpo, que es la iglesia; de la cual fui hecho ministro, según la administración de Dios que me fue dada para con vosotros, para que anuncie cumplidamente la palabra de Dios" (Colosenses 1:24-25). La profundidad y riqueza del gobierno de Dios sobre todas las cosas es verdaderamente magnífico.

Día 157 El Padre gobierna (Domingo 19, **P.** y **R.** 50, parte 3)

R. *Cristo ha sido exaltado a los cielos, para que desde allí sea la cabeza de su iglesia, a través del cual el Padre gobierna todo.*

En Juan 5, Jesús hace una maravillosa exhibición del poder y la autoridad que el Padre le ha confiado: "el Padre a nadie juzga, sino que todo el juicio dio al Hijo, para que todos honren al Hijo como honran al Padre ...y también le dio autoridad de hacer juicio, por cuanto es el Hijo del Hombre" (Juan 5:22-23, 27; *cfr.* 17:2: "le has dado potestad sobre toda carne").

Observa cuidadosamente cómo trata Jesús con sus propios nombres y títulos. No olvides que el Dios que gobernaba y gobierna el universo es el Dios triuno: Padre, Hijo y Espíritu Santo. No obstante, Jesús habla aquí de una autoridad *dada*, "por cuanto [Jesús] es el Hijo del Hombre". El Hijo eterno del Padre eterno se hizo carne (Juan 1:14); se convirtió en el Hijo del Hombre. Debido al trabajo que él, *como Hombre*, ha realizado sobre la cruz, él ha recibido *como Hombre* lo que poseía desde la eternidad *como el Hijo eterno*. Es ahora *un Hombre* quien gobierna el universo: " Toda potestad me es dada en el cielo y en la tierra" (Mateo 28:18).

Sólo bajo esta luz podemos entender Juan 17: "Padre, la hora ha llegado; glorifica a tu Hijo, para que también tu Hijo te glorifique a ti; como le has *dado* potestad sobre toda carne, para que dé vida eterna a todos los que le diste. ...Yo te he glorificado en la tierra; he acabado la obra que me diste que hiciese. Ahora pues, Padre, glorifícame tú al lado tuyo, con aquella gloria que tuve contigo antes que el mundo fuese" (Juan 17:1-5). Debido a que Cristo realizó —*como Hombre*— la gran obra de restaurar el universo al Padre, pudo pedirle al Padre que lo glorificase *como Hombre* con la gloria que él, *como el Hijo*, poseía desde la eternidad.

La tremenda importancia de esto es que solamente de este modo podría compartir su gloria con *nosotros*: "Padre, la hora ha llegado; glorifica a tu Hijo, para que también tu Hijo te glorifique a ti; como le has *dado* potestad sobre toda carne, para que dé vida eterna a todos los que le diste. ...Yo te he glorificado en la tierra; he acabado la obra que me diste que hiciese. Ahora pues, Padre, glorifícame tú al lado tuyo, con aquella gloria que tuve contigo antes que el mundo fuese" (Juan 17:22). "Cuando Cristo, vuestra vida, se manifieste, entonces vosotros también seréis manifestados con él en gloria" (Colosenses 3:4); "si es que padecemos juntamente con él, para que juntamente con él seamos glorificados" (Romanos 8:17; *cfr.* v. 30). Un día, ¡el Padre gobernará todas las cosas a través de Cristo *y su Iglesia*!

Día 158 **El Hijo gobierna** (Domingo 19, **P.** y **R.** 50, parte 4)

R. *Cristo ha sido exaltado a los cielos, para que desde allí sea la cabeza ... a través del cual el Padre gobierna todo.*

Hay dos modos básicos en los que podemos hablar del reino de Dios. Primeramente, este reino es simplemente el gobierno general de Dios sobre el universo: "Jehová reinará eternamente y para siempre" (Éxodo 15:18). "Dios es el Rey de toda la tierra" (Salmo 47:7). "Jehová es Dios grande, Y Rey grande sobre todos los dioses" (Salmo 95:3). "Grandes y maravillosas son tus obras, Señor Dios Todopoderoso; justos y verdaderos son tus caminos, Rey de los santos" (Apocalipsis 15:3).

El segundo significado es mucho más específico. Desde el comienzo, era el plan de Dios poner su divino reino bajo los pies de un hombre (*cfr.* Salmos 8:6; Hebreos 2:5-8). El primer Adán y la primera Eva, quienes habían sido instalados como los primeros gobernantes con realeza (Génesis 1:26-28), fallaron en este respecto (Génesis 3). Sin embargo, desde el principio Dios miró más allá de ellos, y miró desde lejos al "postrer Adán" (1 Corintios 15:45), y a la "postrera Eva" a su lado.

Durante el Antiguo Testamento, los creyentes, y de hecho del mundo entero, anticiparon a este Rey, el Mesías; esto es, el ungido Rey de Israel (*cfr.* Salmos 2:6.8). Cuando Jesús nació, fueron los hombres paganos los que preguntaron: "¿Dónde está el rey de los judíos, que ha nacido?" (Mateo 2:2). Cuando los fariseos discutían el reino de Dios, Jesús dijo: "El reino de Dios no vendrá con advertencia, ni dirán: Helo aquí, o helo allí; porque he aquí el reino de Dios está entre vosotros" (Lucas 17:20-21), a saber, *en su persona.* Cuando realizaba milagros, Jesús podía decir: "si yo por el Espíritu de Dios echo fuera los demonios, ciertamente ha llegado a vosotros el reino de Dios" (Mateo 12:28). A Pilatos Jesús le habló del "reino" (Juan 17:36). Y cuando estaba a punto de abandonar este mundo, le dijo a sus discípulos: "Toda potestad me es dada en el cielo y en la tierra" (Mateo 28:18).

Como el Hijo del Hombre, Jesús pudo hablar de "*su* reino" (Mateo 13:41) —y dos versos después lo llamó el "reino de su Padre". Es la misma cosa. Como dice el catecismo: Cristo es aquel "a través del cual el Padre gobierna todo".

Día 159 Dador de dones (Domingo 19, P. y R. 51, parte 1)

P. ¿En qué nos aprovecha esta gloria de nuestra cabeza, Jesucristo?

R. *Cristo nos comparte, a sus miembros, a través de su Santo Espíritu, los dones del cielo.*

Aquí el catecismo toca uno de los más notables aspectos de la glorificación de Cristo a la diestra de Dios. Pablo lo describe así: "Pero a cada uno de nosotros fue dada la gracia conforme a la medida del don de Cristo. Por lo cual dice: Subiendo a lo alto, llevó cautiva la cautividad, Y dio dones a los hombres [Salmo 68:18]. ...El que descendió, es el mismo que también subió por encima de todos los cielos para llenarlo todo. Y él mismo constituyó a unos, apóstoles; a otros, profetas; a otros, evangelistas; a otros, pastores y maestros, a fin de perfeccionar a los santos para la obra del ministerio, para la edificación del cuerpo de Cristo" (Efesios 4:7-12).

Los cristianos, especialmente en los círculos pentecostales y carismáticos, frecuentemente hablan de los "dones del espíritu", usualmente pensando en 1 Corintios 12: "Ahora bien, hay diversidad de dones, pero el Espíritu es el mismo ... a cada uno le es dada la manifestación del Espíritu para provecho. Porque a éste es dada por el Espíritu palabra de sabiduría; ... Pero todas estas cosas las hace uno y el mismo Espíritu, repartiendo a cada uno en particular como él quiere" (1 Corintios 12:4, 7:8, 11). Este énfasis en el Espíritu Santo, como Aquel a través del cual funcionan los dones y ministerios, es muy importante. Sin embargo, en Efesios 4 el énfasis es más bien sobre el Cristo glorificado a la diestra de Dios, quien se los ha concedido a la Iglesia, su cuerpo.

Observa tres cosas. Hay cinco ministerios mencionados en Efesios 4, y sólo una minoría de los cristianos tienen uno de estos cinco ministerios. Sin embargo, el verso 7 dice que "*a cada* uno de nosotros" fue dada gracia; esto es, gracia para una cierta tarea en el reino de Dios; como dice Pedro: "Cada uno según el don que ha recibido, minístrelo a los otros, como buenos administradores de la multiforme gracia de Dios" (1 Pedro 4:10). En segundo lugar, cada don, tarea o ministerio proviene directamente de él, quien se encuentra por encima de todos los cielos y llena todas las cosas. Seamos conscientes de esto y cuidémonos de despreciar incluso la tarea más pequeña en la iglesia. En tercer lugar, no es la iglesia la que le es dada al pastor o maestro, sino que el pastor o maestro es *dado a la iglesia* como un presente del Cristo glorificado.

Día 160 **Cabeza y miembros** (Domingo 19, **P.** y **R.** 51, parte 2)

R. *Cristo nos comparte, a sus miembros, a través de su Santo Espíritu, los dones del cielo.*

En varias ocasiones encontramos en las epístolas de Pablo listas de dones, tareas y ministerios dados al pueblo de Dios. La primera es esta: "De manera que, teniendo diferentes dones, según la gracia que nos es dada, si el de profecía, úsese conforme a la medida de la fe; o si de servicio, en servir; o el que enseña, en la enseñanza; el que exhorta, en la exhortación; el que reparte, con liberalidad; el que preside, con solicitud; el que hace misericordia, con alegría" (Romanos 12:6-8). El énfasis de Pablo es que, aunque somos "un cuerpo en Cristo", somos todos muy diferentes, lo que viene a la luz en las muchas y diferentes tareas dentro de la Iglesia.

En la lista encontrada en 1 Corintios 12:4-6, el énfasis es el opuesto: aunque tenemos muchos dones y tareas diferentes, tenemos un Espíritu y somos un cuerpo: "Ahora bien, hay diversidad de dones, pero el Espíritu es el mismo. Y hay diversidad de ministerios, pero el Señor es el mismo. Y hay diversidad de operaciones, pero Dios, que hace todas las cosas en todos, es el mismo".

¿Esperaríamos algo menos de Nuestro Señor glorificado que tal diversidad armoniosa de sus dones para nosotros? Él es el mismo Dios que creó el mundo natural en toda su variada maravilla, y quien lo declaró "muy bueno". Los dones de Dios nos capacitan a cada uno de nosotros para servir de una manera más completa y fiel a su cuerpo, la iglesia.

Observa también que el catecismo reconoce a Cristo como un Señor generoso, quien *derrama* dones sobre nosotros desde el cielo. Como vimos ayer, incluso la tarea más humilde en la iglesia es un deleite para el Señor cuando se realiza con un espíritu de gratitud y una mayordomía fiel de sus dones. Al mismo tiempo, su generosidad al dar aquellos dones nos recuerda que no hay tareas "pequeñas" en la economía de Dios. Teniendo dones derramados sobre nosotros, ¡usémoslos! No importa cuán insignificante parezca, toda acción en aras del cuerpo está cargada con significado, porque nos es dada por nuestra cabeza, Cristo Jesús.

Día 161 **Nos guarda** (Domingo 19, **P.** y **R.** 51, parte 3)

R. . . . *Él nos protege y nos guarda con su poder contra todos los enemigos.*

Podemos creer de corazón que Cristo se halla sentado "a su diestra [de Dios] en los lugares celestiales, sobre todo principado y autoridad y poder y señorío" (Efesios 1:20-21) y que él habiendo "subido al cielo está a la diestra de Dios; y a él están sujetos ángeles, autoridades y potestades" (1 Pedro 3:22). ¡Todos los poderes de la oscuridad se hayan bajo su pie! No obstante, al mismo tiempo, podemos tener dificultades para creer que los poderes oscuros en nuestras propias vidas se hallan también bajo sus pies. Esta situación es común entre los cristianos. Podemos ser intimidados por aquellos que adoptan una actitud hostil hacia nosotros porque somos seguidores de Cristo, y podemos tender a olvidar que nuestros enemigos son sus enemigos, y que Dios le dijo a Cristo: "Siéntate a mi diestra, Hasta que ponga a tus enemigos por estrado de tus pies" (Salmo 110:1). No tenemos nada de qué preocuparnos. Si viene Satanás, y, por ejemplo, nos susurra para recordarnos nuestro pasado, sólo necesitamos recordarle su futuro: "Y el Dios de paz aplastará en breve a Satanás bajo vuestros pies. La gracia de nuestro Señor Jesucristo sea con vosotros" (Romanos 16:20).

Qué es mayor que la misma promesa de Jesús? Dijo: "Mis ovejas oyen mi voz, y yo las conozco, y me siguen, y yo les doy vida eterna; y no perecerán jamás, ni nadie las arrebatará de mi mano. Mi Padre que me las dio, es mayor que todos, y nadie las puede arrebatar de la mano de mi Padre" (Juan 10:27-29).

Cristo se halla arriba, a la diestra de Dios en los lugares celestiales, y nosotros estamos aquí abajo. Es interesante, sin embargo, que Pablo ubique nuestra batalla espiritual en el mismo ámbito: "Vestíos de toda la armadura de Dios, para que podáis estar firmes contra las asechanzas del diablo. Porque no tenemos lucha contra sangre y carne, sino contra principados, contra potestades, contra los gobernadores de las tinieblas de este siglo, contra huestes espirituales de maldad en las regiones celestes" (Efesios 6:11-12). Esto es, el hecho de que Cristo "nos protege y nos guarda" no nos hace pasivos; nosotros mismos somos guerreros, involucrados en la batalla contra nuestros enemigos espirituales —y el Cristo glorificado mismo nos da poder para que entremos en esta batalla.

P. ¿Qué te consuela del retorno de Cristo para "regir a los vivos y a los muertos"?

R. *En toda aflicción y persecución puedo esperar, con la frente en alto, que del cielo vendrá el justo juez que previamente se ha puesto en la corte de Dios por mí, y me ha quitado toda condenación.*

Jesús será el juez de los vivos y los muertos (Hechos 10:42; Romanos 14:9; 2 Timoteo 4:1; 1 Pedro 4:5). Pablo dice: "es necesario que *todos* nosotros comparezcamos ante el tribunal de Cristo, para que cada uno reciba según lo que haya hecho mientras estaba en el cuerpo, sea bueno o sea malo" (2 Corintios 5:10). Esto incluye a los creyentes. ¡Pero, qué diferencia! Los malvados tienen toda razón para *temer* la venida del juez. Pero los creyentes saben que el que es el juez ha sufrido el juicio de Dios en la cruz por ellos. Nos salvó de la ira de Dios (Romanos 5:9) y nos libera de la ira por venir (1 Tesalonicenses 1:10). Él nos redimió de la maldición de la ley haciéndose maldición por nosotros (Gálatas 3:13). Así que, desde luego, "con la frente en alto" podemos "esperar" al juez. Cuando estemos en "toda aflicción y persecución", esperaremos su venida incluso con más entusiasmo.

Podemos preguntarnos porqué los creyentes deben aparecer en lo absoluto ante la corte de Cristo. ¿Es sólo para escuchar que son salvos? ¡Ya saben eso! Veo al menos dos razones importantes. Una es que solamente entonces, cuando todos mis actos salgan a la luz, me daré cuenta de quién fui realmente (entonces " veremos cara a cara. ...entonces conoceré como fui conocido", 1 Corintios 13:12), y cuantos pecados me fueron perdonados y nunca amaré al Señor más que en ese momento (como dijera Jesús: "Por lo cual te digo que sus muchos pecados le son perdonados, porque amó mucho; mas aquel a quien se le perdona poco, poco ama", Lucas 7:47).

La otra razón es que habrá recompensas de acuerdo a la medida de nuestra fidelidad. En la imaginería de Lucas 19:11-27, algunos reciben autoridad sobre diez ciudades, otros sobre cinco. La Escritura también habla de una "corona de la vida" para los mártires (Santiago 1:12; Apocalipsis 2:10), una "corona incorruptible" para aquellos que han corrido la carrera (1 Corintios 9:25), una "corona de justicia" para aquellos que "aman su venida" (2 Timoteo 4:8) y una "corona incorruptible de gloria" para los pastores fieles (1 Pedro 5:4).

Día 163 Condenación eterna (Domingo 19, P. y R. 52, parte 2)

R. ... *Él arrojará a la perdición eterna a todos sus enemigos, los cuales también son mis enemigos.*

Cuando el catecismo pregunta cómo nos consuela el retorno de Cristo, puede sonar más bien duro responder que arrojará a todos sus enemigos a la condenación eterna. En gran manera amó Dios el mundo (Juan 3:16), y nosotros debemos amar a nuestros próximos humanos igualmente. ¿Cómo podemos entonces anhelar la destrucción de nuestros enemigos? Algunos argumentarán que tal actitud se halla en conflicto con el Evangelio cristiano.

No obstante, hay otro lado. David dijo: "¿No odio, oh Jehová, a los que te aborrecen, Y me enardezco contra tus enemigos? Los aborrezco por completo; Los tengo por enemigos" (Salmo 139:21-22). ¡No podemos deshacernos fácilmente de tales palabras diciendo que es "meramente" lenguaje veterotestamentario! También el libro del Apocalipsis está lleno de la ira, el enojo y la furia de Dios en contra de sus (y nuestros) enemigos también (Apocalipsis 14:10; 16:19; 19:15). Y Pablo dice: "Porque es justo delante de Dios pagar con tribulación a los que os atribulan, y a vosotros que sois atribulados, daros reposo con nosotros, cuando se manifieste el Señor Jesús desde el cielo con los ángeles de su poder, en llama de fuego, para dar retribución a los que no conocieron a Dios, ni obedecen al evangelio de nuestro Señor Jesucristo; los cuales sufrirán pena de eterna perdición, excluidos de la presencia del Señor y de la gloria de su poder, cuando venga en aquel día para ser glorificado en sus santos y ser admirado en todos los que creyeron" (2 Tesalonicenses 1:6-10).

Es el *Antiguo* Testamento el que dice: "Si el que te aborrece tuviere hambre, dale de comer pan, Y si tuviere sed, dale de beber agua" (Proverbios 25:21), y Jesús dijo: "Amad a vuestros enemigos" (Mateo 5:44). Pero no hay un límite a su amor y paciencia. Si los enemigos tercamente eligen permanecer siendo enemigos de Dios —y por lo tanto nuestros—, entonces, al final, eso significa condenación. La paciencia de Dios puede durar 120 años (Génesis 6:3), o 400 años (15:13) o 2000 años (desde la cruz), pero, al final: "la senda de los malos perecerá" (Salmo 1:6). No nos regocijaremos en su condenación como tal, pero nos regocijaremos en el honor y la justicia de Dios que al final será reivindicada a través del justo juicio de Cristo.

Día 164 Al gozo y la gloria (Domingo 19, **P.** y **R.** 52, parte 3)

R. ... *pero yo con todos los que escogió [Cristo] para sí participaré del gozo y la gloria celestiales.*

El énfasis en esta respuesta recae sobre las palabras "para sí". En la Biblia, los lugares no son gloriosos en sí mismos; el cielo es glorioso sólo porque está lleno de la gloria de Dios y de su Cristo. El islam nos dice mucho acerca de las supuestas bellezas del paraíso, y muy poco acerca de Alá en conexión con este punto. En la Biblia es lo opuesto: hay poco acerca de las bellezas del lugar y mucho acerca de la gloria de Dios y Cristo. La emoción de ir al cielo en su segundo advenimiento es que estaremos ahí *con él*, y lo veremos *a él*: "sabemos que cuando él se manifieste, seremos semejantes a él, porque le veremos tal como él es" (1 Juan 3:2).

Jesús prometió a sus discípulos: "En la casa de mi Padre muchas moradas hay; ... Y si me fuere y os preparare lugar, vendré otra vez, y os tomaré a mí mismo, para que *donde yo estoy*, vosotros también estéis" (Juan 14:2-3). Esto no se está refiriendo a la muerte del creyente; no es el Señor mismo el que está "viniendo de nuevo" en ese momento. Cuando el Señor *venga*, tomará a su entera iglesia para sí mismo a la vez: "nosotros que vivimos, que habremos quedado hasta la venida del Señor, no precederemos a los que durmieron. Porque el Señor mismo con voz de mando, con voz de arcángel, y con trompeta de Dios, descenderá del cielo; y los muertos en Cristo resucitarán primero. Luego nosotros los que vivimos, los que hayamos quedado, seremos arrebatados juntamente con ellos en las nubes para recibir al Señor en el aire, y así estaremos siempre *con el Señor*" (1 Tesalonicenses 4:15-17).

Esto se hallará enteramente de acuerdo con los propios deseos de Jesús: "Padre, aquellos que me has dado, quiero que *donde yo estoy*, también ellos estén conmigo, para que vean mi gloria que me has dado; porque me has amado desde antes de la fundación del mundo" (Juan 14:24). "Partir y estar *con Cristo* ... es muchísimo mejor" (Filipenses 1:23). El "gozo y la gloria celestiales" es principalmente la alegría de estar en la presencia de nuestro glorificado rey.

P. ¿Qué crees tú acerca del Espíritu Santo?

R. *Primeramente: El Espíritu Santo es igualmente Dios eterno con el Padre y el Hijo.*

El Espíritu Santo se menciona dos veces en el Credo de los apóstoles: Jesús "fue concebido del Espíritu Santo" y "creo en el Espíritu Santo". El segundo enunciado es notablemente breve en comparación con todo lo que ha sido dicho acerca del Hijo de Dios.

Quizá el Credo dijo poco sobre el Espíritu simplemente porque en el tiempo en que se originó la iglesia tenía poco que decir acerca de él. Lo único que dijo con perfecta confianza —una verdad firmemente establecida en el concilio de Constantinopla en el 381 AD — es que el Espíritu Santo es una persona divina, al igual que el Padre y el Hijo. Solamente hay un Dios. No tenemos la más mínima vacilación en confesar con Israel: "Jehová nuestro Dios, Jehová uno es" (Deuteronomio 6:4). Y, no obstante, distinguimos entre Dios el Padre, Dios el Hijo y Dios el Espíritu Santo.

Jesús mismo ordenó a sus apóstoles que bautizaran a sus convertidos en el nombre del Padre y del Hijo y del Espíritu Santo (Mateo 28:19; *cfr.* Juan 16:14-15; 1 Corintios 12:4-6; 2 Corintios 13:14). El Espíritu no es meramente el Espíritu de Dios en el mismo sentido en que podemos hablar de un espíritu humano. No, el Espíritu *como tal* es una persona que ayuda, anima, consuela, quiere, enseña, testifica, envía, obra, busca, piensa, siente —y esta actividad ocurre claramente como distinta de la del Padre y el Hijo (véase extensivamente Juan 14-16). El Espíritu es referido como un "él" (Juan 15:26; 16:13-14). En comparación con el Hijo, él es el "otro ayudador" (Juan 14:16). Él puede decir "yo" y "mi" (Hechos 13:2). En Hechos 5:3-4 mentirle al Espíritu Santo es lo mismo que mentirle a Dios. El Espíritu es el Señor Dios del Antiguo Testamento (Hechos 28:25-27; 2 Corintios 3:16-17).

Y así, junto con la iglesia a lo largo de la historia, no debiéramos vacilar en mantener plenamente que el Espíritu Santo es Dios eterno, junto con el Padre y el Hijo.

Día 166 **El Espíritu dado** (Domingo 20, **P.** y **R.** 52, parte 2)

R. *En segundo lugar: También me ha sido dado [el Espíritu].*

Es un hecho tremendo que el Espíritu Santo haya sido "dado" a los creyentes para "morar" en ellos: Dios "nos ha dado las arras del Espíritu en nuestros corazones" (2 Corintios 1:22). "Dios envió a vuestros corazones el Espíritu de su Hijo, el cual clama: ¡Abba, Padre!" (Gálatas 4:6). El Espíritu "mora" en los creyentes en dos respectos: tanto individualmente ("vuestro cuerpo es templo del Espíritu Santo, el cual está en vosotros, el cual tenéis de Dios", 1 Corintios 6:19) como colectivamente: "sois templo de Dios, y . . . el Espíritu de Dios mora en vosotros . . . el templo de Dios, el cual sois vosotros, santo es" (1 Corintios 3:16-17). En Cristo la iglesia entera "bien [coordinada], va creciendo para ser un templo santo en el Señor; en quien vosotros también sois juntamente edificados para morada de Dios en el Espíritu" (Efesios 2:21-22). La iglesia es el hogar presente del Espíritu Santo —es *ahí* que mora.

Al lado de Cristo mismo, el Espíritu Santo es el don más grande que Dios pudo haber dado a su pueblo. Por supuesto, el "don" (el estar-dado, *dorea* en griego) del Espíritu (Hechos 2:38; 10:45) debe ser distinguido de los "dones" (*carísmata*) del (*i.e.* operados por) el Espíritu (1 Corintios 12:4-11; Hebreos 2:4). Es antes que nada el Espíritu Santo *mismo* el que es un don divino a los creyentes.

En el Antiguo Testamento, es sólo muy ocasionalmente que leemos acerca de que el Espíritu haya sido dado a ciertos creyentes —usualmente jueces o profetas. Es de lo más especial el que Joel haya profetizado que un día el Espíritu Santo sería "derramado sobre toda carne"; esto es, sobre el entero pueblo de Dios (Joel 2:28; *cfr.* Hechos 2:17). Anteriormente, solamente los sacerdotes, los reyes y los profetas recibían la unción con *aceite*. Hoy en día, *todos* los creyentes reciben la unción con el Espíritu Santo (2 Corintios 1:21-22; 1 Juan 2:20, 27). Uno podría también decir: *todos* los creyentes se han convertido ahora en sacerdotes, reyes y profetas (véase PyR 32). Es la fe de estos creyentes la que sido sellada con el Espíritu Santo (Efesios 1:13; 4:30).

En la Navidad y la Pascua conmemoramos lo que Cristo hizo por nosotros; en el Pentecostés ¡algo *nos* sucedió!

Día 167 **Parte con Cristo** (Domingo 20, **P.** y **R.** 53, parte 3)

R. ...*a a través de la verdadera fe [el Espíritu me hace tener] parte con Cristo y todos sus beneficios.*

Tendrás dificultades para encontrar un sólo beneficio que hayamos recibido de Dios, en Cristo, aparte del Espíritu Santo. Piensa en tu renacimiento —fue operado en ti por el Espíritu (Juan 3:5); Pablo habla de "el lavamiento de la regeneración y por la renovación en el Espíritu Santo" (Tito 3:5). Piensa en cualquier sabiduría espiritual que puedas tener —es debida al "Espíritu de sabiduría" (Efesios 1:17). Piensa en tu acceso al Padre (*cfr.* Romanos 5:2 —es a través del "Espíritu uno" (Efesios 2:18). Piensa en la unidad de los creyentes —es la del Espíritu (Efesios 4:3). Piensa en tu adoración —es a través del Espíritu (Efesios 5:18-20).

Piensa en tu poder espiritual —es el del Espíritu (Lucas 24:49; Hechos 1:8; Efesios 3:16). Piensa en tu poder para pelear —es a través del Espíritu (Efesios 6:17; 2 Corintios 10:4; 1 Pedro 4:14; 1 Juan 4:2-4). Piensa en tu poder al orar —es a través del Espíritu (Efesios 6:18; Judas 1:20; Romanos 8:26; Zacarías 12:10). Piensa en tu poder al caminar en la fe —es a través del Espíritu (Gálatas 5:16-18; Romanos 8:14). Piensa en tu poder al testificar —es a través del Espíritu (Marcos 13:11; Hechos 1:8; 1 Corintios 12:3). Piensa en tu fruto espiritual para Dios —es a través del Espíritu (Gálatas 5:22).

Si quieres hacer "morir las obras de la carne" (esto es las actividades de tu naturaleza pecaminosa), es a través del Espíritu (Romanos 8:13). Si, por la gracia de Dios, estás seguro de que eres un Hijo de Dios, es a través del Espíritu (Romanos 8:16). Si necesitas ayuda en tu debilidad, vendrá a través del Espíritu (Romanos 8:26). Si llevas una vida de obediencia y dedicación, es a través del Espíritu (Hechos 8:29; 10:19; 13:2, 4; 15:28; 16:6-7; Romanos 8:4). Si quieres volverte como Cristo, esto sólo puede suceder a través del Espíritu (2 Corintios 3:17-18). Si necesitas poder para predicar, sólo puede provenir del Espíritu (1 Corintios 2:3-5; 1 Tesalonicenses 1:5; 1 Pedro 1:12).

De modo que si no estás lleno del Espíritu, recuerda las palabras de Jesús: "Pues si vosotros, siendo malos, sabéis dar buenas dádivas a vuestros hijos, ¿cuánto más vuestro Padre celestial dará el Espíritu Santo a los que se lo pidan?" (Lucas 11:13).

Día 168 El Consolador (Domingo 20, P. y R. 53, parte 4)

R. . . . [el Espíritu] me consuela.

Lucas nos habla de la iglesia primitiva: "andando en el temor del Señor, . . . se acrecentaban fortalecidas [consoladas] por el Espíritu Santo" (Hechos 9:31). La palabra "consuelo" conlleva el sentido de animación y exhortación. Ésta es una de aquellas cosas maravillosas que hace el Espíritu.

Cuando Martín Lutero tradujo el Nuevo Testamento en 1522, decidió trasladar la palabra griega *paracletos* como *Tröster*, esto es, "Consolador". Esta traslación fue adoptada por las traducciones protestantes tempranas en otros lenguajes. La palabra *paracletos* se deriva de un verbo que desde luego puede significar "consolar", pero también "animar", "amonestar". Incluso puede significar algo así como "asistir". El verbo significa literalmente "llamar", como lo haces con un "abogado"; esta palabra proviene del latín y significa exactamente lo mismo que *paracletos*. Por lo tanto, en traducciones más modernas esta palabra ya no se traslada como "consolador", sino como "abogado", "ayudador" (*i.e.*, en la corte), "consolador", "intercesor", "en espera", incluso "amigo" o "compañía".

El Espíritu Santo guarda nuestros intereses, busca lo mejor para nosotros, nos asiste, nos anima, nos amonesta si es necesario y, sí, también nos consuela. Mira lo que Jesús dijo a sus discípulos acerca del Paracleto: "yo rogaré al Padre, y os dará otro Consolador, para que esté con vosotros para siempre" (Juan 14:16). "Mas el Consolador, el Espíritu Santo, a quien el Padre enviará en mi nombre, él os enseñará todas las cosas, y os recordará todo lo que yo os he dicho" (Juan 14:26). "Él dará testimonio acerca de mí" (Juan 15:26). "Enviaré [al Consolador] . . . Y cuando él venga, convencerá al mundo de pecado, de justicia y de juicio" (Juan 16:7-8).

Es interesante que la obra del Paracleto haya sido vinculada a veces, en particular, con la inspiración del Nuevo Testamento: trajo a la memoria de los apóstoles las palabras de Jesús (Juan 14:26), dio testimonio de Jesús (Juan 15:26). "él os guiará a toda la verdad . . . y os hará saber las cosas que habrán de venir" (Juan 16:13).

R. *[el Espíritu] permanecerá conmigo en la eternidad.*

Frecuentemente dejamos de apreciar la enorme importancia de las palabras de Jesús en Juan 14:16-17: "yo rogaré al Padre, y os dará otro Consolador, para que *esté con vosotros para siempre*: [él] mora con vosotros, y *estará en vosotros*". Antes de Pentecostés, el Espíritu Santo podía reposar sobre varones y mujeres especiales de Dios, con vistas a un ministerio especial (*v.g.* Éxodo 31:3; Isaías 61:1-3; Miqueas 3:8), pero ninguno de ellos pudo afirmar que el Espíritu Santo moraría en él por siempre. El Espíritu *operaba* aquí sobre la tierra justo desde el principio (Génesis 1:2), pero nunca tuvo un *domicilio permanente* aquí. Desde el día de Pentecostés él tiene tal domicilio: es la iglesia de Dios (1 Corintios 3:16; Efesios 2:20-22), y cada creyente individualmente (1 Corintios 6:19).

Esto fue desconocido antes de Pentecostés. Por lo tanto, David, en quien reposó el Espíritu de la profecía (2 Samuel 23:1-2), podía orar: "no quites de mí tu Santo Espíritu"(Salmo 51:11). Tenemos que entender que el Espíritu no es solamente una persona sino también un poder, del cual puedes tener mucho o poco. Es por ello que el Espíritu es comparado con el agua (de la cual puedes tener una gota o un océano), el viento (una brisa o un huracán) y el fuego (una chispa o un infierno). Como persona, el Espíritu mora plenamente en nosotros; como poder, puede ser meramente una gota, una brisa, una chispa en nosotros. Es por ello que necesitamos la exhortación de ser "llenos" del Espíritu (Efesios 5:18; *cfr.* Hechos 2:4; 4:8, 31; 13:52). Sé lleno del Espíritu cerrándote a las cosas del mundo y abriéndote a este tremendo poder.

Si aplicamos la oración de David a nosotros mismos, podríamos orar: "no quites de mí *la plenitud* de tu Espíritu", de tal manera que sólo permanezca una gota. Y si esto no obstante ocurre, recordamos las palabras de Jesús: "vuestro Padre celestial dará el Espíritu Santo a los que se lo pidan" (Lucas 11:13), si confiesas tus pecados y te abres a él. Sin embargo la persona del Espíritu ha hecho de tu cuerpo un templo en el cual morará por siempre. Puedes *contristar* al Espíritu (Efesios 4:30), y tendrás que confesar esto —pero él nunca te abandonará.

P. ¿Qué crees tú acerca de la santa iglesia cristiana universal?

R. *Yo creo que el Hijo de Dios de toda la raza humana ha tomado para sí una comunidad de elegidos.*

L a palabra inglesa '*church*' viene del griego *kyriake*, un adjetivo ("señorial") que encontramos en expresiones tales como "la Cena del Señor" (1 Corintios 11:20) y "el día del Señor" (Apocalipsis 1:10). La iglesia es "el pueblo del Señor". La palabra griega para iglesia es *ekklesia*, la cual es preservada en el francés *église*, el español *iglesia*, etcétera. Literalmente significa "llamados" en el sentido de "llamados juntos", como la "congregación" de Israel en el desierto (Hechos 7:38) y la asamblea citadina de Éfeso (Hechos 19:39).

Jesús fue el primero en referirse a la iglesia en su significado presente: "sobre esta roca edificaré mi iglesia; y las puertas del Hades no prevalecerán contra ella" (Mateo 16:18). Jesús amaba tener su propia *ekklesia*, no la de Israel o las naciones, sino una que sería imperecedera e invencible. Poco después usó la palabra en un sentido práctico, local: "Si [algún hacedor de maldad] no los oyere a ellos [algunos testigos creyentes], dilo a la iglesia; y si no oyere a la iglesia, tenle por gentil y publicano"; esto es, por un extraño (Mateo 18:17).

Jesús también se refirió a "su" *ekklesia* (sin usar este término) en Juan 10: "También tengo otras ovejas [*i.e.* los gentiles] que no son de este redil [*i.e.* Israel]; aquéllas también debo traer, y oirán mi voz; y habrá un rebaño, y un pastor" (Juan 10:16). Jesús moriría por los suyos, y habría de "congregar *en uno* a los hijos de Dios que estaban dispersos", esto es, entre Israel y las naciones (Juan 11:52). Ésta es la compañía que él "ganó por su propia sangre" (Hechos 20:28; *cfr.* Tito 2:14).

La iglesia, entonces, no es meramente la suma de todos los creyentes en Jesús, sino mucho más que eso. Esta maravillosa unidad es descrita como el *cuerpo de Cristo*, del cual él es la cabeza (Efesios 5:23; Colosenses 1:18; 2:19), como el *templo de Dios* en el cual mora el Espíritu Santo (1 Corintios 3:16; Efesios 2:20-22), como la *novia de Cristo* (2 Corintios 11:2; Efesios 5:23-32; Apocalipsis 19:7), como la *ciudad de Dios* (Apocalipsis 21:9-27), etcétera. Todos estos nombres ilustran ciertos aspectos de esta sumamente maravillosa compañía.

Día 171 **De toda la raza humana** (Domingo 21, **P.** y **R.** 54, parte 2)

R. *Yo creo que el Hijo de Dios de toda la raza humana ha tomado para sí una comunidad de elegidos.*

Al final de los tiempos, sólo habrá dos tipos de personas: aquellos que han sido salvadas por la sangre de Cristo, "desde el comienzo del mundo hasta su fin", y los réprobos, quienes se perderán por siempre. *Todos* los salvos, en el Antiguo y en el Nuevo testamento, participan de la profecía de Génesis 3:15; esto es, son la espiritual "simiente suya [*i.e.* de la mujer]". Y, desde Abraham, *todos* ellos pertenecen a las "familias" que son benditas en él (Génesis 12:3), y en su "simiente" (Génesis 22:18; 26:4), la cual es una referencia a Cristo (Gálatas 3:16). Todos los creyentes, de todas las épocas, tienen la misma vida de Dios, y comparten la misma salvación. Todos ellos son un pueblo "redimido para Dios" (Apocalipsis 5:9). Todos eventualmente participarán en las bendiciones del Nuevo Pacto (Jeremías 31:31-34; Hebreos 8).

Al mismo tiempo, mirando las características de la iglesia como las describe el catecismo, vemos características particulares neotestamentarias: "católica" (*i.e.* , universal o mundial); una "comunidad elegida para vida eterna" (lo cual implica conocer a Dios y a Jesucristo, Juan 17:3; *cfr.* 1 Juan 5:20), "unidas en verdadera fe" la cual es la fe cristiana; una comunidad con "miembros" —imagen que nos recuerda el cuerpo de Cristo (Romanos 12:4-5; 1 Corintios 12:12-27; Efesios 3:6; 5:30). Encontramos la misma tensión en la Confesión Belga (artículo 27): la Iglesia es "una Santa congregación de los verdaderos creyentes en Cristo, quienes toda su salvación la esperan en Jesucristo ... Sellados por el Espíritu Santo". Este es un lenguaje completamente neotestamentario; no obstante, se agrega: "esta iglesia ha sido desde el principio del mundo, y será hasta el fin".

La iglesia del Nuevo Testamento tiene sus propia característica especial. En Mateo 16:18 Jesús se refirió a la iglesia como algo que se halla todavía en el futuro, a nacer en el día de Pentecostés. Es la compañía de los santos que es vista como unificada bajo su cabeza glorificada en el cielo (Efesios 1:20-2:6). Como el lugar en que mora el Espíritu Santo (1 Corintios 3:16; Efesios 2:20-22), es un fenómeno postpentecostal. Es importante enfatizar siempre la continuidad de los Testamentos Antiguo y Nuevo, pero también mantener un ojo sobre las características especiales de la iglesia neotestamentaria.

Día 172 **Una comunidad de elegidos** (Domingo 21, **P.** y **R.** 54, parte 3)

R. *Yo creo que el Hijo de Dios de toda la raza humana ha tomado para sí una comunidad de elegidos ...para vida eterna ...a la cual desde el principio hasta el fin del mundo recogió, protegió y obtuvo.*

El término "vida eterna" es más bien ambiguo. Frecuentemente se utiliza simplemente para la vida bendecida en el más allá. Pero, en el Antiguo Testamento, la expresión se refiere a la futura restauración de Israel: "en aquel tiempo será libertado tu pueblo, todos los que se hallen escritos en el libro. Y muchos de los que duermen en el polvo de la tierra serán despertados, unos para vida eterna, y otros para vergüenza y confusión perpetua" (Daniel 12:1-2; *cfr.* Salmo 133:3, "allí [en Sion] envía Jehová bendición, Y vida eterna"). De modo semejante, los fieles en Israel anhelaban la "vida eterna" como la vida bendecida del "mundo por venir", el reino mesiánico: "Maestro bueno, ¿qué bien haré para tener la vida eterna? ... cualquiera que haya dejado casas, o hermanos, o hermanas, o padre, o madre, o mujer, o hijos, o tierras, por mi nombre, recibirá cien veces más, y heredará la vida eterna" (Mateo 19:16, 29; *cfr.* Lucas 10:25).

Sin embargo, con Juan el énfasis es muy diferente: "Y esta es la vida eterna: que te conozcan a ti, el único Dios verdadero, y a Jesucristo, a quien has enviado" (Juan 17:3). "Lo que era desde el principio ...tocante al Verbo de vida (porque la vida fue manifestada, y la hemos visto, y testificamos, y os anunciamos la vida eterna, la cual estaba con el Padre, y se nos manifestó); lo que hemos visto y oído, eso os anunciamos, para que también vosotros tengáis comunión con nosotros; y nuestra comunión verdaderamente es con el Padre, y con su Hijo Jesucristo" (1 Juan 1:1-3). "Estamos en el verdadero, en su Hijo Jesucristo. Este es el verdadero Dios, y la vida eterna" (1 Juan 5:20). Sea cual fuere el significado en que tomemos el término 'vida eterna', Jesús es tanto la fuente como el glorioso contenido de la misma.

Observa también que fuimos *escogidos* para esta vida: "creyeron todos los que estaban ordenados para vida eterna" dice Lucas (Hechos 13:48). Y Pablo escribió: "... en la esperanza de la vida eterna, la cual Dios, que no miente, prometió desde antes del principio de los siglos" (Tito 1:1-2; *cfr.* Romanos 8:29; 9:23; Efesios 1:4-5).

Día 173 **En la unidad de la fe** (Domingo 21, **P.** y **R.** 54, parte 4)

R. *Yo creo que el Hijo de Dios ... ha tomado para sí una comunidad de elegidos ... en la unidad de la verdadera fe, a la cual desde el principio hasta el fin del mundo recogió, protegió y obtuvo.*

El término 'fe' tiene dos significados diferentes en el Nuevo Testamento. Se puede referir a la actitud del corazón, la rendición a Dios y al Evangelio de Jesucristo: somos "salvos por la fe" (Efesios 2:8). 'Fe' también se puede referir a lo que los cristianos creen, la verdad cristiana: "la fe que ha sido una vez dada a los santos" (Judas 1:3). A veces encontramos los dos significados juntos: "manteniendo la fe y buena conciencia, desechando la cual naufragaron en cuanto a la fe algunos" (1 Timoteo 1:19).

Ahora bien, ¿cuál de los dos significados es el adoptado cuando el catecismo dice "unidos en la verdadera fe"? No podemos negar que el segundo significado debe ser incluido. Como podíamos ser "iglesia" de un modo muy práctico si no estamos de acuerdo al menos en los fundamentos del cristianismo? Podemos diferir acerca del milenio, o acerca de la predestinación, o acerca de cuándo debiera alguien ser bautizado, pero no podríamos con facilidad afirmar que aquellos que piensan diferentemente acerca de tales temas no pueden ser verdaderos cristianos. Para otros temas es lo mismo, pero ahí tenemos que tomar decisiones prácticas: dentro de una congregación debemos generalmente pensar del mismo modo sobre, digamos, el bautismo, o el funcionamiento de las mujeres. Pero, nuevamente, no dudamos a la primera de la salvación de aquellos que ven esas cosas de manera diferente. Sin embargo, si una persona niega la deidad de Cristo, o el valor expiatorio de su sacrificio, dudamos si tal persona podría ser llamada cristiana en lo absoluto. Tenemos que estar de acuerdo en los temas fundamentales de la fe: las cosas que son una cuestión de vida y muerte, salvación y condenación.

Sin embargo, una base confesional común no es suficiente. Pablo nos exhorta a "solícitos en guardar la *unidad del Espíritu* en el vínculo de la paz" (Efesios 4:3). Esto va mucho más lejos que una base confesional común. Esta unidad es una cuestión del corazón, de "fe sincera" de un "corazón puro" (1 Timoteo 1:5), en el poder del Espíritu Santo; no de la unidad de una organización, sino de un organismo. La fe como "verdad" sin fe interna conduce al confesionalismo; la fe interna sin intereses confesionales conduce al sectarismo. Al mantener ambos sentidos de la fe, podemos esperar reunirnos con nuestros hermanos y hermanas en verdadera fe.

Día 174 **Un miembro vivo** (Domingo 21, **P.** y **R.** 54, parte 5)

R. . . . *y también yo soy un miembro vivo de esta comunidad que permanecerá eternamente en ella.*

La imagen de un "miembro" de la Iglesia de Dios empata de la manera más clara con la imagen de la iglesia como el "cuerpo" de Cristo: "así nosotros, siendo muchos, somos un cuerpo en Cristo, y todos miembros los unos de los otros" (Romanos 12:5). "Así como el cuerpo es uno, y tiene muchos miembros, pero todos los miembros del cuerpo, siendo muchos, son un solo cuerpo, así también Cristo" (1 Corintios 12:12). "Vosotros, pues, sois el cuerpo de Cristo, y miembros cada uno en particular" (1 Corintios 12:27). Los creyentes entre "los gentiles son coherederos y miembros del mismo cuerpo, y copartícipes de la promesa en Cristo Jesús por medio del evangelio" junto con los creyentes de Israel (Efesios 3:6); "somos miembros de su cuerpo" (5:30).

En Romanos 12, el énfasis se halla sobre la relaciones *horizontales* entre estos miembros, y sobre la variabilidad que existe dentro del mismo cuerpo. Debemos estar juntos y somos uno en Cristo, a pesar de que todos somos muy diferentes. En 1 Corintios 12 el énfasis se halla nuevamente sobre las relaciones horizontales entre los miembros (aquí, la "cabeza" es meramente uno de los miembros, 1 Corintios 12:21), y esta vez en la unidad que exhiben los varios miembros, a pesar de sus diferencias. Debemos estar juntos y, aunque muy diferentes, no obstante somos uno en Cristo ("miembros de Cristo", 1 Corintios 6:15).

En Efesios 1-5, el énfasis está sobre la relación *vertical* entre la "cabeza" (i.e., Cristo) y el "cuerpo", con un acento especial en las glorias del cuerpo. Sólo una cabeza gloriosa es apropiada para un cuerpo tan glorioso. En Colosenses 1-3, el énfasis se halla nuevamente en la relación vertical entre la "cabeza" y el "cuerpo", esta vez con un acento especial en las glorias de la cabeza (*i.e.*, Cristo). Sólo un cuerpo glorioso es apropiado para una cabeza tan gloriosa.

Siempre seré un miembro del cuerpo de Cristo. Esto significa que el cuerpo de Cristo existirá por siempre. En Apocalipsis 21, a Juan le es mostrada "la desposada, la esposa del Cordero" —y lo que ve es la Nueva Jerusalén (Apocalipsis 21:9-10). Incluso en el nuevo cielo y la nueva tierra, esta Nueva Jerusalén será el centro de todos (vv. 1-2). Para apegarse a la imaginería: la iglesia será la capital eterna del nuevo mundo de Dios.

P. ¿Qué entiendes tú por "comunidad de los santos"?

R. *Primeramente: Todos los creyentes tienen como miembros comunión con el Señor Jesucristo y en todos sus tesoros y dones.*

Es interesante que el credo de los apóstoles hable primero de la "Santa Iglesia católica" y luego, como un tema separado, de la "comunión de los santos". Desde luego, una cosa es hablar de esta iglesia única de Dios y otra hablar de las relaciones mutuas dentro de esa Iglesia. La Iglesia es "católica"; esto es, universal, mundial. Éste es un gran pensamiento a ser contemplado: casi dondequiera en el mundo podemos encontrar cristianos. En el papel, si no siempre en la práctica, los cristianos constituyen un tercio de la población mundial. Sin embargo, la mayoría de nosotros no viajamos tanto. Es agradable saber que hay cristianos en el otro lado del globo incluso si probablemente nunca habremos de conocerlos.

Sin embargo, cuando pensamos en la "comunión de los santos", pensamos en lo que la Iglesia significa *para nosotros*: nuestra propia iglesia local, donde rendimos culto, donde escuchamos la palabra y donde conocemos un buen número de miembros compañeros. Éstas son las personas con las que reímos y lloramos, cuyas tristezas y alegrías conocemos, y con quienes podemos disfrutar todo lo que tenemos en común en Cristo. Entre ellos se hallan los pastores y ancianos que nos cuidan cuando estamos en necesidad, y nosotros mismos llenamos nuestro pequeño nicho en esta comunidad para ser serviciales a otros.

No te imagines que te la puedes arreglar por ti mismo. Quizá estás insatisfecho con tu Iglesia pero, por favor, no te quedes en casa. Dios te hizo de tal modo que que solamente puedes sobrevivir espiritualmente en comunión con compañeros creyentes. Los necesitas. Pero, lo que es igualmente importante, ellos te necesitan a ti. Dios te dio cualidades y talentos únicos para qué beneficies a otros. Así es como funciona una iglesia local. No es un teatro donde tú solamente observas lo que está sucediendo al frente. No es un restaurante, al que vienes a comer sin preocuparte acerca de otros comensales. Es una *familia* de Dios, disfrutando los tesoros y los dones de Cristo —y disfrutando uno al otro. Juan deseaba "que también vosotros tengáis comunión con nosotros; y nuestra comunión verdaderamente es con el Padre, y con su Hijo Jesucristo" (1 Juan 1:3). Dios nos ha llamado "a la comunión con su Hijo Jesucristo nuestro Señor"(1 Corintios 1:9). ¡Disfruta la iglesia de Cristo!

Día 176 **El uso de los dones** (Domingo 21, **P.** y **R.** 55, parte 2)

R. *En segundo lugar: cada uno debe usar sus dones con corazón dispuesto, con alegría.*

Los creyentes, como miembros de la comunidad de los santos, tienen parte con Cristo y con todos sus tesoros y dones, y debieran usar estos dones para servir a otros. ¿Qué son estos "tesoros y dones?" La versión original latina solamente habla de "cosas buenas", y luego dice que tenemos que servir a otros con estos "dones" . Las buenas cosas de Dios, que poseemos en Cristo, son las "verdadera riquezas" de las que Jesús habló (Lucas 16:11). Pablo habló del Señor como del que "es rico para con todos los que le invocan" (Romanos 10:12); él habló acerca de "las inescrutables riquezas de Cristo" (Efesios 3:8), y acerca de "todas las riquezas de pleno entendimiento, a fin de conocer el misterio de Dios el Padre, y de Cristo" (Colosenses 2:2). Las expresiones en la última parte del Credo de los apóstoles —"el Espíritu Santo, la Santa Iglesia Católica, la comunión de los santos, etcétera"— cubren adecuadamente estas riquezas. Piensa adicionalmente acerca de la nueva vida de Cristo y de la comunión con él, piensa acerca de los creyentes en tanto que son hijos y herederos de Dios, siendo justos y santos a los ojos de Dios, y habiendo recibido el poder del Espíritu Santo para conducir una vida justa y santa.

Ahora el catecismo plantea la pregunta: ¿qué vas hacer con todas estas bendiciones? ¿Las estás meramente guardando para ti mismo, o vas a bendecir a otros creyentes con ellas? Somos una comunidad de santos, en la que cada miembro sirve a los otros miembros con lo que el Señor le ha confiado a cada uno de ellos. Es como la imaginería que encontramos en las parábolas de los talentos (Mateo 25:14-30) y las minas (Lucas 19:11-27): el Señor nos ha confiado un tesoro, y tenemos que "comerciar" con él. Cada vez que otra persona, sea cristiana o no cristiana, acepta el tesoro que trato de compartir con él, el tesoro no se reduce a la mitad sino que se duplica: ¡mi mina ha hecho una mina más! Si comparto el tesoro con diez, u otros mil, mi mina habrá hecho diez o un millar. ¡Las parábolas nos muestran, cada una en su propia manera, cómo aprecia el Señor que compartamos así las riquezas que nos ha concedido!

Día 177 **El servicio a los demás** (Domingo 21, **P.** y **R.** 55, parte 3)

R. *En segundo lugar . . . cada uno debe usar sus dones con corazón dispuesto, con alegría, para bien y sanidad de los demás.*

Parece como si lenguaje del catecismo cambiara aquí, de los "dones" (bendiciones espirituales) que el Señor nos ha dado a todos por igual, a los "dones" (cualidades, llamamientos, ministerios) que cada uno de nosotros ha recibido de un modo distinto. El Cristo glorificado "constituyó a unos, apóstoles; a otros, profetas; a otros, evangelistas; a otros, pastores y maestros, a fin de perfeccionar a los santos para la obra del ministerio, para la edificación del cuerpo de Cristo, hasta que todos lleguemos a la unidad de la fe y del conocimiento del Hijo de Dios, a un varón perfecto, a la medida de la estatura de la plenitud de Cristo" (Efesios 4:11-13).

Por un lado, sólo unos pocos de nosotros somos apóstoles o profetas, evangelistas, pastores o maestros. Por otro lado, Efesios 4:7, así como Romanos 12 y 1 Corintios 12, muestran que cada creyente tiene su propio ministerio o tarea en la iglesia de Dios. Y quizá podríamos incluso decir que, en el sentido más amplio, todos los que tienen una tarea de liderazgo pertenecen a la categoría apostólica. Todos aquellos a los que se les permite hablar una palabra de "edificación, exhortación y consolación" a otros en nombre del Señor (*cfr.* 1 Corintios 14:3) pertenecen a la categoría profética. Todos los que tienen parte en la obra evangelista y misionera pertenecen a la categoría de los evangelistas. Todos los que están involucrados en la obra pastoral y de consejería pertenecen a la categoría de los pastores. Y todos los que están ocupados en alguna forma de enseñanza en la iglesia se encuentran en la categoría de los maestros.

Sería un creyente muy raro el que pudiera honestamente decir que no hay lugar para él en ninguna de estas cinco actividades de la actividad cristiana, tanto internamente (dentro de la iglesia) como externamente (en la obra misionera). Todos somos llamados a participar en el uso de nuestros dones "con corazón dispuesto, con alegría, para bien y sanidad de los demás", o para la "edificación del cuerpo de Cristo". Ninguno de nosotros sabe todo, o puede hacer todo. Nos necesitamos unos a los otros. Sea cual fuere tu propio llamamiento, necesitas los dones de otros. Y si tú no usas *tu* don, ¡la iglesia va a perder algo que el Señor tenía en mente para ella!

Día 178 **El perdón de los pecados** (Domingo 21, **P.** y **R.** 56, parte 1)

P. ¿Qué crees tú acerca de "el perdón de los pecados"?

R. *Dios quiere que por Cristo ya no piense más en ninguno de mis pecados, tampoco en aquellos con los cuales habré de luchar toda mi vida.*

Sería un gran error pensar que el perdón divino no es mucho más que la obra de un contador fríamente descontando cierta deuda. Por el contrario, difícilmente hay algo en la Biblia que nos muestre más claramente, más conmovedoramente, el amor, la gracia y la misericordia de Dios. Nada nos permite mirar más profundamente en el corazón de Dios. En comparación con otras religiones, difícilmente hay algo que sea más característico del cristianismo que el perdón. Dios es "fuerte, misericordioso y piadoso; tardo para la ira, y grande en misericordia y verdad; que guarda misericordia a millares, que perdona la iniquidad, la rebelión y el pecado" (Éxodo 34:6-7). Si te arrepientes verdaderamente, Dios "perdona todas tus iniquidades ... No ha hecho con nosotros conforme a nuestras iniquidades, Ni nos ha pagado conforme a nuestros pecados" (Salmos 103:3, 10). "La sangre de Jesucristo su Hijo nos limpia de todo pecado ... Si confesamos nuestros pecados, él es fiel y justo para perdonar nuestros pecados, y limpiarnos de toda maldad" (1 Juan 1:7, 9).

El catecismo usa el hermoso término "acordarse". "Echaste tras tus espaldas todos mis pecados", dijo Ezequías (Isaías 38:17) —pero, como decía nuestro quejoso, Dios solamente tiene que voltear y ver mis pecados nuevamente. Dios "echará en lo profundo del mar todos nuestros pecados", dice Miqueas (7:19). Pero, dijo nuestro quejoso, Dios puede fácilmente pescarlos nuevamente. Sin embargo, Dios dice: "perdonaré la maldad de ellos, y *no me acordaré más de su pecado*" (Jeremías 31:34). "Cuanto está lejos el oriente del occidente, Hizo alejar de nosotros nuestras rebeliones" (Salmo 103:12).

Debido a que el perdón tiene que ver con el propio corazón de Dios, él no puede soportar que sus hijos se rehúsen a perdonarse entre sí: "perdónanos nuestras deudas, como también nosotros perdonamos a nuestros deudores" (Mateo 6:12). "Así también mi Padre celestial hará con vosotros [os castigará] si no perdonáis de todo corazón cada uno a su hermano sus ofensas" (Mateo 18:35). No puedes ofender la misericordia de Dios más que por no perdonar a tu hermano arrepentido. Al atesorar la falta de perdón, estamos rehusando dar un poco de la gran misericordia que nosotros mismos hemos recibido.

R. . . . *con los cuales habré de luchar toda mi vida.*

___

L os inicuos no *quieren* dejar de pecar, y tampoco son *capaces* de hacerlo. Los justos definiti- vamente *quieren* dejar de pecar y, por el poder del Espíritu Santo también son *capaces* de hacerlo y de seguir a Cristo. Es vital recordar que ello es, desde luego, "por el poder del Espíritu Santo" . Incluso el cristiano nacido de nuevo como tal tiene la voluntad, pero no la fuerza, para dejar de pecar y servir a Dios. Esta fuerza no brota de su nueva vida como tal, sino de otra persona, el Espíritu Santo, que mora en él. Sin embargo, no siempre *caminamos* en el Espíritu; si fuése- mos diferentes, no necesitaríamos la exhortación de Gálatas 5:16-18. No siempre estamos *llenos* del Espíritu; de otra manera no necesitaríamos amonestación de Efesios 5:18. No siempre somos *guiados* por el Espíritu; si lo fuésemos, no necesitaríamos la animación de Romanos 8:1-17.

Es aquí donde entra la lucha (*cfr.* Romanos 7:21-25). Por un lado, escribe Juan: "Si decimos que no tenemos pecado, nos engañamos a nosotros mismos, y la verdad no está en nosotros" (1 Juan 1:8); ningún cristiano puede negar que todavía tiene la naturaleza pecaminosa dentro de él. No obstante, unos cuantos versos después Juan escribe: "Hijitos míos, estas cosas os escribo para que no pequéis" (1 Juan 2:1). Pablo quiere enfatizar lo mismo cuando dice que no proveamos para la carne. Has sido liberado del pecado, esto es, del *poder* del pecado (Romanos 6:7, 18, 22): "No reine, pues, el pecado en vuestro cuerpo mortal, de modo que lo obedezcáis en sus concupiscencias" (Romanos 6:12). Tú eres responsable de no permitir que esto ocurra (*cfr.* 1 Juan 3:4-9; 5:18).

No obstante, en la vida diaria las cosas no son tan fáciles. Santiago dice: "todos ofendemos muchas veces" (Santiago 3:2). Salomón dice: "Ciertamente no hay hombre justo en la tierra, que haga el bien y nunca peque" (Eclesiastés 7:20). Por lo tanto, después de su aliento a no pecar, Juan agrega: "y si alguno hubiere pecado, abogado tenemos para con el Padre, a Jesucristo el justo" (1 Juan 2:1). Nos trata como una excepción: "alguno" —pero está disponible para todos nosotros: "abogado *tenemos*" . Y Pablo diría: ¡cerciórate de que caminas en el Espíritu!

R. ... *Por gracia me otorga la justicia de Cristo, para que no tenga ya que comparecer ante el tribunal.*

Hemos visto antes (Día 139) que Dios nos ve como unidos con Cristo en su muerte, en su resurrección, en su ascensión y en su glorificación a la diestra de Dios. Éste Cristo ascendido y glorificado no es solamente perfectamente justo en sí mismo —ya era esto *antes* de su muerte— sino que también trajo la expiación de nuestros pecados. Por lo tanto, a través de su muerte y resurrección, Dios nos ve en él como perfectamente justos.

Desde luego, esto implica mucho más que ser "ser libres para siempre de juicio". No importa cuán importante, eso es sólo el lado negativo de ello (*cfr.* Juan 5:24). El lado positivo es que, por fe, ahora somos tan justos como el Cristo ascendido y glorificado. Éste fue el plan de Dios desde el comienzo: "Porque a los que antes conoció, también los predestinó para que fuesen hechos conformes a la imagen de su Hijo, para que él sea el primogénito entre muchos hermanos" (Romanos 8:29). De Dios, "estáis vosotros en Cristo Jesús, el cual nos ha sido hecho por Dios sabiduría, justificación, santificación y redención" (1 Corintios 1:30). Observe aquí las conexiones: Dios manifestó su sabiduría en y a través de su Hijo y su obra, Jesucristo trajo redención a través de la obra en la cruz, y a través de esta redención hemos sido ahora justificados (hechos justos) y santificados (hechos santos).

Casi todo escritor del Nuevo Testamento llama a Jesús El Justo. Como Dios, hubiera sido justo incluso si nunca hubiera dado su vida por nosotros en la cruz, y nosotros hubiésemos permanecido siendo los injustos. Sin embargo, "Cristo padeció una sola vez por los pecados, el justo por los injustos, para llevarnos a Dios" (1 Pedro 3:18). "sabiendo esto, que nuestro viejo hombre fue crucificado juntamente con él, para que el cuerpo del pecado sea destruido" (Romanos 6:6). El "nuevo yo" ha sido "creado según Dios en la justicia y santidad de la verdad" (Efesios 4:24). Nosotros hemos sido revestidos "del nuevo [hombre], el cual conforme a la imagen del que lo creó se va renovando hasta el conocimiento pleno, donde no hay griego ni judío, circuncisión ni incircuncisión, bárbaro ni escita, siervo ni libre, sino que Cristo es el todo, y en todos" (Colosenses 3:10-11).

P. ¿Qué consuelo te da la "resurrección de la carne"?

R. *Que no solamente mi alma después de esta vida será llevada inmediatamente a Cristo, su cabeza . . . .*

La representación popular del destino final de la vida humana es que después de la muerte vamos al cielo o al infierno. Eso es todo. Si vas al cielo, no hay nada a ser deseado después de eso. Simplemente lee dos autores de los escritos más ampliamente leídos de la Edad Media: Dante Alighieri y Tomás de Kempís. La resurrección difícilmente desempeñó algún papel en ese tipo de pensamiento. Si es que fue mencionada en lo absoluto, fue una bendición adicional, algo al final de los tiempos, pero de menor importancia. Tan pronto como entrabas al cielo, ya tendrías todo. Este punto de vista no cambió después de la Reforma. El autor protestante más ampliamente leído fue Juan Bunyan (*El progreso del peregrino*), quien proporcionó la misma imagen: después de cruzar el Río de la Muerte, la Nueva Jerusalén esperaba al creyente. ¡Como si la Nueva Jerusalén no fuese la novia del Cordero (Apocalipsis 21:9-10), tal y como será mostrada sólo después de la segunda venida de Cristo!

En esta muy común representación de las cosas, el "estado intermedio" se ha convertido en el "estado final". Desde luego, es una gran consolación el que nosotros "", cómo Jesús prometiera al criminal en la cruz (Lucas 23:43, "estarás conmigo en el paraíso"), y como Pablo creía (Filipenses 1:23, "estar con Cristo"). Pero algunas personas no se dan cuenta de que estaremos en este estado en una condición imperfecta, a saber sin cuerpo. Seremos meramente almas (individuos sin cuerpo, *cfr.* Apocalipsis 6:9). Así como los incrédulos en el más allá son llamados los "espíritus encarcelados" (1 Pedro 3:19). La idea de que éste será el "estado final" es un producto del antiguo pensamiento griego: la liberación del alma del cuerpo es la supuesta meta final.

Ve a través del Nuevo Testamento, y verás que los creyentes nunca están esperando lo que les espera inmediatamente después de la muerte, sino la venida de Cristo y el reino mesiánico (Lucas 2:38; 12:36; 1 Tesalonicenses 1:10; Tito 2:13; Hebreos 9:23; 2 Pedro 3:12-14). Esperamos la redención de nuestros cuerpos (Romanos 8:23). Para el creador, nuestro cuerpo es justo tan importante como nuestra alma. ¡No muerte física, sino resurrección física es la meta final del creyente!

Día 182 **Levantada con poder** (Domingo 22, **P.** y **R.** 57, parte 2)

R. ... *sino también que esta mi carne, por el poder de Cristo, levantada será.*

Habremos alcanzado nuestra meta final no al momento de nuestra muerte física, sino sólo cuando hayamos recibido nuestro cuerpo glorificado. Solamente entonces estaremos completos nuevamente. Espiritualmente participamos de la nueva creación ya hoy (2 Corintios 5:17; Gálatas 6:15), pero todavía no corporalmente. Hemos recibido la "salvación de nuestras almas" (1 Pedro 1:9), pero todavía esperamos la redención de nuestros cuerpos (Romanos 8:23). Del cielo "" (Filipenses 3:20-21).

En este pasaje, y en el catecismo, es el poder de Cristo el que transformará nuestro cuerpo. En Efesios es el poder de Dios, quien primeramente levantó Cristo de los muertos y luego nos levantó (espiritualmente). Pablo habla de "la supereminente grandeza de su poder para con nosotros los que creemos, según la operación del poder de su fuerza ... cuando estabais muertos en vuestros delitos y pecados ... Pero Dios ... nos dio vida juntamente con Cristo ... y juntamente con él nos resucitó" (Efesios 1:19-20; 2:1, 4-6). Por este mismo poder nos concederá no solamente nuestra resurrección espiritual sino también corporal. En otra parte Pablo nos dice que el Espíritu Santo esta involucrado también en ese resurrección: "si el Espíritu de aquel que levantó de los muertos a Jesús mora en vosotros, el que levantó de los muertos a Cristo Jesús vivificará también vuestros cuerpos mortales por su Espíritu que mora en vosotros" (Romanos 8:11).

Observa la conexión entre la resurrección de Cristo y la nuestra: "Cristo ha resucitado de los muertos; *primicias* de los que durmieron es hecho" (1 Corintios 15:20), el primera de una gran cosecha: "si el grano de trigo no cae en la tierra y muere, queda solo; pero si muere, lleva mucho fruto" (Juan 12:24).

También observa el esplendor del cuerpo resucitado: "Se siembra en corrupción, resucitará en incorrupción" . El cuerpo es sembrado en deshonor y debilidad; es levantado en gloria y poder (1 Corintios 15:42-43).

Día 183 Carne y alma reunidos (Domingo 22, P. y R. 57, parte 3)

R. . . . *esta mi carne . . . será unida otra vez a mi alma.*

Recuerdo haber preguntado a uno de mis maestros favoritos —hace muchos años— qué pensaba de esta frase en el catecismo: carne y alma "reunidos". Le pregunté si no era esto un poco de pensamiento dualista griego que había reptado hacia el catecismo. La Escritura nunca habla de un cuerpo y un alma que sean separados en la muerte —el cuerpo yendo a la tumba, el alma yendo al más allá— a ser "reunidos" en la resurrección. Mi maestro reformado respondió que no debiera olvidar que el catecismo no es un documento teológico, sino confesional. Dijo que no esperara precisión filosófica en el mismo; el catecismo habla el lenguaje del creyente cotidiano, no el del pensador instruido (aunque, gracias a Dios, algunos pensadores instruidos también son creyentes cotidianos).

Con toda seguridad, el Nuevo Testamento desde luego que no es dualista. Por ejemplo, dice que ellos pusieron a Jesús en la tumba (Juan 19:42), no meramente el "cuerpo de Jesús" (v. 38), o sus "restos". Al mismo tiempo, *Jesús* (no meramente su alma) estaba en el paraíso (Lucas 23:43). En otra parte, Jesús dijo que el hombre rico murió y fue sepultado (no meramente su cuerpo) (Lucas 16:22-23). Cuando muramos, *nosotros* somos sepultados, y *nosotros* estamos con Cristo; ambas afirmaciones son verdaderas al mismo tiempo. Sin embargo, tenemos que admitir que es engorroso hablar de este modo. Así que si queremos explicar estas cosas, especialmente a los niños, es casi imposible evitar el lenguaje dualista: es el cuerpo el que es sepultado (*cfr.* Lucas 23:52-55), y es el alma o el espíritu el que está con Cristo, o en el "lugar de tormento" (Lucas 16:28). Este es el tipo de lenguaje popular que el catecismo también habla.

Mi alma no es el tipo de "sombra" de la que habla Isaías 14:9 —no es un fantasma. Es mi ego, mi personalidad, mi ser esencial. Es así que entendemos las palabras de Jesús: "no temáis a los que matan el cuerpo, mas el alma no pueden matar; temed más bien a aquel que puede destruir el alma y el cuerpo en el infierno" (Mateo 10:28).

Día 184 **Hechos como Cristo** (Domingo 22, **P.** y **R.** 57, parte 4)

R. *. . . esta mi carne, por el poder de Cristo, levantada será . . . y se tornará semejante al glorioso cuerpo de Cristo.*

El Nuevo Testamento otorga gran importancia al hecho de que habremos de ser "como Cristo", también en un respecto corporal: "el cual transformará el cuerpo de la humillación nuestra, para que sea semejante al cuerpo de la gloria suya" (Filipenses 3:21). Como dice Juan: "Amados, ahora somos hijos de Dios, y aún no se ha manifestado lo que hemos de ser; pero sabemos que cuando él se manifieste, seremos semejantes a él, porque le veremos tal como él es" (1 Juan 3:2). Observe tres cosas. Primeramente, lo que seremos todavía no se ha manifestado al *mundo* —pero *nosotros* ya lo sabemos: ¡seremos como él! En segundo lugar, cuando aparezca "entonces vosotros también seréis manifestados con él en gloria" (Colosenses 3:4); seremos "juntamente con él . . . glorificados" (Romanos 8:17). "Cuando venga en aquel día" será "glorificado en sus santos" (2 Tesalonicenses 1:10).

En tercer lugar, la prueba de que seremos *como* él es que "le veremos tal como él es". Éstas son dos cosas diferentes: él siempre será *más* que lo que nosotros somos. Él es como nosotros, no obstante más grande. Jesús dijo al padre: "La gloria que me diste, yo les he dado" (Juan 17:22). En *este* sentido somos "como él". Pero entonces él dice: "Padre, aquellos que me has dado, quiero que donde yo estoy, también ellos estén conmigo, para que vean mi gloria que me has dado; porque me has amado desde antes de la fundación del mundo" (v. 24). Ésta es una gloria que nosotros veremos pero no compartiremos —en esta gloria el nos sobrepasará. Por ejemplo, somos reyes como él —pero Jesús es el Rey de reyes (Apocalipsis 19:16). Somos sacerdotes como el —pero Jesús es el sumo sacerdote. Somos hijos de Dios como él pero él es "el primogénito entre muchos hermanos" (Romanos 8:29).

De acuerdo con su naturaleza divina, él es inclusive el *único* hijo (Juan 1:14; 3:16, 18; 1 Juan 4:9). Sigue siendo único. El hecho de que habremos de ser "como él" nunca significa que habremos de entrar en la deidad. 2 Pedro 1:4 parece acercarse mucho ("participantes de la naturaleza divina") pero se queda corto. Somos "como Cristo" sólo de acuerdo con su naturaleza humana (glorificada). E incluso en este respecto siempre nos sobrepasa. Le alabaremos porque somos como él; y le alabaremos en todas las cosas en las que él es más grande.

P. ¿Qué consuelo te da la promesa de la vida eterna?

R. *Ahora mismo recibo el sentimiento del gozo eterno en mi corazón.*

El Término 'vida eterna' tiene varios significados en la Biblia. El modo en que es usado en el *Credo de los apóstoles* deja muy en claro que significa una *futura* eternidad de bienaventuranza para los creyentes. En la tradición cristiana, esto está usualmente asociado con el cielo, pero en la Biblia está más claramente conectado con el reino mesiánico (Daniel 12:2; observa la palabra 'heredará' en Mateo 19:29; Marcos 10:17; Lucas 10:25).

En el ministerio de Juan, el término 'vida eterna' tiene el significado específico de conocer, en el sentido de estrecha intimidad, a Dios y a Jesucristo (Juan 17:3). Es la vida de arriba, la cual vino a este mundo en la persona de Cristo: "Lo que era desde el principio, lo que hemos oído, lo que hemos visto con nuestros ojos, lo que hemos contemplado, y palparon nuestras manos tocante al Verbo de vida (porque la vida fue manifestada, y la hemos visto, y testificamos, y os anunciamos la vida eterna, la cual estaba con el Padre, y se nos manifestó); lo que hemos visto y oído, eso os anunciamos, para que también vosotros tengáis comunión con nosotros; y nuestra comunión verdaderamente es con el Padre, y con su Hijo Jesucristo. Estas cosas os escribimos, para que vuestro *gozo* sea cumplido" (1 Juan 1:1-4).

Es esto a lo que el catecismo se refiere como "el sentimiento del gozo eterno". Observe lo que nos está diciendo Juan. En primer lugar la "vida eterna" descendió a nosotros en la persona de Jesucristo (*cfr.* 1 Juan 5:20, "Éste es el verdadero Dios, y la vida eterna"). En segundo lugar, esta vida fue manifestada a los apóstoles (el "nosotros" en este pasaje). En tercer lugar, los apóstoles predicaron esta "vida eterna" al mundo (el que cree en Cristo recibe vida eterna, Juan 3:15-16). En cuarto lugar, el propósito de esta prédica era que muchos creyentes se unieran al compañerismo de los apóstoles. En quinto lugar, el *carácter* de este compañerismo horizontal es la dimensión vertical: compañerismo con el padre y con su hijo Jesucristo. Finalmente, el propósito de este compañerismo es el "gozo completo" (*cfr.* Romanos 14:17, "el reino de Dios no es comida ni bebida, sino justicia, paz y gozo en el Espíritu Santo"; véase también Juan 15:11; 16:20-24; 17:13).

Día 186 La dicha completa (Domingo 22, **P.** y **R.** 58, parte 2)

R. . . . *después de esta vida poseeré la dicha completa.*

E l término 'después de esta vida' es un poco ambiguo. Parece referirse en particular al estado
intermedio, esto es, al estado entre la muerte física del creyente y su resurrección física.
En realidad, la Biblia nos dice muy poco acerca de este estado, salvo que estaremos "con Jesús"
(Lucas 23:42-43; *cfr.* 16:19-31), "con Cristo" (Filipenses 1:23) o "con el Señor" (2 Corintios
1:10).

En el Nuevo Testamento, en vez de ello vemos creyentes que esperan el retorno de Cristo,
y la gloria que les espera después de éste. En el momento del retorno de Cristo, recibiremos
nuestro glorificado cuerpo de resurrección (1 Corintios 15:35-56; Filipenses 3:20-21), con el cual
moraremos "con el Señor" (1 Tesalonicenses 4:17), en la casa del Padre con sus muchas moradas
(Juan 14:1-3). Recibiremos nuestra "herencia" (Romanos 8:17; Efesios 1:9; Colosenses 1:12; 1
Pedro 1:14; Apocalipsis 21:7). Descansaremos de nuestros trabajos, y seremos "bendecidos", lo
que aquí significa: "dichosos" (Apocalipsis 14:13). Estaremos en el lugar de consolación (Lucas
16:25), del gozo del señor (Mateo 25:21, 23), de perfecto entendimiento (1 Corintios 13:10, 12).

Todo en este bendito estado eterno se centrará alrededor de la gloria de Dios y de su Cristo. Contemplaremos (Juan 17:24; 1 Juan 3:2) y por siempre reflejaremos la gloria del Señor (2
Corintios 3:18; 4:6) y la gloria de Dios (Mateo 5:8; Hebreos 12:14; Apocalipsis 22:4) nos sen-
taremos a la mesa del Señor y lo disfrutaremos (Lucas 12:37; *cfr.* Apocalipsis 2:7; 7:17; 19:9).
Disfrutaremos del compañerismo con el Padre, y con su hijo Jesucristo (1 Juan 1:1-3; *cfr.* Juan
17:3). Serviremos a Dios y reinaremos con Cristo por siempre (Apocalipsis 22:3-5). Adoraremos
a Dios y al Cordero por siempre (Apocalipsis 4:10; 5:14; 11:16; 14:7; 15:4; 19:4). Por siempre
disfrutaremos lo que alabaremos; por siempre alabaremos lo que disfrutaremos. Dios será "todo
en todos" (1 Corintios 15:28), y Cristo será por siempre aquel que "todo lo llena en todo" (Efesios
1:23), así como el siempre será "todo, y en todos" en nosotros; esto es, todo en todos los creyentes
(Colosenses 3:11).

Día 187 **Nunca soñada** (Domingo 22, **P.** y **R.** 58, parte 3)

R. . . . *dicha completa, que ojo no vio, ni oido oyó, ni ha subido en corazón de hombre* .

Desde luego, La respuesta del catecismo aquí es una alusión a 1 Corintios 2:7-10: "Mas hablamos sabiduría de Dios en misterio, la sabiduría oculta, la cual Dios predestinó antes de los siglos para nuestra gloria, la que ninguno de los príncipes de este siglo conoció; porque si la hubieran conocido, nunca habrían crucificado al Señor de gloria. Antes bien, como está escrito: Cosas que ojo no vio, ni oído oyó, Ni han subido en corazón de hombre, Son las que Dios ha preparado para los que le aman. Pero Dios nos las reveló a nosotros por el Espíritu".

Hay cosas —la "sabiduría de Dios en misterio, la sabiduría oculta"— que el mundo no puede entender. Como dice Juan: "por esto el mundo no nos conoce, porque no le conoció a él" (1 Juan 3:1; *cfr.* Juan 14:17). "Pero el hombre natural no percibe las cosas que son del Espíritu de Dios, porque para él son locura, y no las puede entender, porque se han de discernir espiritualmente" (1 Corintios 2:14). Para explicar esto aún más, Pablo dice: "esta escrito". Esto siempre ha sorprendido a los expositores, pues no hay ningún pasaje en el Antiguo Testamento donde encontremos literariamente lo que aquí ha sido "citado". El pensamiento que expresa Pablo se asemeja más cercanamente a Isaías 64:4: "Ni nunca oyeron, ni oídos percibieron, ni ojo ha visto a Dios fuera de ti, que hiciese por el que en él espera".

Lo que Pablo aparentemente desea enfatizar es que aquello que "Dios ha preparado para los que le aman" esto es su bienaventuranza eterna, no se retrotrae a la observación humana ("el ojo"), o a la historia humana ("el oído"), o al entendimiento humano ("lo que subió en corazón de hombre"). Podríamos incluso decir que ni la ciencia, ni la tradición religiosa, ni la filosofia hubieran podido jamás imaginar las maravillosas cosas que Dios tenía preparadas desde la eternidad para que sus hijos las disfrutaran para siempre. El hecho de que sabemos acerca de estas cosas se debe a la *revelación divina* a través del Espíritu: Dios nos habló de ellas (la parte objetiva). Más aún, iluminó nuestras mentes por el mismo Espíritu (la parte subjetiva): "¿quién entendió la mente del Señor?" (*cfr.* Isaías 40:13; Romanos 11:34). Pero tenemos la mente (el pensamiento, la compenetración, el entendimiento) de Cristo" (1 Corintios 2:16).

Día 188 **Alabar a Dios eternamente** (Domingo 22, **P.** y **R.** 58, parte 4)

R. . . . *dicha* . . . *de alabar eternamente a Dios.*

El *Catecismo mayor de Wesminster* Empieza con la pregunta "¿Cuál es el fin principal y más noble del hombre?". La respuesta es "el fin principal y más noble del hombre es el de *glorificar* a Dios y gozar de él para siempre". Glorificar (alabar, honrar, adorar) es el llamamiento del hombre, y al mismo tiempo es un privilegio. Será parte de la eterna bienaventuranza de la humanidad redimida el que alabará a Dios para siempre.

Lea es el primero mencionado en la Biblia que alabó a Dios: "Concibió otra vez, y dio a luz un hijo, y dijo: Esta vez alabaré a Jehová" (Génesis 29:35). Judá proviene del verbo *yada*, "alabar" o "agradecer". El nombre 'Judá' dio origen al nombre 'judeano', el cual posteriormente se convirtió en 'judío'. Así que podrías describir a un judío como "el que alaba a Dios". Es una parte esencial de la identidad de Israel que los justos alaben a Dios: "Siete veces al día te alabo A causa de tus justos juicios" (Salmo 119:164). "Bueno es alabarte, oh Jehová, Y cantar salmos a tu nombre, oh Altísimo" (Salmo 92:1). De Daniel se dice: "se arrodillaba tres veces al día, y oraba y daba gracias delante de su Dios" (Daniel 6:10).

Jesús dijo: "Mas la hora viene, y ahora es, cuando los verdaderos adoradores adorarán al Padre en espíritu y en verdad; porque también el Padre tales adoradores *busca* que le adoren" (Juan 4:23). ¡El padre busca (anhela, lucha por) adoradores! El libro de Apocalipsis esta lleno de tal adoración: "los veinticuatro ancianos se postran delante del que está sentado en el trono, y adoran al que vive por los siglos de los siglos" (Apocalipsis 4:10; *cfr.* 5:14; 19:4). "Y los veinticuatro ancianos que estaban sentados delante de Dios en sus tronos, se postraron sobre sus rostros, y adoraron a Dios, diciendo: Te damos gracias, Señor Dios Todopoderoso, el que eres y que eras" (Apocalipsis 11:16-17). "Temed a Dios, y dadle gloria, porque la hora de su juicio ha llegado; y adorad a aquel que hizo el cielo y la tierra, el mar y las fuentes de las aguas" (Apocalipsis 14:7). "Todas las naciones vendrán y te adorarán, porque tus juicios se han manifestado" (Apocalipsis 15:4). Aquí será la gran plenitud de nuestro gozo y llamamiento, donde el cielo y la tierra resonarán con las alabanzas de Dios para siempre.

P. ¿Pero en qué te ayuda el que creas ahora todo eso?

R. *Yo soy así en Cristo justo ante Dios.*

Hemos llegado al final del *Credo de los apóstoles*. Reflexionemos sobre lo que hemos aprendido. ¿De qué manera las verdades cristianas que hemos aprendido nos benefician? El catecismo repetidamente plantea esta pregunta y ahora la plantea de un modo general: "¿en qué te ayuda el que creas ahora todo eso?". Puedes preguntarte porqué hace esto el catecismo aquí. Aparentemente, la respuesta es introducirnos al tema de la justificación, el cual va a ser cubierto en las PyRs 59-64. La respuesta es dada aquí primeramente de un modo muy breve: "Yo soy así en Cristo justo ante Dios y heredero de la vida eterna".

¡Date cuenta, por favor, de cuán tremendo es este enunciado! *Soy justo ante Dios.* Ya el Antiguo Testamento testificaba: "¿Será el hombre más *justo* que Dios? ¿Será el varón más limpio que el que lo hizo?" (Job 4:17). "¿Qué cosa es el hombre para que sea limpio, Y para que se *justifique* el nacido de mujer?" (Job 15:14). "¿Cómo, pues, se *justificará* el hombre para con Dios? ¿Y cómo será limpio el que nace de mujer?" (Job 25:4). "No hay *justo*, ni aun uno" (Romanos 3:10-12; *cfr.* Salmo 14:1-3; 53:1-3). "JAH, si mirares a los pecados, ¿Quién, oh Señor, podrá mantenerse?" (Salmo 130:3). "Y no entres en juicio con tu siervo; Porque no se *justificará* delante de ti ningún ser humano" (Salmo 143:2). "Ciertamente no hay hombre *justo* en la tierra, que haga el bien y nunca peque" (Eclesiastés 7:20).

No obstante a veces escuchamos acerca de personas justas en los evangelios: José (Mateo 1:19), Zacarías y Elisabet (Lucas 1:6), Simeón (Lucas 2:25), José de Arimatea (Lucas 23:50). Otros fueron identificados implícitamente como justos: María, Ana, Nicodemo. ¿Qué los separa? Primeramente, la regeneración (*cfr.* Juan 3:3-5); en segundo lugar, el amor a Dios, a su Torah, y a sus prójimos; en tercer lugar, un caminar recto de acuerdo con la Palabra de Dios. Por naturaleza, *todos* son injustos. Por la gracia de Dios, *algunos son hechos* justos: "" (Génesis 6:8-9). Dios, en su gracia, continúa justificando personas ante él en Cristo, y es bueno, desde luego, saber que hemos sido hechos justos.

R. *Yo soy así en Cristo justo ante Dios y heredero de la vida eterna.*

Por la gracia de Dios, hemos sido hecho no solamente justos, sino también "herederos de la vida eterna". Pablo frecuentemente habla acerca de esto: "El Espíritu mismo da testimonio a nuestro espíritu, de que somos hijos de Dios. Y si hijos, también herederos; herederos de Dios y coherederos con Cristo" (Romanos 8:16-17). "Y por cuanto sois hijos, Dios envió a vuestros corazones el Espíritu de su Hijo, el cual clama: ¡Abba, Padre! Así que ya no eres esclavo, sino hijo; y si hijo, también heredero de Dios por medio de Cristo" (Gálatas 4:6-7); "dando gracias al Padre que nos hizo aptos para participar de la herencia de los santos en luz" (Colosenses 1:12).

En Efesios 1:11 leemos: "[en Cristo] tuvimos herencia". *Nosotros* no somos la herencia, nosotros *recibimos* una, en asociación con Cristo, en el "mundo venidero". Me gusta esta enunciación: "Con inmenso placer, [Dios] expuso sus intenciones *a través de Jesús*", un plan que alcanzará su clímax a su debido tiempo, *cuando regrese a crear orden y unidad* —tanto en el cielo como en la tierra— cuando todas las cosas sean reunidas bajo el *gobierno real* del Ungido. En él estamos para heredar incluso más. Como sus herederos, estamos destinados a desempeñar un papel en su *propósito en despliegue*, el que está energizando todo para conformarlo a su voluntad" (*cfr.* Efesios 1:9-11).

Tan enunciación enfatiza que nuestro carácter de herederos de Dios está conectado con el reino de Cristo (*cfr.* Colosenses 1:12-13), el "mundo venidero" (Hebreos 2:5) en el "siglo venidero" (Hebreos 6:5), que será precisamente lo que el catecismo llama el despliegue de la "vida eterna". Esto puede ser visto proféticamente en el Salmo 133: "¡Mirad cuán bueno y cuán delicioso es Habitar los hermanos juntos en armonía!". ¡Esta es la bienaventuranza a ser heredada con Cristo!

Día 191 Por la verdadera fe (Domingo 23, P. y R. 60, parte 1)

P. ¿Cómo fuiste justificado ante Dios?

R. *Sólo a través de la verdadera fe en Jesucristo.*

En la "justificación del impío" (Romanos 4:5), están involucradas tres partes. Primeramente, la justificación (el hacer justo) es por la gracia de Dios (Romanos 3:24; Tito 3:7; *cfr.* Gálatas 5:4; Génesis 6:8-9). Esto es, no hay ni el más leve elemento de mérito humano involucrado en ella. Lo único que "contribuimos" fueron nuestros pecados. La justificación procede *de* Dios, es *por* el poder de su Espíritu, y es *para* su gloria.

En segundo lugar, la justificación es "mediante la redención que es en Cristo Jesús" (Romanos 3:24-25). Esto es, un Dios santo y justo exigió un *fundamento* justo, adecuado y satisfactorio para la justificación. Para este fin, el mismo "propuso" a Cristo, quien hizo la propiciación mediante su obra en la cruz, y así nos redimió.

En tercer lugar está el pecador mismo involucrado. No puede contribuir nada a su propia salvación y justificación; no obstante, si no creyera, no la recibiría. La fe es el medio mediante el cual recibe su justificación. Pablo habla de "la justicia de Dios por medio de la fe en Jesucristo, para todos los que creen ... la redención que es en Cristo Jesús ... [ha de ser recibida] por medio de la fe ... [Dios es] justo, y el que justifica al que es de la fe de Jesús" (Romanos 3:22-26). "Sabiendo que el hombre no es justificado por las obras de la ley, sino por la fe de Jesucristo, nosotros también hemos creído en Jesucristo, para ser justificados por la fe de Cristo" (Gálatas 2:16).

A menos que estemos tentados, después de todo, a convertir esta fe en una especie de mérito o de buena obra, se nos recuerda: "por gracia sois salvos por medio de la fe; y esto no de vosotros, pues es don de Dios" (Efesios 2:8). Todo es obra de Dios. En modo alguno es "mi propia justicia, que es por la ley"; más bien es "la que es por la fe de Cristo, la justicia que es de Dios por la fe" (Filipenses 3:9). La fe no es nada más que la apertura de una ventana en un cuarto oscuro para permitir que entre la luz del sol. Tal apertura no es un mérito, no agrega nada a la luz solar como tal, no obstante ¡es una condición absoluta para ver la luz!

Día 192 **Nuestra conciencia** (Domingo 23, **P.** y **R.** 60, parte 2)

R. . . . *Ciertamente mi conciencia me acusa de que me opongo a todos los mandamientos de Dios, endurecido en el pecado, jamás he sostenido ninguno, y todavía estoy inclinado a todo mal.*

El creyente; esto es, la persona que ha sido justificada en Cristo por fe, tiene una buena conciencia por lo que concierne a su posición en Cristo. Esta conciencia ha sido purificada "de obras muertas para que sirváis al Dios vivo" (Hebreos 9:14); "purificados los corazones de mala conciencia, y lavados los cuerpos con agua pura" (Hebreos 10:22). Sin embargo, en el sentido *práctico* tenemos que procurar "tener siempre una conciencia sin ofensa ante Dios y ante los hombres" (Hechos 24:16). "el propósito de este mandamiento es el amor nacido de corazón limpio, y de buena conciencia, y de fe no fingida" (1 Timoteo 1:5). ¡Si no andamos en el camino del Señor, nuestra conciencia nos acusará otra vez!

Algunos podrían sorprenderse ante el fuerte lenguaje del catecismo. ¿Hemos pecado realmente contra *todos* los mandamientos de Dios? ¿Realmente nunca hemos guardado ninguno de ellos? Escucha a Santiago: "Porque cualquiera que guardare toda la ley, pero ofendiere en un punto, se hace culpable de todos. Porque el que dijo: No cometerás adulterio, también ha dicho: No matarás. Ahora bien, si no cometes adulterio, pero matas, ya te has hecho transgresor de la ley" (Santiago 2:10-11). Es probable que tampoco hayas matado a alguien, y que nunca hayas cometido adulterio. Pero Jesús puso en claro que incluso si estás enojado con tu hermano, y lo insultas, eres culpable del sexto mandamiento (Mateo 5:21-26). Y "cualquiera que mira a una mujer para codiciarla, ya adulteró con ella en su corazón", y es así culpable del séptimo mandamiento (Mateo 5:28). Bajo esta luz, ¿quién puede negar que, por naturaleza, somos culpables de violar todos los mandamientos de Dios?

Puedes argumentar que tu nuevo yo ya no está "inclinado hacia todo mal". Tienes razón; Pablo dice: "ya no soy yo quien hace aquello, sino el pecado que mora en mí" (Romanos 7:17); esto es, claramente distingue entre su (nuevo) "yo" y el pecado que mora en él. No obstante, en otros lugares el "yo" es el viejo yo: "ya no vivo yo, mas vive Cristo en mí" (Gálatas 2:20). *Este* "yo", el viejo yo, *siempre* permanece inclinado hacia todo mal.

R. ...*Pero Dios me ha ofrecido, enteramente sin merecerlo, por su pura gracia, la perfecta satisfacción, justicia y santidad de Cristo..*

Por su propia gracia y a través de la sangre de Cristo, el *justo* Dios *me* ha justificado; esto es, *me* ha declarado perfectamente justo. El énfasis sobre la muerte y resurrección de Cristo es de eminente importancia aquí. Mi justificación no puede ser separada ni por un momento de su persona y su obra. Considere primeramente la palabra 'satisfacción' que usa el catecismo. La sangre de Cristo no solamente borró mis pecados, sino que también dio "satisfacción" a Dios con respecto a su honor y gloria, las que habían sido violadas por mis iniquidades. Como explicara el mismo Jesús, no solamente nos ha salvado a *nosotros*, sino que ha "glorificado" a Dios a través de su obra (Juan 17:28; 13:31-32). El Dios glorificado está ahora, a través de sus siervos, implorando a las personas que se reconcilien con él (2 Corintios 5:17-20).

En segundo lugar, Dios me concede y me acredita perfecta justicia y santidad, la cual sólo puedo poseer en y a través de Cristo: "Mas por él estáis vosotros en Cristo Jesús, el cual nos ha sido hecho por Dios sabiduría, justificación, santificación y redención" (1 Corintios 1:30). Jesús es justicia y santidad, y por fe yo mismo *soy* la "justicia de Dios" (2 Corintios 5:21). Jesús era y es el que es perfectamente justo y santo (Mateo 27:19; Marcos 1:24; Lucas 1:35; Hechos 3:14; 1 Pedro 3:18; 1 Juan 2:1; Apocalipsis 3:7). Pero ahora, a través de mi unión con él en su muerte y resurrección, Dios me ve tan justo y santo como Cristo mismo era y es. Mi justicia y santidad se derivan del Cristo resucitado.

El profeta Isaías habló de las "vestiduras de salvación" y el "manto de justicia" (Isaías 61:10). En el Nuevo Testamento, estas "vestiduras" han recibido un nombre: Cristo *mismo* es mi justicia. Jeremías ya indicaba que el Mesías ("la Rama") llevaría el nombre *Jehová Tsidkeniu*, "Jehová, justicia nuestra" (Jeremías 23:5-6; 33:14-16). Jesucristo es (él encarna) toda mi justicia y santidad ante Dios

R. *...la perfecta satisfacción, justicia y santidad de Cristo ...[Dios me las] acredita como si nunca hubiese tenido pecado, como si hubiese logrado por mí mismo la entera obediencia que ha logrado Cristo para mí.*

La obediencia de Cristo tiene dos significados distintos pero continuos en el Nuevo Testamento: él fue obediente *durante* su vida, y fue obediente *hasta la muerte*. Ambos son de gran importancia para nuestra salvación. En primer lugar, Jesús fue obediente a su Padre en todas las cosas: "yo hago siempre lo que le agrada" (Juan 8:29; *cfr.* 4:34). Él "por lo que padeció aprendió la obediencia" (Hebreos 5:8), y su vida entera fue sufrimiento. Al final de su tiempo sobre la tierra, él podía haber regresado al cielo sin morir, como el Hombre perfecto, a quien las palabras "la paga del pecado es muerte" (Romanos 6:23) no se le habrían aplicado.

Desde luego, por otra razón esto era imposible: él había venido con el preciso propósito de honrar a Dios resolviendo el problema del pecado. No solamente su deidad, sino también su vida perfecta como Hombre sobre esta tierra, le hicieron el único instrumento de Dios que podía lograr esta gran obra de redención.

Así que, en vez de retornar triunfalmente al cielo, "se humilló a sí mismo, haciéndose obediente hasta la muerte, y muerte de cruz" (Filipenses 2:8). Él fue obediente a la *orden* del Padre para hacerlo: "Por eso me ama el Padre, porque yo pongo mi vida, para volverla a tomar. ... Tengo poder para ponerla, y tengo poder para volverla a tomar. Este *mandamiento* recibí de mi Padre" (Juan 10:17-18).

"Así que, como por la transgresión de uno [Adán] vino la condenación a todos los hombres, de la misma manera por la justicia de uno [Cristo] vino a todos los hombres la justificación de vida. Porque así como por la desobediencia de un hombre los muchos fueron constituidos pecadores, así también por la obediencia de uno, los muchos serán constituidos justos" (Romanos 5:18-19). Cristo fue obediente en aras de los pecadores desobedientes, ¡para que los pecadores desobedientes pudiesen convertirse en obedientes siervos de Dios!

Día 195 Recibir con fe (Domingo 23, **P.** y **R.** 60, parte 5)

R. ... *si tan sólo recibo esta bendición con un corazón lleno de fe.*

¿**P**odemos hacer algo que contribuya nuestra salvación? Este no es el modo en que debiéramos entender la palabra "recibir" en la respuesta del catecismo. Este recibir no es un mérito, un logro de nuestra parte. Si alguien que se está ahogando coge una cuerda, ¿es esto un logro? Si alguien brinca de una casa en llamas a una red de seguridad, ¿es eso un mérito? Si alguien que tiene un problema de salud acude al doctor, ¿es eso una buena obra? Así es la fe. La fe es aprovechar esta oportunidad, esta única salida. No hay nada meritorio en ello.

Algunas personas objetan la palabra "recibir"; argumentan que la fe es un don de Dios, y citan Efesios 2:8 en apoyo de su concepción. Olvidan que comer y beber, la riqueza y las posesiones, son también dones de Dios (Eclesiastés 3:13; 5:19) —¿y vacilaría alguien en "recibir" estos dones? ¡Son para ti! Extiende tus manos y di "¡gracias!". "Y éstos son los que fueron sembrados en buena tierra: los que oyen la palabra y la reciben, y dan fruto a treinta, a sesenta, y a ciento por uno" (Marcos 4:20). "Mas a todos los que le *recibieron*, a los que creen en su nombre, les dio potestad de ser hechos hijos de Dios" (Juan 1:12). "Y vosotros vinisteis a ser imitadores de nosotros y del Señor, recibiendo la palabra en medio de gran tribulación, con gozo del Espíritu Santo" (1 Tesalonicenses 1:6). "nosotros sin cesar damos gracias a Dios, de que cuando recibisteis la palabra de Dios que oísteis de nosotros, la *recibisteis* no como palabra de hombres, sino según es en verdad, la palabra de Dios, la cual actúa en vosotros los creyentes" (1 Tesalonicenses 2:13). "Palabra fiel y digna de ser recibida por todos: que Cristo Jesús vino al mundo para salvar a los pecadores" (1 Timoteo 1:15; *cfr.* 4:9).

Esto es lo que es la fe. Te hallas en una situación de emergencia, Dios te lanza una red de seguridad, ¡tú gustoso y agradecidamente la aceptas con un corazón creyente y le alabas por ello!

P. ¿Por qué dijiste que eres justificado solamente a través de la fe?

R. *No le agrada a Dios ver mi fe como una obra meritoria.*

L as preguntas y respuestas son un poco repetitivas aquí, pero el tema es lo suficientemente importante como para que valga la pena detenerse en él. La justificación es *solamente* por la gracia de Dios; es *solamente* por la obra redentora de Cristo, y es *solamente* a través de la fe. Ayer vimos que esta fe no es una buena obra, un mérito o un logro. Por lo tanto, es bueno poner alguna atención a la diferencia entre la palabra "por" en la expresión "por gracia", y a la palabra "por" en la expresión "por fe". Definitivamente no son lo mismo. El lenguaje griego tiene una variedad de preposiciones a su disposición para expresar las diferencias. La justificación es *por* la gracia de Dios. Esta gracia es muy activa: es Dios el que en su gracia trae esta justificación. *Él* nos justifica. La justificación es también *por fe*, pero esta vez la fe es pasiva, receptiva. En fe nosotros extendemos suplicantes nuestras manos, para que sean colmadas por Dios.

La gracia de Dios es el dador activo; nuestra fe es meramente el receptor pasivo. Por lo tanto, sería un gran error hablar de la "dignidad" de la fe de alguno, como si la persona hubiese alcanzado o logrado algo. Mira a Abraham en Génesis 15: Dios está muy activo prometiéndole a Abraham y animándolo. Abraham sólo pasivamente se rinde a las promesas de Dios o, más bien, a Dios mismo; esto es llamado "fe" (Génesis 15:16). Es Dios haciendo todo por Abraham, mientras que Abraham no puede hacer nada más que arrojarse en los brazos de Dios. Piensa en Habacuc, quejándose y protestando ante Dios. Dios le explica que "el justo por su fe vivirá" (Habacuc 2:4).

Tal confianza no es un logro digno —¡simplemente no tenemos ningún otro lado a donde ir! No tenemos otra elección más que confiar en Dios, para nuestra vida aquí y para la eternidad. La fe es confianza, rendición, compromiso. No un "salto en la oscuridad" sino un salto a los brazos de Dios.

R. *. . . Solamente la satisfacción, justicia y santidad de Cristo son mi justicia ante Dios.*

Podríamos decir que hay tres modos de ser justo. En primer lugar, una persona podría ser intrínsecamente justa ante los ojos de Dios. Esto ha sido verdadero solamente de tres humanos: Adán y Eva antes de la caída, y Jesucristo. En segundo lugar, una persona puede ser *hecha* justa (justificada) al ser identificada con Cristo sobre la base de su obra redentora. Tal persona es entonces justa ante los ojos de Dios, su "nuevo yo" es justo (Efesios 4:24), mientras que la "carne" (la naturaleza pecaminosa), que no es justa, y nunca lo será, se halla todavía en él. En tercer lugar, una persona pudo haber sido justificada (declarada justa) por Dios, y liberada de su vieja naturaleza. Éste es el caso con los creyentes después de la muerte física, o quizá debiéramos decir, en la resurrección.

La primera y la tercera categorías se refieren a personas que son justas de modo *posicional* y *práctico*, mientras que la segunda categoría se refiere a uno que es justa de modo posicional, si bien no siempre lo es de modo práctico. La primera categoría identifica a uno que es justo desde el comienzo; la segunda y la tercera categorías identifican a uno que ha sido *hecho justo* por un acto de la gracia redentora de Dios, y a través de la sangre de Jesús. Esta justificación está estrechamente asociada con la justicia de Cristo mismo: en primer lugar, la justicia de su vida sobre la tierra, la que lo hizo la persona adecuada para realizar la obra de la redención. En segundo lugar, en la cruz él mismo fue el justo. Es Jesucristo el justo quien se convirtió en la propiciación por nuestros pecados (1 Juan 2:1-2). Es Jesucristo el *justo* el que murió por los injustos para que pudiese traernos a Dios (1 Pedro 3:18).

En tercer lugar, Jesucristo fue el justo en su resurrección, y a través de su muerte y resurrección pudo compartir su justicia con nosotros: murió por nuestras transgresiones y fue resucitado con vistas a nuestra justificación (*cfr.* Romanos 4:25-5:1). Como el resucitado, él fue "judicialmente libre" de pecado; esto es, ya no tenía nada más que ver con el problema del pecado (*cfr.* Romanos 6:7). Y así lo es con nosotros: al ser identificados con Cristo en su muerte y en su resurrección, somos "judicialmente libres" del problema del pecado. Debido a que estamos "en Cristo", Dios nos ve tan justos y rectos como a Jesús mismo.

Día 198 **Apropiándose de esta justicia** (Domingo 23, **P.** y **R.** 61, parte 3)

R. . . . *No puedo apropiarme de ella de otra manera, más que aceptándola a través de la fe.*

¡OBserva aquí que se dice que las personas son *capaces* de aceptar la justicia de Dios y hacerla suya! Desde luego, nunca hay que minimizar la responsabilidad de los humanos para hacer esto: se les *ordena* que se arrepientan (Hechos 17:30); la fe es un asunto de *obediencia* (Romanos 1:5; 16:26). Sería cruel que Dios ordenara a las personas hacer algo si, de hecho, no fueran capaces de hacerlo. Dios dice: "¡acepta tu justicia en Cristo!", y tú respondes aceptándola (*cfr.* Marcos 4:20; Juan 1:12; 1 Tesalonicenses 1:16; 1 Timoteo 1:15). No obstante, ¿qué verdadero creyente no diría después que fue por la pura gracia de Dios que el Evangelio vino a él y le permitió dar el paso para arrepentirse y aceptar el Evangelio? "Porque por gracia sois salvos por medio de la fe; y esto no de vosotros, pues es don de Dios" (Efesios 2:8).

Hay otro punto importante. Por lo que concierne a nuestra responsabilidad, somos justificados por la fe, y por nada más. Sin embargo, no toda fe es verdadera fe. Santiago 2:19 dice: "Tú crees que Dios es uno; bien haces. También los demonios creen, y tiemblan". En otras palabras, no toda fe es fe *salvadora* (ningún demonio será salvo alguna vez). En primer lugar, la verdadera fe está conectada con el *arrepentimiento*. ¿Pues cómo podrías arrojarte en los brazos de Dios para ser declarado justo por él si primeramente no te arrepientes de tu *in*justicia?

En segundo lugar, la verdadera fe es aceptar a Cristo no sólo como Salvador sino también como Señor (Romanos 10:9), con la indicación de que lo aceptas como tu Amo por el resto de tu vida. ¿Pues cómo podrías arrojarte en los brazos de Dios para ser declarado justo por él si no estuvieses preparado a llevar ahora una vida justa, una vida de dedicación y obediencia al Señor, en el poder del Espíritu Santo? "nadie que hable por el Espíritu de Dios . . . puede llamar a Jesús Señor, sino por el Espíritu Santo" (1 Corintios 12:3). "En él [Cristo] también vosotros, habiendo oído la palabra de verdad, el evangelio de vuestra salvación, y habiendo creído en él, fuisteis sellados con el Espíritu Santo de la promesa" (Efesios 1:13).

P. ¿Por qué no pueden entonces nuestras buenas obras justificarnos enteramente o en parte ante Dios?

R. *La justicia que se requiere ante el tribunal de Dios debe ser completa y cumplir enteramente la ley de Dios.*

La Biblia habla de "obras" humanas de tres maneras. En primer lugar, hay obras malas (Juan 3:19), obras de las tinieblas (Romanos 13:12; Efesios 5:11), etcétera. En segundo lugar, hay "obras muertas" (Hebreos 6:1; 9:14), obras que por sí mismas pueden ser de beneficio a otros, y las tales pueden tener un cierto valor en la Providencia de Dios, pero no tienen valor para la eternidad. En tercer lugar, en la Biblia el término "buenas obras" se usa a veces solamente para las obras hechas por creyentes en el poder del Espíritu Santo (*i.e.*, Mateo 5:16 Hechos 9:36; Hebreos 10:24). Los creyentes han sido "creados en Cristo Jesús para buenas obras, las cuales Dios preparó de antemano para que anduviésemos en ellas" (Efesios 2:10). Cristo "se dio a sí mismo por nosotros para redimirnos de toda iniquidad y purificar para sí un pueblo propio, celoso de buenas obras" (Tito 2:14).

¡Estas buenas obras son una parte vital y esencial de la vida cristiana! Son los frutos que demuestran que el creyente tiene un corazón renovado y vida por el poder del Espíritu Santo. Ningún creyente será jamás salvo por tales buenas obras. Estas obras nunca pueden ser el *fundamento* de nuestra salvación (*cfr.* Romanos 3:27-28; 9:32; Gálatas 2:16; 3:2), pero sí deben ser los *frutos* necesarios de nuestra salvación. *Esto* es lo que Santiago quiso decir cuando dijo: "¿de qué aprovechará si alguno dice que tiene fe, y no tiene obras? ¿Podrá la fe salvarle?" (Santiago 2:14, 17, 24). Somos justificados (exhibidos como justos) por las obras, en el sentido de que estas obras testifican de la obra de Dios en nosotros.

Incluso el criminal en la cruz rindió frutos en sus últimos momentos: en primer lugar, reconoció que el juicio sobre él era justo; en segundo lugar, dio un buen testimonio de Jesús; en tercer lugar, reconoció a Jesús como el Mesías; y, en cuarto lugar, se entregó a Jesús para su propio futuro. ¡Este hombre exhibió claramente los frutos de la nueva vida que había en él!

R. . . . *La justicia que se requiere ante el tribunal de Dios debe ser completa y cumplir enteramente la ley de Dios. Pero incluso nuestras mejores obras son en esta vida todas imperfectas y están manchadas con el pecado.*

Las obras que hicimos como incrédulos nunca pueden ser aceptables a Dios. Pero las obras que hicimos y hacemos como *creyentes* tampoco pueden contribuir a nuestra salvación. En el mejor de los casos, son el *fruto* necesario e indispensable de nuestra salvación. La razón por la que nuestras buenas obras no pueden ser "nuestra justicia ante el tribunal de Dios, o al menos parte de nuestra justicia" es que son "imperfectas y están manchadas con el pecado". Dios se agrada de ellas, como los padres se agradan con los débiles e infalibles intentos de sus niños pequeños para hacer el bien. Pero los actos de tales niños no pueden satisfacer los estándares de los padres; los pequeños tienen que crecer para alcanzar esta meta. De modo similar, seremos un placer perfecto para el Padre sólo cuando estemos con él en la gloria. Hasta ese tiempo, incluso "nuestras mejores obras son en esta vida todas imperfectas y están manchadas con el pecado". ¡Debemos estar agradecidos de que Dios no hiciera nuestra eterna salvación dependiente de las obras que hacemos incluso como creyentes dedicados!

Considere el bien conocido versículo de Isaías 64:6: "todas nuestras justicias [son] como trapo de inmundicia". No se necesita decir que todas nuestras obras *in*justas son como trapo de inmundicia —pero el profeta dice esto aquí de nuestras obras *justas*. Dios "puede . . . hacer perfectos a los que se acercan" (Hebreos 10:1), pero eso sólo significa que el creyente ha recibido una conciencia limpia (*cfr.* vv. 2, 22). Pablo dice: "No que lo haya alcanzado ya . . . sino que prosigo" (Filipenses 3:12). La única "perfección" que podemos tener como creyentes es la *maduración*; en el mismo contexto, Pablo habla de "todos los que somos perfectos" (Filipenses 3:15). En griego, Pablo usa la misma palabra para "perfecto" y "maduro". Incluso nuestras mejores obras no pueden contribuir a nuestra salvación pero tenemos una conciencia perfecta y estamos en el camino hacia la eterna perfección.

Día 201 La recompensa prometida (Domingo 24, **P.** y **R.** 63, parte 1)

P. ¿Pero no merecen nuestras buenas obras, a pesar de ello, que Dios quiera recompensarlas en esta o la vida venidera?

R. *Esta recompensa no se obtiene como un pago, sino por gracia.*

Ésta es una pregunta muy interesante. En primer lugar, el catecismo nos dijo que incluso "nuestras mejores obras son en esta vida todas imperfectas y están manchadas con el pecado"; ahora nos dice que Dios promete recompensar nuestras buenas obras. No hay aquí contradicción. En primer lugar, la palabra "recompensar" está relativizada en que se nos dice que "esta recompensa no se obtiene como un pago, sino por gracia". No obstante, tenemos que tomar el término "recompensa" seriamente, y hacemos esto enfatizando nuestra responsabilidad como creyentes: no deberíamos volvernos malvados indiferentes al menospreciar ésta nuestra responsabilidad. Por el contrario, no sólo debemos producir frutos de gratitud, sino que tales frutos serán el resultado natural de estar injertados en Cristo.

Así que las recompensas se deben a la gracia de Dios, y solamente son naturales para un creyente —no obstante, son recompensas. Por un lado, Jesús dijo: "Siervos inútiles somos, pues lo que debíamos hacer, hicimos" (Lucas 17:10). Por el otro, poco después dijo en la parábola de las diez minas: "Vino el primero, diciendo: Señor, tu mina ha ganado diez minas. El le dijo: Está bien, buen siervo; por cuanto en lo poco has sido fiel, tendrás autoridad sobre diez ciudades" (Lucas 19:16-17).

En otra parte Jesús dijo: "Gozaos y alegraos, porque vuestro galardón es grande en los cielos" (Mateo 5:12). Y poco después: "Mas cuando tú des limosna, no sepa tu izquierda lo que hace tu derecha, para que sea tu limosna en secreto; y tu Padre que ve en lo secreto te recompensará en público. . . . Mas tú, cuando ores, entra en tu aposento, y cerrada la puerta, ora a tu Padre que está en secreto; y tu Padre que ve en lo secreto te recompensará en público . . . cuando ayunes, unge tu cabeza y lava tu rostro, para no mostrar a los hombres que ayunas, sino a tu Padre que está en secreto; y tu Padre que ve en lo secreto te recompensará en público" (Mateo 6:3-6.17-18). ¡Dios es bueno! Hacemos lo que es nuestro deber y, no obstante, Dios nos recompensa.

Día 202 **Recompensados por gracia** (Domingo 24, **P.** y **R.** 63, parte 2)

R. *Esta recompensa no se obtiene como un pago, sino por gracia.*

Hebreos 11 dice: "el que se acerca a Dios [debe creer] que le hay, y que es *galardonador* de los que le buscan" (Hebreos 11:6). Jesús dijo: "cualquiera que os diere un vaso de agua en mi nombre, porque sois de Cristo, de cierto os digo que no perderá su *recompensa*" (Marcos 9:41). "Amad, pues, a vuestros enemigos, y haced bien, y prestad, no esperando de ello nada; y será vuestro *galardón* grande" (Lucas 6:35). Pablo dijo: "Si permaneciere la obra de alguno que sobreedificó, recibirá *recompensa*" (1 Corintios 3:14); "sabiendo que del Señor recibiréis la *recompensa* de la herencia, porque a Cristo el Señor servís" (Colosenses 3:24). Y Juan dijo: "Mirad por vosotros mismos, para que no perdáis el fruto de vuestro trabajo, sino que recibáis *galardón* completo" (2 Juan 1:8). "l tiempo de juzgar a los muertos, y de dar el *galardón* a tus siervos los profetas, a los santos, y a los que temen tu nombre" (Apocalipsis 11:18).

El Nuevo Testamento dice bastante acerca de las recompensas para los creyentes, incluyendo las referencias a las guirnaldas, coronas y premios (1 Corintios 9:25; 2 Timoteo 4:8; Santiago 1:12; 1 Pedro 5:4; Apocalipsis 2:10; 3:11; 4:4, 10). El catecismo saca a la luz una situación notable. Es un don puro de la gracia divina el que logremos cosas que merecen una recompensa; y es un puro don de la divina gracia si desde luego Dios "promete recompensar [tales actos] en esta vida y la siguiente". Hay una relación intrincada entre la gracia soberana de Dios y la responsabilidad humana. Hemos sido "creados en Cristo Jesús para buenas obras, las cuales Dios preparó de antemano para que anduviésemos en ellas" (Efesios 2:10). Cristo "se dio a sí mismo por nosotros para redimirnos de toda iniquidad y purificar para sí un pueblo propio, celoso de buenas obras" (Tito 2:14). Así que no es más que nuestro *deber* y *llamamiento* hacer buenas obras. No obstante, si las hacemos, encontramos que es la gracia de Dios lo que nos capacita para hacerlas. Por una parte, dice: hacedlas y os recompensaré. Por otra parte dice: "separados de mí nada podéis hacer" (Juan 15:5). Siempre tendremos que vivir con esta tensión.

P. ¿No hacen estas enseñanzas a los hombres temerarios e inescrupulosos?
R. *No.*

A veces tienen los cristianos la tentación de argumentar como sigue: "he sido salvo por la gracia de Dios, he sido justificado por la fe, y no hay ningún poder en el mundo que pueda arrebatarme de la mano de Jesús y de la mano del Padre (Juan 10:27-29). Así que, ¿porqué debería hacer buenas obras? ¿Qué pueden agregar a mi salvación? Sin buenas obras de cualquier manera seré salvo. *Las buenas obras no son necesarias*". Incluso algunos teólogos reformados han argumentado de este modo. Sostienen que es una herejía decir que uno no es simplemente salvo por la fe, sino salvo por la fe produciendo buenas obras. Dicen que esto no es más que la antigua herejía católica romana de justicia, basada en las obras, con un nuevo disfraz. Aseveran que esto es en contra del espíritu de la Reforma, la cual siempre proclamó que la justificación es por la *sola fe*, y que las obras no tienen ningún lugar en esto.

¡Qué bueno es que el catecismo no esté perturbado por este tipo de razonamiento falaz! Tan fuertemente como enfatiza que las buenas obras como tales no *contribuyen* nada a nuestra salvación, así de fuerte subraya que las buenas obras son un resultado natural de la fe, y que sin ellas esta fe no es verdadera fe cristiana en lo absoluto. De seguro, estamos justificados por la sola fe. Pero esta debe ser una verdadera fe cristiana. Y esta es una "fe que obra por el amor" (Gálatas 5:6). "Así también la fe, si no tiene obras, es muerta en sí misma. ...te mostraré mi fe por mis obras ...¿No ves que la fe actuó juntamente con sus obras [de Abraham], y que la fe se perfeccionó por las obras?" (Santiago 2:17-18, 22).

¿Sostendría alguien que podemos ser justificados por una fe muerta? (Santiago 2:17, 26). Cuando Jesús estaba en Jerusalén en la fiesta de la Pascua, "muchos creyeron en su nombre, viendo las señales que hacía. Pero Jesús mismo no se fiaba de ellos, porque conocía a todos, y no tenía necesidad de que nadie le diese testimonio del hombre, pues él sabía lo que había en el hombre" (Juan 2:23-25). ¿Puede alguien ser salvo por *este* tipo de fe?

Día 204 Imposible no dar frutos (Domingo 24, P. y R. 64, parte 2)

R. ... pues es imposible que los hombres, en los cuales la verdadera fe de Cristo ha sido implantada, no traigan fruto de gratitud.

Es imposible que el buen árbol no produzca buenos frutos: "No es buen árbol el que da malos frutos, ni árbol malo el que da buen fruto. ... pues no se cosechan higos de los espinos, ni de las zarzas se vendimian uvas. El hombre bueno, del buen tesoro de su corazón saca lo bueno; y el hombre malo, del mal tesoro de su corazón saca lo malo; porque de la abundancia del corazón habla la boca" (Lucas 6:43-45). Es imposible que un buen manzano produzca ciruelas, o que no produzca ningún fruto en lo absoluto. Es imposible que un típico castor no construya una represa, o que un ave promedio no construya un nido en la primavera. Eso no sería natural.

La idea del injerto se toma de Romanos 11:16-24. Los brotes de los olivos silvestres son injertados en un olivo cultivado, "y has sido hecho participante de la raíz y de la rica savia del olivo" (v. 17). Una imagen semejante se encuentra en Juan 15: "Yo soy la vid verdadera, y mi Padre es el labrador. Todo pámpano que en mí no lleva fruto, lo quitará; y todo aquel que lleva fruto, lo limpiará, para que lleve más fruto. ... Como el pámpano no puede llevar fruto por sí mismo, si no permanece en la vid, así tampoco vosotros, si no permanecéis en mí. ... el que permanece en mí, y yo en él, éste lleva mucho fruto; porque separados de mí nada podéis hacer. ... En esto es glorificado mi Padre, en que llevéis mucho fruto, y seáis así mis discípulos" (Juan 15:1-8).

Jesús distingue tres tipos de ramas. Hay ramas muertas; ramas que rinden poco fruto, que necesitan ser podadas, que pueden rendir más; y aquellas que rinden "muchos frutos". Hay una tremenda diferencia entre poco fruto y carencia de fruto. Lo primero apunta a la vida; lo segundo a la muerte.

R. ... *es imposible que los hombres, en los cuales la verdadera fe de Cristo ha sido implantada, no traigan fruto de gratitud.*

E s imposible que un verdadero cristiano *no* produzca fruto espiritual: "Mas ahora que habéis sido libertados del pecado y hechos siervos de Dios, tenéis por vuestro fruto la santificación, y como fin, la vida eterna" (Romanos 6:22). Cristo ha sido resuscitado "de los muertos, a fin de que llevemos fruto para Dios" (Romanos 7:4). "Mas el fruto del Espíritu es amor, gozo, paz, paciencia, benignidad, bondad, fe, mansedumbre, templanza" (Gálatas 5:22-23). Debemos ser """ (Filipenses 1:11). Debemos andar "como es digno del Señor, agradándole en todo, llevando fruto en toda buena obra" (Colosenses 1:10).

La imagen de llevar fruto es útil, pero ninguna analogía puede expresar plenamente la realidad espiritual. Es natural que los manzanos produzcan manzanas, pero nunca te puede referir a ellos como "manzanas de gratitud". Las manzanas no saben de ningún agradecimiento hacia el árbol. Los frutos espirituales de los creyentes son los productos "naturales" de su fe, pero no son automáticos. Hay una fuerte motivación tras ellos. Son producidos por gratitud, incluso como actos de alabanza y adoración. "Si, pues, coméis o bebéis, o hacéis otra cosa, hacedlo todo para la gloria de Dios" (1 Corintios 10:31). "sed agradecidos. La palabra de Cristo more en abundancia en vosotros, enseñándoos y exhortándoos unos a otros en toda sabiduría, cantando con gracia en vuestros corazones al Señor con salmos e himnos y cánticos espirituales. Y todo lo que hacéis, sea de palabra o de hecho, hacedlo todo en el nombre del Señor Jesús, dando gracias a Dios Padre por medio de él" (Colosenses 3:15-17).

Esto es un lenguaje fuerte: ¡deja que *todo* lo que hagas o digas sea un acto o palabra de gratitud, para la gloria de Dios! ¿Cuán frecuentemente son nuestros buenos frutos mezclados con frutos podridos? A pesar de los malos frutos producidos por nuestra pecaminosa naturaleza, el verdadero cristiano debe producir continuamente los "frutos de gratitud". Se nos ha prometido que el Padre nos "podará" para que cada uno de nosotros "lleve más fruto" (Juan 15:2).

Día 206 Sólo por la fe (Domingo 25, **P.** y **R.** 65, parte 1)

P. ¿Si solamente la fe nos hace tener parte con Cristo y que todos sus beneficios nos sean dados, de dónde proviene tal fe?

R. *El Espíritu Santo produce la fe en nuestros corazones.*

Desde luego, el catecismo no quiere eludir nuestra propia responsabilidad humana. Dios apela a nuestra responsabilidad: "Cree en el Señor Jesucristo, y serás salvo" (Hechos 16:31). Dios nos *advierte* si no creemos: "El que cree en el Hijo tiene vida eterna; pero el que rehúsa creer en el Hijo no verá la vida, sino que la ira de Dios está sobre él" (Juan 3:36). Creer, entonces, es una cuestión de *obediencia* al llamamiento de Dios; Pablo habla de "el mandamiento del Dios eterno ... para que obedezcan a la fe" (Romanos 16:26; *cfr.* 1:5). Dios "ahora manda a todos los hombres en todo lugar, que se arrepientan" (Hechos 17:30); como dijera Jesús: "El tiempo se ha cumplido, y el reino de Dios se ha acercado; arrepentíos, y creed en el evangelio" (Marcos 1:15). Si no lo haces, te perderás, y solamente tú habrás de ser culpado.

Y, no obstante, ¿qué creyente verdadero alardearía que su fe es su propio logro? *Tú* crees, sí. Pero ¿hubieras sido alguna vez capaz de creer aparte del Espíritu Santo? ¿Naciste por tu propio poder, o por el Espíritu Santo? Lucas dice: "una mujer llamada Lidia ... estaba oyendo; y *el Señor abrió el corazón de ella* para que estuviese atenta a lo que Pablo decía" (Hechos 16:14). Los discípulos de Emaús caminaron en la oscuridad. Pero el señor vino y les abrió las Escrituras, entonces abrió sus ojos y finalmente abrió sus mentes (Lucas 24:31-32.45). ¿Donde hubieran estado sin esta obra de apertura del Señor? "Así que la fe es por el oír, y el oír, por la palabra de Dios" (Romanos 10:17; *cfr.* 1 Pedro 1:23-25) —¿pero qué si el Señor, no hubiera abierto nuestros oídos a través de su Santo Espíritu? El señor dijo: "El que tiene oído, oiga lo que el Espíritu dice a las iglesias" (Apocalipsis 2:7, 11, 17, 29; 3:6, 13, 22).

Llegamos entonces a esta notable conclusión: si alguien se pierde, es por su entera culpa, y si alguien se salva es enteramente por la gracia de Dios. Esto es una paradoja, pero es una con la que tenemos que vivir si no queremos confundir o eludir la gracia soberana de Dios y la responsabilidad humana.

R. *El Espíritu Santo ... nos confirma [en la fe] a través del uso de los santos sacramentos.*

En este punto el catecismo introduce una idea enteramente nueva: el Espíritu Santo confirma nuestra fe mediante el uso de los santos sacramentos. Ahora bien, ¿qué es un *sacramento*? La palabra no figura en la Biblia, así que tenemos que encontrar qué entiende la tradición cristiana por ella. En las siguientes PyRs el catecismo entrará más profundamente en este tema, pero déjame hacer algunas observaciones introductorias aquí.

El significado original del latín *sacramentum* era el juramento militar del joven soldado romano. El prometía su lealtad a su comandante, al emperador y a los dioses romanos. La iglesia cristiana temprana adoptó esta palabra porque el creyente testificaba, una vez en el bautismo, y repetidamente en la Cena del Señor, que de ahora en adelante él pertenecería a su Salvador y Señor Jesucristo. En la Biblia latina, la palabra *sacramentum* se usó también para los misterios cristianos (*v.g.*, en Efesios 5:32, lo que dio lugar a la idea católica del matrimonio como sacramento). En el protestantismo, el término sacramento se restringió a rituales en los cuales las sustancias materiales se aplicaban simbólicamente: el agua del bautismo, el pan y el vino en la Cena del Señor, el aceite en la unción de los enfermos (Marcos 6:13; Santiago 5:14) y en ciertas consagraciones (quizá implícitamente en Hechos 6:6; 13:3) el catolicismo romano distinguió siete sacramentos, el protestantismo temprano solamente dos. Algunos dirían que debían haber mantenido un tercero: ungir al enfermo.

Aparte de movimientos como el Ejército de Salvación y los cuáqueros, todos los protestantes han continuado practicando el bautismo por agua y la Cena del Señor. Algunos los han reducido a puros símbolos —estos fueron los que descartaron el término "sacramento" también—, otros han mantenido que los sacramentos nos *hacen* algo. Dios obra a través de ellos por su Espíritu, dando con ello soporte a nuestra fe, a nuestra vida espiritual en el sentido más amplio. Aquellos que han sido bautizados (sea como infantes o sea como creyentes) obtienen gran consuelo de ellos porque a través de ellos, de un modo muy tangible, se saben injertados en Cristo. ¡Y veremos qué ánimo nos puede dar la Cena del Señor!

Día 208 **Signos y sellos** (Domingo 25, **P.** y **R.** 66, parte 1)

P. ¿Qué son los sacramentos?

R. *Son signos y sellos santos, visibles, que Dios ha designado para que a través de su empleo la promesa del Evangelio sea mejor entendida y para sellar: que, sobre el fundamento del sacrificio único de Cristo logrado en la cruz, el perdón de los pecados y la vida eterna nos han sido concedidos por gracia.*

Los sacramentos son ceremonias visibles que involucran materiales visibles: agua, pan, vino (algunos incluirían el aceite). Los sacramentos son santos porque provienen del santo Dios, a través de ellos Dios opera, y son para la gloria de Dios. Los sacramentos son "signos" porque ellos visible y simbólicamente "significan" ciertas realidades espirituales, especialmente la muerte de Cristo: las personas son bautizadas en su muerte (Romanos 6:3-4), y en la Cena del Señor "la muerte del Señor anunciáis" (1 Corintios 11:26). Desde luego, la resurrección del Señor está involucrada en ellos: "sepultados con él en el bautismo, en el cual fuisteis también resucitados con él" (Colosenses 2:12). Y al celebrar la Cena del Señor, el Señor viviente mismo se halla presente en medio de nosotros (*cfr.* Mateo 18:20), y la celebramos "hasta que él venga" (1 Corintios 11:26).

Los sacramentos son también "sello" porque a través de ellos Dios "sella" (confirma) sus promesas para nosotros. Usualmente es visto aquí un paralelo con la circuncisión del Antiguo Testamento: "será por señal del pacto entre mí y vosotros" (Génesis 17:11). Abraham "recibió la circuncisión como señal, como sello de la justicia de la fe que tuvo estando aún incircunciso" (Romanos 4:11). De modo similar, el bautismo es la entrada al reino de Dios (Mateo 28:18-19), y es así que "sella" para nosotros todas las promesas de Dios para aquellos que son súbditos de su reino. La Cena del Señor es una expresión de la unidad del cuerpo de Cristo (1 Corintios 10:16-17, todos comemos de la misma hogaza), y es así que "sella" para nosotros todas las promesas de Dios para aquellos que son miembros de este cuerpo. Todas estas promesas son juntas "la promesa del Evangelio" en el sentido más amplio de este término: el "buen mensaje" de Dios, el cual contiene una tremenda variedad de bendiciones para ahora y para la eternidad.

Los sacramentos fueron instituidos por Jesucristo. Jesús instituyó la Cena del Señor durante la última noche de su vida terrenal, e instituyó el bautismo entre su resurrección y ascensión. Son de él, a través de él y para él.

Día 209 La promesa de Dios (Domingo 25, P. y R. 66, parte 2)

R. *[la promesa del Evangelio de Dios es] ... que, sobre el fundamento del sacrificio único de Cristo logrado en la cruz, el perdón de los pecados y la vida eterna nos han sido concedidos por gracia.*

Ambos sacramentos —el bautismo y la Cena del Señor—, tal y como fueron instituidos por Cristo sobre la tierra, involucran el perdón de Dios de los pecados, el cual constituye "la promesa del Evangelio de Dios". En primer lugar, el bautismo es parte de la Gran Comisión (Mateo 28:18-19), la cual involucra "arrepentimiento y perdón de pecados" (Lucas 24:47). Pablo recibió la orden: "bautízate, y lava tus pecados" (Hechos 22:16). Él mismo explica que el bautismo significa dejar atrás una vida de pecado y embarcarse en una vida conectada con el Señor resucitado: "¿Perseveraremos en el pecado para que la gracia abunde? En ninguna manera. Porque los que hemos muerto al pecado, ¿cómo viviremos aún en él? ¿O no sabéis que todos los que hemos sido bautizados en Cristo Jesús, hemos sido bautizados en su muerte? Porque somos sepultados juntamente con él para muerte por el bautismo, a fin de que como Cristo resucitó de los muertos por la gloria del Padre, así también nosotros andemos en vida nueva" (Romanos 6:2-4).

En segundo lugar, en la Cena del Señor encontramos una conexión similar entre los sacramentos y el perdón divino. El pan partido se refiere al cuerpo de Jesús, "partido" por nosotros (1 Corintios 11:24), y el vino se refiere a la sangre de Jesús derramada por nosotros: "esto es mi sangre del nuevo pacto, que por muchos es derramada para remisión de los pecados" (Mateo 26:28). Ambos sacramentos se refieran a la obra redentora de Cristo en la cruz, y a los beneficios que contienen para nosotros.

Si vemos el bautismo, la entrada al Reino de Dios (*cfr.* Mateo 28:18-19), y recordamos cómo la vida eterna es a veces vinculada en el Nuevo Testamento con la "herencia" del reino mesiánico (Lucas 10:25; 18:18), entendemos cómo el catecismo puede vincular el bautismo con la vida eterna. De modo similar, la Cena del Señor está vinculada con el reino: "Y habiendo tomado la copa, dio gracias, y dijo: Tomad esto, y repartidlo entre vosotros; porque os digo que no beberé más del fruto de la vid, hasta que el reino de Dios venga" (Lucas 22:17-18). Y Pablo dice: "todas las veces que comiereis este pan, y bebiereis esta copa, la muerte del Señor anunciáis *hasta que él venga*" (1 Corintios 11:6).

Día 210 **Enfocarse en la fe** (Domingo 25, **P.** y **R.** 67, parte 1)

P. ¿Debemos entonces mediante ambos, Palabra y sacramento, recordar que nuestra fe en el sacrificio en la cruz es el único fundamento de nuestra bendición?

R. *Sí; pues el Espíritu Santo enseña en el Evangelio, y confirma a través de los santos sacramentos, que nuestra entera bendición está fundamentada sobre el sacrificio único de Cristo, el cual para nosotros ocurrió en la cruz.*

El cristianismo es una religión basada en la palabra. Dios nos ha dado a su Hijo, la Palabra hecha carne, nos ha dado su santa Biblia y nos ha dado predicadores. La Palabra es de la mayor importancia para los cristianos. Pero Dios nos ha dado también los sacramentos, los cuales cuentan su propia y rica historia. El Evangelio nos dice: "¡cree en el sacrificio de Jesucristo en la cruz como el único fundamento de nuestra salvación!". Luego viene el bautismo diciéndonos silenciosamente: "¡A través de este sacramento eres ahora identificado con un Cristo muerto y resucitado, y su acabada obra redentora!". El Evangelio nos dice: "¡Jesús dio su cuerpo y su sangre hasta la muerte por todos aquellos que creen". Luego viene la Cena del Señor diciéndonos silenciosamente: "¡Mira este pan! ¡Te representa el cuerpo de Cristo que fue entregado por ti! ¡Mira a esta copa! ¡Te representa la sangre de Cristo que fue derramada por ti! ¡Tomad, comed, bebed y regocijaos!".

Escuchamos la Palabra de Dios como la predican los predicadores, pero *vemos* las sustancias materiales involucradas en los sacramentos. Más aún, *sentimos* el agua al ser bautizados, *probamos* el pan y el vino cuando participamos en la Cena del Señor. La Palabra es para los oídos ("la fe es por el oír, y el oír, por la palabra de Dios" Romanos 10:17), pero los sacramentos son para *todos los sentidos.* Conjuntamente están dirigidos al *corazón,* esto es la persona total, proclamando la maravillosa verdad del Evangelio. El predicador dice: "nuestra eterna salvación descansa en el único sacrificio de Cristo para nosotros en la cruz", y los sacramentos expresan las mismas verdades maravillosas sin palabras.

Es como el silencioso mensaje de los cuerpos celestiales: "Los cielos cuentan la gloria de Dios, Y el firmamento anuncia la obra de sus manos . . . No hay lenguaje, ni palabras, Ni es oída su voz. Por toda la tierra salió su voz, Y hasta el extremo del mundo sus palabras" (Salmo 19:1.3-4). No escuchamos palabras, y no obstante el mensaje es claro.

Día 211 El sacrificio único de Cristo (Domingo 25, P. y R. 67, parte 2)

R. ... *el Espíritu Santo enseña en el Evangelio, y confirma a través de los santos sacramentos, que nuestra entera bendición está fundamentada sobre el sacrificio único de Cristo, el cual para nosotros ocurrió en la cruz.*

Las PyRs previas pueden darnos la impresión de que el mensaje de los sacramentos es en buena medida negativo, acerca de *quitar los pecados*. Pero el bautismo es una oración silenciosa: involucra la solicitud de que pueda caminar ahora en adelante con una "buena conciencia"; esto es, una conciencia que jamás volverá a ser cargada con el pecado. Esto es andar "en una nueva vida" desde el momento del bautismo (Romanos 6:4) —y esto es una expresión que definitivamente tiene también muy positivas connotaciones.

También leemos: "Arrepentíos, y bautícese cada uno de vosotros ...y *recibiréis el don del Espíritu Santo*" (Hechos 2:38). Las palabras de Ananías a Pablo contenían dos partes: "el Señor Jesús ...me ha enviado para que recibas la vista y *seas lleno del Espíritu Santo*" (Hechos 9:17). Más aún, "todos los que habéis sido bautizados en Cristo, *de Cristo estáis revestidos*" (Gálatas 3:27). No sólo que la vestidura del pecado es simbólicamente eliminada en el bautismo, sino que entonces eres revestido con el ropaje de Cristo.

De modo similar, la Cena del Señor contiene elementos muy positivos, todos descansando "en el sacrificio único de Cristo por nosotros en la cruz": "El pan que partimos, ¿no es la comunión del cuerpo de Cristo? Siendo uno solo el pan, nosotros, con ser muchos, somos un cuerpo; pues todos participamos de aquel mismo pan" (1 Corintios 10:16-17). El pan entero señala no solamente al cuerpo físico de Cristo, el cual fue entregado por nosotros a la muerte, sino también el cuerpo místico de Cristo, su iglesia. Cuando todos los creyentes toman pedazos del pan, testifican con ello que ellos mismos son pedazos del cuerpo de Cristo. ¡Al ser conscientes de la muerte del cuerpo físico de Jesús, nos damos cuenta del privilegio que es pertenecer a su cuerpo, la iglesia!

P. ¿Cuántos sacramentos ha instituido Cristo en el Nuevo Testamento?

R. *Dos: el santo bautismo y la santa cena.*

La Biblia no nos dice en ninguna parte que haya precisamente dos sacramentos, así como no dice a los católicos que haya siete. La Biblia ni siquiera usa la palabra 'sacramento', o un término sinónimo. Así que si queremos determinar cuántos sacramentos hay, primeramente tenemos que estar de acuerdo en qué es un sacramento.

Las características de los sacramentos son las siguientes. En primer lugar, es una institución establecida por Jesucristo, para ser conservada por todos los cristianos en todas las épocas. En segundo lugar, es una institución que involucra ciertas sustancias materiales, tales como el agua, el pan, el vino y el aceite de la unción. En tercer lugar, tal institución no es meramente simbólica. Dios está presente en ella a través de su Santo Espíritu; el sacramento *hace algo* a aquellos que lo usan. No son las sustancias mismas las que tienen un cierto efecto —no operan de algún modo mágico. *Dios* opera a través de ellas, habla a través de ellas, muestra a través de ellas su presencia y su amor. Nunca pueden *sustituir* la Palabra de Dios y el Espíritu de Dios. Reciben su importancia de lo que la Palabra y el Espíritu de Dios están haciendo en y a través de ellos, y nunca operan independientemente de ellos.

Han habido muchas discusiones acerca de si había sacramentos en el Antiguo Testamento, o de si todo en el universo en un cierto momento podría tener un carácter sacramental, o de si había también sacramentos en algún sentido secundario tales como la predicación, el cuidado pastoral, la evangelización y la adoración.

Si bien hay un número de cosas que Dios puede usar como signos y señales, el catecismo se refiere a lo que los protestantes generalmente han aceptado como sacramentos: el bautismo y la Cena del Señor. Cuando Jesús dijo: "Esto es mi cuerpo, que por vosotros es dado; haced esto en memoria de mí" (Lucas 22:19; *cfr.* 1 Corintios 11:24-25), él instituyó la Cena del Señor. Y cuando dijo "id, y haced discípulos a todas las naciones, bautizándolos ..." (Mateo 28:19), instituyó el bautismo.

P. ¿Cuántos sacramentos ha instituido Cristo en el Nuevo Testamento?

R. *Dos: el santo bautismo y la santa cena.*

Antes de cerrar esta introducción a los sacramentos, planteemos una pregunta más. Varios teólogos han argumentado que ungir al enfermo debiera ser llamado un sacramento, precisamente como el bautismo y la Cena del Señor. ¿Tienen buenos argumentos? Miremos las características mencionadas por el catecismo.

Ungir al enfermo es visible y santo: es dado por el Señor, pues leemos que los discípulos "echaban fuera muchos demonios, y ungían con aceite a muchos enfermos, y los sanaban" (Marcos 6:13). Es un "signo" que, al igual que el bautismo y la Cena del Señor, se refiere a la muerte de Cristo: "llevó él nuestras enfermedades, y sufrió nuestros dolores" (Isaías 53:4). Esto se refiere a las enfermedades literales: "Él mismo tomó nuestras enfermedades, y llevó nuestras dolencias" (Mateo 8:17). Ungir al enfermo es también un "sello" de las promesas del Señor: "estas señales seguirán a los que creen: ... sobre los enfermos pondrán sus manos, y sanarán" (Marcos 16:17-18). "¿Está alguno enfermo entre vosotros? Llame a los ancianos de la iglesia, y oren por él, ungiéndole con aceite en el nombre del Señor. Y la oración de fe salvará al enfermo, y el Señor lo levantará; y si hubiere cometido pecados, le serán perdonados" (Santiago 5:14-15).

Estos últimos versículos muestran que a veces la enfermedad está relacionada con el perdón de los pecados (en la PyR 66 los sacramentos son vinculados con el perdón). Jesús le dijo al inválido que había sido sanado: "Mira, has sido sanado; no peques más, para que no te venga alguna cosa peor" (Juan 5:14). Jesús le dijo al paralítico: "Ten ánimo, hijo; tus pecados te son perdonados" (Mateo 9:2). Santiago 5 muestra que la posibilidad de pecado en la persona enferma debiera ser investigada. En tanto que David se rehusó a confesar sus pecados, sus "huesos envejecieron", sugiriendo una enfermedad física. Pero cuando confesó, fue sanado (Salmo 32).

Debiéramos considerar la posibilidad de que haya más de dos sacramentos. Es una noción no bíblica que el alma es más importante que el cuerpo, y haríamos bien en abandonarla.

P. ¿Cómo se te recuerda en el santo bautismo y se te da certeza de que eres tomado en cuenta en el sacrificio único de Cristo en la cruz?

R. *Cristo ha instituido este lavamiento externo.*

E N Hebreos 6:2 encontramos una palabra que es traducida como "lavamiento" o "bautismo". Indica el significado literal de "bautismo": un rito lavatorio. Ananías dijo al recién convertido Saulo: "Levántate y bautízate, y lava tus pecados"(Hechos 22:16); esto es, lava tus pecados *a través* del bautismo. No es el bautismo como tal el que intrínsecamente nos lava, como algunos han afirmado, sino que se refiere a la obra de Cristo a través de la cual somos limpiados. Pero tampoco deberíamos decir, como lo hacen los bautistas, que el bautismo está meramente testificando la realidad espiritual de que nuestros pecados han sido lavados por la fe. No: es el bautismo *mismo* el que nos limpia y nos salva, si bien de una manera simbólica (1 Pedro 3:21; *cfr.* Marcos 16:16).

Esto no significa que todo pasaje acerca de un "lavamiento" espiritual en el Nuevo Testamento se refiera al bautismo. Los católicos romanos creen que una persona nace de nuevo cuando es bautizada —incluso cuando es infante— sobre la base de Juan 3:5 ("nacido del agua y del Espíritu") y Tito 3:5: "el lavamiento de la regeneración y . . . la renovación en el Espíritu Santo"). Sin embargo, ninguna persona, sea niño o adulto, nace de nuevo por virtud del bautismo como tal, sino sólo por la Palabra de Dios aplicada al corazón y a la conciencia por el Espíritu Santo. Como dice Pedro: "siendo renacidos, no de simiente corruptible, sino de incorruptible, por la *palabra de Dios* que vive y permanece para siempre" (1 Pedro 1:23).

De modo similar, Pablo dice que Cristo "santifica" a su iglesia "habiéndola purificado en el lavamiento del agua *por la palabra*" (Efesios 5:26). Nos recuerda el enunciado de Jesús: "Ya vosotros estáis limpios por la *palabra* que os he hablado"(Juan 15:3). Esto no tiene nada que ver directamente con el bautismo. Nos muestra cómo es que la *Palabra* de Dios, con el poder del Espíritu Santo, nos limpia internamente. Lo que *podemos* decir es que la Palabra de Dios, por una parte, y el bautismo, por la otra, se refieren a la misma realidad espiritual: ser puestos bajo todas las bendiciones de la obra de Cristo —a través de la Palabra internamente, y a través del bautismo externamente.

Día 215 El lavamiento de la impureza (Domingo 26, **P.** y **R.** 69, parte 2)

R. *Cristo … [con el bautismo ha] prometido que yo ciertamente con su sangre y Espíritu seré lavado de la impureza de mi alma; es decir, de todos mis pecados.*

Ya el bautismo aplicado por Juan el Bautista —aunque diferente del bautismo cristiano— es llamado "de arrepentimiento para perdón de pecados" (Marcos 1:4). Pedro les dijo a los judíos: "Arrepentíos, y bautícese cada uno de vosotros en el nombre de Jesucristo para perdón de los pecados; y recibiréis el don del Espíritu Santo" (Hechos 2:38). *Internamente* hemos "muerto al pecado", y esto fue ilustrado externamente cuando fuimos "bautizados en Cristo Jesús"; esto es, "bautizados en su muerte" (Romanos 6:2-4). *Internamente* hemos abandonado "el cuerpo pecaminoso carnal, en la circuncisión de Cristo; sepultados con él en el bautismo" (Colosenses 2:11-12). "El bautismo … nos salva (no quitando las inmundicias de la carne, sino como la aspiración de una buena conciencia hacia Dios)"; Esto es, para vivir ahora sin pecado (1 Pedro 3:21).

El bautismo no es necesario para ir al cielo, aunque algunos quieren leer Marcos 16:16 y 1 Pedro 3:21 de este modo. Lo que hace el bautismo es marcar nuestra posición ante Dios *en la tierra*. La sangre de Cristo, tal como es aplicada por el Espíritu, lava la impureza de nuestras almas en el nuevo nacimiento, y somos transformados de pecadores en santos. *Ésto* es un evento interno. El agua del bautismo nos lava *externamente* en que, antes de la tumba acuática del bautismo (Romanos 6:3-4; Colosenses 2:11-12), éramos del mundo pecaminoso, pero ahora somos de Cristo. El bautismo es comparado con el Mar Rojo (1 Corintios 10:1-2): antes estábamos en "Egipto", el mundo del pecado y el diablo; ahora estamos en el desierto, habiendo sido salvados de Egipto, siguiendo nuestro verdadero "Moisés". El bautismo es también comparado con el diluvio de Noé (1 Pedro 3:20-21): antes pertenecíamos al mundo sobre el cual cayó el juicio de Dios; ahora pertenecemos a un mundo nuevo que ha sido limpiado.

El bautismo es un rito real de pasaje —un rito a través del cual pasamos del condenado mundo del pecado, el diablo y la muerte a otro mundo: el reino de Dios, donde Cristo es el centro (*cfr.* Mateo 28:18-19). La sangre de Cristo hace esto internamente, el agua del bautismo lo hace externamente.

Día 216 El lavamiento de los pecados (Domingo 26, **P.** y **R.** 69, parte 3)

R. ... *[con el bautismo] ha instituido este lavamiento externo y con ello ha prometido que yo ciertamente seré lavado de la impureza de mi alma con su sangre y Espíritu; es decir, de todos mis pecados, así como externamente a través del agua he sido lavado de la suciedad del cuerpo..*

El bautismo no es un signo de algo que te ha sucedido internamente que ahora tendría que ser expresado externamente o confirmado en el bautismo. No: en el *mismo* bautismo algo te sucede. Creo que mis queridos hermanos bautistas están equivocados aquí, y que la realidad bíblica es más profunda que lo que ellos sostienen. Los bautistas dicen: salvo por la fe, así que ahora tienes que mostrar esto en el bautismo. No: el bautismo *mismo* salva (Marcos 16:16; 1 Pedro 3:21). Los bautistas dicen: tus pecados han sido lavados, así que ahora tienes que testificar esto en el bautismo. No: el bautismo *mismo* lava tus pecados (Hechos 22:16). Los bautistas dicen: has muerto con Cristo por fe, así que ahora tienes que testificar de esto en el bautismo. No: el bautismo *mismo* es una sepultura en la muerte de Cristo (Romanos 6:3-4; Colosenses 2:11-12). Los bautistas dicen: has sido revestido de Cristo, ahora muestra a todos esto siendo bautizado. No, en el bautismo *mismo* una persona es revestida de Cristo (Gálatas 3:27). Esta transformación, lavamiento, salvación y sepultura es externa y simbólica, pero es más que un testimonio externo. Para muchos, esto es difícil de entender, pero todo cristiano tiene que responder la pregunta: ¿qué *hace* el bautismo a una persona?

Los bautistas dicen que a través del bautismo de agua te conviertes en miembro del cuerpo de Cristo, y citan 1 Corintios 12:13 en apoyo de su dicho. Sin embargo, muchos expositores creen que este versículo no se refiere al bautismo de agua sino al bautismo del Espíritu (*cfr.* Mateo 3:11; Juan 1:33; Hechos 15; 11:16). Literalmente el texto dice que las personas son bautizadas *en* el Espíritu, y así es que leemos: "[al ser bautizados] por un solo Espíritu fuimos todos bautizados en un cuerpo". Así como el bautismo en el Espíritu nos introduce en el cuerpo de Cristo, el bautismo en el agua nos introduce al reino de Dios. Jesús dijo: "Toda potestad me es dada en el cielo y en la tierra. *Por tanto* [esto, a la luz de que yo soy Rey], id, y haced discípulos a todas las naciones, bautizándolos en el nombre del Padre, y del Hijo, y del Espíritu Santo'" (Mateo 28:18-19). Las personas se hacen discípulos internamente por el renacimiento y la fe, y externamente por el bautismo de agua. No comprimamos estas dos realidades espirituales para hacer una.

Día 217 **Lavado con la sangre de Cristo** (Domingo 26, **P.** y **R.** 70, parte 1)

P. ¿Qué significa que soy lavado con la sangre y el Espíritu de Cristo?

R. *Significa que tenemos perdón de los pecados por la gracia de Dios y por virtud de la sangre que Cristo ha derramado por nosotros en su sacrificio único en la cruz.*

Para distinguir claramente entre el lavamiento con agua tal y como ocurre en el bautismo, y el lavamiento con la sangre de Cristo tal y como ocurre en el momento en que nuestros pecados son perdonados, el catecismo entra más profundamente en este segundo lavamiento. El apóstol Juan nos dice que aquellos "que han salido de la gran tribulación [...] han lavado sus ropas, y las han emblanquecido en la sangre del Cordero" (Apocalipsis 7:14). ¡Ésta es una imagen atrevida! ¡Imagínate lo que sucedería si trataras de lavar tu ropa en sangre! Saldría completamente roja, más sucia que lo que estaba antes, y te costaría mucho trabajo blanquearla. ¡Pero aquellos que lavan sus ropas (espirituales) en la sangre de Cristo las hacen *blancas*, esto es, limpias, puras!

En algunos manuscritos griegos leemos acerca de aquel "que nos amó, y nos lavó de nuestros pecados con su sangre" (Apocalipsis 1:5). Una imagen similar es la de la aspersión. Pedro habla de la "santificación del Espíritu, para obedecer y ser rociados con la sangre de Jesucristo" (1 Pedro 1:2) y Hebreos dice que hemos venido a "el Mediador del nuevo pacto, y a la sangre rociada que habla mejor que la de Abel" (Hebreos 12:24; *cfr.* 10:22). Jesús mismo habló de "mi sangre del nuevo pacto, que por muchos es derramada para remisión de los pecados" (Mateo 26:28), y Pablo dice: "en quien tenemos redención por su sangre, el perdón de pecados según las riquezas de su gracia" (Efesios 1:7); "Cristo Jesús, a quien Dios puso como propiciación por medio de la fe en su sangre" (Romanos 3:24-25); somos "justificados en su sangre" (5:19). A través de Cristo, Dios ha hecho "la paz mediante la sangre de su cruz" (Colosenses 1:20).

Algunos teólogos han hablado de una manera denigrante de tal "teología de la sangre", la cual es para ellos un modo primitivo de pensar. Sin embargo, para nosotros significa todo. Creemos en la gran proclamación de Hebreos 9: "sin derramamiento de sangre no se hace remisión" (Hebreos 9:22). ¡Es mejor ser dispensados del agua del bautismo que de la sangre del sacrificio de Cristo!

Día 218 **Lavado con el Espíritu de Cristo** (Domingo 26, **P.** y **R.** 70, parte 2)

R. *[ser lavado con el Espíritu de Cristo] ... significa, más aún, que a través del Espíritu Santo soy renovado y convertido en miembro de Cristo.*

L a versión original del catecismo habla en este tema acerca de ser "lavado con la sangre y el Espíritu de Cristo", pero esto aparentemente significa: "lavado por la sangre de Cristo en el poder del Espíritu Santo". Es quizá erróneo hablar de ser lavados con el espíritu de Cristo. Es mejor hablar de ser "lavados por el Espíritu"; como dice Pablo: "habéis sido lavados ... en el nombre del Señor Jesús, y por el Espíritu de nuestro Dios" (1 Corintios 6:11).

No debiéramos confundir las dos diferentes imágenes bíblicas de sangre y agua. Se dice que somos lavados con la *sangre* de Cristo cuando se trata de las demandas santas de Dios, de satisfacción y propiciación. Se dice que somos lavados con el *agua* de la palabra cuando es cuestión de nuestra conciencia y de nuestro testimonio al mundo, tal y como se expresa externamente en el bautismo. Juan resume: "Este es Jesucristo, que vino mediante agua y sangre; no mediante agua solamente, sino mediante agua y sangre. Y el Espíritu es el que da testimonio; porque el Espíritu es la verdad. Porque tres son los que dan testimonio en el cielo: el Padre, el Verbo y el Espíritu Santo; y estos tres son uno" (1 Juan 5:6-8).

Anteriormente el profeta Ezequiel había escrito: "Esparciré sobre vosotros agua limpia, y seréis limpiados de todas vuestras inmundicias; y de todos vuestros ídolos os limpiaré. Os daré corazón nuevo, y pondré espíritu nuevo dentro de vosotros... Y pondré dentro de vosotros mi Espíritu, y haré que andéis en mis estatutos, y guardéis mis preceptos, y los pongáis por obra" (Ezequiel 36:25-27).

Jesús le dijo a Nicodemo que primeramente tenía que ser "nacido de nuevo", y luego especificó: "[nacido] de agua y del Espíritu" (Juan 3:3, 5). El bautismo cristiano todavía no había sido instituido, así que Jesús no podía estar hablando aquí del bautismo de agua. "Agua" puede referirse a la Palabra de Dios (*cfr.* Juan 15: 3; Efesios 5:26), o el significado es "nacido de agua, a saber, del Espíritu" (*cfr.* Juan 7:38-39). El agua misma no produce regeneración; esto es consumado por la Palabra de Dios en el poder del Espíritu Santo.

Día 219 **Vidas santas y sin culpa** (Domingo 26, **P.** y **R.** 70, parte 3)

R. . . . *que a través del Espíritu Santo soy renovado y convertido en miembro de Cristo, para que cada vez más muera al pecado y conduzca una vida agradable a Dios.*

Espiritualmente, el creyente "muere al pecado" en el momento en que es salvo. Pablo dice: "sabiendo que Cristo, habiendo resucitado de los muertos, ya no muere; la muerte no se enseñorea más de él. Porque en cuanto murió, al pecado murió una vez por todas; mas en cuanto vive, para Dios vive. Así también vosotros consideraos muertos al pecado, pero vivos para Dios en Cristo Jesús" (Romanos 6:9-11). Cristo ha "muerto al pecado", y no tiene ya nada que ver con el problema del pecado. Hemos sido "plantados juntamente con él en la semejanza de su muerte" (v. 5), nuestro "viejo hombre fue crucificado juntamente con él" (v. 6). Así que hemos "muerto al pecado", y así ya no estamos bajo su poder —no puedes arrestar o acusar a una persona muerta.

Sin embargo, el mismo hecho de que Pablo tiene que amonestarnos para que "nos consideremos muertos al pecado", implica que los creyentes todavía no han hecho esto, o necesitan que se les recuerde. Y si bien Pablo dice que hemos "libertados del pecado" (Romanos 6:7, 18.22), todavía tiene que exhortarnos: "No reine, pues, el pecado en vuestro cuerpo mortal, de modo que lo obedezcáis en sus concupiscencias . . . sino presentaos vosotros mismos a Dios como vivos de entre los muertos, y vuestros miembros a Dios como instrumentos de justicia. Porque el pecado no se enseñoreará de vosotros; pues no estáis bajo la ley, sino bajo la gracia" (Romanos 6:12-14).

Ésta es la tensión constante entre nuestra *posición* fundamental en Cristo y nuestra *práctica* cristiana diaria. Estamos *muertos* al pecado, *y* necesitamos aprender a estar "más y más muertos al pecado" como una realidad práctica. Somos santos y sin culpa en el momento en que creemos (1 Corintios 6:11; Efesios 1:4; Colosenses 1:22), y debemos también *aprender* a "vivier vidas santas y sin mancha". Pedro nos dice que participamos "en [la] santificación del Espíritu" (1 Pedro 1:2), y no obstante nos exhorta: "sed también vosotros santos en toda vuestra manera de vivir; porque escrito está: Sed santos, porque yo soy santo" (1 Pedro 1:15-16). Hemos "[sido] santificados" (Hebreos 10:10), *y* tenemos que *luchar* por la santidad (Hebreos 12:14). Esto seguirá siendo verdadero mientras moremos sobre esta tierra.

P. ¿Dónde ha Cristo prometido que ciertamente con su sangre y Espíritu seremos lavados, así como lo fuimos con el agua bautismal?

R. *En la institución del bautismo, donde dijo: "Por tanto, id, y haced discípulos a todas las naciones, bautizándolos en el nombre del Padre, y del Hijo, y del Espíritu Santo".*

Ésta es una situación excepcional en el catecismo: ¡exige demostración bíblica! Desde luego, todo lo que dice pretende estar de pleno acuerdo con la Biblia. Por lo tanto, el catecismo nos provee referencias bíblicas todo el tiempo, para apuntalar lo que afirma. Es de lo más notable que aquí, en la pregunta misma, el catecismo pregunte "¿Dónde ha Cristo prometido que ciertamente con su sangre y Espíritu seremos lavados, así como lo fuimos con el agua bautismal?". No hay un pasaje bíblico directo donde todo esto sea enunciado explícitamente; tenemos que deducir el asunto directamente a partir de varios pasajes. Para esta finalidad, el catecismo se refiere a cuatro pasajes.

El primero es Mateo 28:19, "id, y haced discípulos a todas las naciones, bautizándolos en el nombre del Padre, y del Hijo, y del Espíritu Santo". Ahora bien, ¿en qué sentido da el catecismo en este versículo una demostración de que "con su sangre y Espíritu seremos lavados, así como lo fuimos con el agua bautismal"? Recuerda que la palabra "bautismo" misma significa un "lavamiento (ritual)" (Hebreos 6:1; *cfr.* 9:10). Jesús ha hecho esto diciendo: ¡haz a las personas discípulos míos lavándolas con el agua en el nombre del Dios Triuno! Este es el aspecto *externo* del asunto. Externamente, uno se convierte en discípulo de Cristo mediante el bautismo de agua. Al mismo tiempo, sabemos que alguien se hace *internamente* un discípulo de Jesús mediante el lavamiento con su sangre, como hemos visto en las previas PyRs.

Observe que en ambos aspectos del lavamiento está involucrado el Espí-ritu Santo. Cuando alguien es bautizado, lo es en el nombre del Espíritu Santo (además de en el del Padre y el Hijo). La persona bautizada es puesta bajo la autoridad del Espíritu. Y Pablo habla de la "santificación del Espíritu, para obedecer y ser rociados con la sangre de Jesucristo" (1 Pedro 1:2).

Día 221 Fe y bautismo (Domingo 26, **P.** y **R.** 71, parte 2)

R. . . . *"El que creyere y fuere bautizado, será salvo; mas el que no creyere, será condenado".*

El segundo versículo bíblico al que se refiere el catecismo es Marcos 16:16. Este versículo es citado frecuentemente por los bautistas para demostrar que una persona debe creer antes de ser bautizada, pero ese no es el punto aquí. El versículo no trata en lo absoluto acerca del orden de la fe y el bautismo. El punto es más bien que la fe y el bautismo son dos lados de la misma moneda. Se dice aquí, tanto de la fe como del bautismo, que salvan a una persona, pero lo hacen de maneras diferentes. La fe salva a una persona *internamente*, y con miras en la *eternidad*. El bautismo salva a una persona *externamente*, con miras en su posición aquí sobre la tierra.

De modo similar, Pedro nos dice que el bautismo "salva" a una persona (1 Pedro 3:21), pero esto no puede ser con miras en la eternidad; nadie puede obtener salvación eterna por el bautismo como tal. El punto es más bien que un no es "salvado" por el bautismo como Noé y su familia fueron "salvados" por el diluvio (v. 20). El diluvio los llevó del viejo mundo del pecado y la muerte al nuevo mundo de la gracia de Dios, basado en el sacrificio (Génesis 8:20-21). De modo similar, el bautismo aleja a una persona del gobierno de Satanás y lo lleva al gobierno de Cristo. Este es un "lugar seguro", donde la Palabra y el Espíritu de Dios reinan. Jesús ha recibido toda potestad en los cielos y en la tierra, y cuando las personas son bautizadas son puestas bajo esta autoridad, y tienen que aprender ahí todo lo que el Señor ha ordenado (Mateo 28:18-19).

Éste es el reino de Dios en la era presente; es el dominio donde Cristo gobierna, y donde se enseña a las personas a seguirlo y a servirlo. Es por *esto* que amamos traer a nuestros hijos al "lugar seguro"de este reino de bendiciones de Dios cuando son jóvenes: "Dejad a los niños venir a mí, y no se lo impidáis; porque de los tales es el reino de Dios" (Marcos 10:14). "Y vosotros, padres, no provoquéis a ira a vuestros hijos, sino criadlos en disciplina y amonestación del Señor" (Efesios 6:4). En este sentido, los niños son "santos" debido a los padres creyentes (1 Corintios 7:14). ¡Se hallan en el refugio seguro donde la Palabra de Dios es escuchada y el Espíritu está operando!

R. . . . *Esta promesa es repetida allí donde la Santa Escritura llama al bautismo el "lavamiento de la regeneración" y el "lavamiento de los pecados".*

He aquí los pasajes tercero y cuarto de la Biblia a los que se refiere el catecismo. Pablo dice: Dios "nos salvó, no por obras de justicia que nosotros hubiéramos hecho, sino por su misericordia, por el lavamiento de la regeneración y por la renovación en el Espíritu Santo" (Tito 3:5). Es debatible si Pablo habla aquí literalmente del bautismo, pues ninguno de nosotros es regenerado por el bautismo *como tal*. Más aún, si Pablo habla aquí de ser "salvo" en conexión con la "renovación en [esto es, por] el Espíritu Santo", aparentemente habla de la salvación interior. Esto es lo que Pedro llama "la salvación de vuestras almas" (1 Pedro 1:9). Así, el lavamiento es el lavamiento *interno*, al cual se refiere Pablo: "ya habéis sido lavados, ya habéis sido santificados, ya habéis sido justificados en el nombre del Señor Jesús, y por el Espíritu de nuestro Dios" (1 Corintios 6:11).

Al mismo tiempo, el bautismo es la *contraparte externa* a este lavamiento interno. El lavamiento interno solo no tendría sentido si no hubiese un paso exterior del mundo de Satanás al reino de Dios. Pero, conversamente, ¿qué sentido tendría tal paso exterior sin este lavamiento interno, conectado con la santificación y la justificación?

En este contexto, miremos ahora el cuarto pasaje al que se refiere el catecismo. Ananías le dijo a Pablo: "Levántate y bautízate, y lava tus pecados, invocando su nombre [el de Jesús]" (Hechos 22:16). No hay duda de que lo que quería decir Ananías era bautízate y lava así tus pecados (encontramos una construcción similar en Lucas 24:26; Juan 15:8). El bautismo lava nuestros pecados *externamente*, así como la regeneración y la fe los lavan *internamente*. Hasta este punto, Pablo había estado del lado de los enemigos de Cristo; ahora tenía que *cambiar su posición*. A través del bautismo, abandonaría públicamente este dominio (los pecados que pertenecían a esa vida ya no estarían unidos a él), y se movería bajo el gobierno de Cristo. ¡No sólo internamente, sino también externamente, se convertiría en un seguidor de Cristo, no meramente desde el momento de su regeneración, sino desde el momento de su bautismo!

Día 223 El lavamiento externo (Domingo 27, **P.** y **R.** 72, parte 1)

P. ¿Es pues el lavamiento externo mismo la ablución de los pecados?

R. *No; pues solamente la sangre de Jesucristo y el Espíritu Santo nos purifican de todos los pecados.*

El catecismo quiere evitar la idea de que el bautismo, el cual es un lavamiento externo, es por sí mismo capaz de lavar los pecados. Los católicos creen que una persona es regenerada por el bautismo de agua; los protestantes no. Desde luego, el bautismo salva (1 Pedro 3:21; *cfr.* Marcos 16:16), pero lo hace sólo *externamente*. Si no hay una *contraparte interna*, una persona se pierde para siempre, a pesar de su bautismo.

¡Por cierto que tal salvación externa es muy importante! Muchos cristianos parecen pensar que lo único que importa es la regeneración interna, la fe, o la salvación del alma, como si el mensaje cristiano entero fuese acerca de su relación personal con Dios (*cfr.* 1 Pedro 1:9). Tales cristianos están equivocados. ¡Tu posición externa sobre la tierra es muy importante! ¿Estás todavía del lado de los enemigos de Dios, o públicamente estás del lado de Cristo? Estás en el reino de Satanás o en el reino de Dios. Y le entrada a este reino es el bautismo (Mateo 28:18-19). Aquellos que son bautizados son puestos bajo el gobierno de Cristo. El cuerpo de Cristo contiene miembros individuales, pero el reino de Dios contiene familias enteras. Si los padres confiesan que son seguidores de Cristo, desean ver a su entera familia en el mismo terreno. Los niños son santos (apartados) en los padres (*cfr.* 1 Corintios 7:14). Los niños son criados "en disciplina y amonestación del Señor" (Efesios 6:4). Son "hechos partícipes del Espíritu Santo" (Hebreos 6:4) porque se hallan en el dominio donde el Espíritu Santo está operando. ¡Qué privilegio!

Y, no obstante, ningún hijo de padres creyentes es automáticamente salvo por la eternidad. El lavamiento externo con agua no es suficiente. "La sangre de Jesucristo su Hijo nos limpia de todo pecado … Si confesamos nuestros pecados, él es fiel y justo para perdonar nuestros pecados, y limpiarnos de toda maldad" (1 Juan 1:7, 9). Todo niño, y todo adulto, necesita hacer una confesión *personal* de pecados para recibir el perdón de los pecados. Sin regeneración interna, el rito externo es inútil.

Día 224 **El lavamiento interno** (Domingo 27, **P.** y **R.** 72, parte 2)

R. . . . *solamente la sangre de Jesucristo y el Espíritu Santo nos purifican de todos los pecados.*

¿Cómo podemos reconciliar este enunciado del catecismo con Hechos 22:16, donde Ananías le dice a Saulo de Tarso que tiene que ser bautizado, y permitir así que sus pecados sean lavados? La respuesta del catecismo en varias PyRs sucesivas es que el bautismo es un lavamiento externo —el cual no obstante tiene una gran importancia espiritual— mientras que por la regeneración y por la fe somos internamente lavados por la sangre de Jesucristo al ser aplicada por el Espíritu Santo al corazón y la conciencia de la persona.

La sangre de Jesús, vertida hace unos 2000 años, es la parte *objetiva* de nuestra salvación. La aplicación por el Espíritu Santo es el elemento *subjetivo*; sucede durante nuestra vida. La sangre necesita la operación del Espíritu Santo para despertar la conciencia de una persona, hacer que se arrepienta de sus pecados, llevarlo a confesar estos pecados y aceptar la obra redentora de Cristo por la fe. Pero el Espíritu Santo solo tampoco es suficiente; cualesquiera que sean sus operaciones en el corazón y la conciencia de una persona, debe tener un *fundamento* sólido y aceptable para conceder a una persona el perdón de los pecados por Dios. Esto fundamento es proporcionado por la sangre de Cristo; esto es, la obra redentora de Cristo en la cruz.

Juan nos dice: "la sangre de Jesucristo su Hijo nos limpia de todo pecado" (1 Juan 1:7), pero no limpia a *todas* las personas de sus pecados, sino sólo aquellos que verdadera y honestamente *confiesan* sus pecados (v. 9). Y necesita la obra del Espíritu Santo para llevar a una persona a tal confesión. Conversamente, somos santificados por el Espíritu (*cfr.* 1 Pedro 1:2), y fuimos lavados, santificados y justificados por el Espíritu de nuestro Dios (1 Corintios 6:11). Sí, pero sólo si somos espiritualmente rociados con la sangre de Cristo (*cfr.* 1 Pedro 1:2). Es "el Espíritu, el agua y la sangre; y estos tres concuerdan" (1 Juan 5:8).

Día 225 El bautismo es lavamiento (Domingo 27, **P.** y **R.** 73, parte 1)

P. ¿Por qué llama pues el Espíritu Santo al bautismo el "lavamiento de la regeneración" y la "ablución de los pecados"?

R. *Dios habla así no sin un gran motivo. Él quiere que con ello aprendamos: Como la suciedad del cuerpo mediante el agua, así serán nuestros pecados quitados por la sangre y el Espíritu de Cristo.*

Aquí, nuevamente, el catecismo enfatiza la estrecha relación entre el signo externo y la realidad espiritual interna. Esto es muy común con respecto a los sacramentos. Piensa en la controversia entre Lutero y otros protestantes acerca de la pequeña palabra "es" en las palabras de Jesús: "Esto es mi cuerpo" (Lucas 22:19; 1 Corintios 11:24). La doctrina católica de la transustanciación, e incluso la luterana de la consubstanciación, llegan demasiado lejos en la dirección de identificar el pan y el cuerpo, mientras que el simbolismo ("el pan es meramente un símbolo") va demasiado lejos hacia el otro extremo. La verdad se halla en medio, como habremos de ver.

De modo similar, uno puede preguntarse cuán lejos son identificados el aceite y el Santo Espíritu en la unción de los enfermos (Santiago 5:14-15). Los profetas en el Antiguo Testamento eran a veces ungidos con aceite (1 Reyes 19:16); uno de ellos podía incluso decir: "El Espíritu de Jehová el Señor está sobre mí, *porque* me ungió Jehová" (Isaías 61:1; *cfr.* Hechos 10:38). Cuando David fue ungido con aceite, "desde aquel día en adelante el Espíritu de Jehová vino sobre David" (1 Samuel 16:13). Esto ilustra cuán estrechamente están relacionados, ya en el Antiguo Testamento, el aceite (la materia representante) y el Espíritu (la materia representada) .

De modo similar el signo externo (bautismo) y la realidad espiritual interna están muy cercanas porque el bautismo no es meramente un "símbolo" de algo. Dios mismo nos encuentra en el bautismo y nos acepta como ya no perteneciendo al "mundo de la maldad"; nos recibe en la compañía de los seguidores de Cristo. El catecismo enfatiza la *distinción* entre bautismo ("representante"del renacimiento y el lavamiento de los pecados) y el renacimiento, el lavamiento de los pecados como tal, el cual es consumado por la sangre de Cristo (Romanos 3:24; 5:9; Apocalipsis 1:5; 7:14). Pero también enfatiza la realidad espiritual del bautismo mismo. Es Dios extendiendo su mano a la persona bautizada.

Día 226 **Nuestros pecados son quitados** (Domingo 27, P. y R. 73, parte 2)

R. ... Mejor dicho: A través de esta divina garantía y símbolo nos hace ciertos de que somos verdaderamente lavados espiritualmente de nuestros pecados, así como somos lavados con el agua corporal.

Una "promesa" es un hermoso término para el bautismo. Corresponde a términos tales como "honesto", "garantía", "pago por adelantado', "depósito", que encontramos en varias traducciones (2 Corintios 1:22; 5:5; Efesios 1:14). Dios nos promete o nos garantiza ciertas cosas en el bautismo. Habla, como quien dice, a través del signo del bautismo, diciendo: "tan ciertamente como que esta agua lava físicamente tu cuerpo y elimina la suciedad, la sangre de Cristo lava espiritualmente tu alma y elimina tus pecados, *si tan sólo* los confiesas honestamente delante de mí, y confías en la lograda obra de Cristo".

Tan seguramente como que el arca de Noé transfirió a él y a su familia desde el viejo mundo del pecado, el diablo y la muerte a un nuevo mundo, basado en el sacrificio (1 Pedro 3:20-21), el bautismo transfiere a una persona del gobierno de Satanás al gobierno de Cristo en el reino de Dios. Tan cierto como que Israel cruzó el Mar Rojo —siendo "en Moisés ... bautizados en la nube y en el mar" (1 Corintios 10:1-2)— y así abandonó Egipto, imagen del mundo del pecado, el diablo y la muerte, transfiere el bautismo a una persona de este viejo mundo al "desierto", y al final a la prometida Canaán, el reino Mesiánico.

Recuerda, sin embargo, que no todos aquellos que cruzaron el Mar Rojo eran necesariamente *salvos*: "de los más de ellos no se agradó Dios; por lo cual quedaron postrados en el desierto" (1 Corintios 10:5). Ninguna persona que haya sido bautizada será salva por la eternidad si no tiene lugar la concomitante operación en el alma por la sangre de Cristo y el Espíritu de Dios. Puedes revestirte de Cristo externamente en el bautismo (Gálatas 3:27), pero ello no vale nada si no te revistes de él espiritualmente (Romanos 13:14). Puedes haber sido bautizado en la muerte de Jesús (Romanos 6:3-4), pero si no tiene lugar la interna rendición de fe al Jesús muerto y resucitado, no te beneficiará eternamente. Puedes haber sido levantado externamente en el bautismo (Colosenses 2:12), pero eso carece de significado si no eres también levantado con Cristo por fe.

P. ¿Debe uno bautizar también a los niños pequeños?

R. *Sí; pues ellos también pertenecen, al igual que los adultos, al pacto de Dios y a su comunidad. También ellos, no menos que los adultos, tendrán en la sangre de Cristo la redención de los pecados y el Espíritu Santo, del cual recibirán la fe prometida.*

Es notable que la pregunta de si los infantes deberían también ser bautizados aparece solamente al final de esta parte del catecismo —casi como una reflexión postrera. Eso es correcto. Primeramente tenemos que establecer el real significado del bautismo. Muchos cristianos piensan que el tema principal del bautismo es el de si debiéramos bautizar a los creyentes así como a los hijos de los creyentes; o sólo a los creyentes. Pero no, el tema real es qué representa el bautismo *en sí mismo*.

Considere la vieja diferencia de opinión entre los paidobautistas reformados y los credobautistas reformados (tales como John Bunyan, Charles H. Spurgeon, Joseph C. Philpot y otros bautistas estrictos en Inglaterra). Cualesquiera que hayan sido sus diferencias, eran todos reformados, todos aceptaban la teología del pacto y suponían que había un vínculo entre el nuevo pacto y el bautismo. Los paidobautistas habrían de enfatizar el estrecho vínculo, como ellos lo ven, entre el pacto abráhamico y el nuevo pacto, y es así que se referirían, por ejemplo, a Génesis 17:7, donde Dios dice: "estableceré mi pacto entre mí y ti, y tu descendencia después de ti en sus generaciones, por pacto perpetuo". Los credobautistas, sin embargo enfatizarían en que el nuevo pacto contiene solamente verdaderos creyentes, así que sólo bautizarían creyentes confesantes: "este es el pacto que haré con la casa de Israel después de aquellos días, dice Jehová: Daré mi ley en su mente, y la escribiré en su corazón; y yo seré a ellos por Dios, y ellos me serán por pueblo. Y no enseñará más ninguno a su prójimo, ni ninguno a su hermano, diciendo: Conoce a Jehová; porque todos me conocerán, desde el más pequeño de ellos hasta el más grande, dice Jehová; porque perdonaré la maldad de ellos, y no me acordaré más de su pecado" (Jeremías 31:33-34; *cfr.* Hebreos 8:10-12).

Es interesante que, dentro del catecismo, el pacto, el cual desempeña un gran papel en el pensamiento reformado (paido- y credobautistas), aparece solamente aquí y brevemente en las en la PyR 82. En realidad, esto es muy apropiad,o en tanto que en el Nuevo Testamento el bautismo nunca es vinculado explícitamente con el pacto abráhmico o el nuevo pacto.

Día 228 Incorporados a la iglesia (Domingo 27, P. y R. 74, parte 2)

R. ... *Porque también los niños, a través del bautismo, símbolo del pacto, son insertados en la iglesia cristiana como miembros, y distinguidos de los niños de los incrédulos.*

No puede haber duda de que los hijos de los creyentes son parte de la comunidad cristiana. Jesús dijo explícitamente que el reino de los cielos pertenecía a los niños pequeños (Mateo 19:14); esto es, a los hijos de los creyentes, pues fueron ellos los que llevaron sus hijos a Jesús. Pablo dice: "el marido incrédulo es santificado en la mujer, y la mujer incrédula en el marido; pues de otra manera vuestros hijos serían inmundos, mientras que ahora son santos", esto es, apartados (1 Corintios 7:14). Los creyentes no ven a sus hijos como paganos hasta que son salvos, sino que los crian "en disciplina y amonestación del Señor" (Efesios 6:4). Hasta algún triste momento en que el hijo da su espalda al Evangelio, los padres cristianos lo tratan *como un cristiano.*

Para los paidobautistas reformados, tales pasajes proporciona suficiente fundamento para bautizar a los hijos de los creyentes. Los credobautistas reformados argumentan que los niños son desde luego parte de la comunidad cristiana pero tienen que hacer una confesión persona de fe en Cristo antes de que puedan ser bautizados. Los paudobautistas apuntan a los hogares completos que fueron bautizados (Hechos 16:15, 31-33; 18:8; 1 Corintios 1:16). Los credobautistas argumentan que no hay demostración de que hubiera infantes en estas familias. Por el contrario, señalan que Crispo "creyó en el Señor con toda su casa" (Hechos 18:8). Hechos 16:34 es ambiguo: el carcelero "se regocijó con toda su casa de haber creído a Dios".

Los paidobautistas se refieren a Hechos 2:39, donde Pedro dice: "para vosotros es la promesa, y para vuestros hijos, y para todos los que están lejos; para cuantos el Señor nuestro Dios llamare". Les gusta pensar aquí en la promesa abrahámica; los credobautistas piensan en vez de ello en el versículo 33, el cual habla de "la promesa del Espíritu Santo". Más aún, "los niños" no siempre significa "infantes". Los paidobautistas no ven razón para excluir a los infantes de "la promesa". Hay creyentes piadosos en ambos lados de esta polémica. Debiéramos todos estar agradeciendo a Dios por su inquebrantable amor hacia nosotros y nuestros hijos.

Día 229 **La circuncisión y el bautismo** (Domingo 27, P. y R. 74, parte 3)

R. *[Esta distinción] ocurría en el Antiguo Testamento a través de la circuncisión, en lugar de la cual se ha instituido en el Nuevo Testamento el bautismo.*

Hay indudablemente un cierto paralelo entre la circuncisión del Antiguo Testamento y el bautismo del Nuevo Testamento. Los varones circuncidados de Israel eran parte del pueblo de Dios; los varones no circuncidados no lo eran. De modo similar, las personas bautizadas en el Nuevo Testamento son parte del pueblo de Dios del Nuevo Testamento y las personas no bautizadas no lo son. La circuncisión implicaba entonces reunir al pueblo de Dios; el bautismo implica reunir al pueblo de Dios ahora.

En estos días, los teólogos reformados se han vuelto cuidadosos para decir que la circuncisión "fue reemplazada en el Nuevo Testamento por el bautismo". Suena demasiado como "Israel fue reemplazado por la Iglesia", como si no hubiese futuro para el Israel étnico como tal en el consejo de Dios. Esta doctrina es llamada teología de la sustitución. Desde el siglo dieciocho, muchos teólogos reformados han aceptado una interpretación literal de las profecías bíblicas, y creído en un futuro para la Israel étnico.

No podemos tratar este tema aquí más. Miremos en vez de ello el pasaje que siempre se cita cuando se busca un vínculo entre el bautismo y el pacto: Colosenses 2:11-12. Pablo dice que Cristo "también fuisteis circuncidados con circuncisión no hecha a mano, al echar de vosotros el cuerpo pecaminoso carnal, en la circuncisión de Cristo; sepultados con él en el bautismo, en el cual fuisteis también resucitados con él". Los paidobautistas argumentan que este pasaje dice que hemos sido "circuncidados" en el sentido de que fuimos bautizados. El bautismo es la nueva palabra para "circuncisión", como quien dice. Los credobautistas objetarán que Pablo esta hablando aquí de la circuncisión *no* como un ritual externo sino como una obra espiritual *interna*: la "circuncisión de Cristo" (su obra en la cruz, en la que sobrellevó el juicio de Dios en la "carne") se nos aplica con base en la fe. El bautismo es la *contraparte externa* de esto. Argumentan que si la "circuncisión" interna es por causa de la fe, entonces el bautismo también. Ambas partes parecen tener argumentos fuertes. Cristiano: deja que esta controversia te impulse pensar en el poderoso significado de tu propio bautismo.

Día 230 La Santa Cena (Domingo 28, P. y R. 75, parte 1)

P. ¿Cómo se te recordará y se te hará cierto en la Santa Cena que tienes parte en el único sacrificio de Cristo en la cruz, y en todos sus dones?

R. *Cristo me ha ordenado a mí y a todos los creyentes que en su memoria comamos del pan partido y bebamos de la copa.*

Este sacramento involucra un lugar espiritual (la mesa del Señor; 1 Corintios 10:21), donde tiene lugar la comida, y la comida misma, llamada la Cena del Señor (1 Corintios 11:20), la Última Cena (porque fue la última comida que Jesús tuvo con sus discípulos antes de morir) o la Santa Cena. El catecismo nos recuerda el primer significado de la Santa Cena: comemos el pan y debemos el vino "en recuerdo de él" (Lucas 22:19; 1 Corintios 11:24-25). De hecho, cuando celebramos la Cena del Señor, no son primariamente "el sacrificio único de Cristo en la cruz y todos sus beneficios" los que se nos presentan, sino *Cristo mismo*. Cuando una persona es bautizada, lo es con miras en *Cristo*, bajo cuyo autoridad es puesta la persona. Cuando una persona participa en la Santa Cena, es *Cristo* quien se halla primariamente ante él.

Vemos esto especialmente en las palabras de la institución del mismo Cristo concernientes al bautismo (Mateo 28:18-19). Es como si nos dijera: "soy el Rey; por lo tanto vayan y bauticen a las personas en el nombre de este Rey" (*cfr.* Hechos 2:38; 8:16; 10:48; 19:5). En el bautismo eres *agregado* a Cristo. De modo similar, es como si dijera: "este pan representa mi cuerpo, el cual es entregado por vosotros; cada vez que lo comáis, pensad en *mí*; esta copa representa mi sangre; cada vez que la bebáis, pensad en *mí*" (*cfr.* 1 Corintios 11:24-25).

Sin embargo, esta claro que no es *meramente* la persona de Cristo la que está a la vista; es Cristo, como Aquel que entregó su cuerpo a la muerte *por nosotros*; Aquel que derramó su sangre por nosotros. Conmemoramos a Cristo como Aquel que se sacrificó en la cruz con miras en *nuestra* salvación eterna. Jesús indica esto diciendo acerca de su sangre "que por muchos es derramada para remisión de los pecados" (Mateo 26:28). Jesús nos pide que comamos el pan y bebamos la copa una y otra vez, para que nunca olvidemos lo que él logro para nosotros en la cruz. En la Santa Cena, nosotros "la muerte del Señor" proclamamos (1 Corintios 11:26); esto es, su muerte *por nosotros*.

Día 231 **En memoria de él** (Domingo 28, **P.** y **R.** 75, parte 2)

R. ... Con ello él ha prometido: En primer lugar, que es tan cierto que en la cruz su cuerpo fue sacrificado y partido, y su sangre derramada por mí, como veo con los ojos que el pan del Señor es partido para mí y me es dada la copa.

L A palabra "orden" es fuerte. Al principio de la comida pascual Jesús le dijo a sus discípulos: "¡Cuánto he *deseado* comer con vosotros esta pascua antes que padezca!" (Lucas 22:15), y espera, como nuestra respuesta, que nosotros sinceramente deseemos comer la Santa Cena, una y otra vez. Es, como quien dice, el último deseo de un querido amigo o pariente moribundo.

No obstante, 'orden' es el término correcto. Él es el *Señor* (esta palabra ocurre siete veces en 1 Corintios 11:20-27), y como tal él se halla en la posición de ordenar. "Bautícese cada uno de vosotros" (Hechos 2:38; 10:48; 22:16) no es meramente un amable solicitud; es una orden. "Tomad, comed, bebed" también es una orden —una orden amorosa de un Amo amoroso. Si deseas ser un discípulo de Jesús, la manera apropiada de hacerlo es ser bautizado. Si deseas proclamar la muerte del Señor hasta que él venga, el modo apropiado de hacerlo es celebrar la Santa Cena. El es el Amo; él determina las reglas. No puedes simplemente convertirte en el discípulo del Señor o proclamar la muerte del Señor de una manera que sea de tu propia elección.

El catecismo agrega que es una orden que involucra promesas, o garantías. Así como lo vimos con el bautismo, el Señor habla a través de los emblemas del pan y la copa; está presente en ellos a través del Espíritu Santo. El nos llama: mira este pan que partes —es "el pan que *nosotros* partimos", no solamente el pastor (1 Corintios 10:16)— y que primeramente yo partí por ti (1 Corintios 11:24); tómalo, cómelo, date cuenta de que este pan habla de mi cuerpo, y recuerda que yo entregué mi cuerpo a la muerte *por ti*. Mira a esta copa por la cual das gracias ("que bendecimos", 1 Corintios 10:16) y de la cual bebes, date cuenta de que el vino habla de mi sangre, y recuerda que yo derramé mi sangre en la cruz por ti. Tan cierto como que comes este pan y bebes esta copa, participas en la obra de redención que he logrado para ti en la cruz. ¡Qué hermoso "lenguaje" de perdón y redención habla la Cena del Señor!

Día 232 **Signos seguros** (Domingo 28, **P.** y **R.** 75, parte 3)

R. . . . En segundo lugar, que tan ciertamente como que él mismo con su cuerpo crucificado y sangre derramada da de comer y beber a mi alma para vida eterna, de la mano del ministro recibo y disfruto corporalmente el pan y la copa del Señor, como señal cierta de que el cuerpo y la sangre de Cristo me son administrados.

A hora viene la segunda promesa: a través de la Cena del Señor, Jesucristo "con su cuerpo crucificado y sangre derramada da de comer y beber a mi alma para vida eterna".

Es obvio que las palabras del catecismo aquí son una alusión a Juan 6, donde Jesús se llama asimismo el "pan de vida" (vv. 35, 48), el "pan del cielo" (vv. 32-33, 41, 50-51, 58), y dice: "El que come mi carne y bebe mi sangre, tiene vida eterna; y yo le resucitaré en el día postrero. Porque mi carne es verdadera comida, y mi sangre es verdadera bebida. El que come mi carne y bebe mi sangre, en mí permanece, y yo en él. Como me envió el Padre viviente, y yo vivo por el Padre, asimismo el que me come, él también vivirá por mí. Este es el pan que descendió del cielo; no como vuestros padres comieron el maná, y murieron; el que come de este pan, vivirá eternamente" (Juan 6:54-58).

Por dos razones, muchos expositores se han preguntado si estas palabras podrían desde luego ser una referencia directa a la Cena del Señor. En primer lugar, por ese tiempo la Santa Cena todavía no había sido instituida, así que ¿como podría Jesús haber hablado de ella? En segundo lugar, en buena medida Jesús se refiere aquí al modo en que una persona puede *recibir* vida eterna "comiendo" de él, mientras que la Santa Cena ciertamente no es el medio para *recibir* la vida. Es para aquellos que *han* recibido la vida eterna. No obstante, la forma griega de los versículos 54 y 56-58 (tiempo presente) se refiere a eventos que todavía están teniendo lugar: son los *creyentes* "alimentándose" espiritualmente de Cristo. Incluso si el capítulo no se refiere a la Santa Cena directamente, lo que encontramos aquí es ciertamente representado por la Santa Cena: comer del pan y beber de la copa representa un "comer" espiritual de la carne de Cristo y "beber" su sangre una nutrimento del alma (véase P 76). "Nos alimentamos" de él, como Israel comía diariamente del maná (Juan 6:31, 49).

P. ¿Qué significa, entonces, comer el cuerpo crucificado de Cristo y beber su sangre derramada?

R. *Significa no solamente que aceptamos con corazón creyente el entero sufrimiento y muerte de Cristo y que con ello, recibimos el perdón de los pecados y la vida eterna.*

En esta PyR la referencia es nuevamente a las palabras de Jesús en Juan 6. Desde luego, el catecismo no puede estar diciendo que participando en la Cena del Señor como tal una persona habrá de *recibir* perdón de los pecados y vida eterna. La Santa Cena no es un medio para llegar a ser salvo —es para aquellos que, por la gracia de Dios, saben que ya *han* recibido salvación en Cristo. Sin embargo, en la Cena del señor nosotros "revivimos" esto, por así decirlo. Como del pan, pienso en la obra acabada de Cristo en la cruz, como si me diera cuenta por primera vez que murió *por mí*, lograse la redención *para mí*. No importa cuán frecuentemente celebramos la cena del señor, comemos y bebemos como si fuese la primera vez.

Así como Israel al celebrar la Pascua "revive" esa última noche en Egipto (Éxodo 12), nosotros "revivimos" lo que sucedió en la cruz del Calvario para nosotros, y proclamamos la muerte del Señor (1 Corintios 11:26). Somos como los que están de duelo, como si Jesús acabara de morir (*cfr.* Jeremías 16:7, "ni partirán pan por ellos en el luto para consolarlos de sus muertos; ni les darán a beber vaso de consolaciones por su padre o por su madre"). Al mismo tiempo nos regocijamos porque el Señor ascendido y glorificado se halla en medio de nosotros a través de su Espíritu. Celebramos nuestra salvación, celebramos el perdón de nuestros pecados y la recepción de la vida eterna, como si estas bendiciones hubiesen sido dadas recientemente a nosotros. He celebrado la Cena del Señor quizá 2000 veces en mi vida —no obstante, trato de celebrarla en cada ocasión como si fuese la primera. Como del pan como si hubiese recibido la vida eterna *precisamente ahora*, bebo de la copa como si hubiese recibido el perdón de mis pecados *precisamente ahora*.

En Juan 6:53 ("Si no coméis la carne del Hijo del Hombre, y bebéis su sangre, no tenéis vida en vosotros"), la forma verbal se refiere a un evento que ocurre sólo una vez: hubo una ocasión en su vida en la que una persona, a través de apropiarse (aceptar personalmente) a Cristo como su Salvador, recibió la vida eterna. ¡Pero en los versículos 54 y 56-58 los creyentes comen y beben una y otra vez, y disfrutan cada vez con frescura la vida que ahora pueden tener en y a través de Jesucristo, su Señor!

R. . . . *sino también que a través del Espíritu Santo, el cual simultáneamente mora en Cristo y en nosotros, con su cuerpo glorificado más y más unidos seremos* . . . .

O bserve ahora como se mueve el catecismo aquí de un significado del pan de la Santa Cena —el cuerpo físico de Cristo— al otro significado del mismo: el cuerpo "místico" de Cristo, esto es, su Iglesia mundial. Esto se halla plenamente en línea con las enseñanzas de Pablo: "La copa de bendición que bendecimos, ¿no es la comunión de la sangre de Cristo? El pan que partimos, ¿no es la comunión del cuerpo de Cristo? Siendo uno solo el pan, nosotros, con ser muchos, somos un cuerpo; pues todos participamos de aquel mismo pan" (1 Corintios 10:16-17). Mientras que en el versículo 16 todavía podríamos pensar que el apóstol se esta refiriendo al cuerpo físico de Cristo, el cual entregó a la muerte, en el versículo 17 sin lugar a dudas se refiere al cuerpo de Cristo, esto es, la iglesia. Participamos del cuerpo de Cristo de dos maneras. En primer lugar participamos en el cuerpo físico de Cristo porque él entregó este cuerpo a la muerte para nuestra eterna redención. Y, en segundo lugar, participamos en el cuerpo místico de Cristo porque, al comer y beber juntos, expresamos nuestra unidad como miembros de la misma iglesia mundial de Cristo.

Celebrar la Cena del Señor no es meramente un asunto individual, para nuestro beneficio personal solamente. No partimos el pan para nosotros en casa. Es una acción colectiva: al comer una pieza de la misma hogaza, expreso de una manera muy práctica que soy un pedazo de la iglesia universal de Cristo. En la Santa Cena, nosotros miramos *atrás* hacia la cruz, donde murió Cristo. Miramos hacia *adelante* porque comemos y bebemos "hasta que él venga" (1 Corintios 11:26). Miramos hacia *arriba* hacia el Señor viviente para agradecerle y alabarlo. Miramos *internamente* para revisar si tenemos la actitud correcta (véase PyR 81). Pero también miramos *hacia afuera* a aquellos con los cuales celebramos la Santa Cena. Comemos de la misma hogaza y así demostramos que somos una iglesia. Ésta no es meramente nuestra propia congregación local, o nuestra propia denominación; la hogaza una habla de la unidad y compañerismo de la "Iglesia Católica universal", la "santa congregación de los verdaderos creyentes en Cristo" (*Confesión belga*, artículo 27).

Día 235 Carne de su carne (Domingo 28, P. y R. 76, parte 3)

R. *... de modo tal que, aunque él está en el cielo, y nosotros estamos sobre la Tierra, no obstante somos un cuerpo con él ....*

El catecismo continúa persiguiendo la noción de la hogaza como representando no solamente el cuerpo físico de Cristo, sino también el cuerpo de Cristo en el sentido de la iglesia de Dios. Pablo dice: "Cristo amó a la iglesia, y se entregó a sí mismo por ella ... nadie aborreció jamás a su propia carne, sino que la sustenta y la cuida, como también Cristo a la iglesia, porque somos miembros de su cuerpo, de su carne y de sus huesos. Por esto dejará el hombre a su padre y a su madre, y se unirá a su mujer, y los dos serán una sola carne" (Efesios 5:25.29-32). Pablo está citando Génesis 2:24, mientras que el catecismo se esta refiriendo al versículo 23, en el que Adán dice de la recién creada Eva: "Esto es ahora hueso de mis huesos y carne de mi carne".

En las palabras de Pablo se entrelazan dos imágenes: la imagen de un matrimonio (Cristo y su iglesia son como el esposo y esposa), y la imagen de la cabeza y el cuerpo. La imagen de un matrimonio enfatiza el *amor* entre Cristo y su iglesia: la santifica, la limpia (Efesios 5:26), la nutre, y la atesora (Efesios 5:29). La imagen de la cabeza y el cuerpo enfatiza la *unidad* de Cristo y su iglesia: la cabeza y el cuerpo son inseparables. La expresión "hueso de mis huesos y carne de mi carne" se relaciona con ambas imágenes.

El catecismo señala que Cristo, la Cabeza, está en el cielo (glorificado a la diestra de Dios), mientras que nosotros (su cuerpo, la iglesia) estamos todavía sobre la tierra. No obstante, los dos son inseparables, como lo saca a colación Pablo de una manera muy notable: Dios "juntamente con él [Cristo] nos resucitó, y asimismo nos hizo sentar en los lugares celestiales con Cristo Jesús" (Efesios 2:6). ¡Cristo está ahí, y en él ya estamos ahí nosotros también!

¿Qué tiene que ver esto con la Cena del Señor? El catecismo argumenta que cuando celebramos la Cena del Señor nos enfocamos en la casa y vemos no solamente el cuerpo físico de Cristo, entregado por mí, sino también ese otro cuerpo de Cristo, su iglesia. Jesucristo, quien murió por mí en la cruz, fue levantado de los muertos y es ahora la Cabeza glorificada de ese cuerpo que es su iglesia.

Día 236 Un espíritu (Domingo 28, P. y R. 76, parte 4)

R. ... *somos un cuerpo con él y por un Espíritu tenemos vida eterna y somos gobernados.*

Aquí el catecismo usa una imagen que aparentemente ha desarrollado él mismo. El cuerpo de Cristo tiene una "Cabeza", la cual es el Cristo glorificado. También tiene un "alma", la cual es el Espíritu Santo. Como lo enuncia Pablo sucintamente: "Yo pues, preso en el Señor, os ruego que andéis como es digno de la vocación con que fuisteis llamados, ... solícitos en guardar la *unidad del Espíritu* en el vínculo de la paz; un cuerpo, y un Espíritu" (Efesios 4:1-4).

Hay una diferencia entre la unidad *formal* del cuerpo y la unidad *práctica* del Espíritu, aunque ambas expresiones se refieren al mismo compañerismo de los creyentes. Sin embargo, en la expresión "unidad del Espíritu" estamos tratando con un asunto muy práctico. Si todos los miembros estuvieran llenos del Espíritu Santo (*cfr.* Efesios 5:18) —o, como lo enuncia el catecismo, si estuvieran "gobernados por un espíritu"— también *exhibirían* la más maravillosa armonía y unidad. Si muchos creyentes son de hecho conducidos por su naturaleza pecaminosa, la unidad *de posición* del cuerpo puede seguir intacta —porque se encuentra firmemente en las manos de Cristo— pero la unidad *práctica* del Espíritu es menos evidente. Es precisamente en la Cena del Señor donde expresamos esta unidad del cuerpo (1 Corintios 10:16-17); esto es una vergüenza.

Algunos cristianos hablan de la enorme disensión dentro del mundo cristiano, y lo describen como un "cuerpo roto", un cuerpo "rasgado". Tal división dentro de la cristiandad es lamentable, pero rechazo la imaginería usada. La Cabeza glorificada a la diestra de Dios es la garantía de que la unidad del cuerpo —esto es la "santa congregación y reunión de los verdaderos creyentes", no importa cuán dispersa esté entre muchas denominaciones —siempre permanece intact. Más allá de todas las barreras denominaciones, los miembros del cuerpo de Cristo están vinculados por Cristo mismo, por un nuevo nacimiento y una nueva fe, por un solo perdón y redención, por una meta celestial y por un Santo Espíritu que mora en ellos.

Día 237 ¿Qué pasajes de la Biblia? (Domingo 28, **P.** y **R.** 77, parte 1)

P. ¿Dónde ha prometido Cristo que él haría a los creyentes tan ciertos de que comerían su cuerpo y beberían su sangre, como de que comerían de este pan partido y beberían de esta copa?

R. *En la institución de la Santa Cena: "Que el Señor Jesús, la noche que fue entregado, tomó pan; y habiendo dado gracias, lo partió, y dijo: Tomad, comed; esto es mi cuerpo que por vosotros es partido; haced esto en memoria de mí. Asimismo tomó también la copa, después de haber cenado, diciendo: Esta copa es el nuevo pacto en mi sangre; haced esto todas las veces que la bebiereis, en memoria de mí. Así, pues, todas las veces que comiereis este pan, y bebiereis esta copa, la muerte del Señor anunciáis hasta que él venga".*

Precisamente como en el caso del bautismo (PyR 71), el catecismo pregunta por la base bíblica de lo que está siendo dicho acerca de la Cena del Señor. Es interesante que lo que el catecismo pregunta —"¿Dónde ha prometido Cristo que él haría a los creyentes tan ciertos de que comerían su cuerpo y beberían su sangre, como de que comerían de este pan partido y beberían de esta copa?"— no se declara en lo absoluto en el pasaje citado (1 Corintios 11:23-25; 10:16-17). Sin embargo, los *pensamientos desarrollados* del catecismo ("haría a los creyentes tan ciertos") encuentran su base y raíz en los dos pasajes.

La Cena del Señor es descrita en los tres Evangelios sinópticos (Mateo 26:26-28; Marcos 14:22-24; Lucas 22:19-20), aunque solamente en Lucas leemos acerca de una real *institución* de la Cena del Señor debido a las palabras: "haced esto en memoria de mí"; esto es, un evento ha ser repetido sólo después de que Jesús los hubiere dejado (*cfr.* 1 Corintios 11:24). Esto es, desde luego, lo que encontramos posteriormente en el libro de los Hechos: después del derramamiento del Espíritu Santo, leemos que los discípulos "perseveraban en la doctrina de los apóstoles, en la comunión unos con otros, en el *partimiento del pan* y en las oraciones" (Hechos 2:42), y que ellos "[partían] el pan en las casas (v. 46). Mientras que en Troas, leemos: "El primer día de la semana, reunidos los discípulos para *partir el pan*, Pablo les enseñaba ... Después de haber subido, y *partido el pan* y comido, habló largamente hasta el alba" (Hechos 20:7, 11). No hay duda de que la expresión "partir el pan" se refiere a la Cena del Señor.

Día 238 **La enunciación de Pablo** (Domingo 28, **P.** y **R.** 77, parte 2)

R. ... Esta promesa la repitió el apóstol Pablo cuando dijo: "La copa de bendición que bende-cimos, ¿no es la comunión de la sangre de Cristo? El pan que partimos, ¿no es la comunión del cuerpo de Cristo? Siendo uno solo el pan, nosotros, con ser muchos, somos un cuerpo; pues todos participamos de aquel mismo pan".

E l catecismo ve la promesa de "que él [Cristo] haría a los creyentes tan ciertos de que comerían su cuerpo y beberían su sangre, como de que comerían de este pan partido y beberían de esta copa" reflejada en 1 Corintios 10:16-17. Miremos por lo tanto primero el contexto de estas palabras de Pablo.

El apóstol compara a los cristianos con Israel, al que él describe como un pueblo caracterizado por lo que llamaríamos "sacramentos": Israel fue "bautizado" en Moisés cruzando el Mar Rojo, y "todos comieron el mismo alimento espiritual, y todos bebieron la misma bebida espiritual" —una alusión a la Cena del Señor (1 Corintios 10:2-5). Sin embargo, estos "sacramentos" no los salvaron de terribles pecados: idolatría, inmoralidad sexual, tentar a Dios, murmuración, lo cual es rebelión (1 Corintios 10:7-10). Es como si Pablo dijera: vosotros, creyentes corintios, estáis en el mismo peligro. Habéis sido bautizados (1 Corintios 1:13-17) y participáis en la sangre y el cuerpo de Cristo en la Santa Cena (1 Corintios 10:16-17). Pero al mismo tiempo participáis en ceremonias idólatras: "lo que los gentiles sacrifican, a los demonios lo sacrifican, y no a Dios; y no quiero que vosotros os hagáis partícipes con los demonios. No podéis beber la copa del Señor, y la copa de los demonios; no podéis participar de la mesa del Señor, y de la mesa de los demonios" (1 Corintios 10:20-21).

La "mesa del Señor" era un nombre antiguo para el altar de oro o de bronce en Jerusalén (Ezequiel 41:22; 44:16; Malaquías 1:7.12). En el lenguaje del Nuevo Testamento la mesa del señor es el lugar espiritual donde celebramos la Cena del Señor. En términos del catecismo: en la mesa del Señor se nos otorga la "certeza de que comeríamos su cuerpo y beberíamos su sangre [de Cristo]"; en la "mesa de los demonios"(un altar idólatra) te alimentas con el mundo del pecado, el diablo y la muerte. ¡Es impensable tratar de vivir en dos mundos opuestos! Los altares idólatras de hoy pueden tener un aspecto muy diferente, pero siguen estando vinculados con el mismo mundo demoníaco. ¡Tenemos que elegir! ¡No podemos participar de Cristo y al mismo tiempo participar furtivamente del mundo que le es hostil!

Día 239 La transubstanciación (Domingo 29, P. y R. 78, parte 1)

P. ¿Se transformarán, entonces, el pan y el vino en el cuerpo y la sangre de Cristo?
R. *No.*

Esta PyR es una alusión a la doctrina católica romana de la transustanciación. Esta palabra significa que la "sustancia" del pan y el vino de la Eucaristía (el término católico para la Cena del Señor) es transformada en la "sustancia" del cuerpo y la sangre de Cristo, mientras que la apariencia externa del pan y el vino siguen siendo las mismas. Esto no es lenguaje bíblico en lo absoluto; la terminología se retrotrae al filósofo griego Aristóteles (384-322 a.C.). La idea de la transustanciación fue desarrollada en la Alta Edad Media. Es todavía la doctrina oficial de la Iglesia Católica Romana, aunque muchos teólogos y filósofos católicos rechazan las raíces aristotélicas de la misma.

Cuando la Reforma Protestante surgió en el siglo XVI, la transustanciación fue rechazada por todos los protestantes. Sin embargo, la Iglesia Católica Romana reafirmó la doctrina en el Concilio de Trento (1551). Los protestantes a su vez no estaban muy seguros de cómo debieran *ellos* reformular la doctrina. Eran muy conscientes del hecho de que el padre apostólico Ignacio de Antioquía había escrito tan tempranamente como en el 106 AD: "deseo el pan de Dios, que es la carne de Jesucristo". ¿Cómo interpretamos esta pequeña palabra "es"? No había dicho Jesús claramente: "éste es mi cuerpo" (Mateo 26:26; Marcos 14:22; Lucas 22:19; 1 Corintios 11:24)?

Recuerda que Jesús derramó su sangre hasta la muerte. Llevó su sangre al santuario celestial, como el Sumo Sacerdote de antaño lo hacía con la sangre animal (Hebreos 9:12). En el cuerpo de resurrección de Jesús, la sangre ya ni siquiera se menciona ("carne y huesos", Lucas 24:39). ¿Como podemos entonces decir que el vino en la Eucaristía se convierte en la sangre que Jesús tenía *antes de su muerte*? Cuando Jesús dijo: "éste es mi cuerpo", ¿a que cuerpo se refería? Al cuerpo que tenía en ese momento, desde luego. Sin embargo ese "cuerpo inferior" ha sido reemplazado por su "cuerpo glorioso" (Filipenses 3:21). Así, si el pan es transformado en el cuerpo de Cristo, ¿a qué cuerpo se refiere? ¿Es transformado en un cuerpo que ya no existe? ¿O es transformado en el cuerpo glorioso que Cristo posee ahora, a la diestra de Dios? De cualquier modo aterrizamos en dificultades.

R. *Del mismo modo que el agua en el bautismo no se transforma en la sangre de Cristo o lava los pecados, sino que es un símbolo y prenda de Dios, en la Cena no se transforma el pan en el cuerpo de Cristo.*

Ayer dimos un vistazo a la doctrina católica romana de la transustanciación y la rechazamos. Los protestantes, sin embargo, no estaban tan seguros de cómo debían *ellos* formular la relación entre el pan de la Cena del Señor y el cuerpo de Cristo. En 1529 tuvo lugar un infame debate en la ciudad alemana de Marburgo, donde Martín Lutero escribió la pequeña palabra "es" ("Este ES mi cuerpo") con letras enormes sobre el atril. El insistió en que, aunque la transustanciación debía ser rechazada, de alguna manera la identidad del pan y el cuerpo de Cristo debía ser mantenida.

Desde luego Lutero olvidó dos cosas. En primer lugar, en el lenguaje hebreo o arameo que Jesús hablaba con sus discípulos, la palabra "es" como cópula ni siquiera existe. Así que ¿qué valor podemos atribuir a esta palabra como la tenemos en el Nuevo Testamento griego? En segundo lugar, Pablo escribe que los israelitas "bebían de la roca espiritual que los seguía, y la roca era Cristo" (1 Corintios 10:4). ¿Hubiera insistido Lutero en que la roca de la cual bebió Israel (Éxodo 17:6; Números 20:11) era Cristo en persona, debido a la pequeña palabra "era"? Todos los expositores concuerdan en que tal expresión significa: "la roca era una representación (imagen, figura) de Cristo'", o "Cristo prefigurado".

En las palabras del catecismo: el agua del bautismo tampoco se transforma y, agregaría, tampoco el aceite de la unción de los enfermos. Agua y aceite, y de modo similar pan y vino, son símbolos, "signos y certezas divinas" de ciertas realidades espirituales. De modo similar, la novia de Cristo, la iglesia, es lavada con "agua" (Efesios 5:26) —no agua literal, sino la Palabra de Dios. La regeneración es un "lavamiento", pero no un lavamiento literal (Tito 3:5). Hebreos 10 dice: "acerquémonos con corazón sincero, en plena certidumbre de fe, purificados los corazones de mala conciencia, y lavados los cuerpos con agua pura" (Hebreos 10:22). ¿Quien tomaría tales palabras literalmente? ¿Han sido nuestros corazones rociados con sangre? Por supuesto que no. Es una imagen que se refiere a una profunda realidad espiritual. Pasa lo mismo con el pan y el vino en la Cena del Señor.

Día 241 La naturaleza de los sacramentos (Domingo 29, P. y R. 78, parte 3)

R. *. . . en la Cena no se transforma el pan en el cuerpo de Cristo cuando las palabras que se usan los designan como el cuerpo de Cristo.*

Lo que el catecismo desea decir aquí es que la pequeña palabra "es" en la expresión "este es mi cuerpo" debiera ser obvia a todo lector común de la Biblia. No hace falta filosofía secular aquí. El catecismo explica que este tipo de lenguaje es conforme con la naturaleza de los sacramentos y, agregaría yo, en conformidad con nuestro lenguaje cotidiano.

Si señalo una fotografía y digo "ésta es mi madre", ¿qué persona en sus cabales sería tan tonta para replicar "no; esa no es tu madre, es solamente una imagen de tu madre"? O al contrario: "si ésta es tu madre, te tomo la palabra y concluyo de ello que naciste de un pedazo de papel". Así que, si el Señor dijo "este es mi cuerpo", ¿cuál de los discípulos en ese momento hubiera tomado estas palabras literalmente, dado el hecho de que el mismo Jesús todavía estaba presente en su cuerpo humano? ¿Había *dos* cuerpos de Cristo en ese momento: uno reclinado sobre la mesa y el otro yaciendo sobre la mesa?

Así que ¿por qué enfatizó Lutero tan fuertemente esa pequeña palabra "es"? Porque, aunque rechazó la transustanciación, no deseaba caer en el otro extremo del memorialismo. Éste es la concepción de que la Cena del Señor es solamente una comida memorial, y que el pan y el vino son solamente símbolos. De un modo u otro —y *éste* es el problema, ¿precisamente de *qué* manera?— las realidades de la fe se tornan visibles en la forma del pan y el vino. O, para formularlo de una manera un poco más fuerte, el mundo *de Dios* se hace tangiblemente presente dentro de nuestro mundo material, representado por el pan y el vino. Esto es como caminar sobre el filo de la navaja: toda formulación se desliza o bien más en la dirección de la transustanciación, o más en la del mero memorialismo. En contra del primero, los protestantes no aceptan ninguna transformación material física de los emblemas. En contra del segundo, muchos protestantes mantienen la presencia real de Cristo en conexión con el pan y el vino (y dejan de lado la complicada pregunta de cómo ha de entenderse esta "conexión"). Cuando celebramos la Cena del Señor, *Cristo mismo está ahí.*

P. ¿Por qué llama entonces Cristo al pan su cuerpo y a la copa su sangre o llama a la copa el nuevo pacto en su sangre, y por qué habló Pablo de la comunidad del cuerpo y la sangre de Cristo Jesús?

R. *Cristo no habló de esto sin un gran motivo. Quiere que con ello aprendamos: Cómo el pan y el vino el cuerpo temporal recibe, así recibe nuestra alma su cuerpo crucificado y su sangre derramada, verdadera comida y verdadera bebida, para vida eterna.*

Ha sido frecuentemente señalado que hay un paralelismo aquí con la PyR 73: "P. *¿Por qué llama* pues el Espíritu Santo al bautismo el 'lavamiento de la regeneración' y la 'ablución de los pecados'?". "R. Dios habla así no *sin un gran motivo*. Él *quiere que con ello aprendamos*: Como la suciedad del cuerpo mediante el agua, así serán nuestros pecados quitados por la sangre y el Espíritu de Cristo". Las palabras que se corresponden en las PyRs 73 y 79 están en cursivas. El catecismo claramente desea enfatizar los profundos vínculos entre los dos sacramentos de los que trata: el bautismo y la Cena del Señor.

El catecismo pregunta: ¿por qué habla la Biblia acerca de la Cena del Señor del modo en que lo hace? La respuesta es que el pan y el vino, al representar "su cuerpo crucificado y su sangre derramada", son nuestra comida espiritual. Esto es, Cristo *mismo* es la comida espiritual del creyente. Desde luego, esto es verdadero en nuestras vidas cotidianas, no solamente en la Cena del Señor. Cuando el catecismo alude aquí a Juan 6, observamos que Jesús se compara ahí con el maná, el "pan del cielo" (Salmo 105:40), que Israel comía en el desierto. Lo comían *diariamente*. Es como si Jesús dijera: yo soy el *verdadero* pan de vida que ha descendido del cielo, y también me necesitan diariamente: "El que come mi carne y bebe mi sangre, tiene vida eterna ... El que come mi carne y bebe mi sangre, en mí permanece, y yo en él" (Juan 6:54-56). Los verbos en este pasaje son usados en el tiempo presente; son acciones en curso.

Olerás posteriormente a lo que comes. En el Canto de Salomón, la joven compara a su amado con un árbol de manzanas (2:3) y desea ser alimentada con manzanas (2:5). Dice: "el olor de tu boca [es] como de manzanas" (7:8). ¡Se ha estado alimentando de él!

Día 243 **Señal y promesa** (Domingo 29, **P.** y **R.** 79, parte 2)

R. . . . *Más aún, quiere él que nosotros, a través de estos símbolos y prendas visibles, recibamos la certeza de que verdaderamente a través de su Santo Espíritu recibimos una porción de su cuerpo y su sangre, como nosotros este santo símbolo con nuestra boca en su memoria recibimos. Todo su sufrimiento y obediencia son para nuestra certeza dedicados, como si nosotros mismos hubiésemos pasado por todo ese sufrimiento y logrado todo.*

Celebrar la Cena del Señor es una forma de recibir "seguridad" de parte de Dios concerniente a nuestra salvación eterna. ¿Aquellos que la celebran necesitan esta seguridad? ¿Son ellos tan dubitativos? ¿No es suficiente que crean las promesas de la Palabra de Dios? Dios dice: "Si confesamos nuestros pecados, él es fiel y justo para perdonar nuestros pecados, y limpiarnos de toda maldad" (1 Juan 1:9). Si confieso mis pecados y creo esta declaración de la Palabra de Dios, ¿no tengo suficiente fundamento para estar seguro del perdón de Dios? Pablo dice: "si confesares con tu boca que Jesús es el Señor, y creyeres en tu corazón que Dios le levantó de los muertos, serás salvo. Porque con el corazón se cree para justicia, pero con la boca se confiesa para salvación. Pues la Escritura dice: Todo aquel que en él creyere, no será avergonzado" (Romanos 10:9-11; *cfr.* Isaías 28:16). Si creo en mi corazón y confieso con mi boca las cosas mencionadas aquí, entonces *soy salvo*. ¿Qué más necesito? ¿Qué *agrega* la celebración de la Cena del Señor a esto? ¿Cómo puede la seguridad de la salvación estar basada en comer pan y beber vino? ¿No podrían los hipócritas que participan en esta celebración incluso derivar una *falsa* seguridad de ella?

Todo esto es perfectamente verdadero. Y, no obstante, mi madre y mi padre me aseguran que soy su hijo. Sus nombres están en mi certificado de nacimiento. El registro civil también me identifica como su hijo. Tengo la seguridad de quiénes son mis ancestros. Y no obstante, cuando mi madre me besa, me abraza y me dice "¡mi dulce niño!", ¡eso es mejor que cualquier registro formal! La Cena del Señor es tal beso de mi Padre celestial y de mi amado Señor. Me siento a la mesa del Señor y me siento envuelto por su amor y calidez. Como del pan y una vez más entiendo en mi corazón: "¡murió *por mí*!" Soy tocado por ello. Bebo de la copa y ello me hace consciente una vez más: "¡derramó su sangre *por mí*!". Me hace sentir cálido por dentro. Sé que esto no es una prueba judicial, ¡pero es mejor que todos los argumentos formales para asegurar mi salvación!

P. ¿Cuál es la diferencia entre la Cena del Señor y la misa papal?

R. *La Cena nos da testimonio de que nosotros tenemos total perdón de todos nuestros pecados a través del único sacrificio de Jesucristo, el que él mismo una sola vez ha realizado en la cruz.*

Ésta es quizá la más controversial de todas las PyRs en el catecismo de Heidelberg. Estuvo ausente en la primera edición del catecismo, presente en una forma más corta en la segunda edición y apareció en su forma actual en la tercera edición. El Sínodo 2006 de la Iglesia Cristiana Reformada de Norteamérica "ordenó que esta PyR permanezca en el texto ICR del catecismo pero que los últimos tres párrafos sean puestos en corchetes para indicar que no reflejan con exactitud la enseñanza ni la práctica oficial de la Iglesia Católica Romana de hoy y ya no son confesionalmente vinculantes para los miembros de la ICR. La Iglesia Reformada en Estados Unidos retiene el texto original completo, eligiendo reconocer que el catecismo fue escrito dentro de un contexto histórico que podrían no describir con exactitud la posición actual de la Iglesia Católica Romana".

Considera el primer enunciado: "La Cena nos da testimonio de que nosotros tenemos total perdón de todos nuestros pecados a través del único sacrificio de Jesucristo, el que él mismo una sola vez ha realizado en la cruz". Esto es desde luego lo que leemos en Hebreos siete: Jesús "no tiene necesidad cada día, como aquellos sumos sacerdotes, de ofrecer primero sacrificios por sus propios pecados, y luego por los del pueblo; porque esto lo hizo *una vez para siempre*, ofreciéndose a sí mismo" (Hebreos 7:27). Un poco después leemos: "por su propia sangre, entró *una vez para siempre* en el Lugar Santísimo, habiendo obtenido eterna redención... se presentó *una vez para siempre* por el sacrificio de sí mismo para quitar de en medio el pecado" (Hebreos 9:12.26) "somos santificados mediante la ofrenda del cuerpo de Jesucristo hecha una vez para siempre" (Hebreos 10:10).

Un obispo católico romano me dijo una vez: "¡Hebreos 7-10 está también en *nuestras* Biblias!" Por supuesto que está. Durante la Eucaristía, el sacrificio de Cristo no es "repetido", sino sólo "presentado" a los creyentes nuevamente. Hay suficientes temas en los que los protestantes difieren de Roma. ¡Pero empecemos por presentar las concepciones del otro de una manera justa! Regresaremos a este punto.

R. ... *y que a nosotros, a través del Santo Espíritu, hemos sido injertados en Cristo, quien ahora con su verdadero cuerpo está en el cielo a la diestra del Padre para ser adorado.*

Hay algo notable acerca de la Cena del Señor. Hay algo en ella tanto de duelo como de júbilo. *Recordamos* al Señor en sus sufrimientos y su muerte (1 Corintios 11:25), *proclamamos* su muerte (v. 26). Es como partir pan para el enlutado. Consolarlo por el muerto o beber la copa de consolación por un ser querido (*cfr.* Jeremías 16:7). Al mismo tiempo sabemos que el Señor ha resucitado y "está en el cielo a la diestra del Padre para ser adorado", como dice el catecismo. El nombre católico romano para la Cena del Señor es "Eucaristía". Éste proviene de un verbo griego que encontramos en Mateo 26:27, Jesús "tomando la copa, y *habiendo dado gracias*, les dio" (*cfr.* Marcos 14:23). "Y habiendo tomado la copa, *dio gracias*, y dijo: Tomad esto, y repartidlo entre vosotros ... Y tomó el pan y *dio gracias*, y lo partió y les dio, diciendo: Esto es mi cuerpo, que por vosotros es dado; haced esto en memoria de mí (Lucas 22:17, 19; *cfr.* 1 Corintios 11:23-24).

Ante los ojos católicos, es esto lo que la Cena del Señor esencialmente es: *acción de gracias, alabanza, adoración* al Dios triuno, en particular a Cristo mismo. Observa también 1 Corintios 10:16: "La copa de bendición que bendecimos". Me pregunto si la idea es realmente que bendigamos la copa. No es que pidamos la bendición de Dios sobre la copa. Es más bien "la copa de bendición por la que damos gracias". La Biblia dice "la copia de bendición" sobre la cual hacemos *b'rakhah*; esto es, la bendición judía de Dios. No bendecimos *la copa*; ¡bendecimos (alabamos, adoramos) a Dios! Estos lo que Jesús hizo cuando "dio gracias" por el pan y el vino; él dijo: *Barukh atah, Adonai Eloheinu, Melekh ha'Olam.* "Bendito eres Señor, nuestro Dios, soberano del universo...".

Este es un aspecto frecuentemente ignorado pero muy importante de la Cena del Señor: ¡es *adoración*! ¡Es exclamar y pronunciar su grandeza como nuestro Salvador, como el Señor del universo a la diestra del Padre. *Recordamos* al señor muerto, y *alabamos* al Señor viviente!

Día 246 ¿Una ofrenda diaria? (Domingo 30, P. y R. 80, parte 3)

R. *Pero la misa enseña que los vivos y los muertos no tienen perdón de los pecados a través del sufrimiento de Cristo, a menos que Cristo sea todavía diariamente ofrecido para ellos por los sacerdotes.*

En el calor de la controversia, las personas frecuentemente se acusan entre sí de cosas que son muy injustas. Esto es humano, así que puede ser comprensible, pero no puede ser excusado. Así, el Concilio de Trento declaró que aquellos que enseñan que una persona es justificada por la sola fe son malditos. Este juicio estaba basado en la idea de que los protestantes enseñaban que no importa cómo vives —sólo tienes que creer. Por supuesto, los protestantes nunca enseñaron eso (aunque Lutero puede a veces haber dado esa impresión). Debido a este mal entendido, los católicos acusaron falsamente a los luteranos, quienes a su vez mal entendieron el trasfondo del juicio del Concilio. Siglos después, encontraron que sus concepciones no eran después de todo tan diferentes; ambas partes creen que una persona es justificada por la fe, pero una "fe que obra por el amor" (Gálatas 5:6).

Es muy similar con respecto a la Eucaristía, o la Cena del Señor. Los protestantes citan el Concilio de Trento en este asunto, frecuentemente sin tomar en consideración el trasfondo de ciertas declaraciones. En cualquier caso, *hoy* ningún teólogo católico afirmaría que Cristo todavía tiene que ser "ofrecido diariamente por los sacerdotes" para garantizar el perdón de los participantes. Sus propias Biblias declaran muy claramente que Jesús fue ofrecido en la cruz *de una vez y para siempre* (Romanos 6:10; Hebreos 7:27; 9:12, 26; 10:10). Este sacrificio de Cristo no es "repetido" diariamente, sino que es "presentado" presentado una y otra vez, como una realidad espiritual viviente, durante el tiempo de la Eucaristía.

En realidad, el problema persistente no se encuentra aquí en lo absoluto. Se halla en el hecho de que, en el catolicismo romano, el sacerdote es de una importancia esencial para *mediar* la salvación mediante la administración de los sacramentos, mientras que el protestantismo en general cree en una relación personal mucho más directa entre Dios y el creyente. Sin embargo, muchos creyentes católicos de hoy conocen esta relación personal también. Protestantes: tengan cuidado de no caer en el error de depender de sus pastores como mediadores de la salvación.

Día 247 ¿**Una maldita idolatría?** (Domingo 30, **P.** y **R.** 80, parte 4)

R. . . . *[la misa también enseña] . . . y que Cristo hallándose físicamente bajo la forma del pan y el vino deba ser allí mismo adorado. [Y por lo tanto la misa no es básicamente otra cosa que una negación del sacrificio y sufrimiento único de Cristo Jesús y una maldita idolatría].*

Ésta es la declaración más injusta del catecismo y se agradece que por lo tanto sea rechazada por muchos protestantes en la actualidad. La idolatría es la adoración de la criatura en vez del Creador (*cfr.* Romanos 1:23). La acusación de "idolatría condenable" (versión más antigua: "idolatría maldita'") sería correcta si los católicos romanos de hecho *adoraran* el pan y el vino, pero eso no es lo que hacen en lo absoluto. Lo que creen es que el pan y el vino ante el cual se arrodillan hablando estrictamente no son pan y vino ya, sin el cuerpo y la sangre de Cristo. De acuerdo con su convicción más profunda, ellos por lo tanto adoran a Cristo, y a Cristo solamente.

Los protestantes no creen que, durante la Eucaristía, el pan y el vino se transformen en el cuerpo y la sangre de Cristo. Pero eso no les da el derecho de afirmar que los católicos romanos adoran el pan y el vino y son por lo tanto idólatras. Esto es pura calumnia. Personas con una opinión diferente tienen el derecho a ser evaluadas de acuerdo con sus propias convicciones y las intenciones detrás de sus acciones, no de acuerdo con los puntos de vista de sus oponentes.

Compara esto con un incrédulo declarado que denuncia a los protestantes por tener una "comida festiva" juntos, en la que cada participante, con un aspecto muy solemne, recibe meramente un pedazo de pan y un traguito de vino, y llaman a esto una "cena". El infiel juzga la situación de acuerdo con lo que *él ve*: una comida ordinaria bajo una forma ridícula. En vez de ello, debiera juzgar la situación de acuerdo con la convicción e intenciones de los mismos participantes. No tiene que estar de acuerdo con ellos, pero no habrá de entenderlos si no los juzga de acuerdo con sus propias intenciones y concepciones. Es exactamente lo mismo con los protestantes cuando evalúan a los católicos romanos. No tienen que estar de acuerdo con ellos, pero tienen que valorarlos de acuerdo con sus propias concepciones e intenciones. El que afirma que los católicos adoran el pan y el vino —"una idolatría condenable"— es, o bien ignorante, o él mismo condenable.

P. ¿Quiénes han de acudir a la mesa del Señor?

R. *Todos aquellos a los que les disgusta su pecado y que confían que Dios se los ha perdonado y también que su permanente debilidad es cubierta por el sufrimiento y muerte de Cristo.*

En el Antiguo Testamento, "la mesa del Señor" es un nombre del altar de oro o de bronce en el templo (Ezequiel 41:22; 44:16; Malaquías 1:7, 12), y en el Nuevo Testamento es un "altar" espiritual, en oposición a los altares idólatras (1 Corintios 10:20-21). Es el lugar espiritual donde celebramos la Cena del Señor —no es alguna tabla de madera al frente en la iglesia. Pablo enfatiza que el pan que partimos es también una referencia el cuerpo místico de Cristo, su iglesia, todos cuyos miembros participan en la sangre de Cristo (1 Corintios 10:16-17). En la mesa del Señor expresamos nuestro compañerismo como un pueblo perdonado por Dios, y como miembros del cuerpo de Cristo.

Esto pone muy en claro *quiénes* debieran acudir a la mesa del Señor: aquellos que han recibido el perdón de sus pecados y son miembros verdaderos del cuerpo de Cristo. ¿Quiénes son miembros verdaderos de este cuerpo? "Todos aquellos a los que les disgusta su pecado y que confían que Dios se los ha perdonado y también que su permanente debilidad es cubierta por el sufrimiento y muerte de Cristo". En otras palabras, aquellos que han confesado de manera verdadera y honesta sus pecados a Dios, quien entonces nos limpia de toda injusticia por la sangre de Jesús su Hijo (1 Juan 1:7.9).

Los creyentes no acuden a la mesa del señor porque siempre se sientan fuertes; frecuentemente se sienten muy débiles, y no obstante se les ordena venir porque son hijos de Dios. La mesa del Señor no es sólo para sus hijos maduros; no es solamente para los padres en Cristo, sino también para los niños pequeños y los hombres jóvenes en Cristo (1 Juan 2:12-14). Una mesa que esté reservada solamente para los fuertes, los maduros y los espirituales es esencialmente una mesa sectaria, porque pone un barrera más estrecha que la del cuerpo de Cristo. Ciertamente, la barrera no puede ser más *amplia* tampoco; eso sería laxitud. Tenemos que supervisar la mesa del Señor de manera que solamente los miembros verdaderos —hasta donde podemos evaluar— participen. Pero no podemos fijar el límite *más estrechamente*. El sectarismo es un pecado tan malo como la laxitud.

Día 249 **¿Quiénes pueden participar?** (Domingo 30, **P.** y **R.** 81, parte 2)

R. *Todos aquellos . . . que también desean que su fe sea más y más fortalecida y su vida enmendada.*

Todos los miembros del cuerpo de Cristo son bienvenidos a la mesa del Señor: los fuertes y los débiles, los padres espirituales y los bebés espirituales, los que están llenos del Espíritu y los que no están tan llenos del Espíritu. Venimos a la mesa del Señor no porque seamos perfectos sino porque hemos sido perdonados —no haciendo alarde de nuestros talentos o nuestras buenas obras, sino como aquellos que viven por la gracia de Dios y se alaban sólo en el Señor.

Desde luego, esto no significa que vengas a la mesa con una actitud indiferente. En primer lugar, hay una razón muy práctica por parte de los líderes de la Iglesia. En 1 Corintios 2:14-3:3 son distinguidos ciertos grupos de personas: las naturales, las carnales y las espirituales (conducidas por el Espíritu). Los primeros no han nacido de nuevo, los segundos y los terceros grupos son de cristianos regenerados. El problema, sin embargo, es que ¡es frecuentemente difícil distinguir los dos primeros grupos! ¿Como podemos esperar ser admitidos a la mesa si vivimos, pensamos y hablamos como incrédulos?

En segundo lugar, hay una razón práctica para nosotros mismos. ¿Como podemos esperar recordar verdaderamente al Señor en sus sufrimientos y muerte, disfrutar y celebrar nuestra redención de "Egipto", y adorar a Dios y a su Hijo, si venimos con una actitud pecaminosa y negligente? Vengo a la mesa a recibir la bendición de Dios y a traerle mi adoración. ¿Cómo puedo hacer eso con una conciencia sucia? Si vengo con una mentalidad carnal, ni estoy abierto a *recibir* estas bendiciones ni a *traerle* mi adoración. Debo venir con una actitud humilde, sabiendo quién que soy yo mismo, ¡pero también consciente de la gracia infinita de Dios, y con un deseo sincero de ser fortalecido en mi confianza en Dios, y dejar la mesa como un mejor cristiano!

En tercer lugar, ¿cuál sería la implicación para mi relación con el Señor? ¿Podemos decir que a él no le importa cómo venimos? Tanto los niños obedientes como los desobedientes son hijos de sus padres y bienvenidos a la mesa de la familia. ¡Pero eso no significa que a los padres no les importe si los niños vienen con una actitud obediente o con una actitud rebelde!

R. ... *Pero quienes acuden a la cena de manera impenitente e hipócrita juicio comen y beben para sí.*

Esta parte de la respuesta del catecismo es una alusión a 1 Corintios 11: "De manera que cualquiera que comiere este pan o bebiere esta copa del Señor indignamente, será culpado del cuerpo y de la sangre del Señor. Por tanto, pruébese cada uno a sí mismo, y coma así del pan, y beba de la copa. Porque el que come y bebe indignamente, sin discernir el cuerpo del Señor, juicio come y bebe para sí. Por lo cual hay muchos enfermos y debilitados entre vosotros, y muchos duermen. Si, pues, nos examinásemos a nosotros mismos, no seríamos juzgados; mas siendo juzgados, somos castigados por el Señor, para que no seamos condenados con el mundo" (1 Corintios 11:27-32).

Observemos primeramente que el pasaje *no* dice que la Cena del Señor no sea para el *indigno*. Si esto fuese el caso, ninguno de nosotros podría participar de ella, pues todos somos indignos por nosotros mismos. Más bien, dice que no debemos participar de una *manera* indigna. Dentro del contexto, esto significa que tal persona no distingue entre una comida común y la Cena del Señor. Sin embargo, podemos ciertamente extender el principio que se halla detrás de esto: todo el que tenga pecados no confesados en su conciencia, tanto hacia el Señor como hacia el prójimo, come y bebe de una manera indigna. Como dijera Jesús: "Por tanto, si traes tu ofrenda al altar, y allí te acuerdas de que tu hermano tiene algo contra ti, deja allí tu ofrenda delante del altar, y anda, reconcíliate primero con tu hermano, y entonces ven y presenta tu ofrenda" (Mateo 5:23-24).

Hay dos tipos de hipócritas. Se hallan los incrédulos, quienes se comportan como si fuesen creyentes, y se hallan los creyentes carnales, quienes actúan como si fuesen creyentes espirituales. Ambos grupos debieran arrepentirse, y en fe aceptar el perdón de Dios, de otra manera acarrean juicio sobre sí mismos. El Señor tratará con ellos a su manera. En Corinto, esto incluso significó que hubiera "muchos enfermos y debilitados entre vosotros, y muchos duermen". Si no nos juzgamos a nosotros mismos, Dios nos aplicará la disciplina para restaurarnos, para que no seamos condenados junto con el mundo. ¡De modo que incluso su disciplina no es más que gracia!

Día 251 Impíos que asisten a la iglesia (Domingo 30, P. y R. 82, parte 1)

P. ¿Pero debemos admitir en la Santa Cena también a aquellos que han mostrado por su confesión y vida que son carentes de fe e impíos?

R. *No; pues profanan el pacto de Dios y con ello provocan su ira sobre la entera comunidad.*

Aquí encontramos un principio importante que es relegado actualmente en muchas congregaciones. Es el principio de que es responsabilidad de los ancianos ("supervisores") admitir a la mesa y restringir el acceso a la misma (*cfr.* Tito 1:5-11; 1 Pedro 5:1-3). Pablo dice: "Antes digo que lo que los gentiles sacrifican, a los demonios lo sacrifican, y no a Dios; y no quiero que vosotros os hagáis partícipes con los demonios. No podéis beber la copa del Señor, y la copa de los demonios; no podéis participar de la mesa del Señor, y de la mesa de los demonios. ¿O provocaremos a celos al Señor? ¿Somos más fuertes que él?" (1 Corintios 10:20-22). ¿No debieran estas solemnes palabras ser de interés a la entera congregación? Como dice Pablo: "De cierto se oye que hay entre vosotros fornicación, y tal fornicación cual ni aun se nombra entre los gentiles ... Y vosotros estáis envanecidos. ¿No debierais más bien haberos lamentado, para que *fuese quitado de en medio de vosotros* el que cometió tal acción? (1 Corintios 5:1-2; *cfr.* v. 13). El principio general es que, si hay pecado que afecte el testimonio de la entera congregación, la entera congregación debiera tratar con él. "No es buena vuestra jactancia. ¿No sabéis que un poco de levadura leuda toda la masa? Limpiaos, pues, de la vieja levadura, para que seáis nueva masa, sin levadura como sois; porque nuestra pascua, que es Cristo, ya fue sacrificada por nosotros. Así que celebremos la fiesta, no con la vieja levadura, ni con la levadura de malicia y de maldad, sino con panes sin levadura, de sinceridad y de verdad (1 Corintios 5:6-8; *cfr.* Gálatas 5:9).

O para dar un paralelo del Antiguo Testamento: "Sacrifica a Dios alabanza, Y paga tus votos al Altísimo; E invócame en el día de la angustia; Te libraré, y tú me honrarás. Pero al malo dijo Dios: ¿Qué tienes tú que hablar de mis leyes, Y que tomar mi pacto en tu boca? Pues tú aborreces la corrección, Y echas a tu espalda mis palabras (Salmo 50:14-17; *cfr.* Isaías 1:11-17). ¡Tomemos esto a pecho!

Día 252 La disciplina eclesiástica (Domingo 30, P. y R. 82, parte 2)

R. . . . Es por ello que la iglesia cristiana debe actuar de acuerdo con el orden de Cristo y sus apóstoles, a través del cual el oficio de la llave los excluye hasta que enmienden su vida.

Jesús le dijo a Pedro: "Y a ti te daré las llaves del reino de los cielos; y todo lo que atares en la tierra será atado en los cielos; y todo lo que desatares en la tierra será desatado en los cielos" (Mateo 16:19). Ha habido mucha discusión sobre el significado de los términos "atado" y "desatado" aquí. Algunos, incluyendo el catecismo, lo conectan con la disciplina de la iglesia. Otros lo han aplicado el ministerio de liberación de las personas de los demonios. Más recientemente, muchos expositores creen que los términos tiene más que ver con la emisión de órdenes apostólicas por los seguidores de Jesús, o el levantamiento de tales mandamientos (*cfr.* el modo falso en que los escribas y fariseos hacían esto, Mateo 23:4).

En Mateo 18 encontramos una instrucción más específica sobre la disciplina de la Iglesia: "Por tanto, si tu hermano peca contra ti, ve y repréndele estando tú y él solos; si te oyere, has ganado a tu hermano. Mas si no te oyere, toma aún contigo a uno o dos, para que en boca de dos o tres testigos conste toda palabra. Si no los oyere a ellos, dilo a la iglesia; y si no oyere a la iglesia, tenle por gentil y publicano. De cierto os digo que todo lo que atéis en la tierra, será atado en el cielo; y todo lo que desatéis en la tierra, será desatado en el cielo" (Mateo 18:15-18).

El pecador no es expulsado inmediatamente. Se le da una oportunidad justa de confesar su pecado y, en la medida de lo posible, enmendarse. Si no escucha, entonces otras personas selectas de la congregación se involucran. Si rehúsa escucharlas, entonces se convierte en un asunto de la entera congregación. Si todavía rehúsa arrepentirse, es echado por la congregación entera, y tratado como un extraño (*cfr.* 1 Corintios 5:2-13). No importa cuán serio sea el pecado, nuestra justicia debe ser equitativa; ¡nunca puede ser menos equitativa que la del mundo! "Hermanos, si alguno fuere sorprendido en alguna falta, vosotros que sois espirituales, restauradle con espíritu de mansedumbre, considerándote a ti mismo, no sea que tú también seas tentado" (Gálatas 6:1). ¡La meta no es excluir al pecador impenitente, sino en última instancia restaurar al pecador penitente!

Día 253 Las llaves del Reino (Domingo 31, P. y R. 83, parte 1)

P. ¿Qué es el oficio de la llave?

R. *La predicación del santo Evangelio y la disciplina eclesiástica cristiana.*

Las "llaves del reino de los cielos" sólo se mencionan en Mateo 16:19, donde Jesús le dice a Pedro: "te daré las llaves del reino de los cielos; y todo lo que atares en la tierra será atado en los cielos; y todo lo que desatares en la tierra será desatado en los cielos". Observa por favor que, aunque el catecismo las aplica de un modo mucho más amplio, estas palabras fueron dichas por primera vez solamente a Pedro; el "tú" es singular. Desde luego, en el libro de los Hechos, el apóstol Pedro desempeñó el papel principal en la apertura del reino de Dios para las diferentes partes de la humanidad. Él fue la figura clave en el día de Pentecostés, cuando 3,000 judíos fueron admitidos (Hechos 2). Junto con el apóstol Juan, él desempeñó el principal papel en la admisión de los samaritanos semijudíos: "Cuando los apóstoles que estaban en Jerusalén oyeron que Samaria había recibido la palabra de Dios, enviaron allá a Pedro y a Juan; los cuales, habiendo venido, oraron por ellos para que recibiesen el Espíritu Santo" (Hechos 8:14-15). Y, posteriormente, Pedro fue el "portero" que usó sus llaves para admitir a los gentiles: "¡De manera que también a los gentiles ha dado Dios arrepentimiento para vida!" (Hechos 11:18).

Aunque las llaves se dieron primeramente a Pedro, la mayoría de las palabras en Mateo 16:19 regresan en 18:18, donde Jesús esta vez se dirige a todos los apóstoles: "De cierto os digo [¡en plural!] que todo lo que atéis en la tierra, será atado en el cielo; y todo lo que desatéis en la tierra, será desatado en el cielo". Estas palabras han sido frecuentemente relacionadas con las palabras de Jesús después de su resurrección: "A quienes remitiereis los pecados, les son remitidos; y a quienes se los retuviereis, les son retenidos" (Juan 20:23). Aquí, nuevamente, es a los apóstoles a quienes están dirigidas principalmente estas palabras. Pero en los tiempos postapostólicos el significado se puede extender a todos aquellos que tienen autoridad en la iglesia de Dios. Son ellos los autorizados para admitir personas en la congregación local o excluirlas de la misma, los que pueden ejercer disciplina eclesiástica y levantar las medidas disciplinarias. Esto siempre ocurre en cooperación con todos los miembros de la iglesia (*cfr.* Mateo 18:15-18 y 1 Corintios 5:13).

Día 254 **La predicación del Evangelio** (Domingo 31, **P.** y **R.** 83, parte 2)

R. *La predicación del santo Evangelio y la disciplina eclesiástica cristiana. A través de estos dos se abre el reino de los cielos a los fieles pero se cierra a los infieles.*

La tradicional concepción católica romana de Pedro como el portero a la entrada del cielo está basada en un malentendido. El "reino de los cielos" no es el cielo; es un reino sobre la tierra, en el cual el cielo (*i.e.* Dios) gobierna (*cfr.* Daniel 4:26). El "reino de los cielos" es enteramente paralelo a lo que Marcos y Lucas llaman el "reino de Dios". En la era presente el reino de Dios es Cristo gobernando sobre las vidas de todos aquellos que se ubican bajo su autoridad. Como vimos ayer, Pedro fue el apóstol que abrió la puerta de este reino de Dios a los diferentes grupos de personas. Mateo 16:19 no dice cuantas llaves recibió Pedro, ni exactamente qué representaban estas llaves. El catecismo presenta dos llaves, que "abren el reino de los cielos a los fieles pero lo cierran a los infieles". No hay duda de que "la predicación del santo Evangelio" es desde luego tal llave. Fue Pedro el que predicó el Evangelio a los judíos en Hechos 2 y 3, y a los gentiles en Hechos 10. Jesús le dijo a sus apóstoles en general: "Toda potestad me es dada en el cielo y en la tierra. Por tanto, id, y haced discípulos a todas las naciones, bautizándolos en el nombre del Padre, y del Hijo, y del Espíritu Santo;enseñándoles que guarden todas las cosas que os he mandado" (Mateo 28:18-20). "Id por todo el mundo y predicad el evangelio a toda criatura. El que creyere y fuere bautizado, será salvo; mas el que no creyere, será condenado" (Marcos 16:15-16). "Así está escrito, y así fue necesario que el Cristo padeciese, y resucitase de los muertos al tercer día; y que se predicase en su nombre el arrepentimiento y el perdón de pecados en todas las naciones, comenzando desde Jerusalén" (Lucas 24:46-47).

Tanto Mateo como Marcos mencionan el bautismo, el cual es una entrada al reino de Dios sobre la tierra. Así que una llave al reino es la predicación del evangelio y otra es el bautismo. A través del bautismo las personas son puestas bajo la autoridad de Cristo, donde tienen que aprender "todas las cosas que os ha mandado".

R. *La predicación del santo Evangelio y la disciplina eclesiástica cristiana. A través de estos dos se abre el reino de los cielos a los fieles pero se cierra a los infieles.*

Hay un estrecho paralelo entre Mateo 16:19 y 18:18, de modo que de hecho todos los apóstoles abrieron el reino de Dios a aquellos que aceptaron el evangelio de Cristo. Así lo hicieron los predicadores del evangelio después de que los apóstoles habían partido. En Mateo 18:15-20, el tópico es en realidad la disciplina eclesiástica. Por lo tanto, el catecismo menciona aquello que ve como una segunda llave al reino de los cielos: a través de la disciplina de la iglesia, los creyentes son recibidos y los incrédulos son mantenidos afuera (en la medida en que sea posible distinguir entre ellos, pues solamente el Señor "conoce los corazones de todos", Hechos 1:24). Pero la disciplina eclesiástica hace también algo diferente. Mantiene afuera a cualquiera "que, *llamándose* hermano, fuere fornicario, o avaro, o idólatra, o maldiciente, o borracho, o ladrón ... Quitad, pues, a ese perverso de entre vosotros" (1 Corintios 5:11-13). Esto es, si alguien *se llama a sí mismo cristiano* —o al menos participa en la vida de la iglesia— pero consistentemente *se comporta* como un no cristiano, ha de ser puesto bajo disciplina. Esto se explica en las siguientes PyRs.

De hecho, debemos distinguir aquí entre el reino de Dios y la iglesia. No podemos expulsar del reino a toda persona inicua. En un sentido, el reino contiene a toda la cristiandad —¡alrededor de 2.3 millardos de personas! Ni siquiera podemos empezar a descartar a aquellos "cristianos" que viven como incrédulos. Ésta es la razón por la que el amo de la casa dice, en la parábola de la cizaña en el reino, que no tratemos de separar la cizaña del trigo: "No, no sea que al arrancar la cizaña, arranquéis también con ella el trigo. Dejad crecer juntamente lo uno y lo otro hasta la siega"' (Mateo 13:28-30). Éste es el procedimiento para el reino a gran escala. Pero *no* es el procedimiento para la iglesia local. Aquí la orden apostólica es "quitad a ese perverso de entre vosotros". No podemos eliminarlo del reino —se puede ir a una congregación vecina y ser recibido, y permanecerá así dentro del reino— pero al menos los cristianos pueden cumplir con su deber local. No importa cómo se *etiquete* a sí mismo un miembro de la iglesia, lo que importa es como se *exhibe* a sí mismo.

Día 256 La apertura del Reino (Domingo 31, P. y R. 84, parte 1)

P. ¿De qué manera se abre y se cierra el reino de los cielos a través de la predicación del santo Evangelio?

R. *Mediante el mandamiento de Cristo de proclamar y testificar públicamente a todos los fieles que por los méritos de Cristo Dios verdaderamente les perdona sus pecados.*

El catecismo sigue trabajando con la imagen de las "llaves". En este contexto, considera esta palabra de Jesús: "Esforzaos a entrar por la puerta angosta; porque os digo que muchos procurarán entrar, y no podrán. Después que el padre de familia se haya levantado y cerrado la puerta, y estando fuera empecéis a llamar a la puerta, diciendo: Señor, Señor, ábrenos, él respondiendo os dirá: No sé de dónde sois" (Lucas 13:24-25).

A primera vista, esto parece diferir mucho de la imagen común del Evangelio. La idea de la gracia de Dios para los pobres, pecadores arrepentidos, y la idea de "esforzarse" para entrar a través de la puerta estrecha, parecen oponerse entre sí. Sin embargo, la primera imagen es la de la gracia soberana de Dios, mientras que la segunda es la de la responsabilidad del discípulo. Lo que Jesús quiere decir es que no te cuesta nada *convertirte* en su discípulo, pero te costará todo *ser* un discípulo de él. El discipulado es un "esfuerzo" y un "proseguimiento". Ciertamente, esto sólo se puede hacer debido a la nueva vida que tiene el discípulo y al poder del Espíritu Santo, pero esto no cambia la propia responsabilidad del discípulo.

Es difícil tanto esforzarse como proseguir. Es por eso que muchos caen (*cfr.* Juan 6:60, 66). El evangelio de Mateo contiene muchas parábolas en las cuales vemos qué multitud tan mezclada tenemos en el reino de los cielos: trigo y cizaña, peces buenos y malos (Mateo 13), vírgenes sabias y tontas, siervos buenos y malos (Mateo 25). Esto no es más que la distinción entre los cristianos verdaderos y los falsos —¡y es responsabilidad de la iglesia aprender a distinguir entre ellos! No es tan difícil distinguir a los cristianos de los no cristianos, pero es frecuentemente muy difícil distinguir a los verdaderos creyentes de aquellos que meramente profesan la fe. El último grupo es el de los que el catecismo llama "hipócritas". Son un peligro a los creyentes verdaderos: "un poco de levadura leuda toda la masa" (1 Corintios 5:6; *cfr.* Gálatas 5:9).

Día 257 Cierre del Reino (Domingo 31, **P.** y **R.** 84, parte 2)

R. ... *Por el contrario, testificar públicamente a todos los que rechazan la fe, o son hipócritas, que la ira de Dios y la condenación eterna sobre ellos pesan mientras no se conviertan.*

La Iglesia debe hacerse cargo de mantener a dos grupos de personas fuera de sus puertas: los incrédulos y los hipócritas. Seguramente, todas las personas debieran ser bienvenidas a las reuniones de nuestra iglesia. Todos deberían tener la oportunidad de escuchar la Palabra de Dios, confesar sus pecados, y creer el Evangelio. Pero no todos los escuchas pueden ser miembros de la iglesia; la iglesia es la "santa congregación de los verdaderos creyentes en Cristo" (*Confesión belga*, artículo 27).

Sin embargo, no somos Dios, el único que "conoce los corazones de todos" (Hechos 1:24). Por lo tanto, Dios ha dado tanto una promesa como una orden. Por un lado, "conoce el Señor a los que son suyos"; por el otro, "apártese de iniquidad todo aquel que invoca el nombre de Cristo" (2 Timoteo 2:19-20). Sólo Dios sabe quienes son los suyos. Pero, aunque no podemos ver el corazón de los que pertenecen al Señor, definitivamente sí podemos ver qué confesantes de Cristo "se apartan de la iniquidad" y quiénes no lo hacen sino que, viviendo en pecado, sus vidas no se muestran diferentes de las de los no cristianos. Nosotros simplemente no expulsamos a tales personas; no, hacemos lo más que podemos, con la ayuda del Señor, para traerlos al arrepentimiento. "Hermanos, si alguno fuere sorprendido en alguna falta, vosotros que sois espirituales, restauradle con espíritu de mansedumbre" (Gálatas 6:1). Sin embargo, hay un límite a la tolerancia de la Iglesia: "Si [el hacedor de maldad] no los oyere a ellos, dilo a la iglesia; y si no oyere a la iglesia, tenle por gentil y publicano" (Mateo 18:17). "De cierto se oye que hay entre vosotros fornicación ...¿No debierais más bien haberos lamentado, para que fuese quitado de en medio de vosotros el que cometió tal acción? Ciertamente yo, como ausente en cuerpo, pero presente en espíritu, ya como presente he juzgado al que tal cosa ha hecho. En el nombre de nuestro Señor Jesucristo, reunidos vosotros y mi espíritu, con el poder de nuestro Señor Jesucristo, el tal sea entregado a Satanás para destrucción de la carne, a fin de que el espíritu sea salvo en el día del Señor Jesús" (1 Corintios 5:1-5).

Día 258 Evangelio y juicio (Domingo 31, P. y R. 84, parte 3)

R. ... *la ira de Dios y la condenación eterna sobre ellos [los que rechazan la fe, o son hipócritas] pesan mientras no se conviertan. Conforme a este testimonio del Evangelio, será el juicio de Dios en esta vida y en la futura.*

Incrédulos e hipócritas son dos categorías diferentes de personas. Los incrédulos son aquellos que no hacen ninguna profesión de fe. Están fuera del reino de Dios. Son judíos, musulmanes, hindúes, agnósticos o ateos. Los hipócritas son también incrédulos, pero pretenden ser cristianos. Fueron bautizados en la iglesia, se casan en la iglesia y al final será sepultados por su iglesia. De vez en cuando, o incluso regularmente, asisten a los servicios de la iglesia, cantan salmos e himnos y dicen sus oraciones. Son descritos como teniendo "apariencia de piedad, pero negarán la eficacia de ella" (2 Timoteo 3:5). El apóstol agrega: "a éstos evita" . Tal persona "se hace llamar hermano" (1 Corintios 5:11), pero tras bambalinas vive como los impíos.

Tanto a los incrédulos como a los hipócritas se les predica que "el que rehúsa creer en el Hijo no verá la vida, sino que la ira de Dios está sobre él" (*cfr.* Juan 3:36). Sin embargo, los hipócritas serán juzgados más severamente que los incrédulos abiertos porque su responsabilidad es mayor. Ellos son aquellos "que una vez fueron iluminados y gustaron del don celestial, y fueron hechos partícipes del Espíritu Santo, y asimismo gustaron de la buena palabra de Dios y los poderes del siglo venidero (Hebreos 6:4-5) —y no obstante nunca han realmente abrazado el Evangelio. El hecho de que "fueron hechos partícipes del Espíritu Santo" no necesariamente significa algo más que disfrutaron algunas de las bendiciones de la presencia del Espíritu sin haber sido jamás *renovados* internamente por el Espíritu.

"El que dice: Yo le conozco, y no guarda sus mandamientos, el tal es mentiroso, y la verdad no está en él ... El que dice que está en la luz, y aborrece a su hermano, está todavía en tinieblas (1 Juan 2:4, 9). "Porque si pecáremos voluntariamente después de haber recibido el conocimiento de la verdad, ya no queda más sacrificio por los pecados, sino una horrenda expectación de juicio, y de hervor de fuego que ha de devorar a los adversarios" (Hebreos 10:26-27). ¡Aquellos que han conocido al Señor pero nunca le han recibido son peores que aquellos que nunca le conocieron!

P. ¿Cómo se cierra y se abre el reino de los cielos a través de la disciplina eclesiástica cristiana?

R. *Mediante el mandamiento de Cristo a todos aquellos que se llaman cristianos, pero que tienen enseñanzas o un modo de vida no cristianos, que son reprendidos pastoralmente varias veces. Si ellos de su errores y vicios no se apartasen, los cuales hayan sido mencionados ante la iglesia o sus representantes oficiales.*

Esta respuesta es una alusión a Mateo 18:15-20 y a 1 Corintios 5, los dos pasajes acerca de la disciplina eclesiástica. Hay otros, sin embargo, que muestran la mayor importancia atribuida a este tema: fijaos "en los que causan divisiones y tropiezos en contra de la doctrina que vosotros habéis aprendido, y que os apartéis de ellos. Porque tales personas no sirven a nuestro Señor Jesucristo, sino a sus propios vientres, y con suaves palabras y lisonjas engañan los corazones de los ingenuos (Romanos 16:17-18). Apartaos "de todo hermano que ande desordenadamente, y no según la enseñanza que recibisteis de nosotros" (2 Tesalonicenses 3:6). A veces, tales amonestaciones también llegan a los líderes de la iglesia, como Timoteo y Tito. Pablo describe a aquellos que tienen "apariencia de piedad, pero negarán la eficacia de ella" (2 Timoteo 3:5), y agrega: "a éstos evita". A Tito le escribe Pablo: "hay aún muchos contumaces, habladores de vanidades y engañadores, mayormente los de la circuncisión, a los cuales es preciso tapar la boca; que trastornan casas enteras, enseñando por ganancia deshonesta lo que no conviene. . . . por tanto, repréndelos duramente, para que sean sanos en la fe" (Tito 1:10-13). "Pero evita las cuestiones necias . . . porque son vanas y sin provecho. Al hombre que cause divisiones, después de una y otra amonestación deséchalo, sabiendo que el tal se ha pervertido, y peca y está condenado por su propio juicio" (Tito 3:9-11).

Juan escribió a la "dama elegida": "Si alguno viene a vosotros, y no trae esta doctrina, no lo recibáis en casa, ni le digáis: ¡Bienvenido! Porque el que le dice: ¡Bienvenido! participa en sus malas obras" (2 Juan 1:10-11). Cada creyente tiene una responsabilidad en este asunto: evita aquellos que pretenden ser cristianos pero sus vidas niegan el cristianismo. ¡Son más peligrosos que los incrédulos declarados!

Día 260 **Excluidos de la comunidad** (Domingo 31, **P.** y **R.** 85, parte 2)

R. ... *a todos aquellos que se llaman cristianos ... si tampoco siguieran sus amonestaciones [de los oficiales de la iglesia], por ellos le serán rehusado el santo Sacramento de la comunión cristiana y por Dios mismo les será cerrado el Reino de Cristo.*

En el tiempo de los apóstoles, excluir a una persona de la iglesia también implicaba excluirla del "reino de Cristo". En ese tiempo se pensaba que iglesia y reino coincidían. En el sentido *más estrecho* del reino, esto es el caso incluso hoy. Si el nacer de nuevo es visto como la entrada al reino espiritual, eterno (Juan 3:3-5), entonces iglesia y reino coinciden, pues ambos consisten de la totalidad de los cristianos nacidos de nuevo. Pero si miramos el reino desde su perspectiva externa, temporal, como la totalidad de todos los confesantes cristianos, las cosas se ven muy diferentes. Un confesor externo sostiene ciertos principios cristianos; se halla bajo la autoridad de Cristo, aunque sea externamente. En este sentido, el reino incluye los 2.3 millardos de cristianos que son contados como tales en la población mundial actual. En un sentido aún más amplio, dado el hecho de que toda autoridad en los cielos y la tierra le ha sido entregada a Cristo (Mateo 28:18), por supuesto que la entera población mundial se halla bajo su gobierno. En resumen, podemos mirar el "reino de Cristo" de tres modos diferentes: es la iglesia verdadera, es el mundo cristiano o es el mundo entero.

Hay otro punto que tenemos que considerar aquí. Desafortunadamente, todos sabemos que un creyente verdadero puede aterrizar en una vida de graves pecados, tanto morales como doctrinales. Aunque puede ser un verdadero creyente —algo que sólo el señor puede evaluar— su condición puede volverse tan mala que no podamos distinguirlo ya de un incrédulo. Tratamos con él, no de acuerdo con su estatus interior —pues no podemos conocer éste— sino de acuerdo con su comportamiento externo práctico. No podemos permitirle que participe de la mesa del Señor, ni siquiera podemos "saludarlo" (esto es, proclamar la bendición de Dios sobre él), "porque el que le dice: ¡Bienvenido! participa en sus malas obras" (2 Juan 1: 10-11). Lo único que podemos hacer es orar por su restauración, para que el Señor le conduzca al arrepentimiento, atraiga al incrédulo a sí mismo —¡y, si es un verdadero creyente, lo traiga de *regreso* al Señor!

Día 261 **Nuevamente recibidos** (Domingo 31, **P.** y **R.** 85, parte 3)

R. *Sin embargo, [los sujetos a la disciplina] serán nuevamente admitidos como miembros de Cristo y la iglesia si prometen y muestran verdadera enmienda.*

Es importante darse cuenta de que la disciplina eclesiástica no es una forma de *castigo* como la que puede aplicar un juez terrenal a un delincuente. Más bien, toda disciplina está dirigida a la restauración del transgresor. Esa restauración es como la del padre que recibe el hijo pródigo en su hogar nuevamente (Lucas 15:20-24). Como dice Pablo: "Si alguno no obedece a lo que decimos por medio de esta carta, a ése señaladlo, y no os juntéis con él, para que se avergüence. Mas no lo tengáis por enemigo, sino amonestadle como a hermano" (2 Tesalonicenses 3:14-15). Y Santiago dice: "Hermanos, si alguno de entre vosotros se ha extraviado de la verdad, y alguno le hace volver, sepa que el que haga volver al pecador del error de su camino, salvará de muerte un alma, y cubrirá multitud de pecados'" (Santiago 5:19-20). "Porque el siervo del Señor no debe ser contencioso, sino amable para con todos, apto para enseñar, sufrido; que con mansedumbre corrija a los que se oponen, por si quizá Dios les conceda que se arrepientan para conocer la verdad" (2 Timoteo 2:24-26).

2 Corintios nos da la impresión de que la persona que fue excomulgada en 1 Corintios 5 fue posteriormente restaurada: "Pero si alguno me ha causado tristeza, no me la ha causado a mí solo, sino ... a todos vosotros. Le basta a tal persona esta represión hecha por muchos; así que, al contrario, vosotros más bien debéis perdonarle y consolarle, para que no sea consumido de demasiada tristeza. Por lo cual os ruego que confirméis el amor para con él. ... Y al que vosotros perdonáis, yo también; porque también yo lo que he perdonado, si algo he perdonado, por vosotros lo he hecho en presencia de Cristo" (2 Corintios 2:5-10).

Con la misma determinación con la que hemos expulsado al pecador no arrepentido, lo recibimos si "promete y muestra verdadera enmienda", como lo dice el catecismo. Tal restauración, el ser recibido nuevamente como miembro de la iglesia, era de lo que se trataba la disciplina eclesiástica desde el principio.

Día 262 **Buenas obras** (Domingo 32, **P.** y **R.** 86, parte 1)

P. Puesto que nosotros, entonces, por gracia a través de Cristo salvos somos de nuestra miseria enteramente sin nuestros méritos, ¿por qué debemos hacer buenas obras?

R. *Nosotros debemos hacer buenas obras porque Cristo nos ha comprado con su sangre y también nos ha renovado a su imagen a través de su Santo Espíritu, para que nosotros con nuestras enteras vidas demos gracias a Dios.*

L legamos ahora a la tercera parte principal del catecismo: después de "miseria" y "redención" viene la parte de la "gratitud", un término que ha sido tomado en el sentido más amplio, abarcando nuestras enteras vidas cristianas. La introducción abre con la pregunta de por qué debiéramos de realizar buenas obras. La expresión "buenas obras" es un buen resumen de la vida cristiana: se supone que los cristianos han de pensar, decir y hacer lo que es bueno; esto es, lo que le agrada a Dios y está de acuerdo con sus mandamientos: "Si, pues, coméis o bebéis, o hacéis otra cosa, hacedlo todo para la gloria de Dios" (1 Corintios 10:31).

La primera razón que el catecismo da para tal vida es "para que con nuestras enteras vidas demos gracias a Dios". Esto es hermosamente ilustrado por Pablo: "Así que, hermanos, os ruego por las misericordias de Dios, que presentéis vuestros cuerpos en sacrificio vivo, santo, agradable a Dios, que es vuestro culto racional. No os conforméis a este siglo, sino transformaos por medio de la renovación de vuestro entendimiento, para que comprobéis cuál sea la buena voluntad de Dios, agradable y perfecta" (Romanos 12:1-2). Es como si dijera: "A la luz de todas las misericordias que Dios ha derramado sobre vosotros, como he explicado en los capítulos anteriores, ahora apelo a vosotros para que dediqueis vuestra vidas a Dios".

Puedes agradecer a Dios con palabras: "Dad gracias en todo, porque esta es la voluntad de Dios para con vosotros en Cristo Jesús" (1 Tesalonicenses 5:18); "...dando siempre gracias por todo al Dios y Padre, en el nombre de nuestro Señor Jesucristo" (Efesios 5:20). Pero también puedes agradecer a Dios con lo que haces: "*sed agradecidos*. La palabra de Cristo more en abundancia en vosotros, enseñándoos y exhortándoos unos a otros en toda sabiduría, cantando con gracia en vuestros corazones al Señor con salmos e himnos y cánticos espirituales. Y todo lo que hacéis, sea de palabra o de hecho, hacedlo todo en el nombre del Señor Jesús, dando gracias a Dios Padre por medio de él" (Colosenses 3:15-17).

Día 263 **Alabado a través de nosotros** (Domingo 32, **P.** y **R.** 86, parte 2)

R. . . . *Cristo . . . nos ha renovado a su imagen a través de su Santo Espíritu, para que . . . Dios . . . a través de nosotros sea alabado.*

EN ningún ser humano vino a la luz la imagen de Dios tan hermosa y perfectamente como en su propio Hijo, Jesucristo. Él *es* en su persona *la* imagen de Dios. Pablo describe: "la luz del evangelio de la gloria de Cristo, el cual es la imagen de Dios", y la "iluminación del conocimiento de la gloria de Dios en la faz de Jesucristo" (2 Corintios 4:4, 6). En otra parte dice que Cristo "es la imagen del Dios invisible, el primogénito de toda creación" (Colosenses 1:15). Por lo tanto, si la imagen de Dios es restaurada en nosotros a través de su redención, esto es lo mismo que decir que la imagen de *Cristo* es manifestada de nosotros: "Porque a los que antes [Dios] conoció, también los predestinó para que fuesen hechos conformes a la imagen de su Hijo, para que él sea el primogénito entre muchos hermanos" (Romanos 8:29). "Por tanto, nosotros todos, mirando a cara descubierta como en un espejo la gloria del Señor, somos transformados de gloria en gloria en la misma imagen" (2 Corintios 3:18); ". . . hijitos míos, por quienes vuelvo a sufrir dolores de parto, hasta que Cristo sea formado en vosotros" (Gálatas 4:19).

Uno de los grandes propósitos de la reproducción de esta imagen de Cristo en nosotros es que aprendamos a alabar a Dios. Jesús es el ejemplo: "Yo te alabo, oh Padre, Señor del cielo y de la tierra, porque escondiste estas cosas de los sabios y entendidos, y las has revelado a los niños" (Lucas 10:21). Hebreos 13 dice: "Así que, ofrezcamos siempre a Dios, por medio de él, sacrificio de alabanza, es decir, fruto de labios que confiesan su nombre" (v. 15; *cfr.* Oseas 14:2). El autor está pensando aquí en los sacrificios voluntarios (de animales) de alabanza que los israelitas podían ofrecer a Dios (Levítico 7:12-15, usualmente traducido como ofrendas de acción de gracias; *cfr.* Salmo 50:14, 23; 116:17). Le pide a sus lectores que ofrezcan tales sacrificios no ocasionalmente, sino *continuamente*, a través de Cristo como el "gran sacerdote sobre la casa de Dios" (Hebreos 10:21). ¡No meramente alabamos a Dios, nos convertimos en "alabadores", adoradores de Dios!

R. . . . *Cristo* . . . *nos ha renovado a su imagen a través de su Santo Espíritu* . . . *para asegurar nuestra propia fe por sus frutos.*

Nuestra seguridad de salvación está basada en dos fundamentos. Uno consiste en las promesas objetivas de la palabra de Dios, tales como: "Si confesamos nuestros pecados, él es fiel y justo para perdonar nuestros pecados, y limpiarnos de toda maldad" (1 Juan 1:9). "Si confesares con tu boca que Jesús es el Señor, y creyeres en tu corazón que Dios le levantó de los muertos, serás salvo" (Romanos 10:9). Éste es el fundamento objetivo de la *Palabra* de Dios.

El otro fundamento para nuestra seguridad de salvación es el subjetivo: "El Espíritu mismo da testimonio a nuestro espíritu, de que somos hijos de Dios" (Romanos 8:16). Desde luego, tal hablar del Espíritu en concurrencia con nuestro propio espíritu humano no tiene lugar aparte de la Palabra de Dios. No obstante, es diferente: no es la Palabra viniendo nosotros, sino la Palabra y el Espíritu hablando *en* nosotros. Ahora bien, el argumento del catecismo es este: ¿cómo podemos jamás esperar que el Espíritu brinde tal testimonio dentro de nosotros si nosotros mismos no estamos rindiendo fruto espiritual (*cfr.* Gálatas 5:22-24)? Imagina a alguien afirmando que un cierto árbol está vivo. Pero el árbol está pelón, no está creciendo, y no está rindiendo fruto. ¿Qué razón tienes para suponer que el árbol está vivo? Es lo mismo con el supuesto creyente. Si hay vida, hay frutos. Si no hay frutos, ¿qué razón tenemos para suponer que esta persona está espiritualmente viva (*cfr.* Juan 15:2.6)?

Los frutos son para Dios en primer lugar. Por supuesto que lo son. Pero también tienen importancia para nosotros: "podemos estar seguros de nuestra propia fe por sus frutos", dice el catecismo. O dicho de este modo: ¿cómo sabemos que somos elegidos desde antes de la fundación del mundo (*cfr.* Efesios 1:4)? Pedro da esta respuesta: "procurad hacer firme vuestra vocación y elección; porque haciendo estas cosas [*cfr.* vv. 5-9], no caeréis jamás" (2 Pedro 1:10-11).

R. ... *Cristo* ... *nos ha renovado a su imagen a través de su Santo Espíritu* ... *para* ... *ganar a nuestros vecinos para Cristo.*

Nuestro "piadoso vivir" como creyentes es para Dios en primer lugar, y en segundo lugar para "nuestro prójimo" (para no mencionar que es una bendición para nosotros mismos). Imagina a una persona que produce los nueve pliegues del fruto del Espíritu: "amor, gozo, paz, paciencia, benignidad, bondad, fe, mansedumbre, templanza" (Gálatas 5:22-23). ¡Imagina qué bendición sería tal persona para su entorno! Irradia el amor de Dios *amando* a las personas. Irradia el gozo del Señor hablando y actuando desde una vida llena de gozo. Irradia la paz de Dios exhibiendo esta paz interior del alma. Es amable, amistoso, gentil, manso. Como dijera Jesús: "Bienaventurados los mansos, porque ellos recibirán la tierra por heredad. ... Bienaventurados los misericordiosos, porque ellos alcanzarán misericordia. Bienaventurados los de limpio corazón, porque ellos verán a Dios. Bienaventurados los pacificadores, porque ellos serán llamados hijos de Dios" (Mateo 5:5-9).

Todas las palabras del Evangelio que pudiéramos hablar serán no servirán para nada si no *actuamos* también como personas con el Espíritu de Cristo en nosotros; de hecho, habrán de deshonrar el nombre de Jesús (Romanos 2:24). Vivimos en un mundo de justicia, guerra, violencia, dureza, rudeza y tristeza. En medio de este mundo hay otro dominio, el cual es totalmente opuesto al primero: "porque el reino de Dios [es] ... justicia, paz y gozo en el Espíritu Santo. Porque el que en esto sirve a Cristo, agrada a Dios, y es aprobado por los hombres" (Romanos 14:17-18). Se dirá de ti, enmedio de tanta injusticia que eres uno de los que siguen "la justicia" (Isaías 51:1; 1 Timoteo 6:11; 2 Timoteo 2:22)? En medio de la violencia y la guerra tú sigues "la paz con todos" (Hebreos 12:14)? En medio de la tristeza —y los cristianos tienen su propia tristeza con la cual lidiar— tú habrás de regocijarte "en el Señor siempre" (Filipenses 4:4)? ¡Que testimonio! ¡Qué manera de ganar a las personas para Cristo! Mantened "buena vuestra manera de vivir entre los gentiles; para que en lo que murmuran de vosotros como de malhechores, glorifiquen a Dios en el día de la visitación, al considerar vuestras buenas obras" (1 Pedro 2:12).

Día 266 **Desagradecidos e impenitentes** (Domingo 32, **P.** y **R.** 87, parte 1)

P. ¿Podemos pues, también los que hemos sido bendecidos, ser por ello mismo desagradecidos, vivir una vida impenitente no convertidos a Dios?

R. *De ninguna manera....*

Ésta parece ser una pregunta muy asombrosa. ¿Cómo puede alguien suponer seriamente que aquellos que "desagradecidos, viven una vida impenitente no convertidos a Dios" pueden llegar a ser salvos? La razón por la que el catecismo plantea esta pregunta es aparentemente la de enfatizar la necesidad e importancia del arrepentimiento y la gratitud (*cfr.* PyR 88). Estas dos cosas son importantes tanto para creyentes como para incrédulos: los segundos deben aprender a confesar sus pecados por primera vez; los primeros deben aprender a hacerlo repetidamente.

¿Por qué es tan importante el arrepentimiento? Considéralo desde otra perspectiva: ¿por qué habría Dios de llegar a perdonar nuestros pecados si ve que no deseamos cambiar nuestras vidas, que deseamos meramente continuar pecando? Salomón escribió: "El que encubre sus pecados no prosperará; Mas el que los confiesa y se aparta alcanzará misericordia" (Proverbios 28:13). Dios perdona los pecados de aquellos que verdadera y honestamente se lamentan de ellos, y sinceramente desean conducir una vida diferente. Algunos dirán que solamente Dios puede producir tal arrepentimiento e intención en el corazón de una persona. Están perfectamente lo correcto. Sin embargo, eso no altera la responsabilidad de una persona. Si no hay contrición, no hay redención. Si no hay arrepentimiento, no hay liberación.

David escribe: "Mientras callé [*i.e.* mientras me rehusé a confesar mis pecados], se envejecieron mis huesos en mi gemir todo el día. Porque de día y de noche se agravó sobre mí tu mano; se volvió mi verdor en sequedades de verano". Pero entonces, afortunadamente, se da el cambio: "Mi pecado te declaré, y no encubrí mi iniquidad. Dije: Confesaré mis transgresiones a Jehová; Y tú perdonaste la maldad de mi pecado" (Salmo 32:3-5).

El catecismo habla aquí no solamente de los caminos del "no arrepentimiento", sino también de los "caminos de ingratitud". Una persona que se rehúsa a confesar sus pecados no es solamente necio y arrogante delante de Dios; también es un malagradecido. El hecho de que seamos criaturas debiera ser suficiente para hacernos agradecidos hacia nuestro creador. El hecho de que Dios, en Jesucristo, haya preparado una redención tan maravillosa, solamente debieran incrementar nuestra gratitud.

Día 267 **No habrá malvados en el Reino** (Domingo 32, **P.** y **R.** 87, parte 2)

R. . . . *pues las Escrituras dicen: ningún licencioso, idólatra, adúltero, ladrón, avaro, borracho, difamador, bandido, y semejante, heredará el Reino de Dios.*

Es notable que la distinción bíblica normal entre aquellos que son salvos y los que se pierden no es la de los creyentes *versus* los incrédulos, sino la de los justos en tanto que opuestos a los malvados. Esto es una advertencia a todos aquellos que se consideran a sí mismos justos, porque, aunque pretendan "creer", continúan viviendo como los malvados. Pablo advierte a los verdaderos creyentes: "no os juntéis con ninguno que, *llamándose hermano*, fuere fornicario, o avaro, o idólatra, o maldiciente, o borracho, o ladrón" (1 Corintios 5:11). "¿No sabéis que los injustos no heredarán el reino de Dios? No erréis; ni los fornicarios, ni los idólatras, ni los adúlteros, ni los afeminados, ni los que se echan con varones, ni los ladrones, ni los avaros, ni los borrachos, ni los maldicientes, ni los estafadores, heredarán el reino de Dios. Y esto erais algunos; mas ya *habéis sido lavados*, ya *habéis sido santificados*, ya *habéis sido* justificados" (1 Corintios 6:9-11). Pero esto no elimina nada de la sinceridad de su llamamiento.

Es lo mismo en Efesios: "Pero fornicación y toda inmundicia, o avaricia, ni aun se nombre entre vosotros, como conviene a santos; ni palabras deshonestas, ni necedades, ni truhanerías, que no convienen, sino antes bien acciones de gracias. Porque sabéis esto, que ningún fornicario, o inmundo, o avaro, que es idólatra, tiene herencia en el reino de Cristo y de Dios" (Efesios 5:3-5; *cfr.* Gálatas 5:19-21). El mensaje de Pablo a aquellos que pretenden ser verdaderos creyentes es este: si vives como el malvado, no importa cuál sea tu confesión, morirás como el malvado, irás al infierno como el malvado y tu confesión resultará ser carente de valor. "Así que, el que piensa estar firme, mire que no caiga" (1 Corintios 10:12). "No os engañéis; Dios no puede ser burlado: pues todo lo que el hombre sembrare, eso también segará. Porque el que siembra para su carne, de la carne segará corrupción; mas el que siembra para el Espíritu, del Espíritu segará vida eterna" (Gálatas 6:7-8).

Día 268 Arrepentimiento genuino (Domingo 33, P. y R. 88, parte 1)

P. ¿En qué consiste el verdadero arrepentimiento o conversión del hombre?

R. *En la muerte del viejo hombre y el nacimiento del nuevo.*

El Nuevo Testamento contiene dos palabras para la conversión. Una es precisamente la misma palabra: "...cómo os convertisteis de los ídolos a Dios, para servir al Dios vivo y verdadero" (1 Tesalonicenses 1:9). La otra palabra significa "arrepentimiento"; como Juan el Bautista y Jesús predicaran, "arrepentíos, porque el reino de los cielos se ha acercado" (Mateo 3:2; 4:17). Algunas veces las dos palabras figuran en un enunciado: "Así que, arrepentíos y convertíos, para que sean borrados vuestros pecados" (Hechos 3:19). Fue predicado a los judíos "y a los gentiles, que se arrepintiesen y se convirtiesen a Dios, haciendo obras dignas de arrepentimiento" (Hechos 26:20). El término para "convertirse a Dios" significa un cambio drástico de *estilo de vida*, cambiar *de* servir a los ídolos al Dios viviente. El término para "arrepentimiento" significa un cambio drástico del *ser interior* de uno: un cambio radical de mentalidad.

Palabras como "drástico" y "radical" son apropiados para describir lo que está sucediendo. En otros pasajes bíblicos esto es incluso descrito en términos de vida y muerte. El pecador *viviente* debe *morir*: "sabiendo esto, que nuestro viejo hombre fue crucificado juntamente con él, para que el cuerpo del pecado sea destruido, a fin de que no sirvamos más al pecado" (Romanos 6:6). "En él [Cristo] también fuisteis circuncidados con circuncisión no hecha a mano, al echar de vosotros el cuerpo pecaminoso carnal, en la circuncisión de Cristo; sepultados con él en el bautismo" (Colosenses 2:11-12). Una *vida* de pecado sólo puede terminar en la *muerte*, esto es en la muerte vicaria de Jesús —una muerte que es práctica y visiblemente ilustrada en el bautismo.

Dios no ajusta, renueva, revisa o restaura el viejo yo. La *muerte* es la única solución para él. O, para usar otro término bíblico: Dios nos ha hecho una "nueva criatura". "Si alguno está en Cristo, nueva criatura es; las cosas viejas pasaron; he aquí todas son hechas nuevas" (2 Corintios 5:17). "Pero lejos esté de mí gloriarme, sino en la cruz de nuestro Señor Jesucristo, por quien el mundo me es crucificado a mí, y yo al mundo. Porque en Cristo Jesús ni la circuncisión vale nada, ni la incircuncisión, sino una nueva creación. Y a todos los que anden conforme a esta regla, paz y misericordia sea a ellos" (Gálatas 6:14-16).

R. . . . *la muerte del viejo hombre y el nacimiento del nuevo.*

El tremendo cambio de una persona que se convierte de ser un malvado pecador en un amado hijo de Dios no podría ser descrito más radicalmente —o apropiadamente— que en términos de vida y muerte. El pecador arrepentido, quien verdaderamente confía en Cristo y su obra redentora, es traído de muerte a vida. Colosenses 2 es uno de los pocos pasajes en los que ambos aspectos son mencionados: ". . . sepultados con él en el bautismo, en el cual fuisteis también resucitados con él, mediante la fe en el poder de Dios que le levantó de los muertos. Y a vosotros, estando muertos en pecados y en la incircuncisión de vuestra carne, os dio vida juntamente con él, perdonándoos todos los pecados" (Colosenses 2:12-13). El pasaje paralelo dice esto: "aun estando nosotros muertos en pecados, [Dios] nos dio vida juntamente con Cristo (por gracia sois salvos), y juntamente con él nos resucitó, y asimismo nos hizo sentar en los lugares celestiales con Cristo Jesús" (Efesios 2:4-6).

Un poco después, Pablo insta a los creyentes: "despojaos del viejo hombre, que está viciado conforme a los deseos engañosos, y renovaos en el espíritu de vuestra mente, y vestíos del nuevo hombre, creado según Dios en la justicia y santidad de la verdad" (Efesios 4:22-24). Y en otro lado: "Si, pues, habéis resucitado con Cristo, buscad las cosas de arriba, donde está Cristo sentado a la diestra de Dios. Poned la mira en las cosas de arriba, no en las de la tierra. Porque habéis muerto, y vuestra vida está escondida con Cristo en Dios. . . . Haced morir, pues, lo terrenal en vosotros: fornicación, impureza, pasiones desordenadas, malos deseos y avaricia, que es idolatría" (Colosenses 3:1-5).

Aquí vemos claramente las dos etapas de este vivir y morir. En primer lugar, en el momento en que venimos a la fe, nos dimos cuenta de que *habíamos* muerto y *habíamos* sido levantado con Cristo, de una vez por todas. Pero en segundo lugar, de aquí en adelante, durante nuestra vida cristiana, esto tiene que ser una acción de nuestra parte para toda la vida: "¡*Habéis* muerto, ahora haced morir!". Un día te revistes del nuevo yo, pero tienes que realizar esto de nuevo cada día. ¡Sigue siendo renovado, sigue desvistiéndote y revistiéndote, todo el tiempo, como parte de tu crecimiento espiritual!

P. ¿Qué significa la muerte del viejo hombre?

R. *Lamentarse de corazón por el pecado ....*

El "viejo yo" (literalmente "viejo humano" o "viejo hombre") es el ser humano en su estado pecaminoso, no arrepentido. Una persona dejará este estado atrás si, a través del poder del Espíritu Santo, aprende a lamentar verdadera y honestamente su previa vida pecaminosa, y se aleja de ella. Puede lamentar el dolor que él, por sus pecados, le causó a otras personas. Pero el arrepentimiento más profundo y más significativo involucra el darse cuenta de que ha deshonrado a Dios con sus pecados. Ya sea que esto haya sido un pecado directo en contra de Dios mismo (*v.g.* blasfemia), o un pecado en contra de un prójimo (*v.g.* robar, insultar), en ambos casos es el *Dios* santo y justo a quien ha ofendido. La razón de esto es que él es nuestro Creador, determina lo que podemos esperar de sus criaturas, y ha asentado esto en sus mandamientos. Ya sea que pequemos en contra del segundo o en contra del séptimo mandamiento, en ambos casos son los mandamientos de Dios los que hemos transgredido. David había tomado la esposa de su vecino y causado la muerte de este prójimo. No obstante, dice, "contra ti, contra ti solo he pecado, y he hecho lo malo delante de tus ojos" (Salmo 51:4).

Tan importante como es el lamentar y confesar nuestros pecados, lo es el darse cuenta de que Dios perdona de todo corazón: "JAH, si mirares a los pecados, ¿quién, oh Señor, podrá mantenerse? *Pero en ti hay perdón*, para que seas reverenciado" (Salmo 130:3-4). "Porque así dijo el Alto y Sublime, el que habita la eternidad, y cuyo nombre es el Santo: Yo habito en la altura y la santidad, y con el quebrantado y humilde de espíritu, para hacer vivir el espíritu de los humildes, y para vivificar el corazón de los quebrantados" (Isaías 57:15; *cfr.* 66:2). Por lo tanto, el Señor hace este llamamiento: "Por eso pues, ahora, dice Jehová, convertíos a mí con todo vuestro corazón, con ayuno y lloro y lamento. Rasgad vuestro corazón, y no vuestros vestidos, y convertíos a Jehová vuestro Dios; porque misericordioso es y clemente, tardo para la ira y grande en misericordia, y que se duele del castigo" (Joel 2:12-13). Como dice Pablo: "Porque la tristeza que es según Dios produce arrepentimiento para salvación, de que no hay que arrepentirse" (2 Corintios 7:10).

R. *Lamentarse de corazón por el pecado y odiarlo y apartarse de él cada vez más.*

Primeramente debemos distinguir aquí el momento de la conversión y el arribo a la fe, por un lado, y la vida cristiana que le sigue, por el otro. En la conversión llegamos a odiar nuestros pecados *en principio*, nos lamentamos genuinamente por ellos y estamos plenamente preparados para apartarnos de los mismos (como lo hizo José literalmente, Génesis 39:12). Sin embargo, este momento es solamente el primer paso en un proceso de santificación que dura toda la vida. Entre más crecemos espiritualmente, más aprendemos acerca de las "profundidades" del pecado (*cfr.* Salmo 130:1).

Aprender acerca de las profundidades del pecado *nunca* debiera conducirnos a dudar de nuestra salvación. ¡Tal aprendizaje debiera *incrementar* nuestra gratitud y nuestro amor hacia el Señor, quien pagó tal precio por nuestros pecados! Él dijo una vez acerca de la mujer pecadora: "sus muchos pecados le son perdonados, porque amó mucho; mas aquel a quien se le perdona poco, poco ama" (Lucas 7:47). Huimos del pecado no por alguna forma de legalismo o fariseísmo, sino porque nuestro nuevo yo ha aprendido a *odiarlo*. Dios nos enseña que él crucificó nuestro viejo yo en la cruz de Cristo (Romanos 6:6), pero, en respuesta a esto, nosotros mismos "por el Espíritu [hacemos] morir las obras de la carne" (Romanos 8:13). "Los que son de Cristo han crucificado la carne con sus pasiones y deseos" (Gálatas 5:24).

"Haced morir, pues, lo terrenal en vosotros: fornicación, impureza, pasiones desordenadas, malos deseos y avaricia" (Colosenses 3:5). Ésta es *nuestra* responsabilidad. Al hacerlo, reconocemos todos los días de nuestras vidas el justo juicio de Dios sobre nuestros pecados, e incluso sobre nuestro "viejo yo". Esto no significa que nunca habremos de caer en pecado otra vez, sino que odiamos el pecado. Puedes fregar un cerdo hasta limpiarlo, pero, cuando lo dejes ir, retornará al lodo. Esa es su naturaleza. Pero, si una oveja cae en el lodo, lo odiará, se pondrá en sus patas tan pronto como sea posible, y tratará de limpiarse. ¡Esa es su naturaleza!

Día 272 El nacimiento (Domingo 33, P. y R. 90, parte 1)

P. ¿Qué significa la resurrección del nuevo hombre?

R. *Alegrarse de corazón en Dios a través de Cristo....*

Llama poderosamente la atención que el catecismo menciona el gozo como el primer aspecto del nuevo yo. Esto es una profunda verdad. El eunuco etíope recién convertido "siguió gozoso su camino" (Hechos 8:39). El carcelero recién convertido "se regocijó con toda su casa de haber creído a Dios" (Hechos 16:34). El Evangelio incluso trajo gozo a la entera ciudad de Samaria (Hechos 8:8).

El gozo es una típica bendición bíblica: "el gozo de Jehová es vuestra fuerza" (Nehemías 8:10). A los israelitas se les ordenó una vez que se regocijaran en la fiesta de las semanas (Deuteronomio 16:11), y tres veces que se regocijaran en la fiesta de los tabernáculos (Levítico 23:40; Deuteronomio 16:14-15). En el Nuevo Testamento, el gozo es parte del fruto del Espíritu, mencionado directamente después del amor (Gálatas 5:22). El gozo en el Espíritu Santo es incluso uno de los tres aspectos principales del reino de Dios descritos en Romanos 14:17. Aunque Pablo fue prisionero todo el tiempo, llamaba a los creyentes: "gozaos y regocijaos también vosotros conmigo" (Filipenses 2:18, 28; 3:1; 4:4). Un creyente podría no encontrar mucho gozo en sus circunstancias terrenales como tales (*cfr.* Filipenses 2:27), pero siempre encontrará gozo en el Señor. Como dice Pablo en otro lado: "como entristecidos, mas siempre gozosos" (2 Corintios 6:10). "Por lo demás, hermanos, tened gozo" (13:11).

El creyente puede decir: Dios es el "Dios de mi alegría y de mi gozo" (Salmo 43:4). Se suponía que Israel habría de servir a Dios "con alegría y con gozo de corazón" (Deuteronomio 28:47; *cfr.* 1 Reyes 8:66; Salmo 32:11). Nos "nos gloriamos en Dios por el Señor nuestro Jesucristo, por quien hemos recibido ahora la reconciliación" (Romanos 5:11). Cuando Jesús tuvo que dejar a sus discípulos atrás, les dio tres presentes muy personales: los llamó "mi *paz*" (Juan 14:7), "mi *amor*" (15:9-10) y "mi *gozo*". "Estas cosas os he hablado, para que mi gozo esté en vosotros, y vuestro gozo sea cumplido" (Juan 15:11; *cfr.* 17:13). Como comenta el apóstol Juan: "nuestra comunión verdaderamente es con el Padre, y con su Hijo Jesucristo. Estas cosas os escribimos, para que vuestro gozo sea cumplido" (1 Juan 1:3-4). El gozo eterno estará sobre nuestras cabezas (Isaías 35:10; 51:11).

R. ...*Alegrarse de corazón en Dios a través de Cristo, y desear y querer vivir conforme a la voluntad de Dios en toda buena obra.*

El legalismo consiste en guardar los mandamientos de Dios de un modo pedante, como un fin en sí mismo, no para el honor de Dios, sino para la satisfacción propia, despreciando a otros que son menos escrupulosos, agregando todo tipo de mandamientos inventados, etcétera. Ésta es obra de nuestra pecaminosa carne. Es característica de la gente no regenerada, pero a veces también se encuentra en las personas regeneradas que son engañadas, o que se engañan a sí mismas. El legalismo puede dar alguna satisfacción interna, pero nunca puede dar "alegría de corazón en Dios a través de Cristo". Sólo te puedes deleitar en la *ley* del Señor si te deleitas en el Señor *mismo* (Salmo 1:2; Romanos 7:22). Este deleite es una característica muy clara del yo renovado de una persona: ama al Señor, y por lo tanto ama "vivir conforme a la voluntad de Dios". Amar a Dios y guardar sus mandamientos siempre están estrechamente conectados (Éxodo 20:6; Deuteronomio 5:10; Josué 22:5; Nehemías 1:5; Daniel 9:4).

Esto fue modelado de una manera inminente por Jesús: era su placer hacer las cosas que eran placenteras a su Padre (*cfr.* Juan 8:29) porque amaba al Padre (14:31). En sus oraciones, el "se [regocijaba] en el Espíritu" (Lucas 10:21). El podía decir "El hacer tu voluntad, Dios mío, me ha agradado, y tu ley está en medio de mi corazón" (Salmo 40:8; *cfr.* Jeremías 31:33; Hebreos 8:10; 10:16). Esperaba lo mismo de sus discípulos: "El que tiene mis mandamientos, y los guarda, ése es el que me ama" (Juan 14:21). "Si guardareis mis mandamientos, permaneceréis en mi amor; así como yo he guardado los mandamientos de mi Padre, y permanezco en su amor" (Juan 15:10).

De hecho, sólo hay un modo en el cual podemos probar que amamos verdaderamente a Dios y a su hijo, Jesucristo: "En esto conocemos que amamos a los hijos de Dios, cuando amamos a Dios, y guardamos sus mandamientos. Pues este es el amor a Dios, que guardemos sus mandamientos" (1 Juan 5:2-3). Por lo tanto, "considerémonos unos a otros para estimularnos al amor y a las buenas obras" (Hebreos 10:24).

Día 274 **Provenientes de la verdadera fe** (Domingo 33, P. y R. 91, parte 1)

P. ¿Cuáles son, entonces, las buenas obras?

R. *Todas las que provienen de la verdadera fe.*

En esta PyR el catecismo resume lo que debemos entender por esta importante característica de la vida cristiana: "las buenas obras". Este término nunca se usa para los incrédulos; lo más que podrían esperar los impíos lograr es "obras muertas" (Hebreos 6:1; 9:14). Éstas son obras que pueden ser benéficas a otros, pero no provienen de la verdadera vida de Dios y no conducen a la vida eterna *con* Dios. Las "buenas obras" en el sentido bíblico "provienen de la verdadera fe". Las buenas obras son aquellas que son agradables a Dios, pero recuerda que "sin fe es imposible agradar a Dios; porque es necesario que el que se acerca a Dios crea que le hay, y que es galardonador de los que le buscan" (Hebreos 11:6).

La fe es necesaria para las obras verdaderamente buenas, pero no es suficiente. Jesús dijo: "el que permanece en mí, y yo en él, éste lleva mucho fruto; porque *separados de mí nada podéis hacer*" (Juan 15:5). Así que Jesús *mismo* es el origen de las buenas obras. También es verdad que el Espíritu Santo es la fuente de las buenas obras: en oposición a las "obras de la carne" (Gálatas 5:19) están los "frutos del Espíritu": "amor, gozo, paz, paciencia, benignidad, bondad, fe, mansedumbre, templanza" (Gálatas 5:22-23). Puedes decir también que Dios el Padre es el origen de nuestras buenas obras: "somos hechura suya, creados en Cristo Jesús para buenas obras, las cuales Dios preparó de antemano para que anduviésemos en ellas" (Efesios 2:10). "el que comenzó en vosotros la buena obra [Dios], la perfeccionará hasta el día de Jesucristo" (Filipenses 1:6).

Es obvio que hacer buenas obras es la propia responsabilidad del creyente; tendremos que rendir cuentas de todo lo que hagamos, sea bueno o malo: "cada uno someta a prueba su propia obra . . . porque cada uno llevará su propia carga" (Gálatas 6:4-5). Pero esto es solamente un lado de la historia. El otro lado es que en nosotros no tenemos poder, ni siquiera como creyentes, para hacer cualesquiera buenas obras: la fe es la condición primaria, pero entonces necesitamos el poder del Espíritu Santo para lograr buenas obras.

Día 275 Conforme a la ley de Dios (Domingo 33, P. y R. 91, parte 2)

R. *Todas las que ... se hacen conforme a la ley de Dios.*

Imagina que contrato a un carpintero para que repare algunas cosas en mi casa. Llega el lunes por la mañana, se pone detrás de mi piano y toca una gran obra de Chopin tras otra. Estoy fascinado. Después de una hora, más o menos, digo: "increíble, fantástico —está usted despedido. No fue para esto que lo contraté". ¿Fue que no hizo "bien"? Sí y no. Hacer buena música es bueno en sí mismo. Pero no era la cosa adecuada para el momento.

Muchas personas tienen ideas claras acerca de lo que son las obras buenas, bellas y benéficas, y en sí mismo esto es correcto. Pablo incluso dice de una manera muy general: "todo lo que es verdadero, todo lo honesto, todo lo justo, todo lo puro, todo lo amable, todo lo que es de buen nombre; si hay virtud alguna, si algo digno de alabanza, en esto pensad"; esto es, hay que procurar esas cosas (Filipenses 4:8). Ya Salomón había dicho: "Todo lo que te viniere a la mano para hacer, hazlo según tus fuerzas" (Eclesiastés 9:10) —ese su lado de la historia. Si vacilas cada vez que tienes que actuar porque te preguntas si esto o aquello es realmente lo que Dios quiere que hagas, no harás mucho en lo absoluto.

Sin embargo, el otro lado también es importante. Puedes pasar mucho tiempo con tu pobre, joven y hermosa vecina viuda, desatendiendo a tu propia esposa y familia. Puedes pensar que eres un tipo de persona agradable, útil y social. No obstante, cualquier persona con sentido común te podrá decir que lo que estás haciendo es peligroso y equivocado. Estás "jugando" con el séptimo mandamiento. Tus intenciones pueden ser buenas (aunque yo desconfiaría de las mismas en este caso), pero eso no es suficiente. Tus obras siempre deben ser "conformes a la ley de Dios". ¡Y no busques los "filos" de estos mandamientos, donde podrías caer! Algunas cosas, tales como el adulterio, son *siempre* erróneas. Algunas cosas pueden ser algunas veces correctas pero otras veces no lo son, porque Dios tiene otra cosa en mente para ti. ¡Puede Dios hacerte apto "en toda obra buena para que hagáis su voluntad, haciendo él en vosotros lo que es agradable delante de él por Jesucristo (Hebreos 13:21)!

Día 276 **Para la gloria de Dios** (Domingo 33, **P.** y **R.** 91, parte 3)

R. *Todas las que . . . se hacen . . . para glorificarlo [a Dios].*

Algunas buenas obras son agradables en sí mismas, pues benefician a las personas que nos rodean, pero, no obstante, no son para la gloria de Dios. Éste es el caso, por ejemplo, si las hacemos primariamente para nuestra propia gloria. Por ejemplo: "El que habla por su propia cuenta, su propia gloria busca; pero el que busca la gloria del que le envió, éste es verdadero" (Juan 7:18). Así que no es suficiente si nuestras obras, tales como las que son altruistas y generosas, son buenas en sí mismas. También deben ser hechas con las intenciones apropiadas: no para nuestra propia gloria, sino para la gloria de Dios; no por amor a nosotros mismos, sino por amor a Dios. Ni siquiera el amor no egoísta a nuestros prójimos es suficiente; el motivo más profundo siempre debe ser el amor a Dios, incluso cuando sean nuestros prójimos los beneficiarios de nuestras buenas obras.

Pablo dice: "Si, pues, coméis o bebéis, o hacéis otra cosa, hacedlo todo para la gloria de Dios" (1 Corintios 10:31). "Y todo lo que hacéis, sea de palabra o de hecho, hacedlo todo en el nombre del Señor Jesús, dando gracias a Dios Padre por medio de él" (Colosenses 3:17). ¡Dios es glorificado por nuestra obediencia! Hacemos buenas obras porque esto es una característica de nuestra nueva naturaleza. Amamos hacer buenas obras. Pero siempre sigue siendo verdadero que *debemos* hacer buenas obras (Efesios 2:10; Colosenses 1:10; 1 Timoteo 6:18; 2 Timoteo 2:21; Tito 2:7; 3:1, 8; 3:14; Hebreos 10:24). Estas dos cosas van de la mano en nuestro cristiano caminar. Nunca hacemos cosas simplemente por nuestra propia iniciativa; las hacemos en obediencia a los mandamientos del Señor. Sin embargo, nunca las hacemos *solamente* porque se nos dice que las hagamos. También nos da gran gozo hacerlas.

Es por ello que la ley es llamada la "ley de la libertad" (Santiago 1:25; 2:12): hacemos ciertas cosas porque debemos —esa es la parte de la ley. Pero también las hacemos porque amamos honrar a Dios a través de ellas —esa es la parte de la libertad. La ley de Dios es el motivo objetivo, *fuera* de nosotros; el deseo de nuestra nueva naturaleza de glorificar a Dios a través de nuestras obras es el motivo subjetivo, *dentro* de nosotros. Tener solamente el primero es legalismo. Tener solamente el segundo es libertinismo o sentimentalismo.

Día 277 **No basadas en nuestras ideas** (Domingo 33, **P.** y **R.** 91, parte 4)

R. *Todas las que ... [no] son conformes a nuestro arbitrio o están basadas sobre los mandamientos de los hombres.*

Debemos estar siempre en guardia en contra de desarrollar nuestras propias reglas para las que son, y no son, buenas obras. Algunas veces escuchamos a los creyentes decir "no puedo creer que el Señor estuviera en contra de lo que vamos a hacer", o "estamos acostumbrados a actuar de esta o aquella manera en esta situación". Pero ¿es ésta una creencia o un hábito basado en Escritura, o simplemente una opinión personal basada en el deseo o la costumbre?

Ha sido popular entre algunos cristianos portar un brazalete con las letras QHHJ, "¿qué habría hecho Jesús?". Aparentemente, aquellos que lo portan desean expresar su convicción de actuar del mismo modo en que Jesús lo hubiera hecho. Pero la dificultad es cómo y si podemos *saber* cómo hubiera actuado Jesús en una situación dada. Sus acciones frecuentemente llegaron como una sorpresa. No condenó a la mujer adúltera Juan 8:1-11, pero es cierto que algunas veces *tenemos* que condenar a los hombres y a las mujeres adúlteros en la iglesia (1 Corintios 5). Le dijo al paralítico: "Hijo, tus pecados te son perdonados" (Marcos 2:5). Sin embargo, no podemos perdonar los pecados de alguien que no fueron cometidos contra *nosotros*, e incluso en este último caso debe haber primeramente una confesión hablada. "¿Qué habría hecho Jesús?". Es una gran pregunta, pero no siempre somos capaces de responderla; e incluso, si pudiéramos, no siempre podríamos imitarla. La única certeza que tenemos es que siempre debemos ser dirigidos por el mismo *amor* que dirigió a Jesús.

Las buenas obras deben ser medidas con los estándares de Dios, no con los nuestros. Abraham estaba listo para matar a su hijo, y Rahab traicionó a su país. De acuerdo con las leyes de la tierra, ambos serían culpables de delitos muy serios. Pero, ante los ojos de Dios, estas fueron buenas obras que demostraron que Abraham y Rahab eran verdaderamente justos (Santiago 2:21-25).

Siempre estamos tentados a agregar a los mandamientos del Señor nuestras propias opiniones y tradiciones (Deuteronomio 12:32). Sin embargo, no tenemos necesidad de los "mandamientos de hombres" (Mateo 15:9). Todos los tradicionalistas debieran escuchar la advertencia del Señor: "No andéis en los estatutos de vuestros padres, ni guardéis *sus* leyes ... andad en mis estatutos, y guardad mis preceptos, y ponedlos por obra" (Ezequiel 20:18-19).

Día 278 ¿Cuál es la ley del Señor? (Domingo 33, P. y R. 92, parte 1)

P. ¿Cuál es la ley del Señor?

R. *Y habló Dios todas estas palabras.* . . .

Aquí comienza la parte extensa del catecismo que trata de los Diez Mandamientos, o el Decálogo (PyRs 92-115). Empieza con una pregunta muy amplia: "¿Cuál es la ley del Señor?". El catecismo parece sugerir que la ley de Dios solamente contiene el Decálogo, pero desde luego la ley de Dios es un concepto mucho más amplio. La palabra "ley" en hebreo es *Torah*, la cual puede referirse a: (a) cualquier mandamiento de Dios (*cfr.* Génesis 26:5, "Abraham ... guardó ... mis leyes"), (b) la entera ley mosaica (*v.g.* 1 Reyes 2:3; Lucas 2:22), (c) los cinco libros de Moisés (*v.g.* Lucas 24:44; Hechos 28:23), o (d) el entero Antiguo Testamento (*v.g.* Romanos 3:19, donde el término incluye un número de salmos).

El significado más común de la *Torah* es (b) la ley mosaica, y es a esto a lo que el catecismo se refiere aquí. "La ley de Dios" es la totalidad de sus mandamientos. No hay duda de que el Decálogo es el resumen y núcleo de esta ley. Son las palabras con las que Dios empezó en el monte Sinaí (Éxodo 20:1-17; *cfr.* Deuteronomio 5:6-21), y que fueron resumidas por Pablo como "la ley" (Romanos 13:8-10).

Es un triste error de algunos teólogos sostener que Jesús habría abrogado la ley mosaica. Él mismo dijo: "No penséis que he venido para abrogar la ley o los profetas; no he venido para abrogar, sino para cumplir" (Mateo 5:17). El término "cumplir" puede tener un sentido profético (*cfr.* Mateo 5:18; Lucas 24:44), y puede significar "observar" la ley (*cfr.* Romanos 8:4; 13:8, 10; Gálatas 6:2; Santiago 2:8). En el caso de Jesús, la palabra "cumplir" también tuvo el significado especial de que él era el "fin" (Romanos 10:4), o "cumplimiento" de la ley. Por lo tanto, Jesús podía hablar de "*mis* mandamientos" (Juan 14:15, 21; 15:10) porque el trajo su más profundo significado a la luz, como habremos de ver. En este sentido, los mandamientos tienen una gran importancia: "Sobrellevad los unos las cargas de los otros, y cumplid así la *ley de Cristo*" (Gálatas 6:2). Pablo dijo que él estaba "bajo la ley de Cristo" (1 Corintios 9:21). En tales expresiones, la "ley" es el resumen de todas las reglas para la vida cristiana verdadera. ¡Es por ello que el catecismo le presta tanta atención!

R. *Y habló Dios todas estas palabras.*

En la Biblia, los Diez Mandamientos son literalmente llamados las "Diez Palabras" (Éxodo 34:28; Deuteronomio 4:13; 10:14). Es significativo que el Decálogo empiece con las palabras: "Yo soy Jehová tu Dios, que te saqué de la tierra de Egipto, de casa de servidumbre" (Éxodo 20:2; Deuteronomio 5:6). La tradición judía incluso considera a ésta como la primera de las Diez Palabras. Este primer dicho, el cual no es un orden imperativa en lo absoluto, sino un enunciado indicativo, ubica al Decálogo en el contexto del pacto refiriendo primariamente al Dios redentor del pacto. Las Diez Palabras explícitamente se dirigen a una nación redimida, si no en el pleno significado espiritual (*cfr.* 1 Corintios 10:1-5), entonces al menos en el sentido tipológico (vv. 6-12).

Incluso las famosas palabras: "Por tanto, guardaréis mis estatutos y mis ordenanzas, los cuales haciendo el hombre, vivirá en ellos" (Levítico 18:5), no hablan primariamente de cómo obtener la vida eterna, sino de *cómo vivir una vida verdaderamente bendecida como parte del pueblo redimido por Dios* (Deuteronomio 4:40; 5:33; 8:1; 11:9; 16:20; 25:15; 30:16). El enunciado en Levítico 18:5 es nuevamente precedido por la declaración "Yo Jehová [soy] vuestro Dios" (v. 4) y el recordatorio implícito de la liberación de Egipto (vv. 1-3). Israel es abordado como una nación redimida y santa (Éxodo 19:4-6). Este enunciado no es acerca de cómo *volverse* santos, sino acerca de cómo *permanecer* santos.

Así, el decálogo no puede ser aislado del resto del Pentateuco y elevado a algún dominio de principios atemporales y abstractos. Se halla dentro del marco histórico de la redención de Israel de Egipto, y está estrechamente conectado con otros imperativos en los marcos históricos del Pentateuco, tales como "vete de tu tierra" (Génesis 12:1); "Jehová peleará por vosotros, y vosotros estaréis tranquilos" (Éxodo 14:14); "Y vosotros me seréis un reino de sacerdotes, y gente santa" (Éxodo 19:6). Las órdenes de Dios, no importa cuán abstractas puedan parecer, siempre están incrustadas en *eventos* concretos, en el *curso* que Dios sigue con su pueblo a través de la historia de la redención. Es lo mismo con los cristianos y la ley de Cristo.

Día 280 Los mandamientos de Dios (Domingo 33, P. y R. 92, parte 3)

R. *Y habló Dios todas estas palabras, diciendo: Yo soy Jehová tu Dios, que te saqué de la tierra de Egipto, de casa de servidumbre.*

Antes de movernos hacia adelante, tomemos hoy el texto de los Diez Mandamientos y simplemente reflexionemos sobre ellos.

(1) "No tendrás dioses ajenos delante de mí".

(2) "No te harás imagen, ni ninguna semejanza de lo que esté arriba en el cielo, ni abajo en la tierra, ni en las aguas debajo de la tierra. No te inclinarás a ellas, ni las honrarás; porque yo soy Jehová tu Dios, fuerte, celoso, que visito la maldad de los padres sobre los hijos hasta la tercera y cuarta generación de los que me aborrecen, y hago misericordia a millares, a los que me aman y guardan mis mandamientos".

(3) "No tomarás el nombre de Jehová tu Dios en vano; porque no dará por inocente Jehová al que tomare su nombre en vano".

(4) "Acuérdate del día de reposo para santificarlo. Seis días trabajarás, y harás toda tu obra; mas el séptimo día es reposo para Jehová tu Dios; no hagas en él obra alguna, tú, ni tu hijo, ni tu hija, ni tu siervo, ni tu criada, ni tu bestia, ni tu extranjero que está dentro de tus puertas. Porque en seis días hizo Jehová los cielos y la tierra, el mar, y todas las cosas que en ellos hay, y reposó en el séptimo día; por tanto, Jehová bendijo el día de reposo y lo santificó".

(5) "Honra a tu padre y a tu madre, para que tus días se alarguen en la tierra que Jehová tu Dios te da".

(6) "No matarás".

(7) "No cometerás adulterio".

(8) "No hurtarás".

(9) "No hablarás contra tu prójimo falso testimonio".

(10) "No codiciarás la casa de tu prójimo, no codiciarás la mujer de tu prójimo, ni su siervo, ni su criada, ni su buey, ni su asno, ni cosa alguna de tu prójimo".

Éstas son las Diez Palabras en su usual enumeración protestante (Éxodo 20:1-17; *cfr.* Deuteronomio 5:6-21; Levítico 19:18; también *cfr.* Romanos 13:19 y Mateo 22:36-40).

P. ¿Cómo se dividen estos mandamientos?

R. *En dos tablas: La primera tabla enseña, en cuatro mandamientos, cómo debemos de comportarnos con nuestro Dios; la segunda, en seis mandamientos, lo que debemos a nuestros prójimos.*

El catecismo describe un entendimiento antiguo que, sin embargo, también ha sido criticado. Algunos sienten que todos los Diez Mandamientos fueron escritos en cada una de las tablas de piedra, siendo una copia de la otra. Otros sienten que en cada tableta se escribieron cinco mandamientos. A simple vista, el quinto mandamiento parece más bien encajar en la segunda tabla porque los padres pertenecen a nuestras relaciones horizontales. Pero, como algunos han argumentado, el quinto mandamiento es un mandamiento acerca del principio de autoridad, y por lo tanto se refiere en primer lugar a la autoridad de Dios (*cfr.* PyR 104). Toda autoridad horizontal, esto es entre seres humanos, es solamente autoridad derivada, deducida de la autoridad de Dios.

Apreciamos plenamente la intención del catecismo: el primer grupo de mandamientos tiene que ver con las relación entre la humanidad y Dios. El segundo grupo con las relaciones entre las personas. Esto está alineado con el modo en que Jesús resume la ley entera. Un fariseo le preguntó: "Maestro, ¿cuál es el gran mandamiento en la ley?". Jesús le respondió: "Amarás al Señor tu Dios con todo tu corazón, y con toda tu alma, y con toda tu mente. Éste es el primero y grande mandamiento. Y el segundo es semejante: Amarás a tu prójimo como a ti mismo. De estos dos mandamientos depende toda la ley y los profetas" (Mateo 22:35-40).

El "primero y grande mandamiento" como lo llama Jesús, es el tema de la primera tabla de piedra y el "segundo semejante" es elaborado en la segunda tabla. Los dos temas están estrechamente relacionados: "Si alguno dice: Yo amo a Dios, y aborrece a su hermano, es mentiroso. Pues el que no ama a su hermano a quien ha visto, ¿cómo puede amar a Dios a quien no ha visto? Y nosotros tenemos este mandamiento de él: El que ama a Dios, ame también a su hermano ... En esto conocemos que amamos a los hijos de Dios, cuando amamos a Dios, y guardamos sus mandamientos" (1 Juan 4:20-5:2). Si tenemos amor a Dios —o carecemos de él—, esto se mostrará claramente en el modo en que tratamos a nuestro prójimo.

Día 282 **No a la idolatría** (Domingo 34, **P.** y **R.** 94, parte 1)

P. ¿Qué pide Jehová en el primer mandamiento?

R. *Dios quiere que evite toda idolatría, toda hechicería y adivinación, toda superstición, también la invocación a los santos u otras criaturas, y que huya de ello, de tal manera que no pierda yo la salud de mi alma y mi salvación.*

En la ley de Moisés ningún pecado es considerado más serio que la idolatría; por lo tanto, el primer "tu debes" es este: "No tendrás dioses ajenos delante de [o junto a] mí". Pero ¿cómo puede ser esto? Sólo hay un Dios (Deuteronomio 6:4). Así que como puede alguien "tener" dioses al lado del Señor? No se les olvide que Dios es llamado el "Dios de dioses" (*v.g.* Deuteronomio 10:17; Salmo 136:2), y que la Biblia repetidamente habla de "dioses" como una realidad espiritual (*v.g.* Salmo 86:8; 95:3; 96:4; 135:5) —sabemos que estos "dioses" no son nada más que ángeles creados que se han deslizado. Son los tronos, dominios, gobernadores y autoridades que fueron originalmente creados por Dios a través de Cristo (Colosenses 1:16). De hecho, son poderes demoniacos; los idólatras sirven a los demonios (*cfr.* Levítico 17:7; Deuteronomio 32:17; 1 Corintios 10:20; Apocalipsis 9:20). El núcleo de toda idolatría es el reemplazo del creador por sus criaturas (Romanos 1:23), y la adoración a ellas en vez de a él.

Adorar a tales potestades junto a Dios, o incluso en vez de Dios, es llamado "adulterio" espiritual. Dios se "casó" con su pueblo en el Monte Sinaí (*cfr.* Jeremías 2:2), y cuando sus pueblo se mezcla con "otros dioses", esto es llamado "prostitución" (*v.g.* Éxodo 34:15-16; Levítico 20:5-6; Deuteronomio 31:16). Es por ello que la iglesia falsa es llamada la "gran ramera" (Apocalipsis 17): ella ha abandonado a Cristo y se mezcla con sus adversarios. No hay ninguna ofensa a Dios más grave que la idolatría, y sus prácticas relacionadas (brujería, ritos supersticiosos, necromancia, adivinación, etcétera; véase Deuteronomio 18:9-14). El catecismo incluso agrega "invocación a los santos u otras criaturas" —una alusión a los católicos romanos (aunque, desde luego, no todos los católicos romanos le ruegan a los santos como si fuesen dioses).

Cuando Juan escribe "Hijitos, guardaos de los ídolos" (1 Juan 5:21), no está necesariamente pensando en imágenes literales. Cualquier cosa que amenace tomar el lugar de Dios o Cristo en nuestras mentes y vidas es de hecho una forma de idolatría. "¿Y qué acuerdo hay entre el templo de Dios y los ídolos?" (2 Corintios 6:16). Incluso la codicia es una forma idolatría porque implica no encontrar tu suficiencia en Dios (*cfr.* Efesios 5:5; Colosenses 3:5).

Día 283 Servir al único Dios (Domingo 34, P. y R. 94, parte 2)

R. Más bien, debo yo reconocer rectamente un solo Dios verdadero, y confiar en él totalmente, y con toda humildad y paciencia esperar solamente de él todas las cosas buenas. A él solamente debo yo de todo corazón amar....

Llama la atención que ocho de los Diez Mandamientos tengan una forma negativa: "No...". Como habremos de ver, el Nuevo Testamento muestra cómo, en un nivel más profundo, todas estas prohibiciones se retrotraen a una forma fundamental positiva: "El Señor espera de ti, su pueblo, que tú...". Así, el primer mandamiento podría ser formulado como sigue: "amarás al Señor tu Dios tan ardientemente que ni siquiera pienses en permitir que potestad, persona o cosa alguna se interpongan entre tú y tu Dios". Como lo formula el catecismo: "no confías en ninguna otra potestad o persona o cosa, sino sólo en Dios; pones toda tu confianza en él solamente. No amas, temes ni honras a otra potestad o persona o cosa más que a Dios solamente".

En Juan 17:3, Jesús explica que conocer al único Dios verdadero es la vida eterna. Este conocimiento no involucra primariamente conocimiento intelectual sino relación, intimidad, compañerismo, confianza (*cfr.* Jeremías 17:5, 7). Esto nuevamente involucra "reconocer rectamente un solo Dios verdadero, y confiar en él totalmente, y con toda humildad y paciencia esperar solamente de él todas las cosas buenas", en vez de esperar algún bien real de cualquier otra fuente: "Toda buena dádiva y todo don perfecto desciende de lo alto, del Padre de las luces, en el cual no hay mudanza, ni sombra de variación" (Santiago 1:17). Todas las criaturas "esperan en ti, para que les des su comida a su tiempo. Les das, recogen; abres tu mano, se sacian de bien" (Salmo 104:27-28).

Es sorprendente cómo en la ley de Moisés, especialmente en el Deuteronomio, hay mucho énfasis en *amar* al Señor (en particular porque él amó primero a su pueblo, 7:7-9; *cfr.* 6:5; 11:1; 13:3; 19:9; 30:6). El espíritu de legalismo desea servir ídolos, y se lamenta de que la idolatría no se permita; pero el espíritu de la ley de Cristo ama al Señor tanto que jamás soñaría con servir a nadie más. "Nosotros le amamos a él, porque él nos amó primero" (1 Juan 4:19). ¡Nada puede afectar la intimidad de esta relación!

Día 284 Vivir conforme a la voluntad de Dios (Domingo 34, **P.** y **R.** 94, parte 3)

R. . . . *de tal manera que yo más bien renuncie a todas las criaturas antes que actuar en lo más mínimo contra su voluntad.*

Puede resultar sorpresivo que, en este punto, el catecismo saque a colación el tópico de la *obediencia* a la voluntad de Dios. Sin embargo, ello es perfectamente apropiado. El verdadero amor a Dios excluye toda idolatría posible —pero ¿qué *es* el verdadero amor a Dios? No se muestra de una manera más clara que en la obediencia. No la obediencia obsequiosa, como la de un esclavo hacia su amo, sino la obediencia del amor: "tus deseos son órdenes".

A simple vista, puede sonar extraño que el genuino amor a Dios se exprese en la observancia de sus mandamientos; no obstante, esto es verdadero. El apóstol Juan lo expresa de un modo sobrio y persuasivo: "Y en esto sabemos que nosotros le conocemos, si guardamos sus mandamientos . . . Y el que guarda sus mandamientos, permanece en Dios, y Dios en él . . . Si alguno dice: Yo amo a Dios, y aborrece a su hermano, es mentiroso. Pues el que no ama a su hermano a quien ha visto, ¿cómo puede amar a Dios a quien no ha visto? Y nosotros tenemos este mandamiento de él: El que ama a Dios, ame también a su hermano . . . En esto conocemos que amamos a los hijos de Dios, cuando amamos a Dios, y guardamos sus mandamientos. Pues este es el amor a Dios, que guardemos sus mandamientos; y sus mandamientos no son gravosos" (1 Juan 2:3; 3:24; 4:20-21; 5:2-3).

El legalismo guarda los mandamientos de Dios porque "tiene que hacerlo", pero la verdadera obediencia ama obedecer, porque ama a *Dios*. Es por ello que Juan dice que los mandamientos de Dios no son "gravosos"; esto se debe a que lo amas; más aún, porque lo haces en el poder de su Espíritu. Y del mismo modo amas a Jesús, no simplemente porque es es el deber de un discípulo, sino porque es "todo él codiciable" (Cantares 5:16). "El que ama a padre o madre más que a mí, no es digno de mí; el que ama a hijo o hija más que a mí, no es digno de mí" (Mateo 10:37). Como un discípulo genuino, amas servirle porque lo amas, e incluso amas amarlo. ¡El es "señalado entre diez mil" (Cantares 5:10)!

Día 285 ¿Qué es idolatría? (Domingo 34, P. y R. 95, parte 1)

P. ¿Qué es idolatría?

R. *En vez del Dios verdadero que en su Palabra se ha revelado, concebir otro para sustituirlo, o colocarlo junto a Dios. . . .*

Vale la pena entrar un poco más profundamente en la naturaleza de la idolatría. Hay una hermosa palabra que Elifaz le habló a Job. Se la dio a la persona equivocada, en el tiempo equivocado, pero eso no cambia el hecho de que es un bello enunciado: "Tendrás más oro que tierra, y como piedras de arroyos oro de Ofir; *el Todopoderoso será tu defensa, y tendrás plata en abundancia.* Porque entonces te deleitarás en el Omnipotente, y alzarás a Dios tu rostro" (Job 22:24-26). ¿Ves el punto? Si Dios es tu *todo*, si es para ti más que todos los tesoros del mundo, ¿Cómo podrías "concebir otro para sustituirlo, o colocarlo junto a él". Es cuando empezamos a sentirnos insatisfechos con él, cuando ya no es enteramente suficiente para nosotros, que empezamos a buscar otras cosas (personas, potestades) que pudieran llenar los huecos. Si tu esposa es verdaderamente el amor de tu alma, no mirarás fácilmente a otra mujer u hombre de un modo equivocado. El creyente dice "todos los dioses de los pueblos son ídolos" (1 Crónicas 16:26).

No importa qué clase de ídolos sean —los rechazas de entrada. En Gálatas 4, Pablo usa la frase "rudimentos" (o "rudimentos del mundo") tanto para los ídolos paganos como para el legalismo judío, el cual para él es meramente otra forma de idolatría: "Así también nosotros [*i.e.* los judíos], cuando éramos niños, estábamos en esclavitud bajo los rudimentos del mundo [*i.e.* al legalismo]. . . . en otro tiempo, no conociendo a Dios, servíais [*i.e.* los gentiles] a los que por naturaleza no son dioses; mas ahora, conociendo a Dios, o más bien, siendo conocidos por Dios, ¿cómo es que os volvéis de nuevo a los débiles y pobres rudimentos, a los cuales os queréis *volver* a esclavizar?" (Gálatas 4:3, 8-9).

¡Observe la palabra "volver"! Vosotros *venís* de la idolatría (pagana), argumenta Pablo, y ahora estáis *retornando* a la idolatría (esta vez judía). Una es tan mala como la otra. Las imágenes paganas o el legalismo judío —ambos te apartan del verdadero Dios de la Biblia. ¡Deja que sólo Dios sea tu verdadero tesoro!

Día 286 **El único Dios verdadero** (Domingo 34, **P.** y **R.** 95, parte 2)

R. . . . *[el] Dios verdadero que en su Palabra se ha revelado.*

¿Qué sabemos acerca de los dioses falsos, además de los mitos que los paganos nos dicen acerca de ellos? La Biblia revela la verdadera naturaleza no solamente del único Dios verdadero, sino también la de los dioses falsos. Por ejemplo, la Biblia nos habla acerca de Quemos, el dios de los moabitas (Números 21:29) y los amonitas (Jueces 11:24), y lo que hizo a sus pueblos. ¡Estas cosas no son mitos paganos, sino realidades espirituales tal y como Dios las ve! Estos son los dioses de las naciones que en el Salmo 82 son llamados a cuenta por lo que han hecho a sus pueblos, y son condenados por ello.

En Daniel 10 no son llamados "dioses" sino "príncipes" (o "gobernadores"): el príncipe del reino de Persia y el príncipe de Grecia (Daniel 10:13.20), e incluso Miguel, el príncipe de Israel (Daniel 10:21; 12:1). Los dos primeros no son reyes terrenales, sino lo que Efesios 6:12 llama "principados, potestades, gobernadores de las tinieblas de este siglo, huestes espirituales de maldad en las regiones celestes", y lo que los paganos mismos llaman sus dioses. Se sigue que los dioses son altos poderes angélicos, y sabemos que en el principio todos los ángeles fueron creados por Dios (Colosenses 1:16). Sin embargo, cayeron en el pecado de rebelión; ahora son llamados "demonios", ángeles de Satanás (Mateo 25:41; Apocalipsis 12:7, 9; *cfr.* 2 Corintios 11:14).

Es solamente la palabra de Dios la que revela el verdadero carácter de los dioses de las naciones, así como nos revela el verdadero carácter del "Dios de dioses": "Jehová vuestro Dios es Dios de dioses y Señor de señores, Dios grande, poderoso y temible" (Deuteronomio 10:17). "Ninguno hay como tú entre los dioses, ni obras que igualen tus obras" (Salmo 86:8). "Jehová es Dios grande, y Rey grande sobre todos los dioses" (Salmo 95:3). "Grande es Jehová, y digno de suprema alabanza; temible sobre todos los dioses. Porque todos los dioses de los pueblos son ídolos; Pero Jehová hizo los cielos" (Salmo 96:4-5). "Tú, Jehová, eres excelso sobre toda la tierra; eres muy exaltado sobre todos los dioses" (Salmo 97:9). "Alabad al Dios de los dioses" (Salmo 136:2). ¡Tal Dios, quien se halla mucho más arriba que todos los dioses, es el único que debe ser servido y alabado!

Día 287 El segundo mandamiento (Domingo 35, P. y R. 96, parte 1)

P. ¿Qué quiere Dios en el segundo mandamiento?

R. *Dios quiere que no lo imaginemos de ninguna manera....*

En el primer mandamiento, Dios ordena a su pueblo que sirva solamente al único Dios verdadero. En el segundo mandamiento ordena a su pueblo que le sirva del modo apropiado. Haciendo imágenes de Dios corremos al menos dos riesgos. En primer lugar, hay un pequeño paso de las imágenes de Dios a las imágenes *de los dioses*. Cuando Aarón hizo el becerro de oro para Israel, sugirió que estaba preparando una "fiesta para Jehová" (Éxodo 32:5); pero los israelitas tomaron al becerro sagrado como lo que querían que fuese: una representación del dios toro de Egipto. Cuando el rey Jeroboam puso los dos becerros de oro en Betel y Dan, él también sugirió que estos eran los dioses que habían conducido a Israel fuera de Egipto (1 Reyes 12:28). El festival que introdujo en torno a estos becerros era una imitación de la Fiesta de los Tabernáculos (*cfr.* v. 32; Levítico 23:33). Pero, de hecho, la cosa entera era pura idolatría (*cfr.* 1 Reyes 13:1-6). En breve, servir a cualquier imagen, no importa cuán piadosa sea la intención, fácilmente conduce a la idolatría.

Más aún, ¿qué *tipo* de imagen podrías hacer? ¡No sabemos qué aspecto tiene Dios! Así que, inadvertidamente, la imagen con la que salimos difícilmente puede ser llamada algo más que una "imagen, una semejanza de lo que esté arriba en el cielo, o abajo en la tierra, o en las aguas debajo de la tierra" (Éxodo 20:4). Cuando el Señor le habló a Israel desde en medio del fuego, ellos oyeron "la voz de sus palabras, mas a excepción de oír la voz, ninguna figura" vieron (Deuteronomio 4:12): "Guardad, pues, mucho vuestras almas; pues *ninguna figura visteis* ... para que no os corrompáis y hagáis para vosotros escultura, imagen de figura alguna, efigie de varón o hembra ... Guardaos ... y no os hagáis escultura o imagen de ninguna cosa que Jehová tu Dios te ha prohibido" (Deuteronomio 4:15-16, 23).

La segunda razón por la que no debiéramos hacer imágenes de Dios es que tales imágenes tienden a reemplazar a Dios. Empezamos a adorar estas imágenes en vez de a Dios, quien es retratado en estas imágenes. Las imágenes mismas se harán cada vez más importantes, en vez de ser solamente representaciones. Los retratos se convierten en la cosa real. Es por ello que Dios tan enfáticamente dice que no nos hagamos imágenes en lo absoluto.

R. . . . *ni que lo adoremos de cualquiera otra manera que la que ha ordenado en su Palabra.*

L a frase "imágenes de Dios" puede ser un concepto muy amplio. No debiéramos pensar solamente en imágenes materiales: imágenes de madera o piedra, oro o plata. Hay también cosas tales como imágenes mentales. Cada religión, pero también cada movimiento dentro del cristianismo, e incluso cada cristiano, tiende a desarrollar su propia imagen específica de Dios. Todas las teorías que los teólogos desarrollan acerca de Dios se pueden convertir en imágenes de Dios que ellos, y sus seguidores, empiezan a venerar. C. S. Lewis dice en alguna parte que los lugares más profundos del infierno están reservados para aquellos teólogos que encuentra sus imágenes de Dios más importantes que Dios mismo. En la ópera *Moisés y Aarón* del compositor judío Arnold Schoenberg, Moisés reprende a Aarón por haber hecho una imagen de Dios. Pero Aarón replica que la columna de nube, o que las dos tablas de piedra, también son imágenes de Dios. ¿Por qué ciertas imágenes son permitidas y otras prohibidas? ¿No hizo Moisés mismo querubines de oro y una serpiente de bronce?

Ésta es una pregunta justa: *cualquier cosa* se puede convertir en una imagen de Dios, y como tal puede ocupar el lugar de Dios mismo. Por ejemplo, los israelitas habían empezado haciendo ofrendas a la serpiente de bronce (llamada Nehustán), y por lo tanto el rey Ezequiel destruyó esta serpiente (2 Reyes 18:4). La presunción (1 Samuel 15:23) y la codicia (Efesios 5:5; Colosenses 3:5) pueden desplazar a Dios de su lugar, y pueden convertirse en una forma de idolatría. Dios no quiere que lo adoremos a él de ningún otra manera más que la que él "ha ordenado en su Palabra", dice el catecismo. Jesús dijo: "Mas la hora viene, y ahora es, cuando los verdaderos adoradores adorarán al Padre en espíritu y en verdad; porque también el Padre tales adoradores busca que le adoren. Dios es Espíritu; y los que le adoran, en espíritu y en verdad es necesario que adoren" (Juan 4:23-24); esto es, de una manera espiritual y verdadera. La veneración de imágenes no es ni espiritual ni verdadera. Dios mató a los dos hijos de Aarón, quienes "ofrecieron delante de Jehová fuego extraño, que él nunca les mandó" (Levítico 10:1) —¡eso fue suficiente para desatar su ira! No lo adores de una manera que no te haya ordenado. ¡En la adoración, él es el que determina las reglas, no tú!

Día 289 ¿**Ninguna imagen?** (Domingo 35, **P.** y **R.** 97)

P. ¿No debe uno entonces hacer ninguna imagen?

R. *Dios no puede ni debe ser imaginado de ninguna manera. Las criaturas pueden ser imaginadas pero Dios prohíbe hacer imágenes de ellas o tenerlas para reverenciarlo o servirle con ellas.*

¿Dónde está el límite de esta prohibición en contra de retratar visiblemente a Dios de cualquier modo? En la cultura occidental, Dios ha sido frecuentemente exhibido: en las artes visuales, en la música y en la literatura. Es erróneo representar a Dios en la pintura, como lo hizo Miguel Ángel en el famoso fresco del techo de la Capilla Sixtina de Roma, o como lo hizo William Blake en su *¿Dios juzgando Adán?* En los oratorios clásicos claramente escuchamos la voz de Dios. El famoso *Mesías* de Händel empieza con las palabras de Dios "consolaos, pueblo mío" (Isaías 40:1), cantadas por el tenor pero en realidad es solamente una cita ("dice vuestro Dios"). Mendelssohn, cuando cita a Dios, pone la voz de la soprano en su oratorio *Elías*, para evitar la idea de imaginar a Dios. Del mismo modo, ¡para personalizar la voz de Jesús en su oratorio *San Pablo*, puso el coro de mujeres! Aparentemente sintió cierta reticencia a representar a Dios de una manera directa. (Con la voz de Cristo, los compositores usualmente han tenido menos problemas; esta voz se escucha varias veces en las cantatas de Bach). En algunas representaciones teatrales, sin embargo, tales como la tragedia alemana *Fausto* de Göethe, oímos la voz de Dios de una manera muy directa (aunque no lo vemos en el escenario). En la obra musical *El diluvio* de Stravinsky, el papel de Dios es cantado por un dueto de dos bajos.

Al igual que Mendelssohn, algunos cristianos tienen problemas con tales representaciones, y comprensiblemente. No les gusta ver a Dios representado visiblemente por un actor, como sucede en la película *El todopoderoso Bruce*. No obstante, el catecismo agrega una condición importante: no hagas tales imágenes (pinturas, representaciones) "para reverenciarlo o servirle con ellas". Frecuentemente ésta no es la intención del arte. Pero el arte puede cometer otro error insidioso: en las artes visuales, incluyendo películas y representaciones teatrales, Dios puede ser representado solamente en alguna forma humana, un acto que denigra a Dios. Fuimos hechos a su imagen y revertir ese orden en la representación artística es meramente una sofisticada forma de idolatría.

P. ¿No pueden entonces ser toleradas las imágenes en las iglesias como "libros de los legos"?

R. *No; pues no debemos ser más sabios que Dios, quien no quiere instruir a su cristiandad a través de ídolos mudos sino que quiere que seamos instruidos a través de la predicación viva de su Palabra.*

Ésta es obviamente otra alusión a la práctica católica romana en los días cuando el catecismo fue escrito. En el fuego de la batalla del siglo dieciséis no se podía esperar un juicio muy balanceado y equitativo sobre las costumbres católicas, tales como la de erigir imágenes de figuras bíblicas y de santos de la historia eclesiástica reciente. En general, los protestantes no toleran tales imágenes en los edificios de sus iglesias, pero tienen Biblias para los niños con muchos dibujos de figuras bíblicas, y aprecian las muchas representaciones bíblicas del pintor Rembrandt y muchos otros. ¿Cuál es la diferencia entre éstos, por un lado, y las imágenes e iconos en las iglesias católica romana y ortodoxa oriental, por el otro? La respuesta es ésta: las personas besan los iconos en las iglesias ortodoxas, y se inclinan ante las imágenes en las iglesias católicas, lo cual es completamente rechazado por los protestantes.

Sin embargo, debemos ser justos. La teología católica romana hace una clara distinción entre adoración y veneración. Solamente el Dios triuno puede ser adorado, y no los santos, quienes son meramente seres humanos —ni siquiera María la madre de Jesús. Solamente pueden ser venerados (honrados; *cfr.* Lucas 1:48). La adoración le pertenece solamente a Dios, y es por lo tanto rehusada por los hombres y las mujeres piadosos (Hechos 10:25-26) y por los ángeles (Apocalipsis 19:10).

Y no obstante, tanto en los países católicos romanos como en los ortodoxos orientales he estado frecuentemente sentado en iglesias, observando calladamente entrar a los creyentes. He visto numerosas personas que pasan frente a la estatua de Cristo para inclinarse ante el estatua de María, y frecuentemente me preguntado cuántos de ellos conocen la fina distinción entre adoración y veneración, o entre rezar a las estatuas o a los santos representados por estas estatuas. Así que entiendo el catecismo: es mejor no tener estatuas en lo absoluto en la iglesia, e instruir a las personas "a través de la predicación viva de su Palabra [de Dios]".

P. ¿Qué quiere Dios en el tercer mandamiento?

R. *Dios quiere que nosotros nunca, con juramento o con juramento falso, ni con juramento innecesario, blasfememos o abusemos de su nombre. Tampoco debemos observar un pecado tan horrible y hacernos cómplices con nuestro silencio ...*

El tercer mandamiento se refiere a una variedad de pecados diferentes. En primer lugar está el maldecir, usar el nombre del Señor de un modo insensato, descuidado, trivial, simplemente como una interjección, como una expresión de ira, o para reforzar el propio lenguaje, sin ningún respeto a Dios ("juramentos innecesarios"; *cfr.* Santiago 5:12). En segundo lugar, las personas a veces hacer juramentos de un modo ligero y precipitado, sin pensar en las consecuencias; conectan el nombre del Señor con emprendimientos que no pueden concluir. En tercer lugar, las personas hacen juramentos falsos y comenten perjurio: saben que lo que afirman bajo el juramento es falso. También usan mal el nombre de Dios, yuxtaponiendo su nombre a sus mentiras. En cuarto lugar se halla la blasfemia abierta, en la cual el hacedor de maldad ofende el nombre de Dios y *tiene la intención* de ofenderlo (*cfr.* Levítico 24:10-16). Esta última es la transgresión más grosera del tercer mandamiento.

Es interesante que el catecismo se refiera a otra forma de transgresión: "Si alguno pecare por haber sido llamado a testificar, y fuere testigo que vio, o supo, y no lo denunciare, él llevará su pecado" (Levítico 5:1). Esto es, si escuchas que alguien jura para apoyar lo que tú sabes que es perjurio y no levantas tu voz, tu mismo te haces culpable de ese perjurio (*cfr.* Proverbios 29:24).

Jesús dijo: "No juréis en ninguna manera; ni por el cielo, porque es el trono de Dios; ni por la tierra, porque es el estrado de sus pies; ni por Jerusalén, porque es la ciudad del gran Rey. ... sea vuestro hablar: Sí, sí; no, no; porque lo que es más de esto, de mal procede" (Mateo 5:34-37). No necesariamente quería decir que no debemos de hacer juramentos oficiales, por ejemplo en la corte, o cuando te toman la protesta para asumir una cierta posición. Lo que quiso decir es que no necesitas reforzar tus promesas y alegatos yuxtaponiendo ligeramente el nombre de Dios a ellas. No debieras necesitar hacer eso. Simplemente debieras establecer tu reputación como una persona completamente honesta y confiable.

Día 292 **El uso del nombre de Dios** (Domingo 36, **P.** y **R.** 99, parte 2)

R. *Solamente debemos usar el santo nombre de Dios con temor y reverencia, para que sea conocido por nosotros, invocado y glorificado en todas nuestras palabras y obras.*

Debido al tercer mandamiento, los judíos piadosos llegaron tan lejos como para evitar el santo nombre de Dios (JEHOVÁ) del todo; más bien se refieren a él como *Adonay* (Señor), o *Elohim* (Dios), o *HaShem* (El Nombre) o el Eterno. Incluso en el Nuevo Testamento encontramos a veces una cierta reticencia a usar la palabra "Dios". Así, el hijo pródigo dice: "he pecado contra el cielo" (Lucas 15:18), donde simplemente quiere significar "Dios". Incluso la expresión "reino de los cielos" en Mateo podría ser vista como un eufemismo para "reino de Dios" (*cfr.* Daniel 4:26, "el cielo gobierna", lo cual significa "Dios gobierna").

No obstante no debiéramos avergonzarnos de usar términos tales como "Dios", "Padre", "Señor", etcétera, en tanto lo hagamos "con temor y reverencia", dice el catecismo. Incluso hay espacio para "jurar" aquí: "si quitares de delante de mí tus abominaciones, y no anduvieres de acá para allá, y jurares: Vive Jehová, en verdad, en juicio y en justicia, entonces las naciones serán benditas en él, y en él se gloriarán" (Jeremías 4:1-2). Incluso se nos *alienta* a usar el nombre de Dios en confesión y alabanza, como testimonio público al mundo alrededor de nosotros: "A cualquiera, pues, que me confiese delante de los hombres, yo también le confesaré delante de mi Padre que está en los cielos" (Mateo 10:32). "Si confesares con tu boca que Jesús es el Señor" (Romanos 10:9). "Te confesaré entre las naciones, oh Jehová, y cantaré a tu nombre" (Salmo 18:49). "Engrandeced a Jehová conmigo, y exaltemos a una su nombre" (Salmo 34:3).

En Ezequiel 20:36 Dios frecuentemente habla de los israelitas que "profanaron" su nombre entre las naciones —un modo muy eficiente de resumir la esencia del tercer mandamiento. Pero en conexión con el reino mesiánico, Dios dice: "haré notorio mi santo nombre en medio de mi pueblo Israel, y nunca más dejaré profanar mi santo nombre; y sabrán las naciones que yo soy Jehová, el Santo en Israel" (Ezequiel 39:7).

P. ¿Es entonces un pecado tan severo blasfemar el nombre de Dios con juramentos y maldiciones, que la ira de Dios se enciende también contra aquellos que no hacen todo para evitarlo?

R. *Sí; pues no hay un pecado más grande, y que provoque tanto a ira a Dios, como la blasfemia de su nombre. Y es por ello que él también ha ordenado que sea castigado con la muerte.*

Aquí tenemos el tercer mandamiento en su forma más seria: "blasfemia". La palabra proviene de las palabras griegas *blapto* ("dañar") y *femi* ("decir"). La blasfemia consiste en decir deliberadamente cosas calumniosas acerca de Dios, insultándolo, ofendiéndolo. Si se hace de manera inadvertida, y hay una lamentación y una confesión subsecuente, sigue siendo suficientemente malo, pero será perdonado. Pero si se hace de una manera deliberada, y no se lamenta y se confiesa, inevitablemente "provocará la ira de Dios". Jesús dijo que la blasfemia en general, o incluso en contra de su persona, sería en principio perdonable (*cfr.* 1 Timoteo 1:13). Pero la blasfemia contra el Espíritu Santo —por ejemplo, igualarlo con Satanás— sería contado como un acto abierto de rebelión: "Por tanto os digo: Todo pecado y blasfemia será perdonado a los hombres; mas la blasfemia contra el Espíritu no les será perdonada. A cualquiera que dijere alguna palabra contra el Hijo del Hombre, le será perdonado; pero al que hable contra el Espíritu Santo, no le será perdonado, ni en este siglo ni en el venidero" (Mateo 12:31-32).

En Levítico 4 encontramos un caso tal. Un cierto hombre "blasfemó el Nombre, y maldijo; entonces lo llevaron a Moisés. ...Y lo pusieron en la cárcel, hasta que les fuese declarado por palabra de Jehová. Y Jehová habló a Moisés, diciendo: Saca al blasfemo fuera del campamento, y todos los que le oyeron pongan sus manos sobre la cabeza de él, y apedréelo toda la congregación. Y a los hijos de Israel hablarás, diciendo: Cualquiera que maldijere a su Dios, llevará su iniquidad" (Levítico 24:11-15).

En el Nuevo Testamento, la pena de muerte por blasfemia es reemplazada por expulsión de la comunidad cristiana, o peor; Pablo habla de dos herejes "a quienes entregué a Satanás para que aprendan a no blasfemar" (1 Timoteo 1:20). Incluso herejías fundamentales concernientes al Padre, el Hijo o el Espíritu Santo son formas de blasfemia (*cfr.* 2 Pedro 2:2; Judas 1:8-10). ¡Tengamos cuidado!

Día 294 **Jurar en el nombre de Dios** (Domingo 37, P. y R. 101)

P. ¿Pero se permite al hombre en lo absoluto jurar en el nombre de Dios?

R. *Sí, cuando la autoridad lo solicita o la necesidad lo requiere, para promover la fidelidad y la verdad, para el honor de Dios. Pues de tal manera el juramento está fundamentado en la Palabra de Dios. Es por ello que los hombres en el Antiguo y el Nuevo Testamento correctamente solían hacerlo.*

Varios grupos, como los menonitas, toman tan seriamente el tercer mandamiento que incluso se abstienen de juramentos oficiales como los exige el gobierno, tales como los que se hacen en las cortes. El catecismo no va tan lejos, y está en lo correcto al no hacerlo. Moisés dejó en claro que, bajo ciertas circunstancias, los israelitas podían ciertamente jurar por el nombre del Señor (Deuteronomio 6:13; 10:20). Hebreos 6 supone que "los hombres ciertamente juran por uno mayor que ellos, y para ellos el fin de toda controversia es el juramento para confirmación" (v. 16). Abraham juró cuando hizo un pacto con el rey Abimelec (Génesis 21:22-24). Josué hizo lo mismo en su pacto con los gabaonitas (Josué 9:15). David juró a su esposa Betsabé concerniente a su hijo Salomón (1 Reyes 1:29-30). Cuando el sumo sacerdote Caifás le dijo a Jesús: "Te conjuro por el Dios viviente, que nos digas si eres tú el Cristo, el Hijo de Dios" (Mateo 26:63), esto era en efecto lo mismo que poner a Jesús bajo juramento. Jesús tomó esto muy seriamente, así que se sintió obligado a responder la pregunta (v. 64), mientras que permanecía silencioso ante otras preguntas.

Incluso Dios ocasionalmente hizo juramentos: "cuando Dios hizo la promesa a Abraham, no pudiendo jurar por otro mayor, juró por sí mismo, diciendo: De cierto te bendeciré con abundancia y te multiplicaré grandemente" (Hebreos 6:13-14); como se dice en Génesis: "Por mí mismo he jurado, dice Jehová, que por cuanto has hecho esto, y no me has rehusado tu hijo, tu único hijo; de cierto te bendeciré" (Génesis 22:16-17). Ésta fue la segunda vez que Dios juró, después de su primer juramento, que ya había hecho en Ur de los caldeos (Génesis 24:7; 26:3; 50:24; etcétera). Dios también juró a David "En verdad juró ...y no se retractará de ello: De tu descendencia pondré sobre tu trono" refiriéndose a Salomón (Salmo 132:11). Finalmente, Dios juró incluso a Jesús: "Juró Jehová, y no se arrepentirá: Tú eres sacerdote para siempre según el orden de Melquisedec" (Salmo 110:4; *cfr.* Hebreos 5:6). No hay nada equivocado en el jurar como tal, ¡en tanto que se haga para la gloria de Dios!

Día 295 Jurar por los santos (Domingo 37, P. y R. 102)

P. ¿Se permite también al hombre jurar en el nombre de los santos o de otra criatura?

R. *No; pues un voto legítimo es una invocación a Dios mismo como testigo, ya que él, el único que conoce el corazón, confirma la verdad y me castiga si juro en falso. Pero este honor no se debe a ninguna criatura.*

Jesús dijo: "No juréis en ninguna manera; ni por el cielo, porque es el trono de Dios; ni por la tierra, porque es el estrado de sus pies; ni por Jerusalén, porque es la ciudad del gran Rey. Ni por tu cabeza jurarás, porque no puedes hacer blanco o negro un solo cabello" (Mateo 5:34-36; *cfr.* 23:16-22; Santiago 5:12). En los primeros tres de estos cuatro ejemplos, la persona todavía estaba jurando por Dios, aunque indirectamente (el cielo es el trono de Dios, la tierra es el estrado de sus pies, Jerusalén es su ciudad). Pero en el cuarto caso la persona juraba por su propia cabeza (esto es, su vida), y esto es incluso peor, pues al hacer esto nos ponemos en el lugar del omnisciente, omnipotente Dios. Si uno ha de jurar en lo absoluto, solamente puede ser por el Señor, la más alta autoridad: "el único que conoce el corazón, confirma la verdad y me castiga si juro en falso".

En siglos anteriores, jurar por los santos católicos romanos —creyentes fallecidos que habían sido canonizados— era muy común: en *Hamlet* de Shakespeare alguien jura por San Patricio, y en *Romeo y Julieta* alguien jura "por la iglesia de San Pedro y también por Pedro". Muchos otros ejemplos de la literatura occidental podrían ser mencionados. Algunos dicen que el término inglés "sangriento" (*bloody*) en su significado vulgar proviene de "por Nuestra Señora", esto es María. La Virgen Santa era y es invocada más que cualquier otro santo.

Sin embargo, el catecismo correctamente dice: "este honor no se debe a ninguna criatura"; esto es, el honor de ser invocado. Los santos no son testigos de que lo que tú dices es verdadero, ni son capaces de reprenderte si no estás diciendo la verdad. En el mejor de los casos puedes creer —aunque pienso que estarías equivocado— que los santos pueden interceder por ti con Dios. Los usas como intermediarios. Pero incluso entonces es Dios quien es tu único ayudador verdadero. "El Padre mismo os ama", dice Jesús —no necesitas ningún intermediario (Juan 16:26-27).

Día 296 ¿Sábado o domingo? (Domingo 38, P. y R. 103, parte 1)

P. ¿Qué quiere Dios en el cuarto mandamiento?

El cuarto mandamiento empieza: "Acuérdate del día de reposo para santificarlo". Surge la pregunta: ¿qué es el día sabbat? Es interesante que el catecismo no entra en lo absoluto en la pregunta de qué día de la semana es éste: sábado o domingo. La razón es que aparentemente esto es autoevidente a sus lectores: el "sabbat" bajo el nuevo pacto es el domingo. Ésta no es específicamente la concepción reformada, pues los cristianos católicos romanos y ortodoxos orientales siempre han mantenido al mismo punto de vista. El nuevo sabatt es el domingo.

Sin embargo, no solamente los adventistas del séptimo día, sino también un creciente número de evangélicos y de los así llamados judíos mesiánicos están convencidos de que el sabatt nunca fue movido del sábado al domingo. Así que argumentan que, si quieres obedecer el cuarto mandamiento, deberías celebrar el sábado, no el domingo, como el día de descanso y adoración. Otros argumentan que desde luego estamos bajo la ley de Cristo (Gálatas 6:2), pero que esta ley no es idéntica a los Diez Mandamientos, los cuales habrían sido dados solamente a Israel. Argumentan que, en la época presente, ningún día específico ha sido apartado por Dios en lo absoluto para el descanso y la adoración.

Sea lo que fuere el caso, no puede haber duda de que el domingo, el "primer día de la semana", es un día especial, y que los cristianos desde el principio lo vieron como tal. Lo que es más importante, fue el día en el que Jesús fue levantado de los muertos. Con un poco de cálculo podemos imaginar que fue también el día en el que el Espíritu Santo fue derramado (Levítico 23:15). Fue el día en el que los creyentes gentiles de Troas acostumbraban reunirse y partir el pan (Hechos 20:7). "Cada primer día de la semana cada uno de vosotros ponga aparte algo, según haya prosperado, guardándolo" (1 Corintios 16:2), y este dinero para los pobres era probablemente recogido el mismo día. No es de extrañar que los cristianos de los gentiles empezaron a ver este día como el día más apropiado para reunirse.

P. ¿Qué quiere Dios en el cuarto mandamiento?

R. *Dios quiere, en primer lugar, que se mantengan el ministerio y la instrucción cristianos.*

Si acordamos que el domingo es un día especial para los cristianos —incluso si no acordamos llamarlo el "sabbat"—, lo primero que se puede decir es que es un día para que las iglesias *se reúnan*. Se nos dice del primer periodo después del derramamiento del Espíritu que los primeros cristianos "perseveraban en la doctrina de los apóstoles, en la comunión unos con otros, en el partimiento del pan y en las oraciones ... Y perseverando unánimes cada día en el templo, y partiendo el pan en las casas, comían juntos con alegría y sencillez de corazón" (Hechos 2:42.46). Observa la diferencia entre "partir el pan" y "recibir la comida". El segundo se refiere a las comidas cotidianas, pero el primero a la celebración de la Cena del Señor (*cfr.* Mateo 26:26).

El entusiasmo del periodo temprano —partir el pan juntos diariamente— no se mantuvo; en Hechos 20 leemos acerca de la iglesia de Troas: "El primer día de la semana, reunidos los discípulos [*i.e.* los creyentes locales junto con Pablo y Lucas] para partir el pan, Pablo les enseñaba, habiendo de salir al día siguiente; y alargó el discurso hasta la medianoche ... [y una vez que Pablo hubo] partido el pan y comido, habló largamente hasta el alba; y así salió" (Hechos 20:7, 11). Al menos en Troas, aparentemente se había hecho costumbre el reunirse a celebrar la Cena del Señor cada primer día de la semana. Desde luego, esto es presentado como un hecho histórico, no como una regla para todas las iglesias. Los sacerdotes católicos romanos todavía celebran la Eucaristía diariamente, mientras que muchas iglesias protestantes la celebran cada mes o cada tres meses.

Aparte de la Cena del Señor, es una buena costumbre que los cristianos se reúnan los domingos para escuchar y ser enseñados acerca de la Palabra de Dios. Aquellos que proclaman la Palabra debieran ser adecuadamente *entrenados* para esto: "Lo que has oído de mí ante muchos testigos, esto encarga a hombres fieles que sean idóneos para enseñar también a otros" (2 Timoteo 2:2; *cfr.* 1 Timoteo 3:13-17). "Los ancianos que gobiernan bien, sean tenidos por dignos de doble honor, mayormente los que trabajan en predicar y enseñar" (1 Timoteo 5:17).

Día 298 **Asistir a los servicios de la iglesia** (Domingo 38, P. y R. 103, parte 3)

R. ... en primer lugar ... que yo, especialmente en los días de descanso, acuda diligente a la comunidad de Dios. Allí debo aprender la Palabra de Dios, usar los santos sacramentos, invocar públicamente a Dios y con amor fraternal cristiano donar a los pobres.

En esta respuesta el catecismo menciona cuatro cosas que se supone han de hacer los creyentes como mínimo el primer día de la semana. En primer lugar, escuchar la enseñanza y predicación de la Palabra de Dios. En segundo lugar, participar en los sacramentos (en particular la Cena del Señor). En tercer lugar, orar públicamente a Dios; esto es, durante los servicios de la iglesia (éstos también incluyen adoración, alabanza y acción de gracias). En cuarto lugar, traer las ofrendas cristianas para los pobres. Tres de estos cuatro elementos se mencionan en Hechos 2:42: "Y perseveraban en la doctrina de los apóstoles, en la comunión unos con otros, en el partimiento del pan y en las oraciones". Al escribir a los cristianos corintios, Pablo da un arreglo más amplio: "¿Qué hay, pues, hermanos? Cuando os reunís, cada uno de vosotros tiene salmo [como parte de la alabanza y la adoración], tiene doctrina [una porción de enseñanza], tiene lengua [un mensaje en un lenguaje desconocido], tiene revelación [un nuevo entendimiento de parte de Dios], tiene interpretación [del último mensaje]. Hágase todo para edificación ... Porque podéis profetizar [traer una palabra del Señor "para edificación, exhortación y consolación"] todos uno por uno, para que todos aprendan, y todos sean exhortados" (1 Corintios 14:26, 31). Nos llevaría muy lejos discutir como funciona todo esto en nuestros días. Baste decir que las reuniones de la iglesia exhiben muchos aspectos diferentes que son divididos en dos categorías principales: (a) lo que Dios tiene que decirnos y (b) lo que tenemos que traerle a Dios.

Por lo que concierne a las "ofrendas cristianas para el pobre", en 1 Corintios 16, Pablo ordena que en el primer día de la semana se recojan limosnas para el pobre. Observa también Hebreos 13, donde leemos por primera vez de nuestras ofrendas espirituales de alabanza y adoración: "ofrezcamos siempre a Dios, por medio de él [Cristo], sacrificio de alabanza, es decir, fruto de labios que confiesan su nombre" (Hebreos 13:15) —seguidas inmediatamente de ofrendas materiales: "Y de hacer bien y de la ayuda mutua no os olvidéis; porque de tales sacrificios se agrada Dios" (Hebreos 13:16). Las acciones de alabanza a Dios y cuidado para el pobre van juntas, y no deben ser separadas.

R. *... En segundo lugar, debo descansar* todos los días de mi vida de mis malas obras y permitir que el Señor obre en mí a través de su Espíritu. Así empezaré el eterno sabbat ya en esta vida.*

Aquí el catecismo toca un aspecto muy diferente del día semanal de descanso: todo sabbat es una anticipación gozosa del "sabbat eterno". Hebreos 4 habla claramente de esto: "Por tanto, queda un reposo para el pueblo de Dios. Porque el que ha entrado en su reposo, también ha reposado de sus obras, como Dios de las suyas. Procuremos, pues, entrar en aquel reposo, para que ninguno caiga en semejante ejemplo de desobediencia" (Hebreos 4:9-11). Jesús dijo una vez: "Venid a mí todos los que estáis trabajados y cargados, y yo os haré descansar" (Mateo 11:28). Doy por sentado que esto es (o al menos incluye) descanso para la *conciencia* que un alma recibe cuando viene con las cargas de sus pecados a Jesús. Inmediatamente después de esto dice: "Llevad mi yugo sobre vosotros, y aprended de mí, que soy manso y humilde de corazón; y hallaréis descanso para vuestras almas" (Mateo 11:29). Éste es el descanso para el *alma* que encuentra el creyente que fielmente siga a Jesús, sometiéndose a su yugo y aprendiendo diariamente de él. Encontramos descanso para nuestra conciencia en la promesa de que "justificados, pues, por la fe, [tendremos] *paz para con Dios* por medio de nuestro Señor Jesucristo" (Romanos 5:1). Y vemos descanso para nuestras almas en la exhortación de que "por nada estéis afanosos, sino sean conocidas vuestras peticiones delante de Dios en toda oración y ruego, con acción de gracias. Y la *paz de Dios*, que sobrepasa todo entendimiento, guardará vuestros corazones y vuestros pensamientos en Cristo Jesús" (Filipenses 4:6-7).

El "descanso sabbatino" de Hebreos cuatro es el tercer tipo de descanso: el descanso *eterno* que anhelamos, el cual empieza con la segunda venida de Jesús. Este descanso, también, corresponde a la paz, a saber, la paz del reino mesiánico: "Lo dilatado de su imperio y la paz no tendrán límite, sobre el trono de David y sobre su reino, disponiéndolo y confirmándolo en juicio y en justicia desde ahora y para siempre" (Isaías 9:7). Todo día semanal de descanso y paz nos recuerda, y quizás nos ayuda a anhelar, el "día" eterno de descanso y paz a través de él, el "Príncipe de paz" (Isaías 9:6).

Día 300 El quinto mandamiento (Domingo 39, P. y R. 104, parte 1)

P. ¿Qué quiere Dios en el quinto mandamiento?

R. *Debo dar a mi padre, madre y a todos mis superiores, todo honor, amor y lealtad, y aceptar toda buena enseñanza y corrección con apropiada obediencia, así como tener paciencia con sus debilidades y errores . . . .*

Los mandamientos cuarto y quinto son los únicos entre los diez que tienen una forma positiva; éstos no dicen "no...", sino: "Acuérdate del día de reposo" y: "Honra a tu padre y a tu madre" (para la forma negativa del quinto mandamiento, véase Éxodo 21:17; Proverbios 20:20). El apóstol Pablo comenta: "Hijos, obedeced en el Señor a vuestros padres, porque esto es justo. Honra a tu padre y a tu madre, que es el primer mandamiento con promesa; para que te vaya bien, y seas de larga vida sobre la tierra. Y vosotros, padres, no provoquéis a ira a vuestros hijos, sino criadlos en disciplina y amonestación del Señor" (Efesios 6:1-4; *cfr.* Colosenses 3:20-21). La última frase muestra el otro lado de la relación: no es meramente la de los hijos honrando a sus padres, sino también la de los padres disciplinando y enseñando a sus hijos.

El mandamiento dice "honra", mientras que Pablo dice "obedece", y también el catecismo usa asimismo el término "apropiada obediencia". Esto se debe a que estos últimos dos se dirigen a los "hijos", mientras que el quinto mandamiento se dirige a la nación entera. Cuando crecen las personas, debieran ser capaces de encontrar su propio camino y asumir la responsabilidad de sus propias vidas. Pero el honor y el respeto para sus padres debiera permanecer siempre, y debieran continuar guardando en su mente el consejo de los padres: "Oye a tu padre, a aquel que te engendró; y cuando tu madre envejeciere, no la menosprecies" (Proverbios 23:22).

Debiéramos honrar a nuestros padres si son buenos educadores, pero también si no son tan buenos ("ten paciencia con sus debilidades y errores", dice el catecismo), simplemente porque son nuestros padres. Encontramos este principio en 1 Pedro 2:18: "Criados, estad sujetos con todo respeto a vuestros amos; no solamente a los buenos y afables, sino también a los difíciles de soportar". Cuando estás bajo alguna forma de autoridad (gobiernos, jefes, padres, ancianos), puedes tener tu opinión privada acerca del modo en que están cumpliendo sus deberes hacia ti —pero siguen siendo la autoridad por encima de ti, a la cual estás sujeto.

Día 301 **Todas las autoridades** (Domingo 39, **P.** y **R.** 104, parte 2)

R. *Debo dar ... a todos mis superiores todo honor, amor y lealtad.*

E l quinto mandamiento habla solamente acerca de la relación de los hijos hacia sus padres, pero el catecismo correctamente ve detrás de esta orden un principio más amplio; a saber, la sujeción a toda forma legítima autoridad que sea puesta por encima de nosotros. En última instancia, toda autoridad proviene de Dios. Todas las autoridades humanas por encima de nosotros tienen solamente una forma de autoridad derivada u otorgada. En primer lugar, está la autoridad gubernamental sobre nosotros, y la Biblia es muy clara acerca de cómo debemos comportarnos hacia ella: "Sométase toda persona a las autoridades superiores; porque *no hay autoridad sino de parte de Dios*, y las que hay, por Dios han sido establecidas. De modo que quien se opone a la autoridad, a *lo establecido por Dios* resiste; y los que resisten, acarrean condenación para sí mismos. ... [La persona en autoridad] es *servidor de Dios* para tu bien ... pues es *servidor de Dios*, vengador para castigar al que hace lo malo. Por lo cual es necesario estarle sujetos, no solamente por razón del castigo, sino también por causa de la conciencia. ... son *servidores de Dios* ... Pagad a todos lo que debéis: al que tributo, tributo; al que impuesto, impuesto; al que respeto, respeto; *al que honra, honra*" (Romanos 13:1-8; *cfr.* Tito 3:1).

Pablo ubica el tema entero de la obediencia al gobierno contra el trasfondo de la autoridad en general, y de nuestros deberes en particular. Compara las palabras de Jesús: "Dad, pues, a César lo que es de César, y a Dios lo que es de Dios" (Mateo 22:21). Y Pedro dice: "Por causa del Señor someteos a toda institución humana, ya sea al rey, como a superior, ya a los gobernadores, como por él enviados para castigo de los malhechores y alabanza de los que hacen bien" (1 Pedro 2:13-14). Podríamos fácilmente ampliar este principio: empleados, respetad a vuestros patrones; miembros de la iglesia, respetad a vuestros ancianos; esposas, respetad a vuestros esposos; y, de modo similar, hijos, respetad a vuestros padres (*cfr.* Efesios 5:21-6:9; Colosenses 3:18-4:1). El principio es este: respetar a la autoridad bajo la cual estás, porque ha sido puesta por Dios.

Día 302 **Instituidas por Dios** (Domingo 39, **P.** y **R.** 104, parte 3)

R. *Debo dar a mi padre, madre y a todos mis superiores, todo honor, amor y lealtad . . . pues Dios a través de su mano quiere gobernarnos.*

Ninguno de nosotros puede elegir a sus propios padres; tenemos que aceptar lo que Dios eligió para nosotros. Puedo elegir una compañía en la que me gustaría trabajar, pero no tengo ninguna influencia sobre quién va a ser mi jefe directo. En una democracia, tengo alguna influencia sobre quiénes serán las autoridades de mi país o mi pueblo, pero es muy limitada. E incluso si el partido por el que voté no se convierte en el partido gobernante —o si lo hace— tengo que aceptar a aquellos que están en el poder como puestos allí por Dios mismo: "no hay autoridad sino de parte de Dios, y las que hay, por Dios han sido establecidas. . . . [son] lo establecido por Dios . . . es servidor de Dios" (Romanos 13:1-6). No importa si llegaron al poder de una manera democrática o de una autocrática. Tengo que aceptar el resultado final de la mano de Dios. Incluso si no me gustan las autoridades, tengo que aceptarlas como dadas por Dios, y así sujetarme a ellas como si me sujetara directamente a Dios mismo. Es esto lo que Pablo le dijo a los creyentes romanos en un tiempo en el que un emperador cruel, Nerón, estaba en el poder.

Algunas personas luchan con este mandamiento porque padre o madre son personas desagradables, que no muestran mucho amor a sus hijos. Sin embargo, no hay excepciones a este mandamiento. La posición del padre y madre es instituida por Dios como una que es digna de honor, incluso si la persona en esa posición no lo es. Desde luego, honrar a tus padres no significa una excusa para participar de la impiedad. Mostrar honor piadoso a tus padres significa comportarte hacia ellos como un hijo o una hija piadosa, sabiendo que tienes un padre celestial que te ama con un amor perfecto. Tus padres pueden nunca haber hecho mucho para merecer ese honor; pero tu amor puede ser el medio en las manos de Dios para ganarlos para el Padre en el cielo. "Alégrense tu padre y tu madre, y gócese la que te dio a luz" (Proverbios 23:25).

P. ¿Qué quiere Dios en el sexto mandamiento?

R. *Yo no debo injuriar, odiar, insultar o asesinar a mi prójimo con el pensamiento, con palabras o gestos, pero sobre todo con acciones, y tampoco ayudar a otro a hacerlo.*

Los rabinos antes y durante el tiempo de Jesús sobre la tierra decían que las Diez Palabras no se refieren a los mandamientos individuales sino a las diez *categorías* de mandamientos. Así, el sexto mandamiento se refiere a todos los tipos de violencia tanto física como mental en contra de un humano congénere. En la forma positiva implican *respeto* a Dios y a nuestro prójimo: respeto a Dios en los mandamientos primero hasta el tercero, respeto al sabbat de Dios en el cuarto, respeto a los propios padres en el quinto, respeto a la vida del vecino en el sexto, respecto al matrimonio en el séptimo, respeto a los sacrosantidad de nuestro prójimo en el octavo, respeto a la verdad en el noveno y respeto a las posesiones de nuestro prójimo en el décimo.

En su forma positiva, implican *amor* al prójimo: amarás a tu prójimo tanto que habrás de proteger su vida; amarás a tu esposa tanto que estarás dispuesto a dar tu vida por ella; amarás a tu vecino tanto que compartirás tus posesiones con él; lo servirás con la verdad, y le desearás lo mejor. En todos estos respectos, Jesús es el gran ejemplo.

Este mandamiento exhorta a la no violencia en el sentido más amplio: prohíbe el menosprecio, el odio, los insultos, "matar" mediante pensamientos, palabras, miradas o gestos, "pero sobre todo con acciones". En el Sermón de la Montaña, Jesús explicó la profundidad de este mandamiento: "Oísteis que fue dicho a los antiguos: No matarás; y cualquiera que matare será culpable de juicio. Pero yo os digo que cualquiera que se enoje contra su hermano, será culpable de juicio; y cualquiera que diga: Necio, a su hermano, será culpable ante el concilio; y cualquiera que le diga: Fatuo, quedará expuesto al infierno de fuego" (Mateo 5:21-22). Lo que Jesús hace es, primeramente, *afinar* el mandamiento: incluso pensamientos de venganza te hacen reo de él (*cfr.* Romanos 12:19; Deuteronomio 32:35; Proverbios 25:21-22). Pero hace más: convierte al mandamiento en uno *positivo*, y se presenta a sí mismo como el gran ejemplo.

Día 304 **Suicidio; el gobierno** (Domingo 40, **P.** y **R.** 105, parte 2)

R. *Más aún, debo desechar toda sed de venganza y tampoco debo infligirme daño o ponerme deliberadamente en riesgo. Porque el estado también tiene la misión, a través de su orden jurídico, de evitar los asesinatos.*

En un enunciado el catecismo también implica la prohibición de automutilación y suicidio ("tampoco debo infligirme daño"). Tenemos más conocimiento ahora que cuando el catecismo fue escrito de que hay desórdenes mentales que predisponen a algunas personas a pensamientos terribles, tales como el daño autoinfligido. Los cristianos, como ministros del Señor de la vida, pueden ayudar a evitar "el autoasesinato" respondiendo a tales personas con el entendimiento y la compasión de Cristo.

Otro punto es que el homicidio es condenado no solamente por la ley de Dios sino también por todos los gobiernos civilizados: "¿Quieres, pues, no temer la autoridad? Haz lo bueno, y tendrás alabanza de ella; porque es servidor de Dios para tu bien. Pero si haces lo malo, teme; porque no en vano lleva la espada, pues es servidor de Dios, vengador para castigar al que hace lo malo" (Romanos 13:3-4). "Por causa del Señor someteos a toda institución humana, ya sea al rey, como a superior, ya a los gobernadores, como por él enviados para castigo de los malhechores y alabanza de los que hacen bien" (1 Pedro 2:13-14; *cfr.* Tito 3:1). De modo similar, las leyes de los países civilizados prohíben el perjurio, la violación, el robo e incluso algunas formas de calumnia (*cfr.* los mandamientos tercero y del séptimo al décimo).

En esa medida uno podría pensar que los Diez Mandamientos no hacen más que lo que hacen todos los países civilizados, sean o no sean cristianos. Sin embargo, en el Nuevo Testamento encontramos la verdadera *profundidad* de los Diez Mandamientos: los gobiernos no pueden prohibir y no prohíben los *pensamientos* homicidas (excepto aquellos que salen a la luz en las conspiraciones) y odio (excepto cuando salen a la superficie en modos tales como el antisemitismo). Los sistemas judiciales no tratan con nuestros pensamientos, pero Dios juzga los pensamientos más profundos del corazón (*cfr.* Marcos 7:21; 1 Corintios 4:5). Más aún, él nos alienta a *promover* y *proteger* la vida de nuestro prójimo: Jesús "puso su vida por nosotros; también nosotros debemos poner nuestras vidas por los hermanos" (1 Juan 3:16).

Día 305 Envidia, odio, enojo (Domingo 40, P. y R. 106, parte 1)

P. ¿Se refiere pues este mandamiento solamente al asesinato?

R. *No. Dios quiere que a través de la prohibición del asesinato aprendamos que él detesta ya la raíz del asesinato, a saber la envidia, el odio, la ira y la sed de venganza.*

Dios va a la *raíz* de las cosas. No sólo condena el homicidio, condena los motivos detrás de él: "maldad ... envidia, homicidios, contiendas ... malignidades" (Romanos 1:29); "enemistades, pleitos, celos, iras, contiendas, disensiones, herejías, envidias, ... y cosas semejantes a éstas; acerca de las cuales os amonesto, como ya os lo he dicho antes, que los que practican tales cosas no heredarán el reino de Dios" (Gálatas 5:20-21). Juan dice de una manera muy directa: "El que dice que está en la luz, y aborrece a su hermano, está todavía en tinieblas" (1 Juan 2:9; *cfr.* v. 11). Tal persona "es homicida; y sabéis que ningún homicida tiene vida eterna permanente en él" (1 Juan 3:15). "Si alguno dice: Yo amo a Dios, y aborrece a su hermano, es mentiroso. Pues el que no ama a su hermano a quien ha visto, ¿cómo puede amar a Dios a quien no ha visto?" (1 Juan 4:20).

Los jueces terrenales pueden emitir veredictos con respecto a *obras* reales; Dios puede juzgar nuestros *pensamientos* más profundos, los cuales algunas veces están ocultos incluso para nosotros mismos: "Engañoso es el corazón más que todas las cosas, y perverso; ¿quién lo conocerá? Yo Jehová, que escudriño la mente, que pruebo el corazón, para dar a cada uno según su camino, según el fruto de sus obras" (Jeremías 17:9-10). "Fenezca ahora la maldad de los inicuos, mas establece tú al justo; porque el Dios justo prueba la mente y el corazón" (Salmo 7:9).

Los hijos de las familias cristianas desarrollan un cierto sentido de lo que es pecaminoso. Los cristianos maduros desarrollan un sentido de lo que es la "pecaminosidad". Conforme maduramos en Cristo, aprendemos a discernir nuestros motivos más profundos. Tales creyentes oran con el salmista: "¿Quién podrá entender sus propios errores? Líbrame de los que me son ocultos" (Salmo 19:12). El psicoanálisis pretende haber sacado a la luz mucho de nuestras emociones inconscientes y motivos; pero los cristianos, si son conducidos por la Palabra y el Espíritu de Dios, han tenido conocimiento de estas cosas siempre. Si no eres un extraño a tu propio corazón, sabes que "el intento del corazón del hombre es malo desde su juventud" (Génesis 8:21). Es solamente el Espíritu Santo el que puede —y lo hace— cambiar la dirección fundamental de tu corazón.

Día 306 **Asesinato disfrazado** (Domingo 40, **P.** y **R.** 106, parte 2)

R. Dios ... detesta ya la raíz del asesinato, a saber la envidia, el odio, la ira y la sed de venganza.

En los sistemas judiciales de los países civilizados, hace una tremenda diferencia el que odies o mates a una persona. De hecho, esto es bíblico. La Escritura claramente distingue entre "grandes" pecadores, "peores" pecadores y pecadores "menores" (Génesis 13:13; Lucas 13:2.4; *cfr.* Apocalipsis 20:12). Jesús dijo: "Aquel siervo que conociendo la voluntad de su señor, no se preparó, ni hizo conforme a su voluntad, recibirá muchos azotes. Mas el que sin conocerla hizo cosas dignas de azotes, será azotado poco; porque a todo aquel a quien se haya dado mucho, mucho se le demandará; y al que mucho se le haya confiado, más se le pedirá" (Lucas 12:47-48).

Así que hay una clara diferencia del juicio: "Porque es necesario que todos nosotros comparezcamos ante el tribunal de Cristo, para que cada uno reciba según lo que haya hecho mientras estaba en el cuerpo, sea bueno o sea malo" (2 Corintios 5:10; *cfr.* Salmo 62:12; Jeremías 17:10; 32:19). "El Hijo del Hombre vendrá en la gloria de su Padre con sus ángeles, y entonces pagará a cada uno conforme a sus obras" (Mateo 16:27; *cfr.* Romanos 2:6). "Todas las iglesias sabrán que yo soy el que escudriña la mente y el corazón; y os daré a cada uno según vuestras obras" (Apocalipsis 2:23; *cfr.* 22:12).

Pero entonces, si hay tal diferencia en juicio, ¿cómo puede el catecismo decir que Dios "detesta ya la raíz del asesinato, a saber la envidia, el odio, la ira y la sed de venganza"? Si tomamos esto literalmente, parece que se nos sugiere que todos estos males son castigados en la misma medida, lo cual claramente no es el caso. La respuesta es sugerida por Santiago 2:10, "cualquiera que guardare toda la ley, pero ofendiere en un punto, se hace culpable de todos". Convertirse en un hacedor de maldad —dejando de lado tu naturaleza pecaminosa— es suficiente para cometer el pecado más pequeño. Este pecado es suficiente para convertirte en un pecador condenable. Visto desde *este* punto de vista, la envidia y el odio son suficientes para convertirte en asesino *en principio*. ¡Cuán serios son los mandamientos de Dios!

Día 307 **Más que asesinato** (Domingo 40, **P.** y **R.** 107)

P. ¿Hemos cumplido ya con el mandamiento cuando no hemos asesinado a nuestro prójimo?

R. *No. Al condenar Dios la envidia, el odio y la ira, quiere él que a nuestro prójimo amemos como a nosotros mismos, que evitemos dañarlo en la medida de lo posible, y también que a nuestros enemigos les hagamos el bien.*

El catecismo toca aquí el núcleo del asunto. Cuando Dios dio los Diez Mandamientos a su pueblo, difícilmente eran conocidos por ellos. Rápidamente clamaron: "Todo lo que Jehová ha dicho, haremos" (Éxodo 19:8). Dios les dio sus mandamientos en una forma mínima para demostrar que no serían capaces de guardarlos ni siquiera en los términos de su formulación más suave. Sin embargo, esta forma nunca representó plenamente la mente de Dios. Conforme sus pensamientos se rebelaron a lo largo del tiempo, la negativa "no matarás" fue vista a la luz de esta regla fundamental: "amarás a tu prójimo como a ti mismo" (Levítico 19:18; citado nueve veces en el Nuevo Testamento). Es ridículo pretender que muestras este amor meramente al abstenerte de matar a tu vecino. No: proteges a tu vecino del daño tanto como puedas, le haces el bien, incluso si se comporta como un enemigo hacia ti.

En su sentido más profundo, resulta que el sexto mandamiento significa: "amarás tanto a tu prójimo que incluso pondrás tu vida en riesgo por él". Como dice Juan: "En esto hemos conocido el amor, en que él puso su vida por nosotros; también nosotros debemos poner nuestras vidas por los hermanos" (1 Juan 3:16). Jesús fue el ejemplo perfecto. Moisés dio los mandamientos de Dios al pueblo, pero ni él mismo podía guardarlos, ni darle al pueblo la fortaleza para guardarlos. Jesús, el "nuevo Moisés" lo hizo, y hace ambas cosas. "Cristo nos amó, y se entregó a sí mismo por nosotros, ofrenda y sacrificio a Dios en olor fragante ... Cristo amó a la iglesia, y se entregó a sí mismo por ella" (Efesios 5:2, 25); el "Hijo de Dios, el cual me amó y se entregó a sí mismo por mí" (Gálatas 2:20). Como dijera Jesús: "Este es mi mandamiento: Que os améis unos a otros, como yo os he amado. Nadie tiene mayor amor que este, que uno ponga su vida por sus amigos" (Juan 15:12-13). Jesús dio a los creyentes el poder de su Santo Espíritu para que ellos, en contra de su vieja naturaleza, fueran capaces de amar como él lo ordenó.

P. ¿Qué quiere Dios en el séptimo mandamiento?

R. *Dios condena toda autoindulgencia. Es por ello que debemos ser de corazón enemigos de ella, vivir considerada y responsablemente, sea que estemos en vínculo matrimonial o fuera de él.*

Debiéramos siempre aprender a detestar aquello que Dios condena. Una forma de legalismo es la de guardar la ley de Dios, pero de hecho desear hacer lo que la ley prohíbe. En tal caso, la ley es un "yugo" (Hechos 15:10). Pero si amamos la ley de Dios (Salmo 119:97; *cfr.* 1:2) y la tenemos en nuestros corazones (Salmo 40:8; Jeremías 31:33), condenaremos lo que Dios condena y detestaremos lo que Dios detesta. Y así, con Dios, condenaremos y detestaremos toda falta de castidad: relaciones sexuales fuera de los límites del matrimonio esposo-esposa, y también todos los *deseos* sexuales fuera de estos límites (*cfr.* PyR 109).

El impulso sexual es muy fuerte en la mayoría de las personas. Es como el hambre y la sed —éstos son impulsos humanos muy normales, pero tienen que ser canalizados: Dios condena a los glotones y a los borrachos (*cfr.* Deuteronomio 21:20; Proverbios 23:20-21; Mateo 11:19). De modo similar, Dios ha canalizado el impulso sexual: pertenece a la esfera del matrimonio. Entre las varias instituciones que Dios dio a la humanidad, el matrimonio tiene un lugar especial porque se originó antes de la caída: "varón y hembra los creó. Y los bendijo Dios, y les dijo: Fructificad y multiplicaos" (Génesis 1:27-28). "Por tanto, dejará el hombre a su padre y a su madre, y se unirá a su mujer, y serán una sola carne" (Génesis 2:24).

Pablo dice: "a causa de las fornicaciones, cada uno tenga su propia mujer, y cada una tenga su propio marido. El marido cumpla con la mujer el deber conyugal, y asimismo la mujer con el marido. ... No os neguéis el uno al otro, a no ser por algún tiempo de mutuo consentimiento, para ocuparos sosegadamente en la oración; y volved a juntaros en uno, para que no os tiente Satanás a causa de vuestra incontinencia" (1 Corintios 7:1-5). "La voluntad de Dios es vuestra santificación; que os apartéis de fornicación; que cada uno de vosotros sepa tener su propia esposa en santidad y honor; no en pasión de concupiscencia, como los gentiles que no conocen a Dios; ... Pues no nos ha llamado Dios a inmundicia, sino a santificación" (1 Tesalonicenses 4:3-7).

R. ... *vivir considerada y responsablemente, sea que estemos en vínculo matrimonial o fuera de él.*

AL igual que la mayoría de los otros mandamientos, el séptimo mandamiento tiene una forma negativa —"No..."— pero en su intención más profunda es positiva. Para entender esto, tenemos que darnos cuenta de que, en su contexto, el séptimo mandamiento primariamente servía a los intereses del marido engañado (*cfr.* Levítico 18:20; 20:10). Las dos esposas (una engañada, la otra seducida) venían en segundo lugar. Compara el décimo mandamiento: "No codiciarás la mujer de tu prójimo" —¡el énfasis recae sobre el *prójimo*! Los sentimientos de la esposa engañada nunca son mencionados en el Pentateuco.

Sin embargo, en Malaquías 2, al final de la historia de la redención del Antiguo Testamento, estamos en una esfera diferente: "Jehová ha atestiguado entre ti y la mujer de tu juventud, contra la cual has sido desleal, siendo ella tu compañera, y la mujer de tu pacto. ...Guardaos, pues, en vuestro espíritu, y no seáis desleales para con la mujer de vuestra juventud" (Malaquías 2:14-15).

En el Nuevo Testamento avanzamos un paso más. A las esposas se les dice una vez que amen a sus maridos (Tito 2:4) y a los maridos se les dice varias veces: "Maridos, amad a vuestras mujeres, así como Cristo amó a la iglesia, y se entregó a sí mismo por ella" (Efesios 5:25; *cfr.* vv. 28, 33). "Maridos, amad a vuestras mujeres, y no seáis ásperos con ellas" (Colosenses 3:19).

Observa los tres pasos: en primer lugar, no humilles a tu prójimo durmiendo con su esposa. En segundo lugar, no seas infiel a tu *propia* esposa. En tercer lugar, ama a tu esposa tanto como Cristo amó a su Iglesia y se entregó por ella. Sólo después de que Cristo (y su iglesia) habían arribado, pudo ser revelada la plena profundidad del séptimo mandamiento. "No cometerás adulterio" entonces se convierte en "amarás a tu esposa tanto que estarás dispuesto a entregar tu vida por ella". Nuevamente, Cristo es el gran ejemplo *y* el Único que nos da la fuerza para hacer esto. Ninguna cultura jamás ha exigido que hombre alguno ponga su vida en riesgo por su esposa. Sin embargo, ¡tal mandamiento encaja perfectamente dentro del entero marco santo de la ley de Cristo!

Día 310 Templos del Espíritu (Domingo 41, **P.** y **R.** 109, parte 1)

P. ¿Prohíbe Dios en este mandamiento solamente el adulterio?

R. *No. Como ambos, nuestro cuerpo y alma, son templo del Espíritu Santo, por ello quiere Dios que nosotros nos preservemos en pureza y santidad.*

En 1 Corintios 6 Pablo vincula la inmoralidad sexual con la vital verdad de que nuestros cuerpos son templo del Espíritu Santo: "Huid de la fornicación. Cualquier otro pecado que el hombre cometa, está fuera del cuerpo; mas el que fornica, contra su propio cuerpo peca. ¿O ignoráis que vuestro cuerpo es templo del Espíritu Santo, el cual está en vosotros, el cual tenéis de Dios, y que no sois vuestros? Porque habéis sido comprados por precio; glorificad, pues, a Dios en vuestro cuerpo" (1 Corintios 6:18-20). Frecuentemente se ha señalado que *todo* pecado involucra el cuerpo. Sin embargo, ningún pecado afecta el carácter sacrosanto del cuerpo tanto como la inmoralidad sexual. Éste es el mismo cuerpo que, en el caso del creyente, es un "templo", una morada sagrada del Espíritu Santo. El Señor nos ha comprado por un precio. Somos de él, de modo que nuestros cuerpos son de él. "¿No sabéis que vuestros cuerpos son miembros de Cristo? ¿Quitaré, pues, los miembros de Cristo y los haré miembros de una ramera? De ningún modo" (1 Corintios 6:15).

En otra parte dice Pablo: "fornicación y toda inmundicia, o avaricia, ni aun se nombre entre vosotros, como conviene a santos; ... Porque sabéis esto, que ningún fornicario, o inmundo, o avaro, que es idólatra, tiene herencia en el reino de Cristo y de Dios" (Efesios 5:3-4). El cuerpo es muy importante para Dios. Es el *cuerpo*, no el espíritu humano, el que es llamado morada del Espíritu Santo. Son nuestros "cuerpos mortales" a los cuales Dios dará vida un día (Romanos 8:11). Pablo incluso dice: "os ruego por las misericordias de Dios, que presentéis vuestros *cuerpos* en sacrificio vivo, santo, agradable a Dios, que es vuestro culto racional" (Romanos 12:1). No pienses que Dios no tiene cuidado porque es "solamente" el cuerpo. El creó nuestro cuerpo tanto como creó nuestra alma, ¡y desea redimirlo tanto como desea redimir nuestras almas! "Y el mismo Dios de paz os santifique por completo; y todo vuestro ser, espíritu, alma *y cuerpo*, sea guardado irreprensible para la venida de nuestro Señor Jesucristo" (1 Tesalonicenses 5:23).

Día 311 La mente adúltera (Domingo 41, P. y R. 109, parte 2)

R. Él prohibe, por lo tanto, toda indulgencia en obras, gestos, palabras, pensamientos, deseos y todas aquellas cosas que puedan incitar a las personas.

Con el sexto mandamiento hemos visto que el odio y el homicidio son castigados de modos diferentes, pero ambos son pruebas iguales de la fundamental pecaminosidad de la humanidad. Algunos pecados son mucho peores que otros —pero incluso los pecados más pequeños hacen pecadoras a las personas, y así las ponen bajo la ira de Dios.

Es lo mismo con el séptimo mandamiento. Claramente distinguimos entre violación —la cual es siempre castigada, si el hacedor de maldad es capturado— y el adulterio, el cual usualmente *no* es juzgado en tribunales porque se piensa que pertenece a la propia responsabilidad de las personas. Pero muchas personas condenan *moralmente* el adulterio, y tales personas siempre consideran que el adulterio es mucho peor que "gestos, palabras, pensamientos, deseos y todas aquellas cosas que puedan incitar a las personas". Eso es correcto: pecar activamente es peor que desear pecar. No obstante, incluso las "miradas no castas" son suficientes para hacerlo a uno un pecador, y eligible para la condenación eterna.

Jesús dijo acerca de este tema: "Oísteis que fue dicho: No cometerás adulterio. Pero yo os digo que cualquiera que mira a una mujer para codiciarla, ya adulteró con ella en su corazón. Por tanto, si tu ojo derecho te es ocasión de caer, sácalo, y échalo de ti; pues mejor te es que se pierda uno de tus miembros, y no que todo tu cuerpo sea echado al infierno" (Mateo 5:27-29). La palabra "pero" no significa que Jesús estaba criticando el séptimo mandamiento; solamente quería extraer su verdadera profundidad: en última instancia, el adulterio en el corazón de una persona es tan pecaminoso con el acto del adulterio —no en una corte civil, no en un tribunal eclesiástico, sino ciertamente ante el tribunal de Dios.

Desde luego, sacarse el ojo no debe ser tomado literalmente: ¡después de dos miradas erróneas, ya no te quedaría ningún ojo! Lo que dice es esto: ¡trata de evitar cualquier ocasión en la que pudieras mirar a otra persona de una manera no casta! Job dijo: "Hice pacto con mis ojos; ¿cómo, pues, había yo de mirar a una virgen?" (Job 31:1). ¡Evita cualquier ocasión en la que puedas caer fácilmente!

Día 312 El octavo mandamiento (Domingo 42, P. y R. 110, parte 1)

P. ¿Qué prohíbe Dios en el octavo mandamiento?

R. *Dios no prohíbe solamente el hurto y el robo que es castigado por las leyes del estado. Él llama hurto también a todos los trucos y acciones fraudulentas, con los cuales tratamos de hacernos de bienes del prójimo, mediante la violencia o mediante una apariencia de derecho: con pesos y medidas falsas, con mercancías malas, dinero falsificado y extorsión, o con cualquier medio prohibido por Dios.*

En el octavo mandamiento Dios prohíbe el hurto y el robo en acto, así como formas indirectas de robo (*v.g.* Éxodo 22:1; Deuteronomio 25:13-16; Salmo 15:5; Proverbios 11:1; Isaías 33:15; Ezequiel 45:9-12; Miqueas 6:9-11; Lucas 3:14; 6:35). Hay un caso especial de hurto que el catecismo *no* menciona: el *secuestro de personas*, como se prohíbe en Éxodo 21:16 ("Asimismo el que robare una persona y la vendiere, o si fuere hallada en sus manos, morirá"). Juan menciona los "cuerpos" y "almas" de humanos como pertenecientes a la mercancía de "Babilonia" (Apocalipsis 18:13). Algunos expositores dicen que este mandamiento se refiere especialmente a este tipo de hurto.

Es notable que los seis tipos de pecadores mencionados en 1 Corintios parecen corresponder precisamente a los pecadores que Deuteronomio registra como teniendo que ser cortados de Israel (*cfr.* 1 Corintios 5:11-13). En el Deuteronomio esto tuvo lugar a través del apedreamiento, en Corinto a través de la excomunión. Si esto es correcto, los "avaros" (o "ladrones") en la enumeración de Pablo corresponden a Deuteronomio 24:7: "Cuando fuere hallado alguno que hubiere hurtado a uno de sus hermanos los hijos de Israel, y le hubiere esclavizado, o le hubiere vendido, morirá el tal ladrón, y quitarás el mal de en medio de ti".

Mira ahora nuevamente a los mandamientos del sexto hasta el décimo. Lo que parecen decir, en estrecha relación mutua, es esto: no peques contra tu prójimo tomando su *vida* (el sexto), o tomando su *esposa* (el séptimo), o tomando su *libertad* (el octavo), o tomando su *nombre* o reputación (el noveno) o tomando o deseando sus *posesiones* (el décimo). En el sentido positivo neotestamentario, esto se convierte en: "amarás a tu prójimo como a ti mismo; tanto que protegerás su vida, (el buen nombre de) su esposa, su libertad, su reputación y sus posesiones".

Día 313 La avaricia (Domingo 42, **P.** y **R.** 110, parte 2)

R. *Él prohibe también toda avaricia y todo desperdicio de sus dones.*

Por tercera vez encontramos una regla importante: la Biblia condena no solamente los actos pecaminosos, sino también los motivos y los deseos pecaminosos de los que brotan. Esto es, no solamente el homicidio como tal, sino también el odio y la sed de venganza que puede conducir al asesinato (sexto mandamiento). No solamente los pecados sexuales como tales son condenados, sino también la lascivia que puede conducir al adulterio (séptimo mandamiento). No solamente el robo es erróneo, sino también la codicia que puede conducir al hurto (octavo mandamiento). De hecho, esta codicia es abordada en el décimo mandamiento.

Observa nuevamente una diferencia interesante. Todas las sociedades condenan el hurto, pero ningún gobierno civil habrá de acusarte de codicia. Para Dios, sin embargo, la codicia es un pecado tanto como el robo en acto. Jesús dijo: "Mirad, y guardaos de toda avaricia; porque la vida del hombre no consiste en la abundancia de los bienes que posee" (Lucas 12:15). La avaricia es incluso llamada una forma de idolatría (Efesios 5:5; Colosenses 3:5), porque implica poner tu corazón en cosas distintas de Dios. No solamente los ladrones sino tampoco los codiciosos habrán de heredar el reino de Dios (1 Corintios 6:10). Dios condena el pecado en acto, pero también el deseo de pecar.

Pablo dice: "porque raíz de todos los males es el amor al dinero, el cual codiciando algunos, se extraviaron de la fe, y fueron traspasados de muchos dolores" (1 Timoteo 6:10). Desde luego, incluso en el mucho odio y sed de venganza (sexto), en la prostitución (séptimo), en el robo y el tráfico de personas (octavo), el amor al dinero desempeña un papel principal. "Ningún siervo puede servir a dos señores; porque o aborrecerá al uno y amará al otro, o estimará al uno y menospreciará al otro. No podéis servir a Dios y a las riquezas" (Lucas 16:13). Incluso a los ancianos y a los pastores se les tenía que decir: "Apacentad la grey de Dios ... no por ganancia deshonesta, sino con ánimo pronto" (1 Pedro 5:2).

Día 314 El compartir (Domingo 42, P. y R. 111, parte 1)

P. ¿Pero, qué te ordena Dios en este mandamiento?

R. *Yo debo hacer todo lo que pueda para procurar el bien de mi prójimo ... También debo yo trabajar concienzudamente para que con ello pueda ayudar a los pobres en su necesidad.*

Aquí vemos nuevamente cómo un mandamiento originalmente negativo, "no...", es convertido en un mandamiento positivo. Así, "no hurtarás" requiere que ames tanto a tu prójimo que no solamente respetes sus posesiones y su libertad sino que, con ánimo decidido, *protejas* sus posesiones y libertad; sí, *compartirás* con él tus propias posesiones si es pobre y necesitado. El profeta Isaías describió esta actitud verdaderamente espiritual: "¿No es que partas tu pan con el hambriento, y a los pobres errantes albergues en casa; que cuando veas al desnudo, lo cubras, y no te escondas de tu hermano?" (Isaías 58:7).

En el Nuevo Testamento dice Pablo: "El que hurtaba, no hurte más, sino trabaje, haciendo con sus manos lo que es bueno, para que tenga qué compartir con el que padece necesidad" (Efesios 4:28). "No nos cansemos, pues, de hacer bien; porque a su tiempo segaremos, si no desmayamos. Así que, según tengamos oportunidad, hagamos bien a todos, y mayormente a los de la familia de la fe" (Gálatas 6:9-10). "A los ricos de este siglo manda que no ... pongan la esperanza en las riquezas, las cuales son inciertas, sino en el Dios vivo, que nos da todas las cosas en abundancia para que las disfrutemos. Que hagan bien, que sean ricos en buenas obras, dadivosos, generosos; atesorando para sí buen fundamento para lo por venir, que echen mano de la vida eterna" (1 Timoteo 6:17-19).

Juan dice: "Pero el que tiene bienes de este mundo y ve a su hermano tener necesidad, y cierra contra él su corazón, ¿cómo mora el amor de Dios en él?" (1 Juan 3:17). Y Santiago dice: "Y si un hermano o una hermana están desnudos, y tienen necesidad del mantenimiento de cada día, y alguno de vosotros les dice: Id en paz, calentaos y saciaos, pero no les dais las cosas que son necesarias para el cuerpo, ¿de qué aprovecha?" (Santiago 2:15-16). El mandamiento original era "No *tomarás*". ¡La versión positiva es "*Darás*"!

R. . . . *actuar hacia él como yo quisiera que él actuara conmigo.*

En medio de la respuesta del catecismo encontramos esta preciosa frase: "actuar hacia él como yo quisiera que él actuara conmigo" (Mateo 7:12). Jesús resume aquí "la ley y los profetas", esto es, el entero Antiguo Testamento (por lo que concierne a las relaciones con el prójimo); en este enunciado, el cual es a veces llamado la Regla de Oro: "haz a otros lo que quieras que te hagan a ti".

En realidad, esta regla es mucho más antigua que el Sermón de la Montaña, aunque es usualmente conocida en su forma negativa solamente (a veces llamada la Regla de Plata). Una antigua fuente judía dice: "No hagas a nadie lo que no te agrada a ti" (Tobías 4:15). Justo antes del tiempo de Jesús, el Rabino Hillel dijo, de acuerdo con el Talmud: "lo que es odioso para ti, no lo hagas a tu prójimo: ésta es la Torah entera, mientras que el resto no es más que el comentario; ve y apréndelo".

La diferencia entre la tradición judía y Jesús es conspicua. El libro de Tobías y Hillel se movía todavía en la esfera negativa: "*no* hagas". No hagas a otros lo que a ti mismo te disgusta. Pero Jesús, al igual que con muchos otros mandamientos, se mueve hacia el lado positivo: "todas las cosas que queráis que los hombres hagan *con vosotros*, así también *haced* vosotros con ellos".

De hecho, la Regla de Oro no es más que una variación de Levítico 19:18, "amarás a tu prójimo como a ti mismo". A grandes rasgos, hay dos motivos diferentes para hacer a otros lo que nos gustaría que otros nos hicieran: o legalismo o amor. Esto es, haces bien a tu prójimo porque *tienes* que hacerlo, quizá en contra de tus propios deseos, o lo haces porque *deseas* hacerlo —porque amas a tu prójimo con el amor con el cual Dios te ha amado *a ti*.

Día 316 El noveno mandamiento (Domingo 43, **P.** y **R.** 112, parte 1)

P. ¿Qué quiere Dios con el noveno mandamiento?

R. *No debo dar falso testimonio contra nadie, ni tergiversar la palabra de nadie, ni hablar a sus espaldas, ni calumniarlo. No debo condenar a nadie sin escucharlo ni ayudar a condenarlo a la ligera y ver toda mentira y engaño como obra del diablo y evitar la severa ira de Dios.*

Una vez más, este mandamiento representa una *categoría* entera de mandamientos concernientes a decir la verdad. Levantar falso testimonio en contra de tu prójimo es meramente un ejemplo. Otros ejemplos son el chisme y la calumnia. El habla calumniosa significa juzgar a otros de una manera falsa; el modo más obvio es hablando falsedades abiertas acerca de otros. Sin embargo, un calumniador es también uno que dice cosas acerca de otros que no tiene ningún interés en decir.

Cuando se dice entre cristianos que alguien vive "en pecado", esto casi siempre se refiere a la inmoralidad sexual. Pero, desde luego, la inmoralidad sexual es meramente uno de muchos vicios. ¿Por qué oímos de casos de disciplina eclesiástica en los que está involucrado el séptimo mandamiento, y tan pocos casos que involucren la codicia (octavo) o la calumnia (noveno)? Debemos prestar mayor atención al fuerte lenguaje del catecismo: "obra del diablo". Jesús dijo que el diablo "ha sido homicida desde el principio, y no ha permanecido en la verdad, porque no hay verdad en él. Cuando habla mentira, de suyo habla; porque es mentiroso, y padre de mentira" (Juan 8:44). ¡Las mentiras, el engaño, el chisme y la calumnia provienen todos del diablo!

Pero la Biblia encomia ciertos engaños, incluso llamando el engaño de Rahab un acto de *fe* (Josué 2:1-14; Hebreos 11:31; Santiago 2:25). El rey de Jericó quería usar la verdad para propósitos malvados que se oponían a Dios; tales personas no merecen la verdad, y es un acto de fidelidad esconderla de ellos. Como pone en claro el catecismo, el noveno mandamiento tiene que ver con torcer la verdad para nuestros propios propósitos egoístas; si hacemos un hábito de mentir caemos bajo "la severa ira de Dios", y no debemos esperar que la verdad permanezca con nosotros. "Mas los perros estarán fuera, y los hechiceros, los fornicarios, los homicidas, los idólatras, y todo aquel que ama y hace mentira" (Apocalipsis 22:15).

Día 317 **El amor a la verdad** (Domingo 43, **P.** y **R.** 112, parte 2)

R. *. . . debo yo amar la verdad, confesarla y reconocerla de manera sincera.*

Recordarás que un mandamiento negativo ("No. . .") es frecuentemente convertido en un mandamiento positivo en el Nuevo Testamento, manifestándose así su profundidad verdadera, y la intención divina que a él subyace. Pasa lo mismo con el noveno mandamiento, el cual de hecho resulta que significa que has de amar a tu prójimo tanto que no le mientas, y le sirvas con la verdad, en su mejor interés. Como dice Pablo, el amor verdadero "no se goza de la injusticia [como lo hacen los chismosos y los calumniadores], mas se goza de la verdad" (1 Corintios 13:6). Y en otra parte dice: "Por lo cual, desechando la mentira, hablad verdad cada uno con su prójimo; porque somos miembros los unos de los otros" (Efesios 4:25).

Esta "verdad" se refiere tanto a la "verdad cristiana" en el sentido doctrinal, como también a decir la verdad de un modo muy práctico. No solamente *hablar* cosas verdaderas, sino *ser* veraces, honestos, transparentes, directos: "El que habla verdad declara justicia; Mas el testigo mentiroso, engaño" (Proverbios 12:17).

En sus exhortaciones a Timoteo, el apóstol Pablo lo refirió a "Jesucristo, que dio testimonio de la buena profesión delante de Poncio Pilato" (1 Timoteo 6:13). Esto es, entre otras cosas, lo que Jesús le confesó a Pilatos: "Tú dices que yo soy rey. Yo para esto he nacido, y para esto he venido al mundo, *para dar testimonio a la verdad*. Todo aquel que es de la verdad, oye mi voz" (Juan 18:37; *cfr.* 8:40, 45). Pilatos trató de debilitar este enunciado replicando "¿qué es la verdad?" (Juan 18:38), pero el enunciado de Jesús se sostuvo. En otra ocasión Jesús contrastó a los mentirosos consigo mismo: "El que habla por su propia cuenta, su propia gloria busca; pero el que busca la gloria del que le envió, éste es verdadero, y no hay en él injusticia" (Juan 7:18). El era "lleno de verdad" (Juan 1:14). Ningún humano podría jamás decir lo que él dijo: "Yo *soy* el camino, y la verdad, y la vida; nadie viene al Padre, sino por mí" (Juan 14:6). Si servimos a otros con la verdad, rendimos testimonio a Jesús mismo.

Día 318 **Cuidar la reputación de nuestro prójimo** (Domingo 43, **P.** y **R.** 112, parte 3)

R. . . . *y también en la medida de mis fuerzas salvar y promover el honor y la buena reputación de mi prójimo.*

Aquí el catecismo toca un aspecto muy especial del noveno mandamiento: guardar y promover la reputación de tu prójimo. El sexto mandamiento protege la vida del prójimo, el séptimo protege el matrimonio del prójimo, el octavo protege la libertad del prójimo, el noveno mandamiento protege el nombre del prójimo. Amarás a tu prójimo tanto que habrás de respetar y honrar su vida, su matrimonio, su libertad y su reputación. Por lo tanto, "amarás a tu prójimo como a ti mismo" (Levítico 19:18) significa que valoras la vida, el matrimonio, la libertad y la reputación de tu vecino por lo menos tan altamente como la tuya propia. Como dice Pedro: "Finalmente, sed todos de un mismo sentir, compasivos, amándoos fraternalmente, misericordiosos, amigables; no devolviendo mal por mal, ni maldición por maldición, sino por el contrario, *bendiciendo*, sabiendo que fuisteis llamados para que heredaseis bendición" (1 Pedro 3:8-9). Eres llamado a *bendecir*, y a ser una bendición para tu vecino.

Desde luego, todos tenemos la responsabilidad de guardar nuestros *propios* nombres. Pablo habla de la viuda "que tenga testimonio de buenas obras; si ha criado hijos; si ha practicado la hospitalidad; si ha lavado los pies de los santos; si ha socorrido a los afligidos; si ha practicado toda buena obra" (1 Timoteo 5:10). ¿Cual es tu reputación o la mía? ¿Por qué cosas buenas somos nosotros conocidos a otros? ¿Cómo podemos esperar que otros guarden y promuevan nuestro buen nombre, si primeramente no lo hacemos nosotros? Salomón dice: "De más estima es el buen nombre que las muchas riquezas, Y la buena fama más que la plata y el oro" (Proverbios 22:1), y "mejor es la buena fama que el buen ungüento" (Eclesiastés 7:1; *cfr.* Cantares 1:3).

Necesitamos hermanos y hermanas que vengan a la defensa de uno cuya reputación se halle injustamente en riesgo. Tal hermano fue Bernabé, quien tomó a Saulo de Tarso "lo trajo a los apóstoles, y les contó cómo Saulo había visto en el camino al Señor, el cual le había hablado, y cómo en Damasco había hablado valerosamente en el nombre de Jesús" (Hechos 9:27). ¡No es de extrañar que Bernabé haya sido llamado un "Hijo de consolación" (Hechos 4:36)!

P. ¿Qué quiere Dios en el décimo mandamiento?

R. *Nosotros no debemos permitir que surja en nuestros corazones ningún pensamiento que nos lleve a actuar contra algún mandamiento de Dios.*

El décimo mandamiento ocupó un lugar especial entre los diez, en tanto que aborda explícitamente los motivos internos de la persona: "No codiciarás la casa de tu prójimo, no codiciarás la mujer de tu prójimo, ni su siervo, ni su criada, ni su buey, ni su asno, ni cosa alguna de tu prójimo". En algún sentido, funciona como una especie de resumen de los previos nueve. No habrás de tomar la vida de tu prójimo, su esposa, o su libertad (*i.e.* codiciar poseerlo como un esclavo); ni siquiera habrás de codiciar estas cosas suyas. No habrás de arruinar el nombre de tu prójimo, ni siquiera habrás de codiciar el hacerlo. Aparentemente, el catecismo acepta esta amplia aplicación: "ni siquiera el más mínimo deseo o pensamiento contrario a alguno de los mandamientos de Dios debe jamás surgir en nuestros corazones".

Aquí, nuevamente el mandamiento negativo ("No...") puede ser convertido en un mandamiento positivo: "amarás a tu prójimo tanto que sinceramente *desearás* hacerle bien, buscar lo mejor para él". Es difícil evaluar deseos. Los tribunales terrenales por regla general no pueden juzgar los deseos; sólo pueden juzgar actos consumados. La corte terrenal supone motivos, por ejemplo al distinguir entre homicidio intencional y homicidio imprudencial. Pero puede juzgar la intencionalidad solamente sobre la base de evidencia externa. Sólo Dios puede juzgar el corazón (*cfr.* Jeremías 17:9-10; Marcos 7:21; 1 Corintios 4:5; Apocalipsis 2:23).

Éste es un punto muy importante. Imagina que, desde afuera, tú cumples perfectamente los primeros nueve mandamientos. Nunca has matado, cometido adulterio, robado o dado falso testimonio. Felicitaciones. Pero entonces, al final, viene el décimo mandamiento. ¿En lo que hiciste, fuiste impulsado por los celos por la benevolencia, por la codicia o el amor? Pablo implícitamente supone el décimo mandamiento cuando nos dice: "Nada hagáis por contienda o por vanagloria; antes bien con humildad, estimando cada uno a los demás como superiores a él mismo; no mirando cada uno por lo suyo propio, sino cada cual también por lo de los otros" (Filipenses 2:3-4).

R. *sino que debemos siempre, de entero corazón, ser enemigos de todo pecado.*

Una forma de legalismo es que cumples la ley porque tienes que hacerlo, mientras que de hecho amas hacer lo que esta misma ley prohíbe. Una y otra vez anhelaste ver muerta a alguna persona desagradable. Una y otra vez anhelaste cometer adulterio. O anhelas privar a tu prójimo de algún aspecto de su libertad, por ejemplo la libertad de habla. En otras palabras, puedes portarte más bien decentemente, mientras que a veces *amas* comportarte muy *in*decentemente. Quieres guardar la ley de Dios —por ejemplo, por miedo a la condenación eterna, o simplemente por miedo a tu pastor, ancianos, padres, esposa —así que evitas pecar tanto como puedes. Pero eso no significa que *odies* el pecado. Guardas la ley más o menos, pero todavía *codicias* hacer otra cosa. Esto es todo de lo que trata el décimo mandamiento. Exhibe nuestros motivos reales. El legalista evita pecar activamente, pero nunca ha aprendido a *odiar* el pecado.

Quizá ni siquiera eras consciente de tu secreta codicia —¡es la prohibición lo que la revela! Pablo escribe: "¿Qué diremos, pues? ¿La ley es pecado? En ninguna manera. Pero yo no conocí el pecado sino por la ley; porque tampoco conociera la codicia, si la ley no dijera: No codiciarás. Mas el pecado, tomando ocasión por el mandamiento, produjo en mí toda codicia; porque sin la ley el pecado está muerto. Y yo sin la ley vivía en un tiempo; pero venido el mandamiento, el pecado revivió y yo morí. Y hallé que el mismo mandamiento que era para vida, a mí me resultó para muerte" (Romanos 7:7-10). El pecado puede estar muy bien dormido en ti, hasta que llega la ley y lo saca a la luz. Hay odio, lascivia, codicia en tu corazón, pero no te dabas cuenta. Entonces llega la ley que dice: "¡No odiarás! ¡No serás lascivo! ¡No codiciarás!" Y de repente te haces consciente de que todas estas cosas se hallan en tu corazón. Es bueno que la ley haga esto porque, si has nacido de nuevo, puedes ahora empezar a *odiar* estas mismas cosas que has descubierto en el fondo de tu corazón. Y Romanos 8 demuestra que puedes hacer esto solamente en el poder del Espíritu Santo, que mora en ti.

Día 321 **El deseo de justicia** (Domingo 44, **P.** y **R.** 113, parte 3)

R. . . . *sino que debemos siempre, de entero corazón . . . desear poseer toda justicia.*

Es seguro que necesitamos mucha gracia para aprender a odiar el pecado. Este odio sólo puede ocurrir con un poder que no tienes por ti mismo, ni siquiera como creyente. Es el poder del Espíritu Santo, el cual mora en todo creyente verdadero. A través del Espíritu no sólo empiezas a odiar el pecado sino que "desear poseer toda justicia". Odiar el pecado es el paralelo de amar a Dios y amar sus mandamientos: "En esto conocemos que amamos a los hijos de Dios, cuando amamos a Dios, y guardamos sus mandamientos. Pues este es el amor a Dios, que guardemos sus mandamientos; y sus mandamientos no son gravosos" (1 Juan 5:2-3) para el verdadero creyente porque está lleno del Espíritu Santo (Efesios 5:18) y del amor de Dios (Romanos 5:5).

Justo es aquel "que en la ley de Jehová está su delicia, en su ley medita de día y de noche" (Salmo 1:2). "Los mandamientos de Jehová son rectos, que alegran el corazón; El precepto de Jehová es puro, que alumbra los ojos . . . Deseables son más que el oro, y más que mucho oro afinado" (Salmo 19:8.10). "Me regocijaré en tus estatutos . . . Guíame por la senda de tus mandamientos, porque en ella tengo mi voluntad . . . me regocijaré en tus mandamientos, los cuales he amado . . . en tu ley me he regocijado . . . ¡Oh, cuánto amo yo tu ley!" (Salmo 119:16, 35, 47, 70, 97). Puedes deleitarte en la ley de Dios sólo si te deleitas en el Dios que da esta ley, y en lo que sus mandamientos exigen de ti. No debiéramos solamente luchar por lo que es justo, debemos *amar* lo que es justo porque amamos al justo Dios.

La justificación consiste en ser hecho justo. Los justos no solamente *hacen* lo que es justo, *aman* lo que es justo. Tal persona es antes que nada justa por dentro, y entonces también por fuera. "Jehová, ¿quién habitará en tu tabernáculo? ¿Quién morará en tu monte santo? El que anda en integridad y hace justicia, Y habla verdad *en su corazón*" (Salmo 15:1-2). David caminó ante Dios "en verdad, en justicia, y con rectitud de corazón" (1 Reyes 3:6). Éstos son aquellos a quienes el señor anhela: no los que son justos por fuera sino el que es "de recto *corazón*".

Día 322 **¿Obediencia perfecta?** (Domingo 44, P. y R. 114, parte 1)

P. ¿Pero podemos los convertidos a Dios sostener completamente este mandamiento?

R. *No, sino que los hombres más piadosos en esta vida recién comienzan a tener esta obediencia.*

L a primera parte de la respuesta del catecismo es muy sombría y desalentadora. ¿Por qué debiéramos tratar de seguir "la paz con todos, y la santidad, sin la cual nadie verá al Señor" (Hebreos 12:14). Si lo máximo que esperamos alcanzar en esta lucha es "comenzar a tener esta obediencia"? Enfaticemos primero la distinción entre santidad *de posición* —eres santo por la fe en Cristo— y santidad *práctica* —si tu vida está caracterizada por santidad en el pensamiento, la palabra y la acción. En nuestra santidad de posición, no hay distinción entre los "más santos" y los "menos santos". De cada creyente, joven o maduro, carnal o espiritual, se puede decir en principio: "Y esto erais algunos; mas ya *habéis sido* lavados, ya *habéis sido santificados*, ya *habéis sido justificados* en el nombre del Señor Jesús, y por el Espíritu de nuestro Dios" (1 Corintios 6:11). Los creyentes son "llamados santos" o "llamados a ser santos" (Romanos 1:7), —no llamados a *volverse* santos. Pablo nunca confunde nuestras santificaciones de posición y práctica.

No obstante, es plenamente consciente de la necesidad de santificación práctica también: "presentad vuestros miembros para servir a la justicia … Mas ahora que habéis sido libertados del pecado y hechos siervos de Dios, tenéis por vuestro fruto la santificación, y como fin, la vida eterna" (Romanos 6:19, 22). "Amados, puesto que tenemos tales promesas, limpiémonos de toda contaminación de carne y de espíritu, perfeccionando la santidad en el temor de Dios" (2 Corintios 7:1). En 2 Tesalonicenses Pablo habla de nuestra salvación tanto de posición como práctica, y de nuestro camino hacia la salvación *perfecta*: "Dios os [escogió] desde el principio para salvación, mediante la santificación por el Espíritu y la fe en la verdad" (2 Tesalonicenses 2:13).

Si bien la obediencia perfecta es imposible en un mundo todavía afectado por el pecado, el Señor te llama a volverte *en la práctica* lo que ya eres de posición. O para decirlo de una manera más fuerte: ¡*sé lo que eres*!

Día 323 El comienzo de la obediencia (Domingo 114, P. y R. 114, parte 2)

R. *Pero deben empezar a vivir [los santos], con firme intención, conforme a todos y no solamente algunos de los mandamientos.*

Empezamos a vivir vidas santas como los niños aprenden una nueva habilidad: "como hijos obedientes, no os conforméis a los deseos que antes teníais estando en vuestra ignorancia; sino, como aquel que os llamó es santo, sed también vosotros santos en toda vuestra manera de vivir; porque escrito está: Sed santos, porque yo soy santo" (1 Pedro 1:14-16; *cfr.* Levítico 11:44-45). No digas que no tiene caso tratar de vivir como una persona santa, porque "los hombres más piadosos en esta vida recién comienzan a tener esta obediencia". No, ¡luchar por la santidad es una orden divina (*cfr.* Hebreos 12:14)! Y si Dios dice: "Sed santos", también te dará la fortaleza de su Espíritu para que "empieces a vivir conforme a todos sus mandamientos".

Debido a que la naturaleza pecaminosa todavía está en ti, nunca alcanzarás plenamente esta meta en esta vida (*cfr.* Romanos 7:14-15; 1 Juan 1:8). Y, no obstante, estás llamado a luchar, a perseguir, "con firme intención", como dice el catecismo, *como si* la santidad completa fuese posible sobre la tierra. Lo mínimo que puedes hacer es evitar el "consejo de los malos", "el camino de los pecadores" y "la silla de los escarnecedores", y en lugar de ello encontrar tu deleite en la Palabra de Dios, y encontrar bastante tiempo para meditar sobre ella (Salmo 1:1-2). ¡*Aliméntate* con la comida adecuada! ¡*Llena* tu tiempo con las meditaciones apropiadas, sé lleno del Espíritu Santo (Efesios 5:18)! ¡No te detengas ante "¡Miserable de mí! ¿quién me librará de este cuerpo de muerte?" sino muévete a "Gracias doy a Dios, por Jesucristo Señor nuestro" (Romanos 7:24-25).

Este enunciado de Pablo es tanto realista como alentador: "No que lo haya alcanzado ya, ni que ya sea perfecto; sino que prosigo, por ver si logro asir aquello para lo cual fui también asido por Cristo Jesús. Hermanos, yo mismo no pretendo haberlo ya alcanzado; pero una cosa hago: olvidando ciertamente lo que queda atrás, y extendiéndome a lo que está delante, prosigo a la meta, al premio del supremo llamamiento de Dios en Cristo Jesús" (Filipenses 3:12-14). Es como si dijese: "aquí en la tierra nunca puedo alcanzarlo, pero presiono *como si* pudiese alcanzarlo porque tal presión al menos me acercará a la meta, día a día". Esta vida es un entrenamiento para la eternidad.

Día 324 Mandamientos enfáticamente predicados (Domingo 44, **P.** y **R.** 115, parte 1)

P. ¿Por qué permite Dios que se nos prediquen tan enfáticamente los diez mandamientos, siendo que nadie en esta vida los puede guardar?

R. *En primer lugar, para que entre más larga sea nuestra vida más aprendamos acerca de nuestra pecaminosidad, y así busquemos ávidamente el perdón de los pecados y la justicia en Cristo.*

En ciertos círculos se requiere un conocimiento muy profundo de la propia pecaminosidad antes de que otros lo reconozcan a uno como verdaderamente convertido. Sin embargo, la realidad bíblica es muy diferente. Una conciencia profunda de la pecaminosidad no es un *prerrequisito* para la seguridad de salvación, sino una *consecuencia* de ella, al menos si se le permite al Espíritu Santo que opere en el corazón y la vida de esa persona.

Una buena ilustración de esto es Ezequiel 36, donde es descrita la restauración futura del pueblo de Dios. Primero leemos: "Esparciré sobre vosotros agua limpia, y seréis limpiados de todas vuestras inmundicias; ... Os daré corazón nuevo, y pondré espíritu nuevo dentro de vosotros; y quitaré de vuestra carne el corazón de piedra, y os daré un corazón de carne" (Ezequiel 36:25-26). Esto es lo que el Nuevo Testamento llama nacer de nuevo o regeneración. Luego dice: "Y pondré dentro de vosotros mi Espíritu, y haré que andéis en mis estatutos, y guardéis mis preceptos, y los pongáis por obra" (v. 27). Cuando el regenerado alcanza la seguridad de la fe, Dios sella esta fe con el Espíritu Santo (Efesios 1:13). Sólo después de eso se dice: "Y allí os acordaréis de vuestros caminos, y de todos vuestros hechos en que os contaminasteis; y os aborreceréis a vosotros mismos a causa de todos vuestros pecados que cometisteis" (Ezequiel 20:43; *cfr.* 16:31).

Si vemos esto en términos del orden cronológico de las epístolas de Pablo, vemos un progreso notable. Primeramente escribió: "Porque yo soy el más pequeño de los *apóstoles*, que no soy digno de ser llamado apóstol, porque perseguí a la iglesia de Dios" (1 Corintios 15:9). Posteriormente escribió: "soy menos que el más pequeño de todos los *santos*" (Efesios 3:8). Finalmente escribió "Cristo Jesús vino al mundo para salvar a los *pecadores*, de los cuales yo soy el primero" (1 Timoteo 1:15). Aparentemente, entre más viejos se hacía, más consciente era de la seriedad de lo que había hecho antes de su conversión. Sin embargo, esta conciencia nunca le hizo dudar de su salvación. No lo *deprimió* porque sabía que había sido perdonado. ¡Solamente los llevó a más acción de gracias y adoración!

Día 325 ¡Nunca dejes de esforzarte! (Domingo 44, **P.** y **R.** 115, parte 2)

R. *En segundo lugar, debemos esforzarnos constantemente y pedir a Dios la gracia del Espíritu Santo, para que se renueve en nosotros cada vez más la imagen de Dios, hasta que después de esta vida alcancemos la meta de la perfección.*

La vida cristiana es una vida de "lucha" y "persecución": luchar en oración (Romanos 15:30) y edificación de otros (1 Corintios 14:12), luchar por la fe del Evangelio (Filipenses 1:27), luchar para alcanzar el fin de nuestra "jornada salvaje" (Hebreos 4:11) y luchar por paz y santidad (Hebreos 12:14). Es una vida de perseguir "lo que contribuye a la paz y a la mutua edificación" (Romanos 14:19), perseguir el amor (1 Corintios 14:1), la justicia, la piedad, la fe, la templanza, la gentileza (1 Timoteo 6:11). Es un trabajo duro el de "nunca dejar de luchar" —no obstante, es un maravilloso descanso para la conciencia de uno debido al perdón de Dios. Es descanso para nuestras almas aprender de Jesús, pues él es manso y humilde de corazón (Mateo 11:28-29). Es una vida de "orar sin cesar" (1 de Tesalonicenses 5:17) para expresar nuestra dependencia de la gracia del Santo Espíritu. Es una vida de renovar constantemente "vuestro entendimiento, para que comprobéis cuál sea la buena voluntad de Dios, agradable y perfecta" (Romanos 12:2; *cfr.* 2 Corintios 14:16; Efesios 4:23).

La meta de toda maduración espiritual es la imagen de Cristo, reproducida en nosotros. Tenemos que revestirnos "del nuevo [hombre], el cual conforme a la imagen del que lo creó se va renovando hasta el conocimiento pleno" (Colosenses 3:10). Y "nosotros todos, mirando a cara descubierta como en un espejo la gloria del Señor, somos transformados de gloria en gloria en la misma imagen" (2 Corintios 3:18; Gálatas 4:19)

Ésta es la primera meta a ser alcanzada sobre la tierra: La madurez espiritual. La segunda meta ha de ser alcanzada en la eternidad: somos aquellos a quienes "predestinó para que fuesen hechos conformes a la imagen de su Hijo" (Romanos 8:29). Y "sabemos que cuando él se manifieste, seremos semejantes a él" (1 Juan 3:2). "No que lo haya alcanzado ya, ni que ya sea perfecto; sino que prosigo, por ver si logro asir aquello para lo cual fui también asido por Cristo Jesús. ...olvidando ciertamente lo que queda atrás, y extendiéndome a lo que está delante, prosigo a la meta, al premio del supremo llamamiento de Dios en Cristo Jesús" (Filipenses 3:12-14). ¡Qué futuro —una parte importante del cual ha de realizarse ahora!

P. ¿Por qué necesitan orar los cristianos?

R. *Porque es la forma más importante de dar gracias, a lo que Dios nos insta.*

Recordemos que el catecismo está dividido en tres partes. La tercera parte, sobre la gratitud, está nuevamente dividida en tres partes: una introducción, los Diez Mandamientos, y ahora la tercera parte sobre la oración en general y la Oración del Señor en particular. Enfatiza la enorme importancia de la oración en la vida cristiana. El catecismo empieza preguntando: "¿Por qué orar?". Uno podría esperar que la respuesta esté vinculada con el significado original del verbo "orar" (del latín *oratio*). Cuando oras, le pides a Dios que haga, que dé, que promueva o evite algo. Una oración es una solicitud, una petición.

Sin embargo, el catecismo toma la palabra en su sentido mucho más amplio, incluyendo todo lo que una persona puede decirle a Dios. En este caso, no son nuestras solicitudes lo que viene primero, sino nuestras expresiones de agradecimiento. (¡Recuérdese que esta sección sobre la oración pertenece a la parte sobre la gratitud!). Antes de pedirle a Dios, le traes tus agradecimientos y tus alabanzas. El libro de los Salmos está lleno de esto. Pablo también, repetidamente, enfatiza la importancia de la acción de gracias: "No os embriaguéis con vino, en lo cual hay disolución; antes bien sed llenos del Espíritu, hablando entre vosotros con salmos, con himnos y cánticos espirituales, cantando y alabando al Señor en vuestros corazones; dando siempre gracias por todo al Dios y Padre, en el nombre de nuestro Señor Jesucristo" (Efesios 5:18-20). "Y todo lo que hacéis, sea de palabra o de hecho, hacedlo todo en el nombre del Señor Jesús, dando gracias a Dios Padre por medio de él" (Colosenses 3:17). "Orad sin cesar. Dad gracias en todo, porque esta es la voluntad de Dios para con vosotros en Cristo Jesús" (1 Tesalonicenses 5:17-18).

Sean cuales fueren tus necesidades urgentes, ¡nunca te olvides de dar gracias! "Por nada estéis afanosos, sino sean conocidas vuestras peticiones delante de Dios en toda oración y ruego, *con acción de gracias*" (Filipenses 4:6). Mira el efecto directo: "Y la paz de Dios, que sobrepasa todo entendimiento, guardará vuestros corazones y vuestros pensamientos en Cristo Jesús" (v. 7).

Día 327 Pedir y dar (Domingo 45, P. y R. 116, parte 2)

R. . . . *y porque Dios quiere dar su gracia y su Santo Espíritu solamente a aquellos que de corazón y sin cesar se lo pidan y se lo agradezcan.*

Después de mencionar la acción de gracias, el catecismo llega a nuestras solicitudes efectivas (orar en el sentido estrecho). Inmediatamente menciona las cosas más importantes que podríamos pedir: la gracia de Dios y el Santo Espíritu de Dios. En vez de pedir cosas específicas (comida y bebida, buena salud, seguridad, prosperidad y éxito, y muchas otras bendiciones materiales, así como muchas bendiciones espirituales), podemos reemplazar todas ellas con un solo término: *gracia*. No es solamente los pobres pecadores los que necesitan gracia redentora; los creyentes también necesitan la gracia continua de Dios. Es por esto que muchas epístolas empiezan deseando la gracia de Dios a los creyentes. Puesto que, incluso como creyentes, no merecemos nada, todas nuestras bendiciones dependen de la gracia de Dios: "Escucha, oh Jehová, mi oración, Y está atento a la voz de mis ruegos" (Salmo 86:6).

La gracia y el Espíritu Santo están claramente vinculados. En un lugar del Nuevo Testamento, el Espíritu es llamado el "Espíritu de gracia" (Hebreos 10:29) y en el Antiguo Testamento, el "espíritu de gracia y de oración" (Zacarías 12:10). Aunque, desde que hemos llegado a la fe, la persona del Espíritu mora en nosotros, siempre podemos pedir más del poder del Espíritu: "Pues si vosotros, siendo malos, sabéis dar buenas dádivas a vuestros hijos, ¿cuánto más vuestro Padre celestial dará el Espíritu Santo a los que se lo pidan?" (Lucas 11:13). El padre ama darnos más de su Espíritu todo el tiempo (*cfr.* Efesios 5:18).

El catecismo también parece aludir a Romanos 8: "Y de igual manera el Espíritu nos ayuda en nuestra debilidad; pues qué hemos de pedir como conviene, no lo sabemos, pero el Espíritu mismo intercede por nosotros con gemidos indecibles" (Romanos 8:6). Aquí es el Espíritu mismo el que ora dentro de nosotros y por nosotros; son *nuestros* gemidos en y a través de los cuales el Espíritu se dirige al Padre. Algunas veces nuestras oraciones no son mucho más que "gemidos" porque no sabemos qué decir (*cfr.* Hechos 7:34; Romanos 8:23; 2 Corintios 5:2, 4). El espíritu, sin embargo, conoce nuestras más profundas necesidades y deseos, y las traerá Dios por nosotros —o, para decirlo de otro modo, oramos a Dios "en el Espíritu" (Efesios 6:18; Judas 1:20).

Día 328 ¿**Puede Dios arrepentirse?** (Domingo 45, **P.** y **R.** 116, parte 3)

R. ... *y porque Dios quiere dar su gracia y su Santo Espíritu solamente a aquellos que de corazón y sin cesar se lo pidan y se lo agradezcan.*

Hay una frase en la respuesta del catecismo que no debiéramos pasar por alto. Dios da sus bendiciones "solamente a aquellos que de corazón y sin cesar se lo pidan y se lo agradezcan". Aquí se encuentra un vínculo causal entre nuestras oraciones y las respuestas de Dios. Algunas personas sienten que la soberanía de Dios implica que no puede ser influenciado por lo que pedimos. Argumentan que si Dios dependiese de los humanos, aunque fuese un poco, su soberanía se vería socavada. Pero aparentemente Dios ha *decidido* soberanamente involucrar las acciones y las decisiones humanas, así como las oraciones, en sus tratos con el mundo: "Pedid, y se os dará" (Mateo 7:7). "Todo lo que pidiereis en oración, creyendo, lo recibiréis" (Mateo 21:22). "Y todo lo que pidiereis al Padre en mi nombre, lo haré, para que el Padre sea glorificado en el Hijo" (Juan 14:13). "No tenéis lo que deseáis, porque no pedís. Pedís, y no recibís, porque pedís mal" (Santiago 4:2-3).

Una razón por la que la oración es importante es el cambio que opera en *nosotros*. A través de nuestras oraciones Dios configura nuestras voluntades y deseos para que sean más como los suyos propios. Por añadidura, su fidelidad al pacto es de tal suerte, que Dios también ha determinado que *su propia mente* pueda ser cambiada por la oración. Los propósitos eternos de Dios nunca pueden ser frustrados (Job 42:2; Isaías 14:27), pero, a veces, sus planes declarados pueden ser alterados mediante la intercesión fiel. Considera el arrepentimiento de Nínive y la represión de Jonás: "Y vio Dios lo que hicieron, que se convirtieron de su mal camino; y se arrepintió del mal que había dicho que les haría, y no lo hizo" (Jonás 3:10). O considera esta claro ejemplo: "Dijo más Jehová a Moisés: ... déjame que se encienda mi ira en ellos, y los consuma; ... Moisés oró en presencia de Jehová su Dios ... Entonces Jehová se arrepintió del mal que dijo que había de hacer a su pueblo" (Éxodo 32:9-14). ¡Atrévete a pedir! ¡Dios responde a las oraciones y lo hace con amor!

Día 329 **Oraciones agradables** (Domingo 45, **P.** y **R.** 117, parte 1)

P. ¿Qué pertenece a una oración para que a Dios le agrade y la escuche?

R. *En primer lugar, que nosotros sólo al Dios verdadero, el que a nosotros se ha revelado en su Palabra, de corazón le pidamos por todo lo que nos ha ordenado que le pidamos.*

Cuando oramos, lo hacemos desde las necesidades de nuestras vidas, usualmente en palabras que brotan de nuestros corazones. Sin embargo, esto no significa que no importa cómo nos acerquemos a Dios. En primer lugar, como lo enfatiza el catecismo, no puede haber espacio para otros dioses en nuestro corazón cuando nos dirigimos "al Dios verdadero, el que a nosotros se ha revelado en su Palabra". Eso sería como decirle a tu esposa Sara o Abigail cómo la amas, al mismo tiempo que tienes a Hagar o Betsabé en tu corazón. Dios tiene derecho a *toda* tu devoción, *todo* tu amor indiviso.

En segundo lugar, lo que podemos pedir a Dios está determinado no solamente por nuestra propia necesidad, sino también por lo que a Dios le ha agradado escuchar de nosotros. ¿Es nuestra oración en el nombre de Jesús (Juan 16:24)? ¿Esto es, es una oración que él mismo pudo haber pronunciado? ¿Es una oración "de acuerdo con su voluntad" (1 Juan 5:14)? Esto es, ¿el tipo de oración que Dios ama oír? ¿O es solamente una oración por interés propio? ¿O quizá incluso una oración pecaminosa —como la petición de Simón el mago (Hechos 8:19)?

Como ves, por un lado se nos alienta: "sean conocidas vuestras peticiones delante de Dios en toda oración y ruego, con acción de gracias" (Filipenses 4:6; *cfr.* Salmo 62:8). Así que no debiéramos sentirnos restringidos en modo alguno, en tanto que presentemos nuestras peticiones a Dios con una buena conciencia. Por otro lado, hay cosas que Dios nos ordena que pidamos; no debiéramos estar tan satisfechos de nuestras propias necesidades que olvidemos estas cosas. Por ejemplo, orar constantemente por el bienestar del pueblo de Dios, especialmente por los siervos de Dios (Romanos 1:10; 3 Juan 1:2). Orar por los gobernantes de este mundo (1 Timoteo 2:1-3). Orar acerca de nuestra comida, nuestra salud, nuestro matrimonio (1 Timoteo 4:5; Santiago 5:15-16; 1 Pedro 3:7). Orar por los que nos persiguen y abusan de nosotros (Mateo 5:44; Lucas 6:28). ¡Orad sin cesar, y hacerlo siempre en un espíritu de acción de gracias, alabanza y adoración (Efesios 5:20; Colosenses 3:16-17)! Esto es muy agradable a Dios (*cfr.* Juan 4:23-24).

Día 330 **Humildes oraciones** (Domingo 45, **P.** y **R.** 117, parte 2)

R. *En segundo lugar, que conozcamos minuciosamente nuestra necesidad y nuestra miseria, y nos humillemos ante su divino rostro.*

Cuando oremos a Dios debemos venir con una actitud humilde. Debemos hacerlo así por al menos dos razones. En primer lugar llegamos como pequeñas criaturas ante nuestro majestuoso creador. En segundo lugar, venimos como pecadores. Aún cuando somos redimidos por fe, todavía pecamos. Y si fuese solamente por nuestra pecaminosa naturaleza, sería suficiente para humillarnos ante Dios. Como él mismo lo dice: "miraré a aquel que es pobre y humilde de espíritu, y que tiembla a mi palabra" (Isaías 66:2; *cfr.* 57:15; Salmo 34:18).

Mira la diferencia entre Job y Abraham. El primero dijo: "Por tanto me aborrezco, y me *arrepiento* en polvo y ceniza" (Job 42:6). Pero Abraham dijo: "he comenzado a hablar a mi Señor, aunque *soy* polvo y ceniza" (Génesis 18:27). ¿Ves la diferencia? Abraham no tenía nada específico de que arrepentirse; no obstante, en la presencia del Señor, se dio cuenta de cuán pequeño era: nada más que polvo y ceniza, comparado con la majestad de Dios.

Jesús pudo decir de sí mismo que era "humilde" (Mateo 11:29) —pero nunca fue "humillado" debido al pecado o la debilidad. El se "humilló" a sí mismo "haciéndose obediente hasta la muerte, y muerte de cruz" (Filipenses 2:8). Nosotros, sin embargo, debemos siempre humillarnos cuando venimos ante "la majestuosa presencia de Dios": "Humillaos delante del Señor, y él os exaltará" (Santiago 4:10; *cfr.* 1 Pedro 5:6). "Porque el que se enaltece será humillado, y el que se humilla será enaltecido" (Mateo 23:12). No meramente nos humillamos ante Dios cuando tenemos pecados que confesar, sino todas las ocasiones en que venimos ante él, pues el es nuestro Rey.

Ciertamente Dios es tu Padre; has sido acercado a su corazón. Eres su hijo y heredero. Disfruta esta inefable bendición! Y, no obstante, en la eternidad seguirá por siempre siendo el majestuoso Dios creador, y tú por siempre seguirás siendo la pequeña criatura. Como hijo te acercas con amor y confianza tu Padre. Al mismo tiempo, vienes como un esclavo de Dios a tu amo (Apocalipsis 22:3). ¡Una metáfora es tan adecuada como la otra!

R. *En tercer lugar, que nosotros este fijo fundamento tengamos, que él nuestra oración, pese a nuestra carencia de méritos, en aras del Señor Jesucristo, sin duda quiere oír, como nos lo ha prometido en su Palabra.*

Los católicos romanos algunas veces explican que oran a María porque ella le pasaría sus oraciones a su Hijo, y "él no puede negarle nada a su madre". No leemos nada de esto en la Escritura. No obstante, la expresión *es* verdadera si se aplica al Hijo de Dios y su Padre: el Padre no puede negarle nada a su Hijo. Dice el catecismo que Dios "nuestra oración... en aras del Señor Jesucristo, sin duda quiere oír". *Jesús* está intercediendo por nosotros (Romanos 8:34). "Puede también salvar perpetuamente a los que por él se acercan a Dios, viviendo siempre para interceder por ellos" (Hebreos 7:25). "Si alguno hubiere pecado, abogado tenemos para con el Padre, a Jesucristo el justo" (1 Juan 2:1).

Por lo tanto, creo firmemente, por ejemplo, que no hay solicitud en la oración de Juan 17 que el Padre no conceda a su hijo. Observando las divisiones entre las comunidades eclesiásticas, algunos han argumentado que la oración de Cristo por la unidad (Juan 17:21-23) no fue respondida. Hay cierta responsabilidad de nuestra parte. Como Pablo exhorta a los creyentes Efesios: "Yo pues, preso en el Señor, os ruego que andéis como es digno de la vocación con que fuisteis llamados ... solícitos en guardar la unidad del Espíritu en el vínculo de la paz" (Efesios 4:1, 3). Debemos admitir que no siempre hemos caminado de una manera digna de nuestro llamamiento. Pero del lado de Dios la unidad del cuerpo de Cristo está plenamente garantizada.

Fue a solicitud especial del Hijo que el padre nos dio el mayor regalo de resurrección de todos: el Santo Espíritu (Juan 14:16-17). En adición a esto, tenemos esta promesa de Jesús: "De cierto, de cierto os digo, que todo cuanto pidiereis al Padre en mi nombre, os lo dará. Hasta ahora nada habéis pedido en mi nombre; pedid, y recibiréis, para que vuestro gozo sea cumplido" (Juan 16:23-24). ¡Que gran promesa! "Por medio de él los unos y los otros tenemos entrada por un mismo Espíritu al Padre" (Efesios 2:18). ¡Qué libertad y atrevimiento nos da esto cuando oramos a Dios!

P. ¿Qué nos ha ordenado Dios, que le pidamos?

R. *Todo lo que nosotros necesitemos tener para nuestra vida espiritual y corporal.*

Nuestras oraciones a Dios son en vista de nuestras necesidades. Si somos honestos, usualmente pasamos más tiempo orando por nuestras necesidades físicas (materiales) que por nuestras necesidades espirituales. Si se nos pregunta cuáles son nuestras necesidades físicas, nuestra respuesta es rápida: oramos por nuestra comida diaria, buena salud, nuestra seguridad en el hogar o en el camino, nuestras relaciones sociales, la prosperidad y el éxito en nuestros asuntos diarios (escuela, trabajo, negocio), tanto para nosotros como para nuestros seres amados. Incluso si oramos por los asuntos de la iglesia, lo hacemos frecuentemente por necesidades físicas: la buena salud del pastor, el estado del edificio de la iglesia, el éxito del bazar de la iglesia, buen tiempo para la excursión de la escuela dominical, y así consecutivamente.

Si se nos pregunta cuáles son nuestras necesidades espirituales, podríamos tener más dificultad para producir una respuesta rápida. Esto es triste, porque en realidad debiéramos de ser cuidadosos de no pasar demasiado tiempo sobre nuestras necesidades físicas: "Pero gran ganancia es la piedad acompañada de contentamiento; porque nada hemos traído a este mundo, y sin duda nada podremos sacar. Así que, teniendo sustento y abrigo, estemos contentos con esto" (1 Timoteo 6:6-8). Es mejor concentrarnos en nuestras necesidades espirituales: "Enséñanos de tal modo a contar nuestros días, que traigamos al corazón sabiduría" (Salmo 90:12; *cfr.* 1 Reyes 3:9). "Preserva también a tu siervo de las soberbias; que no se enseñoreen de mí; entonces seré íntegro, y estaré limpio de gran rebelión" (Salmo 19:13). "Examíname, oh Dios, y conoce mi corazón; pruébame y conoce mis pensamientos; Y ve si hay en mí camino de perversidad, Y guíame en el camino eterno" (Salmo 139:23-24).

Pablo ora: "no ceso de dar gracias por vosotros, haciendo memoria de vosotros en mis oraciones, para que el Dios de nuestro Señor Jesucristo, el Padre de gloria, os dé espíritu de sabiduría y de revelación en el conocimiento de él, alumbrando los ojos de vuestro entendimiento, para que sepáis cuál es la esperanza a que él os ha llamado, y cuáles las riquezas de la gloria de su herencia en los santos, y cuál la supereminente grandeza de su poder para con nosotros los que creemos, según la operación del poder de su fuerza" (Efesios 1:16-19). ¡Qué perspectiva tan inmensamente mayor que la comida, la salud y la prosperidad!

Día 333 **La oración que Cristo nos enseñó** (Domingo 45, **P.** y **R.** 118, parte 2)

R. *Todo lo que nosotros necesitemos tener para nuestra vida espiritual y corporal, como el Señor Cristo resumiera en la oración que él mismo nos enseñara.*

En lo que resta de su respuesta, el catecismo afirma que nuestras necesidades espirituales están bien resumidas en "la oración que él mismo nos enseñara". Este último punto no se menciona en el Evangelio de Mateo, aunque es la versión de *Mateo* de la Oracion del Señor la que siempre pronunciamos. Más bien, es Lucas quien nos dice acerca de la enseñanza de Jesús a sus discípulos: "Señor, enséñanos a orar, como también Juan enseñó a sus discípulos. Y les dijo: Cuando oréis, decid..." (y luego sigue la versión de Lucas de lo que llamamos la Oración del Señor; Lucas 11:1-3). Jesús pudo haber orado durante horas (*cfr.* Marcos 1:35), pero todo lo resumió en una oración de un minuto.

Nuestras necesidades espirituales son más importantes, y merecen más tiempo de oración que nuestras necesidades físicas. Esto sale a la luz claramente en la Oración del Señor. Esta oración consiste en seis peticiones, solamente una de las cuales tiene que ver con nuestras necesidades físicas: "El pan nuestro de cada día, dánoslo hoy". Las últimas dos peticiones podrían ser vistas como una descripción de algunas de nuestras necesidades espirituales: perdón y seguridad espiritual

Pero entonces, ¿qué hay de las primeras tres peticiones? ¿Tienen que ver con nuestras necesidades espirituales o físicas? De hecho, ninguna de las dos cosas —se ocupan de los intereses *de Dios*. En tanto que hablamos de necesidades, las oraciones son acerca de nosotros. Pero las primeras tres peticiones de la Oración del Señor son acerca de Dios: *su* nombre, *su* reino, *su* voluntad. Y no obstante, en un sentido, esto involucra también nuestras necesidades: sea tu nombre santificado (o reciba su especial lugar) *a través de mí*, en mi vida. Que tu reino se realice prácticamente *a través de mí*, en mi vida. Que tu reino se realice prácticamente *a través de mí*, en mi vida, cada día un poco más. Que tu voluntad se cumpla *a través de mí*, en mi vida, cada día de nuevo. Así, mis necesidades más profundas corresponden a los intereses de Dios; la oración expresa mi profundo deseo de que mis palabras y acciones puedan promover la misión *de Dios* en este mundo. Miro lejos de mí mismo y me enfoco en Dios. ¡De esto se trata la oración profunda: *Dios* es el foco primario!

Día 334 La oración del Señor (Domingo 45, P. y R. 119, parte 1)

P. ¿Cómo dice esta oración?

R. *Padre nuestro que estás en los cielos, santificado sea tu nombre. Venga tu reino. Hágase tu voluntad, como en el cielo, así también en la tierra. El pan nuestro de cada día, dánoslo hoy. Y perdónanos nuestras deudas, como también nosotros perdonamos a nuestros deudores. Y no nos metas en tentación, mas líbranos del mal.*

Es importante observar que tenemos dos versiones diferentes de la Oración del Señor en el Nuevo Testamento, aunque invariablemente recitemos la versión de Mateo (la cual es citada en la respuesta del catecismo). En comparación, déjame citar aquí la versión de Lucas: "Y les dijo: Cuando oréis, decid: Padre nuestro que estás en los cielos, santificado sea tu nombre. Venga tu reino. Hágase tu voluntad, como en el cielo, así también en la tierra. El pan nuestro de cada día, dánoslo hoy. Y perdónanos nuestros pecados, porque también nosotros perdonamos a todos los que nos deben. Y no nos metas en tentación, mas líbranos del mal" (Lucas 11:2-4).

Debido a la existencia de dos versiones, uno podría preguntarse si alguna vez fue la intención de Jesús enseñar a sus discípulos —ya no digamos a todo el mundo cristiano, una fórmula de oración, que tuvieran que aprender de memoria. Hoy es recitada por millones de cristianos, frecuentemente sin pensar mucho en lo que dice. Si ésta fuera la fórmula cristiana de la oración, ciertamente tendríamos que preguntarnos acerca de las cosas que *faltan* en esta oración prepascual: los grandes hechos redentores del Viernes Santo, la Pascua, el Día de la Ascensión y Pentecostés, y toda la alabanza y adoración que están vinculadas con estos eventos. Más aún, no debiéramos olvidar que ésta es una oración para *principiantes*: discípulos jóvenes e inmaduros. En el Evangelio de Mateo, el Sermón de la Montaña se encuentra al principio del ministerio de Jesús. Nosotros, los cristianos posteriores a Pentecostés, especialmente aquellos que son cristianos maduros, tiene muchas más razones para orar y alabar (véanse las grandes oraciones en las epístolas, tales como Efesios 1:15-23; 3:14-21; Colosenses 1:9-14).

Y, no obstante, incluso los discípulos más maduros tienen que regresar a lo básico una y otra vez: el honor del nombre de Dios, el progreso del reino de Dios en este mundo, nuestras necesidades físicas, el pecado y el perdón, estar siendo conservados por Dios en un mundo malvado. Nunca nos volvemos tan espirituales como para que ya no necesitemos estas oraciones básicas. Si pensáramos de otra manera, en realidad nos veríamos más arrogantes que espirituales.

Día 335 Lo que a Dios se le debe (Domingo 45, **P.** y **R.** 119, parte 2)

R. *Padre nuestro que estás en los cielos, santificado sea tu nombre. Venga tu reino. Hágase tu voluntad, como en el cielo, así también en la tierra.*

La Oración del Señor se divide en seis peticiones. En las primeras tres, una palabra central es "tu", la cual figura tres veces. En las últimas tres peticiones, una noción central involucra "nosotros", o "nuestro", una noción que figura ocho veces ("El pan *nuestro* de cada día, dá*nos*lo hoy. Y perdóna*nos nuestras* deudas, como también *nosotros* perdonamos a *nuestros* deudores. Y no *nos* metas en tentación, mas líbra*nos* del mal"). Estos once pronombres constituyen, como quien dice, la espina dorsal de la Oración del Señor. Primeramente los reflectores están sobre Dios ("tu", "tuya"); en segundo lugar, el reflector está sobre nosotros. Y, desde luego, este es el orden adecuado. La causa de Dios en el mundo primero, luego nuestras necesidades y circunstancias en este mismo mundo.

Las primeras tres peticiones presuponen un mundo imperfecto. Este es un mundo en el que *no* es de por sí evidente que el nombre de Dios sea santificado como lo es en el cielo, en el cual su gobierno *no* es automáticamente reconocido en todas partes como lo es en el cielo, y en el cual su voluntad *no* es hecha por todas las personas como se hace en el cielo. Esta última frase, "como en el cielo, así también en la tierra", podría agregarse a las tres peticiones: "santificado sea tu nombre como en el cielo, así también en la tierra; que tu gobierno se vuelva universal como en el cielo, así también en la tierra; hágase tu voluntad como en el cielo, así también en la tierra". En nuestra mente, todavía podríamos agregar otra frase: "santificado sea tu nombre, que tu gobierno se vuelva universal y hágase tu voluntad *a través de mí*, en mi vida, dentro de mi esfera de influencia".

Esto es esencial. Las primeras tres peticiones no son algo vago, un deseo no vinculante concerniente a los intereses de Dios en el mundo, uno que no necesariamente nos involucra personalmente. Es precisamente lo opuesto: las personas que le hablan a Dios se presentan *a sí mismas* como instrumentos dispuestos, a través de los cuales, junto con muchos otros instrumentos dispuestos, Dios avanza su causa en este mundo. ¡Henos aquí, Padre nuestro que estás en el cielo, tómanos, prepáranos, úsanos, despliéganos! Como dijera una vez el profeta: "Heme aquí, envíame a mí" (Isaías 6:8).

Día 336 Nuestras propias necesidades (Domingo 45, P. y R. 119, parte 3)

R. *El pan nuestro de cada día, dánoslo hoy. Y perdónanos nuestras deudas, como también nosotros perdonamos a nuestros deudores. Y no nos metas en tentación, mas líbranos del mal.*

La primera parte de la oración del Señor es acerca de Dios y sus intereses, su causa en este mundo. La segunda parte es acerca de nosotros, nuestras necesidades físicas diarias, nuestros pecados y la necesidad de perdón, el malvado mundo en el que vivimos y la preservación del mismo por Dios. Si hemos puesto los intereses de Dios primero, no hay nada erróneo en traer nuestras propias necesidades ante él. Incluso se nos *ordena* que lo hagamos: "Por nada estéis afanosos, sino sean conocidas vuestras peticiones delante de Dios en toda oración y ruego, con acción de gracias" (Filipenses 4:6). Y hacerlo con la convicción de que Dios no solamente escucha, sino que también ama concedernos nuestras peticiones piadosas.

Por favor observa este notable dicho de Jesús: "Orad, pues, que vuestra huida no sea en invierno ni en día de reposo" (Mateo 24:20). Esto claramente implica que las oraciones puede incluso influenciar los caminos de Dios —si no fuera así, ¿qué utilidad tendría tal oración? Si nuestras oraciones pueden afectar incluso el tiempo de la gran tribulación (v. 21), y el tiempo concomitante del segundo advenimiento del señor (vv. 27, 30), entonces Dios es ciertamente capaz de "darnos hoy el pan nuestro de cada día". Sabemos que hay cristianos con hambre en ciertos países; no obstante, oramos para que ellos se aferren a esta promesa: "¿Quién de nosotros habitará con las llamas eternas? El que camina en justicia y habla lo recto;... se le dará su pan, y sus aguas serán seguras" (Isaías 33:14-16).

¿Qué será más difícil para Dios: darnos nuestro pan cotidiano o perdonar nuestras deudas? Si tuviésemos mil enemigos, podría encontrar que es más fácil perdonarlos a todos que alimentarlos a todos diariamente. Para Dios es diferente. Como nuestro creador él es capaz de proveer lo que necesitamos para nuestra vida diaria (*cfr.* Salmo 104:24-28). Pero para *perdonarnos* tuvo que convertirse en nuestro Dios Salvador a través de la obra redentora de Jesucristo. Y será a través de esta misma obra que Dios librará a este mundo del pecado y de Satanás, y así de todas las tentaciones seductoras. ¡Ese será el día glorioso, cuando su reino finalmente habrá llegado en esplendor y majestad!

Día 337 Las palabras agregadas (Domingo 45, P. y R. 119, parte 4)

R. *porque tuyo es el reino, y el poder, y la gloria, por todos los siglos. Amén.*

El catecismo cita la Oración del Señor de Mateo 6, donde traducciones más antiguas de la Biblia traen esta doxología en el verso 13: "porque tuyo es el reino, y el poder, y la gloria, por todos los siglos. Amén". Otras traducciones, incluyen las palabras entre corchetes, otras traducciones las dejan fuera o las mencionan en una nota a pie de página. La edición revisada del catecismo, publicada en 1997 por el Sínodo de la Iglesia Evangélica Reformada de Baviera y el Noroeste de Alemania, junto con la Iglesia Nacional Lippizana, agrega: "porque tuyo es el reino, y el poder, y la gloria, por todos los siglos. Amén". Esta frase se encuentra también en Mateo 6, en la Biblia Reina-Valera 1960. La mayoría de los protestantes recitan estas palabras al final de la Oración del Señor, mientras que los católicos romanos usualmente se detienen con las palabras "líbranos del mal".

El versículo 13b desde luego no aparece en todos los antiguos manuscritos del Nuevo Testamento. Una explicación plausible de cómo sucedió esto es la siguiente: la oración del Señor empezó a ser usada en la liturgia cristiana en una época temprana. Entonces surgió la costumbre de terminar la oración con una teología litúrgica, cuyo autor no conocemos. Uno de los últimos escribas, copiando el Evangelio de Mateo, pudo haber puesto esta doxología al margen de Mateo 6, y un escriba posterior pensó que eso era un error, y puso las palabras dentro del texto.

Sea cual fuere la explicación, en cualquier caso no hay nada erróneo con la doxología como tal, ya sea que haya sido parte del texto original o no. Por el contrario, es un cierre digno y hermoso de la oración. Si bien la oración como tal sólo contiene peticiones —esto es, *pedirle* a Dios— la doxología trae una nota de alabanza y adoración —esto es, *darle* a Dios. Proclamamos que el reino es de Dios: "Los reinos del mundo han venido a ser de nuestro Señor y de su Cristo; y él reinará por los siglos de los siglos" (Apocalipsis 11:15). El "poder" es el poder de este reino, pues habrá de "venir con poder" (Marcos 9:1; *cfr.* 1 Corintios 4:20; Apocalipsis 12:10). "Tuya es, oh Jehová, la magnificencia y el poder, la gloria, la victoria y el honor ... Tuyo, oh Jehová, es el reino" (1 Crónicas 29:11).

P. ¿Por qué nos ha ordenado Cristo que nos dirijamos a Dios como "nuestro padre"?

R. *Él quiere despertar en nosotros, inmediatamente al comienzo de nuestra oración, esa reverencia y confianza filial hacia Dios sobre la cual nuestra oración debe estar basada; a saber, el hecho de que Dios se ha convertido en nuestro padre.*

No debemos nunca olvidar cuán temprana era la etapa en que el Señor Jesús enseñó esta oración a sus discípulos. ¿Eran ellos realmente conscientes del hecho de que "a través de Cristo" Dios había de convertirse en su Padre? Es solamente en Juan 20, después de su muerte y resurrección, que Jesús dice explícitamente que su Padre es ahora también nuestro Padre: "Subo a mi Padre y a vuestro Padre, a mi Dios y a vuestro Dios" (Juan 20:17). En el tiempo en que Jesús enseñó esta oración a sus discípulos, los judíos ya tenían mucho tiempo acostumbrados a llamar a Dios *Avinu Malkeinu*, "Nuestro Padre, nuestro Rey".

En tiempos recientes, las personas han señalado repetidamente las grandes similitudes entre la oración del Señor y ciertas oraciones judías. Una oración tal incluye la frase "nuestro Dios en el cielo, santifica tu nombre, establece tu reino por siempre y gobiérnanos por los siglos de los siglos. Amén". Las expresiones "santificado sea tu nombre" y "no nos dejes caer en tentación" se encuentran en varias otras oraciones judías. Difícilmente hay un elemento de la oración del Señor que no se pueda encontrar en el Antiguo Testamento (*cfr.* 1 Crónicas 29:10-18; Salmo 119:134; Proverbios 30:8) o los apócrifos. El Antiguo Testamento también conoce a Dios como "nuestro Padre" (Isaías 63:15-16; 64:8). Así que, en este respecto, no había nada nuevo para los discípulos.

No obstante, no nos detenemos aquí. Cuando pronunciamos la Oración del Señor, la estamos diciendo a la luz de la resurrección. Somos aquellos que saben que Dios es nuestro Padre no simplemente porque creó a su pueblo (Deuteronomio 32:6; Malaquías 2:10). Él es nuestro Padre porque *su Hijo se ha convertido en nuestra vida* (1 Juan 5:11-12), de tal manera que el Padre eterno del Hijo eterno se ha convertido ahora también en nuestro Padre. Esto se halla muy lejos de cualquier cosa que jamás él hubiese revelado a Israel. Los judíos, como parte del pueblo elegido, podían llamar a Dios su Padre desde su temprana juventud. *Nosotros* llamamos a Dios "nuestro Padre" desde nuestra regeneración y fe, y así desde nuestra recepción de la vida eterna (Juan 3:16; 17:3). Conocemos a Dios como Padre no debido a nuestro nacimiento sino debido a nuestro nuevo nacimiento. Prinunciamos la Oración del Señor como miembros de un pueblo sobrenatural, espiritual.

R. . . . *y mucho menos habrá de negarnos lo que le pidamos con fe, que lo que nuestros padres nos negaban las cosas terrenales.*

El término "Padre" para Dios es una metáfora. La Biblia usa la imagen de un padre humano, terrenal, para darnos una idea del Padre divino, celestial. Él es nuestro Padre porque él nos "engendró" (*cfr.* Juan 1:13; Santiago 1:18; 1 Pedro 1:3; 1 Juan 5:1), pero también es nuestro Padre, que nos cuida y nos procura: "¿Qué hombre hay de vosotros, que si su hijo le pide pan, le dará una piedra? ¿O si le pide un pescado, le dará una serpiente? Pues si vosotros, siendo malos, sabéis dar buenas dádivas a vuestros hijos, ¿cuánto más vuestro Padre que está en los cielos dará buenas cosas a los que le pidan?" (Mateo 7:9-11; *cfr.* Lucas 11:11-13). "Toda buena dádiva y todo don perfecto desciende de lo alto, del Padre de las luces" (Santiago 1:17) —y toda buena dádiva es evidencia de que Dios nos cuida y nos procura.

El catecismo no solamente habla de la bondad de Dios sino también de nuestra responsabilidad. Dios no nos rehusará buenas cosas, pero debemos pedírselas en fe. Como dijera Jesús, "todo lo que pidiereis en oración, creyendo, lo recibiréis" (Mateo 21:22). Dejad que el creyente "pida con fe, no dudando nada; porque el que duda es semejante a la onda del mar, que es arrastrada por el viento" (Santiago 1:6). Los dones de Dios no son solamente pruebas soberanas de su propia bondad, también son respuestas a nuestra confianza en él. Santiago habla de la "oración de fe" en conexión con la enfermedad y la sanidad (Santiago 5:15), pero esto es una buena expresión de lo que debieran ser todas nuestras oraciones: oraciones de confianza en Dios. Es Dios quien nos bendice, pero la Biblia también dice que es la fe la que procura las bendiciones (*cfr.* Mateo 15:28; Hechos 3:16). La bondad de Dios está contrabalanceada por nuestra fe. Desde la perspectiva de la gracia soberana, las bendiciones se deben a Dios. Desde el punto de vista de la responsabilidad humana, las bendiciones se deben a nuestra confianza en él. No contrapongas una a la otra —¡una es tan verdadera como la otra!

Día 340 "**En el cielo**" (Domingo 46, **P**. y **R**. 121, parte 1)

P. ¿Por qué añade "en el cielo"?

R. *Nosotros no debemos pensar de la majestad celestial de Dios nada mundano.*

El salmo 115 dice: "Los cielos son los cielos de Jehová; y ha dado la tierra a los hijos de los hombres" (v. 16). Esto sugiere que "cielo" es un nombre de la morada de Dios. Ciertamente, el rey Salomón dijo: "¿es verdad que Dios morará sobre la tierra [esto es, en este templo recién construido]? He aquí que los cielos, los cielos de los cielos, no te pueden contener; ¿cuánto menos esta casa que yo he edificado?" (1 Reyes 8:27). Pero tres versículos después le dijo a Dios: "...tú oirás en los cielos, en el lugar de tu morada" (1 Reyes 8:39, 43.49). No hay contradicción; el hecho es simplemente que Dios mismo dice "¿No lleno yo, dice Jehová, el cielo y la tierra?" (Jeremías 23:24). El es omnipresente (Salmo 139:1-10).

Tenemos que tener cuidado con el término "cielo". Primeramente, en la expresión "los cielos y la tierra" (Génesis 1:1; 2:1; Salmo 69:34; 2 Pedro 3:7, etcétera), no tenemos una referencia en lo absoluto a la morada de Dios, sino al universo visible entero. En segundo lugar, "cielo" es simplemente una referencia a lo que llamamos el firmamento, el lugar en donde encontramos a los pájaros, así como a las nubes y las estrellas (ejemplo, Génesis 1:9.14-17, 20; Job 35:5; Salmo 18:13). Éste es el cielo al que se refería Dios cuando le dijo a Abraham: "Mira ahora los cielos" (Génesis 15:5). En el Nuevo Testamento encontramos el mismo doble significado. Si Pablo dice que Jesús "subió por encima de todos los cielos" (Efesios 4:10), pensamos en el firmamento: ascendió más allá de las nubes y las estrellas. Pero cuando Marcos dice que Jesús "fue recibido arriba en el cielo, y se sentó a la diestra de Dios" (Marcos 16:19; *cfr.* Hechos 7:56; Hebreos 8:1; 1 Pedro 3:22), pensamos en la morada de Dios *más allá* de los cielos. Por un lado, no hay ningún resquicio en la tierra donde no podamos encontrar a Dios. Por otra parte, su majestad se halla más allá de los cielos. Cuando nos dirigimos a "nuestro Padre en los cielos", nos dirigimos a alguien que es tan cercano como puede estarlo un padre, y al mismo tiempo más lejos que cualquier cosa que sea puramente terrenal. ¡Oremos a Dios siempre con la consciencia tanto de su cercanía como de su sublimidad!

Día 341 **Esperar de Dios** (Domingo 46, **P.** y **R.** 121, parte 2)

R. *...y debemos esperar de su omnipotencia todo lo que sea necesario para nuestro cuerpo y alma.*

El argumento del catecismo es que la adición "en el cielo" crea una cierta distancia que nos hace más conscientes de nuestra propia insignificancia y de la "omnipotencia de Dios". La grandeza de Dios se halla tal lejos de mi pequeñez como el cielo tan lejos de la tierra. "Oh Jehová, ¿qué es el hombre, para que en él pienses, o el hijo de hombre, para que lo estimes? El hombre es semejante a la vanidad; sus días son como la sombra que pasa. Oh Jehová, inclina tus cielos y desciende; Toca los montes, y humeen. . . . Envía tu mano desde lo alto" (Salmo 144:3-7).

Entre más grande es Dios a mis ojos, más espero de él "todo lo que sea necesario". Entre más pequeño lo hago en mi propio pensamiento —como si él fuese tan limitado como nosotros— más me pregunto si Dios puede realmente hacer esto o aquello por mí. Algunas veces tal actitud es pura incredulidad, como en el caso de los israelitas, quienes "tentaron a Jehová, diciendo: ¿Está, pues, Jehová entre nosotros, o no?" (Éxodo 17:7).

Tenemos que *confiar* tanto en la grandeza de Dios como en su amor. Sin alguna de estas características, difícilmente podría esperarse que estuviese dispuesto y fuese capaz de proveer "todo lo que sea necesario".

Pero Dios es *tanto* grande *como* amoroso. Como dijera Jesús: "Y si la hierba del campo que hoy es, y mañana se echa en el horno, Dios la viste así, ¿no hará mucho más a vosotros, hombres de poca fe? No os afanéis, pues, diciendo: ¿Qué comeremos, o qué beberemos, o qué vestiremos? Porque los gentiles buscan todas estas cosas; pero vuestro Padre celestial sabe que tenéis necesidad de todas estas cosas. Mas buscad primeramente el reino de Dios y su justicia, y todas estas cosas os serán añadidas" (Mateo 6:30-34).

Pablo dice: "¿Qué, pues, diremos a esto? Si Dios es por nosotros, ¿quién contra nosotros? El que no escatimó ni a su propio Hijo, sino que lo entregó por todos nosotros, ¿cómo no nos dará también con él todas las cosas?" (Romanos 8:31-32). Dios es siempre más grande que nuestras necesidades; él "es poderoso para hacer todas las cosas mucho más abundantemente de lo que pedimos o entendemos, según el poder que actúa en nosotros" (Efesios 3:20).

Día 342 "Santificado sea tu nombre" (Domingo 47, **P.** y **R.** 122, parte 1)

P. ¿Qué significa la primera petición: "santificado sea tu nombre"?

R. *Con ella oramos: concédenos en primer lugar que te conozcamos bien, y te santifiquemos, alabemos y exaltemos en todas tus obras, en las cuales resplandecen tu omnipotencia, sabiduría, bondad, justicia, misericordia y verdad.*

En griego, *"agiáse"* es lo mismo que "santificar" o "hacer santo". En el caso del nombre de Dios, esto no significa, desde luego, que podamos agregar algo a la santidad de Dios, así como glorificar y magnificar a Dios no significa agregar a su gloria o su grandeza. Más bien, significa *traer a la luz* la santidad, el honor, lagloria, la grandeza que su *nombre* ya posee. Esto es lo mismo que la gloria de su *ser*. En la Biblia, el "nombre" de Dios siempre es la expresión de su glorioso ser. Lo manifestamos en la alabanza y la adoración de Dios. Esto es idéntico proclamar su "poder, sabiduría, gentileza, justicia, misericordia y verdad", tal y como las observamos en sus obras. Éstas son las obras de su creación y su providencia, así como sus obras de redención y consumación. Cuando observamos su obra, siempre encontramos razón para alabar y adorar a Dios.

Al *"agiáse"* el nombre de Dios santificamos a Dios mismo; esto es, proclamamos su santidad. Dios le dijo a Israel: "no profanéis mi santo nombre, para que yo sea santificado en medio de los hijos de Israel" (Levítico 22:32). Y por lo que respecta al Israel restaurado dice: "santificarán mi nombre; y santificarán al Santo de Jacob, y temerán al Dios de Israel" (Isaías 29:23). Dios les dice: "santificaré mi grande nombre, profanado entre las naciones, el cual profanasteis vosotros en medio de ellas; y sabrán las naciones que yo soy Jehová ... cuando sea santificado en vosotros delante de sus ojos" (Ezequiel 36:23).

En las primeras tres peticiones, los creyentes deben darse cuenta de que ellos mismos están involucrados. No es una oración pasiva, sino que de hecho estamos diciendo: "santificado sea tu nombre *a través* de nosotros, en y a través de nuestras vidas". Mientras que muchas personas arrastran tu nombre por el lodo, ¡deja que nuestras vidas, pensamientos, palabras y acciones manifiesten siempre la santidad y grandeza de tu nombre! Un día, durante el reino mesiánico, tu nombre será santificado entre todas las naciones del mundo —¡permite que hoy sea santificado en y a través de nosotros en este mundo rebelde.

Día 343 No dar lugar a la blasfemia (Domingo 47, P. y R. 122, parte 2)

R. *Concédenos también que nuestras vidas enteras, nuestros pensamientos, palabras y obras sean ordenados de tal manera que tu nombre no sea blasfemado por nuestra causa, sino honrado y alabado.*

La blasfemia es lo opuesto a santificar el nombre de Dios. Es hablar mal de Dios difamando su nombre, hablando mal de quien es y qué hace, insultarlo, ofendiéndolo. Este tema fue ya discutido en el catecismo cuando trató del tercer mandamiento (Días 36-37). Maldecir, cometer perjurio, pronunciar juramentos innecesarios, e incluso participar en pecados tan horribles siendo silenciosos testigos presenciales, nos hacen culpables de blasfemia. Es blanco y negro en el catecismo, y correctamente: o bien estamos santificando el nombre de Dios, o bien estamos blasfemando; no hay una posición intermedia. O bien nuestros hechos están inspirados por el Espíritu o lo están por la carne (*cfr.* Gálatas 5:16-18). Estamos actuando y hablando "en el nombre del Señor Jesús, dando gracias a Dios Padre por medio de él" (Colosenses 3:17), o estamos deshonrando su nombre.

No hay áreas grises en nuestras vidas, donde nuestras palabras y acciones sean más o menos neutrales: que ni honren ni deshonren al Señor. Pablo dice: "Pero el que duda sobre lo que come, es condenado, porque no lo hace con fe; y todo lo que no proviene de fe, es pecado" (Romanos 14:23). En un sentido más amplio dice: quienquiera que dude de lo que piensa, habla o hace está condenado, porque su pensamiento, habla y hacer no provienen de la fe. Pues lo que no proviene de la fe es pecado. Si no estás seguro de que lo que piensas, hablas o haces es "santificar el nombre de Dios" —es para la gloria y honor de este nombre— ¡mira bien que no termines en la blasfemia!

Ve cuán seria es esta petición. Estamos rodeados de personas que están profanando el nombre de Dios todo el tiempo, de manera voluntaria o inadvertidamente. Es nuestro llamamiento el de ser islas en el mundo donde el nombre de Dios sea santificado, no meramente por nuestra adoración y nuestro testimonio, sino también en las cosas más pequeñas que hablamos o hacemos. Como siempre, Jesús mismo es nuestro gran ejemplo: "yo hago siempre lo que le agrada [al Padre]" (Juan 8:29). "Yo te he glorificado en la tierra [Padre]; he acabado la obra que me diste que hiciese" (Juan 17:4).

Día 344 "Vénga a nos tu Reino" (Domingo 48, **P.** y **R.** 123, parte 1)

P. ¿Qué significa la segunda petición: "venga a nos tu reino"?

R. *Con ella oramos: gobiérnanos a través de tu Palabra y tu Espíritu para que te obedezcamos cada vez más.*

El reino de Dios tiene un significado *general*: el gobierno universal de Dios desde el comienzo hasta el fin del mundo. También tiene un significado *particular*: el gobierno del glorificado Hijo del hombre sobre el mundo de Dios. Este segundo sentido del reino tiene nuevamente dos significados. En primer lugar, es el reino en la "era presente", el cual se manifiesta en todos los lugares donde los cristianos reconocen el señorío de Cristo en sus vidas personales y colectivas. En segundo lugar, es el reino en la "era por venir" (Lucas 18:30; Efesios 1:21; Hebreos 6:5), cuando el hijo del hombre habrá de gobernar el "mundo por venir" (Daniel 7:13-14; Mateo 13:41-43; 16:27-28; 24:27-30; Hebreos 2:5-8).

La petición "vénganos tu reino" puede ser tomada de ambas maneras. En el segundo sentido implicaría la oración de que pueda regresar pronto el día de Cristo, y con ello el establecimiento de su reino (*cfr.* 1 Corintios 16:22; 2 Pedro 3:12; Apocalipsis 22:20). Sin embargo, es más probable que el primer significado del reino de Cristo sea el que se quiere significar, como también el catecismo lo toma. "Venga a nos tu reino" significa, así: deja que tu gobierno —"por tu palabra y tu espíritu"— se manifiesten más y más en el presente mundo. Primeramente en las vidas de los creyentes, y en segundo lugar en las vidas de todos aquellos que todavía habrás de añadir a su número.

Desde luego, cuando Jesús se hallaba sobre esta tierra, esta petición tenía que ser dirigida a Dios el Padre así como por ejemplo en Mateo 6:33: "buscad primeramente el reino de Dios y su justicia, y todas estas cosas os serán añadidas". Sin embargo, hoy esta petición ha adquirido un significado enteramente nuevo: deja que el Señor y el gobierno del Cristo glorificado se hagan cada vez más visibles en nuestras vidas (*cfr.* Mateo 28:18-20). Cristo nos gobierna través de su Palabra y Espíritu: "si yo por el Espíritu de Dios echo fuera los demonios, ciertamente ha llegado a vosotros el reino de Dios" (Mateo 12:28). "El reino de Dios no es comida ni bebida, sino justicia, paz y gozo en el Espíritu Santo" (Romanos 14:17). "Porque el reino de Dios no consiste en palabras, sino en poder" (1 Corintios 4:20). ¡Deja que *este* reino verdaderamente irrumpa!

Día 345 Reino e iglesia (Domingo 48, **P.** y **R.** 123, parte 2)

R. *Preserva e incrementa tu iglesia.*

Si tomamos la iglesia en el sentido de la "santa congregación de los verdaderos creyentes en Cristo" (*Confesión belga*, artículo 27), entonces el reino de Dios es más amplio que la iglesia. Si la iglesia contiene a todos los creyentes cristianos, el reino incluye a todos los *confesantes* cristianos, todos aquellos que reconocen el nombre y el gobierno de Cristo, ya sea de todo corazón o sólo externamente. Es por ello que en las parábolas del reino en el Evangelio de Mateo frecuentemente encontramos el bien y el mal juntos: el trigo y la cizaña (Mateo 13:24-30, 36-43), los pescados buenos y malos (13:47-50), las vírgenes sabias y las insensatas (25:1-13), los siervos buenos y malvados (25:14-30). Todos ellos están incluidos en el reino, y es así que son distinguidos de que están fuera del reino (el mundo no cristiano). Pero solamente el trigo, los buenos peces, las vírgenes sabias y los siervos buenos representan a la verdadera iglesia de Dios. Sin embargo, para hacer más complicadas las cosas, a veces la palabra "iglesia" en el Nuevo Testamento tiene el más amplio significado de la confesión cristiana completa (véase especialmente Apocalipsis 2 y 3).

Si oramos "venga a nos tu reino", esto también implica la petición de que un componente esencial de este reino —el propio cuerpo y novia de Cristo, su iglesia"— prospere. Estamos efectivamente orando que dondequiera que el reino de Dios se manifieste más y más en este mundo, pueda especialmente la verdadera iglesia manifestarse dentro de este reino. La "verdadera Iglesia" no es una denominación entre muchas, aunque algunas pretenden ser la "verdadera Iglesia". No: es la totalidad de todos los creyentes cristianos verdaderos, no importa en qué denominaciones se puedan encontrar. Que sea preservada esta iglesia y pueda crecer, no sólo en números sino especialmente en profundidad espiritual: "crezcamos en todo en aquel que es la cabeza, esto es, Cristo" (Efesios 4:15). Cristo es "la Cabeza, en virtud de quien todo el cuerpo, nutriéndose y uniéndose por las coyunturas y ligamentos, crece con el crecimiento que da Dios" (Colosenses 2:19).

Día 346 **La obra del diablo** (Domingo 48, **P.** y **R.** 123, parte 3)

R. ... *destruye las obras del diablo y de todo poder que se yerga contra ti, y todas las obras que contra tu santa Palabra se levanten.*

En la era por venir, el reino de Dios y de su Cristo no tendrá más rivales. Todos los poderes de las tinieblas serán sometidos para siempre. Sin embargo, esto todavía no es el caso del reino tal y como se manifiesta durante la era presente. Por el contrario, hay un conflicto continuo teniendo lugar entre los dos reinos, como fue explicado por Jesús: "Y si Satanás echa fuera a Satanás, contra sí mismo está dividido; ¿cómo, pues, permanecerá su reino? ... Pero si yo por el Espíritu de Dios echo fuera los demonios, ciertamente ha llegado a vosotros el reino de Dios" (Mateo 12:26-28). El reino de Satanás se opone al reino de Dios, tal y como es representado por Jesús, el poder de cuyo Espíritu era más fuerte que el poder de Satanás. El fundamento para la victoria final fue establecido sobre la cruz (*cfr.* Hebreos 2:14; 1 Juan 3:8), pero esa victoria sólo se ganará en las segundo advenimiento de Jesús.

Los creyentes están claramente involucrados en esta batalla en curso: "Porque no tenemos lucha contra sangre y carne, sino contra principados, contra potestades, contra los gobernadores de las tinieblas de este siglo, contra huestes espirituales de maldad en las regiones celestes" (Efesios 6:12). Pero ninguno de nosotros es capaz de lograr la victoria final que habrá de destruir definitivamente el reino de Satanás. Esta victoria final está reservada para aquel que "aplastará en breve a Satanás bajo vuestros pies" (Romanos 16:20).

Cuando oramos: "venga a nos tu reino", estamos orando por la promoción del reino de Dios en la "era presente". Cada vez que un demonio es expulsado (como Jesús lo dijera), o, a través del Evangelio, una persona se vuelve "de la potestad de Satanás a Dios" (Hechos 26:18; *cfr.* Colosenses 1:12-13), el reino de Satanás ha sido retrasado un paso, y el reino de Dios ha avanzado un paso. Sinceramente oramos por esto, sabiendo que el progreso del reino depende de Dios solamente. Y al mismo tiempo cada uno de nosotros cumplimos nuestro ministerio en el reino de Dios tan fielmente como podemos, como los medios designados por Dios para avanzar su reino. Así que el significado de nuestra oración es: "¡venga a nos tu reino *a través de nosotros* —con tu indispensable ayuda— cada día un poco más!".

Día 347 **La forma final del Reino** (Domingo 48, **P.** y **R.** 123, parte 4)

R. *hasta que venga la plenitud de tu Reino, en el que tú serás todo en todos.*

El catecismo sabe del reino de Dios como una realidad espiritual actual, pero también sabe que un día, en el futuro, el reino de Dios vendrá "plenamente". Este es el día en el que Jesús habrá de retornar. Este gran evento es anunciado en la "séptima trompeta". "Los reinos del mundo han venido a ser de nuestro Señor y de su Cristo; y él reinará por los siglos de los siglos" (Apocalipsis 11:15). "Ahora ha venido la salvación, el poder, y el reino de nuestro Dios, y la autoridad de su Cristo" (Apocalipsis 12:10). Actualmente, el reino de Dios es visible solamente a aquellos que son capaces de verlo debido a que han nacido de nuevo y a la iluminación del Espíritu (*cfr.* Juan 3:3.5). En el día venidero, el reino será visible a todos —nadie podrá negar más el gobierno de Cristo. "Dios también le exaltó hasta lo sumo, y le dio un nombre que es sobre todo nombre, para que en el nombre de Jesús se doble toda rodilla de los que están en los cielos, y en la tierra, y debajo de la tierra; y toda lengua confiese que Jesucristo es el Señor, para gloria de Dios Padre" (Filipenses 2:9-11). ¡Imagina el día cuando todos los adversarios de Jesús —Anás, Caifás, Pilatos y Herodes— finalmente habrán de doblar sus rodillas ante él!

Este es el significado último de la oración "vengan a nos tu reino". Un día, el reino de Dios llegará en plena gloria y esplendor, en poder y majestad. "Entonces aparecerá la señal del Hijo del Hombre en el cielo; y entonces lamentarán todas las tribus de la tierra, y verán al Hijo del Hombre viniendo sobre las nubes del cielo, con poder y gran gloria" (Mateo 24:30). "Luego el fin, cuando entregue el reino al Dios y Padre, cuando haya suprimido todo dominio, toda autoridad y potencia. Porque preciso es que él reine hasta que haya puesto a todos sus enemigos debajo de sus pies. Y el postrer enemigo que será destruido es la muerte. Porque todas las cosas las sujetó debajo de sus pies. ... Pero luego que todas las cosas le estén sujetas, entonces también el Hijo mismo se sujetará al que le sujetó a él todas las cosas, para que Dios sea todo en todos" (1 Corintios 15:24-28). Este es el mensaje del Evangelio, las buenas nuevas de que el reino de Dios está creciendo y avanzando hacia su plenitud en la historia, para que Dios sea todo en todos.

Día 348 "Hágase tu voluntad" (Domingo 49, **P.** y **R.** 124, parte 1)

P. ¿Qué significa la tercera petición: "hágase tu voluntad en la tierra como en el cielo"?
R. *Ayúdanos para que nosotros y todos los hombres anulemos nuestra propia voluntad y solamente tu buena voluntad sea obedecida sin oposición alguna.*

En el día 88 hicimos una distinción entre la voluntad "irresistible" y la "resistible" de Dios. Pablo dice: "¿quién ha resistido a su voluntad?" (Romanos 9:19). Ésta es la voluntad del *consejo* de Dios, del cual el Señor dice: "Mi consejo permanecerá, y haré todo lo que quiero" (Isaías 46:10). Pablo habla de Dios, quien "hace todas las cosas según el designio de su voluntad" (Efesios 1:11). No hay modo de que esta voluntad de Dios pueda ser resistida finalmente. Ésta es la voluntad por la cual Dios realiza sus planes sin importar lo que sus criaturas se propongan. Pero también está la otra voluntad. Por ejemplo, Pablo dice que Dios nuestro Salvador "quiere que todos los hombres se salven" (1 Timoteo 2:4). No obstante, sabemos que no todas las personas serán salvas. Ésta es el voluntad "resistible" de Dios. Jesús dijo: "¡Cuántas veces quise juntar a tus hijos, como la gallina a sus polluelos debajo de sus alas, y no quisiste!" (Lucas 13:34). *Él* quería, pero ellos no querían; resistieron su voluntad.

En la presente PyR podemos de hecho pensar en ambos tipos de la voluntad de Dios. En primer lugar, se halla el anhelo de los creyentes de que, un día, todos los consejos y promesas de Dios serán satisfechos en Cristo, en su venida y en el reino mesiánico. "Apresúrate, amado mío" (Cantares 8:14). Que pronto venga ese día cuando el entero universo será sometido a la voluntad de Dios como el cielo está, y siempre lo ha estado, sometido a ella.

Sin embargo, también oramos a la luz de la voluntad resistible de Dios. Oramos: Señor, tu voluntad puede ser resistida por los poderes malignos de las tinieblas, así como por las personas desobedientes. Pero permite que prevalezca tu voluntad sobre todos estos adversarios —humanos, angélicos, demoniacos— por el poder del Espíritu. Henos aquí, Señor; deseamos estar a tu disposición. Úsanos, señor, como instrumentos a través de los cuales hoy tu voluntad será realizada un poco más en este mundo. Ayúdanos a someter nuestras propias voluntades a tu voluntad, de manera que te obedezcamos, para que tus planes puedan ser promovidos aquí en la tierra. No sea hecha nuestra voluntad, sino la tuya (*cfr.* Lucas 22:42). ¡Que se haga no la voluntad de los poderes malignos, sino la tuya! ¡Y úsanos para este fin, Señor!

R. *. . . solamente tu buena voluntad sea obedecida . . . de modo que cada uno realice sus tareas terrenales.*

Dios nos creó con muchas cualidades, tales como la inteligencia, los sentimientos y una voluntad. Esta habilidad de querer no es como la voluntad de los animales, la cual está enteramente determinada por sus instintos. No, podemos pensar acerca de lo que queremos, y considerar las ventajas y desventajas de ello. Podemos tomar decisiones libres y deliberadas, que van desde cómo nos vestiremos hoy hasta dónde vamos a vivir y trabajar. Dios respeta esta voluntad hasta cierto punto; nunca desea convertirnos en robots (*cfr.* Apolos en 1 Corintios 16:12). Por lo tanto, debemos ser cuidadosos cuando decimos que es necesario "quebrantar" la voluntad del creyente, como a veces se ha dicho. Tendemos a pensar en el quebrantamiento en términos de un proceso que daña o destruye. Pero es mejor pensar en el quebranto como la obra hecha con un joven caballo o en un nuevo guante de béisbol. Tal quebranto no hace añicos la voluntad, sino que la condiciona, para poner al creyente en línea con la voluntad y los propósitos de Dios, para que sea útil al Señor: "Y el Dios de paz . . ., *os haga aptos* en toda obra buena para que hagáis *su voluntad,* haciendo él en vosotros lo que es agradable delante de él por Jesucristo" (Hebreos 13:20-21).

La voluntad humana es frecuentemente muy fuerte y debiera serlo, especialmente en las personalidades de los líderes. No obstante, los creyentes debieran hacer no lo que ellos *quieren,* sino aquello a lo que son *llamados* por Dios. Su voluntad no es eliminada, sino alineada a la voluntad de Dios. El desarrollo de esta interacción entre la voluntad de Dios y la voluntad del creyente es un aspecto vital de la madurez espiritual. Pablo dice: *"transformaos* por medio de la renovación de vuestro entendimiento, para que comprobéis cuál sea la buena *voluntad de Dios,* agradable y perfecta" (Romanos 12:1-2). Y en otra parte: "no cesamos de orar por vosotros, y de pedir que seáis llenos del conocimiento de *su voluntad* en toda sabiduría e inteligencia espiritual, para que andéis como es digno del Señor, agradándole en todo, llevando fruto en toda buena obra, y *creciendo* en el conocimiento de Dios" (Colosenses 1:9-10). La fortaleza de la voluntad en sumisión a la voluntad de Dios es una poderosa fuerza para el bien.

Día 350 **Como los ángeles en el cielo** (Domingo 49, **P.** y **R.** 124, parte 3)

R. *Ayúdanos para . . . que cada uno realice sus tareas terrenales con la misma voluntad y fidelidad que la de los ángeles en el cielo.*

Si la oración del Señor dice que la voluntad de Dios se hace en el cielo, es natural pensar en los ángeles en el cielo, "poderosos en fortaleza, que ejecutan su palabra": Son "sus ejércitos, ministros suyos, que [hacen] su voluntad" (Salmo 103:20-2). Hay obediencia perfecta en el cielo —aparte de la caída de Satanás (quizá hay indicaciones de ese evento en Job 15:15; Isaías 14:12-15; Ezequiel 28:13-15; 1 Timoteo 3:6).

En realidad, no sabemos mucho acerca de los ángeles. La palabra "ángel" proviene de una palabra griega que, al igual que la correspondiente palabra hebrea, significa "mensajero". Los ángeles son mensajeros celestiales de Dios al pueblo. Fueron creados por Dios a través de su hijo: "en él fueron creadas todas las cosas, las que hay en los cielos y las que hay en la tierra, visibles e invisibles; sean tronos, sean dominios, sean principados, sean potestades" (Colosenses 1:16), refiriéndose los últimos cuatro nombres a las potestades angelicales, las cuales están ahora sometidas al Hombre glorificado, Jesucristo (*cfr.* Efesios 1:20-21; 1 Pedro 3:21-22).

Los ángeles tienen la posición de *siervos.* A veces son llamados "hijos de Dios" (Job 1:6; 2:1; 38:7), pero, de acuerdo con el idioma hebreo, esto no tiene que significar nada más que "pertenecer al mundo divino". Como dice Hebreos 1: "¿a cuál de los ángeles dijo Dios jamás: Siéntate a mi diestra, Hasta que ponga a tus enemigos por estrado de tus pies? ¿No son todos espíritus ministradores, enviados para servicio a favor de los que serán herederos de la salvación?" (Hebreos 1:13-14). Aunque algunos de ellos son "tronos, dominios, principados o potestades", su posición básica es la de siervos de Dios. Como tales siempre están sometidos a los mandamientos de Dios y siempre se someterán a ellos, por lo que son un ejemplo para la humanidad. Un día, todas las criaturas de este mundo habrán de hacer la voluntad de Dios, al igual que los ángeles en el cielo. Pero el creyente ora para que, ya ahora, la voluntad de Dios se haga más y más entre la humanidad, mediante la conversión de los pecadores y el entrenamiento de los creyentes.

Día 351 "El pan nuestro de cada día" (Domingo 50, **P.** y **R.** 125, parte 1)

P. ¿Qué significa la cuarta petición: "el pan nuestro de cada día, dánoslo hoy"?

R. *Con ella oramos: cuídanos con todo lo que es necesario para el cuerpo y la vida. Enséñanos así a conocer que sólo tú eres la fuente de todo bien.*

La expresión "el pan nuestro de cada día" significa el pan que necesitamos hoy. No estamos pidiendo alguna garantía de que *siempre* tendremos suficiente comida, o incluso de que tendremos comida la siguiente semana; estamos felices de recibir o lo que necesitamos. "Así que, no os afanéis por el día de mañana, porque el día de mañana traerá su afán. Basta a cada día su propio mal" (Mateo 6:34). Esta actitud es de plena dependencia: cada día necesitamos nuevamente la provisión del Señor; en ningún día tomamos ésta como concedida, cada día le agradecemos de nuevo: "Porque todo lo que Dios creó es bueno, y nada es de desecharse, si se toma con acción de gracias; porque por la palabra de Dios y por la oración es santificado" (1 Timoteo 4:4-5).

Desde luego, nuestro pan cotidiano es meramente una parte de nuestras necesidades físicas diarias, pero ciertamente una que es vital. Como dice Pablo: "porque nada hemos traído a este mundo, y sin duda nada podremos sacar. Así que, teniendo sustento y abrigo, estemos contentos con esto" (1 Timoteo 6:7-8). Dios dice acerca del justo: "éste habitará en las alturas; fortaleza de rocas será su lugar de refugio; se le dará su pan, y sus aguas serán seguras" (Isaías 33:16). Jesús siempre tuvo cuidado de sus discípulos y pudo decirles: "¿os faltó algo? Ellos dijeron: Nada" (Lucas 22:35).

Al recibir de Dios lo que necesitamos diariamente "vendremos a conocerlo" más y más como "la única fuente de todo bien". *Todas* las criaturas voltean hacia Dios "Todos ellos esperan en ti, para que les des su comida a su tiempo. Les das, recogen; abres tu mano, se sacian de bien" (Salmo 104:27-28; *cfr.* 145:15-16). Incluso de los paganos, quienes no conocen a Dios se dice: "si bien no se dejó a sí mismo sin testimonio, haciendo bien, dándonos lluvias del cielo y tiempos fructíferos, llenando de sustento y de alegría nuestros corazones" (Hechos 14:17). Más aún, los creyentes saben que "Toda buena dádiva y todo don perfecto desciende de lo alto, del Padre de las luces, en el cual no hay mudanza, ni sombra de variación" (Santiago 1:17). ¡Es importante agradecerle a Dios día tras día nuestro pan cotidiano como lo es agradecerle diariamente la redención que el trajo en Cristo!

R. . . . *y que sin tu bendición ni nuestros cuidados, ni nuestro trabajo, ni tampoco tus dones nos aprovechan.*

Hay una diferencia interesante entre una oración cristiana y una judía antes de una comida. Es muy común escuchar que una oración cristiana dice algo como esto: "Padre celestial, bendice esta comida...". Un judío, sin embargo no le pedirá a Dios que bendiga la comida sino que bendecirá a *Dios*, el dador: "Benditos eres, Señor nuestro Dios, Rey del mundo...". Él puede argumentar que Dios ya ha prometido bendecir su pan y su agua (Éxodo 23:25); las acepta de la mano de Dios como habiendo sido ya bendecidas. Lo único que falta es que bendiga y alabe a Dios.

Leemos que Jesús: "tomando los cinco panes y los dos peces, y levantando los ojos al cielo, bendijo" (Mateo 14:19). Muchas traducciones sugieren que Jesús bendijo el pan y el pescado, o pidió una bendición; solamente unas pocas traducen apropiadamente: "Jesús bendijo", esto es dijo una *b'rakahah*, en la cual *Dios* es bendecido, no la comida (véase Día 245). Esta idea de alabar a Dios se preserva mejor en la expresión inglesa *"to say grace"*. Aquí "gracia" tiene el antiguo significado de "(dar) gracias", así que parafrasear "decir gracia" significa "agradecer". Das gracias a Dios por la comida, o incluso mejor: alabas al Dador de la comida.

No obstante, ¿qué serían nuestras comidas sin la bendición de Dios? El Salmo 127 dice: "Si Jehová no edificare la casa, en vano trabajan los que la edifican; si Jehová no guardare la ciudad, en vano vela la guardia. Por demás es que os levantéis de madrugada, y vayáis tarde a reposar, y que comáis pan de dolores; pues que a su amado dará Dios el sueño" (Salmo 127:1-2). Nota que la bendición de Dios nunca significa que él mismo se propone hacer lo que *nosotros* tenemos que hacer y podemos hacer. Son los *constructores* los que construyen casas —pero bajo la bendición de Dios. Son los *veladores* los que velan sobre la ciudad —pero bajo la bendición de Dios. Son los granjeros, los molineros y los panaderos quienes preparan el pan —pero bajo la bendición de Dios. "El perezoso no ara a causa del invierno; pedirá, pues, en la siega, y no hallará" (Proverbios 20:4). "Si alguno no quiere trabajar, tampoco coma" (2 Tesalonicenses 3:10). Necesariamente hacemos la obra —pero *Dios* le da su indispensable bendición al mismo.

R. *Evitamos por eso poner nuestra confianza en cualquier criatura y ella sólo sobre ti está puesta.*

En última instancia, sólo Dios es la fuente de todas nuestras bendiciones. Moisés le dijo al pueblo: Dios "te sustentó con maná ... para hacerte saber que no sólo de pan vivirá el hombre, mas de todo lo que sale de la boca de Jehová vivirá el hombre" (Deuteronomio 8:3; *cfr.* Mateo 4:4). Dios nos da pan para que nos hagamos conscientes de todas las otras cosas con las cual nos bendice —en particular su Palabra. "Toda buena dádiva y todo don perfecto desciende de lo alto, del Padre de las luces" (Santiago 1:17).

Dios puede ciertamente hacer uso de nuestras propios trabajos, y los de otras criaturas. No hemos meramente de sentarnos, perezosos, como si Dios tuviese que hacer toda la obra. *Nosotros* hacemos la obra, pero la *bendición* proviene solamente de él. Esto es, sólo a través de él es que nuestros trabajos se hacen útiles y fructíferos, y que nuestra comida se hace beneficiosa a nuestros cuerpos. En general, Dios no hace por nosotros lo que nos ha capacitado para que hagamos por nosotros mismos. Pero Dios da su indispensable bendición a ello, de modo que nuestra obra se torne útil, beneficiosa, fructífera.

La bendición de Dios no excluye nuestros trabajos. De modo similar, nuestra sola confianza en Dios no excluye nuestra confianza en otras personas. ¿Cómo podríamos vivir si no hubiese confianza mutua en los matrimonios, las familias, las iglesias o los lugares de trabajo? Incluso apuntaría a algún desorden mental que no confiáramos en otras personas. Si los supervisores deben mantenerse firmes en la Palabra "fiel" (1 Timoteo 3:1; Tito 1:9), ello significa que ellos mismos deben ser personas en las que se pueda confiar. Sin embargo, el catecismo señala que siempre tendremos ocasión de ser decepcionados por las personas, pero nunca por Dios. "Mejor es confiar en Jehová que confiar en príncipes" (Salmo 118:9). "No confiéis en los príncipes, ni en hijo de hombre, porque no hay en él salvación" (Salmo 146:3). Pero de Dios se dice: "Esperad en él en todo tiempo, oh pueblos; derramad delante de él vuestro corazón; Dios es nuestro refugio" (Salmo 62:8). "Maldito el varón que confía en el hombre ... Bendito el varón que confía en Jehová" (Jeremías 17:5, 7). Al final, la gente siempre habrá de fallarte —pero nunca Dios.

Día 354 **Perdónanos nuestras deudas** (Domingo 51, **P.** y **R.** 126, parte 1)

P. ¿Qué significa la quinta petición: "perdónanos nuestras deudas, así como nosotros perdónamos a nuestros deudores"?

R. *Con ella oramos: que quieras, por la sangre de Cristo, no tenernos en cuenta ... ninguno de nuestros delitos.*

La oración del Señor es una oración colectiva; empieza con "Padre nuestro", y dice "perdónanos *nuestras* deudas". Menciono esto porque, cuando oramos individualmente a Dios, no pedimos simplemente perdón. Eso sería demasiado elemental; ¡nos saldríamos con nuestros pecados de una manera demasiado fácil! La Biblia nos anima a *confesar* nuestros pecados, y luego el Señor *habrá* de perdonarlos: "Si confesamos nuestros pecados, él es fiel y justo para perdonar nuestros pecados, y limpiarnos de toda maldad" (1 Juan 1:9). Como niño, siempre que le pedía mi papá que me perdonara respondía invariablemente: "¿*qué* tengo que perdonar?". Esto me forzaba a poner mis transgresiones en palabras.

Esto es confesar. Esto es lo que deberíamos hacer el uno al otro ("confesaos vuestras ofensas unos a otros", Santiago 5:16), y esto es lo que debiéramos hacer hacia Dios. Era lo mismo bajo la ley de Moisés: el transgresor "cuando pecare en alguna de estas cosas, confesará aquello en que pecó" (Levítico 5:5). David dijo: "Mi pecado te declaré, y no encubrí mi iniquidad. Dije: Confesaré mis transgresiones a Jehová; y tú perdonaste la maldad de mi pecado" (Salmo 32:5). "" (Salmo 38:18). Podemos estar tentados a decir: ¡no puedo recordar todos mis pecados! O: "no siempre soy consciente *de que* ciertas acciones son pecados!". En esta caso puedes orar así: "¿Quién podrá entender sus propios errores? Líbrame de los que me son ocultos" (Salmo 19:12).

La razón por la que podemos esperar —con certeza— que el Padre nos perdonará nuestras deudas es la sangre de su Hijo: "la sangre de Jesucristo su Hijo nos limpia de todo pecado" (1 Juan 1:7). Por un lado, Juan nos anima a *no* pecar. Hemos recibido una nueva vida, y tenemos el Espíritu Santo morando en nosotros; no tenemos excusa para pecar. Hemos sido liberados del poder del pecado (*cfr.* Romanos 6:7, 18, 22). Por otro lado, "si alguno hubiere pecado, abogado tenemos para con el Padre, a Jesucristo el justo. Y él es la propiciación por nuestros pecados" (1 Juan 2:1-2). ¡La sangre de Jesús, nuestro abogado, está constantemente intercediendo por nosotros ante el padre!

Día 355 Pobres pecadores (Domingo 51, **P.** y **R.** 126, parte 2)

R. ... *pobres pecadores ... la maldad que a nosotros todavía está adherida.*

¿**P**uede un verdadero cristiano seguir siendo llamado todavía un pecador? Desde el punto de vista de la *posición*, la respuesta es "no". Como dice Pablo: "Dios muestra su amor para con nosotros, en que siendo aún pecadores, Cristo murió por nosotros" (Romanos 5:8). Ya no somos pecadores. Todavía podemos pecar, pero ya no estamos más bajo el poder del pecado (*cfr.* Romanos 6:7, 18, 22). Pero desde un punto de vista *práctico*, cuando un creyente cae en pecado, es llamado pecador: "Hermanos, si alguno de entre vosotros se ha extraviado de la verdad, y alguno le hace volver, sepa que el que haga volver al pecador del error de su camino, salvará de muerte un alma, y cubrirá multitud de pecados" (Santiago 5:19-20).

Ésta es la continua tensión con la que debemos vivir: ya no pecadores, y no obstante, a veces pecadores de nuevo. Ésta es la tensión que Juan describe: "Todo aquel que es nacido de Dios, no practica el pecado, ... y no puede pecar, porque es nacido de Dios" (1 Juan 3:9; *cfr.* 5:18). Pero también: "Si decimos que no tenemos pecado, nos engañamos a nosotros mismos, y la verdad no está en nosotros" (1 Juan 1:8). Santiago dice: "el que mira atentamente en la perfecta ley, la de la libertad, y persevera en ella ... hacedor de la obra, éste será bienaventurado en lo que hace" (Santiago 1:25). Pero también: "todos ofendemos muchas veces" (Santiago 3:2).

Pablo dice: "Ahora, pues, ninguna condenación hay para los que están en Cristo Jesús, los que no andan conforme a la carne, sino conforme al Espíritu. Porque la ley del Espíritu de vida en Cristo Jesús me ha librado de la ley del pecado y de la muerte" (Romanos 8:1-2). Pero unos cuantos versículos antes (los que describen el creyente que no vive por el poder del Espíritu Santo): "Así que, queriendo yo hacer el bien, hallo esta ley: que el mal está en mí. Porque según el hombre interior, me deleito en la ley de Dios; pero veo otra ley en mis miembros, que se rebela contra la ley de mi mente, y que me lleva cautivo a la ley del pecado que está en mis miembros. ¡Miserable de mí! ¿quién me librará de este cuerpo de muerte? Gracias doy a Dios, por Jesucristo Señor nuestro. Así que, yo mismo con la mente sirvo a la ley de Dios, mas con la carne a la ley del pecado" (Romanos 7:21-25). ¡Ésta es la tensión con la que tenemos que vivir!

Día 356 **Determinados a perdonar** (Domingo 51, **P.** y **R.** 126, parte 3)

R. *perdónanos nuestras deudas, así como nosotros … a nuestros prójimos de corazón querremos perdonar.*

ES de gran interés el que la oración del Señor haga el perdón de Dios dependiente de nuestra disposición a perdonarnos el uno al otro. Para disfrutar la garantía del perdón de nuestro Padre, hay al menos estas tres condiciones (aparte de la contrición, la confesión y la fe en Cristo). En primer lugar, debemos *aceptar*, creyendo, este perdón de Dios a cuenta de la obra de Cristo.

En segundo lugar, hemos de perdonarnos a *nosotros mismos*. Algunas personas actúan como si sus pecados fuesen demasiado grandes para Dios; tienen dificultad para aceptar su perdón, dada la gravedad de sus pecados. Les animamos mostrándoles que Dios perdonó incluso al "peor" de todos los pecadores (1 Timoteo 1:15). Jesús oró por sus peores enemigos: "Padre, perdónalos, porque no saben lo que hacen" (Lucas 23:34). Se dice de los grandes pecados de Israel que Dios los echará "en lo profundo del mar" (Miqueas 7:19), y: "perdonaré la maldad de ellos, y no me acordaré más de su pecado" (Jeremías 31:34). ¿Que persona desearía ser más sabia que Dios afirmando que sus pecados son demasiado grandes para ser perdonados?

La tercera condición es que perdonemos a *nuestro prójimo*. Si nos rehusamos a hacer eso, ¿por qué Dios habría de perdonarnos? La parábola del siervo que no perdona termina como sigue: "Así también mi Padre celestial hará con vosotros [*i.e.* os castigará por siempre] si no perdonáis de todo corazón cada uno a su hermano sus ofensas" (Mateo 18:35). Esto es, deberías no meramente perdonar a tu prójimo reticentemente, sino de todo corazón. Esto es posible solamente si empezamos a darnos cuenta de que nuestros *numerosos* pecados hacia Dios son infinitamente más graves que los *pocos* pecados de nuestro prójimo hacia nosotros. Cristiano: ¿realmente te das cuenta de cuán fuertemente condena Dios nuestra actitud carente de perdón? "Sed benignos unos con otros, misericordiosos, perdonándoos unos a otros, *como Dios también os perdonó a vosotros en Cristo*" (Efesios 4:32). "Vestíos, pues, como escogidos de Dios, santos y amados, de entrañable misericordia, de benignidad, de humildad, de mansedumbre, de paciencia; soportándoos unos a otros, y perdonándoos unos a otros si alguno tuviere queja contra otro. *De la manera que Cristo os perdonó*, así también hacedlo vosotros" (Colosenses 3:12-13).

Día 357 Evidencia de la gracia de Dios (Domingo 51, P. y R. 126, parte 4)

R. perdónanos nuestras deudas, así como nosotros ... como también nosotros damos testimonio de tu gracia, que en nosotros se encuentra, y a nuestros prójimos de corazón querremos perdonar.

Te verías fuertemente presionado a mencionar una bendición que Dios da a sus hijos que no se suponga que éstos deban pasar a otros. Dios nos perdonó, así que nosotros perdonamos a otros lo que nos han hecho. Dios nos redimió, así que nosotros "redimimos" a otros que han caído en servidumbre espiritual hacia nosotros debido a sus fechorías. Dios nos concede amor, gracia, misericordia, justicia, paz, gozo, paciencia, humildad; nosotros, por el poder del Espíritu Santo, le concedemos lo mismo a otros. Dios no "tiene que" perdonarnos; si lo hace, lo hace de todo corazón, no de modo reticente o gruñón. Es lo mismo con nosotros. No perdonamos a otros las faltas que han cometido contra nosotros porque alguna ley nos fuerce hacerlo. No perdonamos de manera reticente o a regañadientes, porque ese tipo de perdón no es en lo absoluto el perdón bíblico.

Pudiste haber dicho a veces algo así como: "Te perdono, pero nunca olvidaré lo que hiciste". Esto no es perdonar de corazón. El *perdón* verdadero involucra el *olvido*, en el sentido de nunca volver a esgrimirlo contra la otra persona. Esto es lo que Dios quiere decir cuando afirma: "perdonaré la maldad de ellos, y no me acordaré más de su pecado" (Jeremías 31:34).

Esta actitud de perdón puede también involucrar el permitir a otros que nos perdonen, incluso si somos apenas conscientes de cualesquiera pecados hacia aquellos otros: "Por tanto, si traes tu ofrenda al altar, y allí te acuerdas de que tu hermano tiene algo *contra ti* [¡no al revés!] deja allí tu ofrenda delante del altar, y anda, reconcíliate primero con tu hermano, y entonces ven y presenta tu ofrenda. Ponte de acuerdo con tu adversario pronto, entre tanto que estás con él en el camino, no sea que el adversario te entregue al juez, y el juez al alguacil, y seas echado en la cárcel. De cierto te digo que no saldrás de allí, hasta que pagues el último cuadrante" (Mateo 5:23-26) Acudes a tu otro hermano no solamente para perdonarlo a *él*, sino también para encontrar qué pudo haber hecho contra *ti*, ¡para que tu puedas hacer una confesión y él pueda perdonarte!

Día 358 No nos dejes caer en tentación (Domingo 52, **P.** y **R.** 127, parte 1)

P. ¿Qué significa la sexta petición "y no nos dejes caer en tentación, sino líbranos del mal"?

R. *Como somos tan débiles que no podemos sostenernos ni por un momento.*

El catecismo dice "tentación". Algunas traducciones evitan la palabra "tentación" porque parece sugerir que Dios *podría* permitir alguna seducción que incite al pecado; y si no, ¿para qué entonces pedirle que no lo haga? Pero Santiago dice: "no diga que es tentado de parte de Dios; porque Dios no puede ser tentado por el mal, ni él tienta a nadie; sino que cada uno es tentado, cuando de su propia concupiscencia es atraído y seducido" (Santiago 1:13-14).

El problema es que "tentación" es un término ambiguo. En el mismo capítulo, Santiago dice: "Hermanos míos, tened por sumo gozo cuando os halléis en diversas pruebas, sabiendo que la prueba de vuestra fe produce paciencia … Bienaventurado el varón que soporta la tentación; porque cuando haya resistido la prueba, recibirá la corona de vida, que Dios ha prometido a los que le aman" (Santiago 1:2-3, 12). En griego, ¡la palabra para "prueba" es la misma que para "tentación"! Lo que aparentemente Santiago quiere decir es que Dios nunca nos tienta con el mal, pero permite pruebas para probar nuestra fe. Éste es también el significado de Génesis 22:1: "Aconteció después de estas cosas, que probó Dios a Abraham", donde otras traducciones ponen "tentó". El problema es que "tentación" es un término ambiguo. En el mismo capítulo, Santiago dice: "Hermanos míos, tened por sumo gozo cuando os halléis en diversas pruebas, sabiendo que la prueba de vuestra fe produce paciencia … Bienaventurado el varón que soporta la tentación; porque cuando haya resistido la prueba, recibirá la corona de vida, que Dios ha prometido a los que le aman" (Santiago 1:2-3, 12). En griego, ¡la palabra para "prueba" es la misma que para "tentación"! Lo que aparentemente Santiago quiere decir es que Dios nunca nos tienta con el mal, pero permite pruebas para probar nuestra fe. Éste es también el significado de Génesis 22:1: "Aconteció después de estas cosas, que probó Dios a Abraham", donde otras traducciones ponen "tentó".

Está claro que la Oración del Señor no intenta que oremos para que Dios evite todas las pruebas para nosotros, y nunca ponga nuestra fe a prueba. Esa sería una oración impía porque tales pruebas, necesarias para nuestra educación, definitivamente vendrán. Pero oramos para que las pruebas nunca se desarrollen hasta el punto en que seamos seducidos por el pecado. Ésta es la razón por la que Jesús dijo a sus discípulos en Getsemaní: "Velad y orad, para que no entréis en tentación; el espíritu a la verdad está dispuesto, pero la carne es débil" (Mateo 26:41). Éste es a lo que Pablo se refiere: "No os ha sobrevenido ninguna tentación que no sea humana; pero fiel es Dios, que no os dejará ser tentados más de lo que podéis resistir, sino que dará también juntamente con la tentación la salida, para que podáis soportar" (1 Corintios 10:13).

Día 359 **Nuestros enemigos declarados** (Domingo 52, **P.** y **R.** 127, parte 2)

R. *Y también oímos que nos desafían nuestro declarado enemigo, el diablo, el mundo y nuestros propios deseos.*

L A batalla espiritual de los creyentes tiene un frente defensivo y otro ofensivo. Es defensivo en tanto que "nos desafían nuestro declarado enemigo, el diablo, el mundo y nuestros propios deseos". Esta batalla defensiva es descrita con frecuencia. Concerniente al diablo: "Vestíos de toda la armadura de Dios, para que podáis estar firmes contra las asechanzas del *diablo*. Porque no tenemos lucha contra sangre y carne, sino contra principados, contra potestades, contra los gobernadores de las tinieblas de este siglo, contra huestes espirituales de maldad en las regiones celestes" (Efesios 6:11-12). Con respecto al mundo: "Si el *mundo* os aborrece, sabed que a mí me ha aborrecido antes que a vosotros. . . . yo os elegí del mundo, por eso el mundo os aborrece" (Juan 15:18-19). Con respecto a nuestra propia carne: "veo otra ley en mis miembros, que se rebela contra la ley de mi mente, y que me lleva cautivo a la ley del pecado que está en mis miembros" (romanos 7:23). "El deseo de la carne es contra el Espíritu, y el del Espíritu es contra la carne; y éstos se oponen entre sí, para que no hagáis lo que quisiereis" (Gálatas 5:17).

Sin embargo, nunca olvidemos que no estamos meramente defendiéndonos a nosotros mismos. En el poder del Espíritu también hay una batalla espiritual *ofensiva*. Por ejemplo, los creyentes deben estar "firmes en un mismo espíritu, combatiendo unánimes por la fe del evangelio, y en nada intimidados por los que se oponen . . . Porque a vosotros os es concedido a causa de Cristo, no sólo que creáis en él, sino también que padezcáis por él, teniendo el mismo *conflicto* que habéis visto en mí, y ahora oís que hay en mí" (Filipenses 1:27-30). O esto: "a quien anunciamos [Cristo], amonestando a todo hombre, y enseñando a todo hombre en toda sabiduría, a fin de presentar perfecto en Cristo Jesús a todo hombre; para lo cual también *trabajo, luchando* según la potencia de él, la cual actúa poderosamente en mí. Porque quiero que sepáis cuán gran *lucha* sostengo por vosotros, y por los que están en Laodicea, y por todos los que nunca han visto mi rostro; para que sean consolados sus corazones" (Colosenses 1:28-2:2)

Día 360 El triunfo en la lucha (Domingo 52, P. y R. 127, parte 3)

R. *Por ello presérvanos y fortalécenos a través del poder de tu Santo Espíritu, para que les hagamos oposición . . . en esta lucha espiritual.*

El "poder del Santo Espíritu de Dios" es el secreto de nuestra batalla espiritual. La respuesta a esta palabra: "veo otra ley en mis miembros, que se rebela contra la ley de mi mente, y que me lleva cautivo a la ley del pecado que está en mis miembros. ¡Miserable de mí! ¿quién me librará de este cuerpo de muerte?" (Romanos 7:23-24), es ésta: "Gracias doy a Dios, por Jesucristo Señor nuestro. . . . Ahora, pues, ninguna condenación hay para los que están en Cristo Jesús, los que no andan conforme a la carne, sino conforme al Espíritu. Porque la ley del *Espíritu de vida* en Cristo Jesús me ha librado de la ley del pecado y de la muerte" (Romanos 7:25-8:2).

Los "hombres jóvenes" en la fe han tenido sus victorias individuales sobre el inicuo (1 Juan 2:13-14), y en el poder del Espíritu también serán capaces de prevalecer sobre ese otro peligro: "el mundo": "No améis al mundo, ni las cosas que están en el mundo. . . . todo lo que hay en el mundo, los deseos de la carne, los deseos de los ojos, y la vanagloria de la vida, no proviene del Padre, sino del mundo. Y el mundo pasa, y sus deseos; pero el que hace la voluntad de Dios permanece para siempre" (1 Juan 2:15-17).

Pablo dice de este modo: "Digo, pues: Andad en el Espíritu, y no satisfagáis los deseos de la carne. Porque el deseo de la carne es contra el Espíritu, y el del Espíritu es contra la carne; y éstos se oponen entre sí, para que no hagáis lo que quisiereis. Pero si sois guiados por el Espíritu, no estáis bajo la ley. . . . el fruto del Espíritu es amor, gozo, paz, paciencia, benignidad, bondad, fe, mansedumbre, templanza; contra tales cosas no hay ley. Pero los que son de Cristo han crucificado la carne con sus pasiones y deseos" (Gálatas 5:16-24).

Esto pone en claro de que trata esencialmente la oración: ¡no necesitamos una redención *pasiva* del mal, sino que necesitamos el poder activo del Santo Espíritu para combatirla! Si no tienes suficiente de tal poder, recuerda la promesa de Jesús: "Pues si vosotros, siendo malos, sabéis dar buenas dádivas a vuestros hijos, ¿cuánto más vuestro Padre celestial dará el Espíritu Santo a los que se lo pidan?" (Lucas 11:13).

Día 361 **La victoria completa** (Domingo 52, **P.** y **R.** 127, parte 4)

R. ... *para que les hagamos oposición y en esta lucha espiritual no les estemos sujetos hasta que termine en completa victoria la lucha que sobrellevamos.*

En principio, la victoria sobre el pecado, la muerte, el diablo y el mundo fue ya ganada sobre la cruz del calvario cuando, primeramente, "el cuerpo del pecado" fue "destruido" (Romanos 6:6). En segundo lugar, Cristo "quitó la muerte" (2 Timoteo 1:10). En tercer lugar, él destruyó "al que tenía el imperio de la muerte, esto es, al diablo" (Hebreos 2:14); y, en cuarto lugar, en el camino a la cruz dijo: "yo he vencido al mundo" (Juan 16:33). Pero esto fue "en principio". En la práctica, el pecado, la muerte, el diablo y el mundo parecen tan poderosos como siempre. Dos mil años pueden parecer un tiempo muy largo pero, para Dios, "Porque mil años delante de tus ojos son como el día de ayer" (Salmo 90:4); "para con el Señor un día es como mil años, y mil años como un día" (2 Pedro 3:8). Ésta no es, desde luego, una fórmula de comprensión, sino que provee una perspectiva sobre nuestras luchas a la luz de la eternidad.

"Nos dará vida después de dos días; en el tercer día nos resucitará, y viviremos delante de él" (Óseas 6:2). El pecado, la muerte, el diablo y el mundo pueden haber estado merodeando por dos "días", pero, cuando Jesús aparezca finalmente, tendrán que rendirse. Por lo que concierne al pecado, "esperamos, según sus promesas, cielos nuevos y tierra nueva, en los cuales mora la justicia" (2 Pedro 3:13); el pecado habrá sido eliminado del cosmos (Juan 1:29). "La muerte y el Hades fueron lanzados al lago de fuego" (Apocalipsis 20:14), como sucede también al diablo (v. 10). Y, por lo que concierne al mundo, "el mundo pasa, y sus deseos" (1 Juan 2:17).

Los creyentes están involucrados en la victoria final. Como dice el catecismo, nosotros "hagamos oposición y en esta lucha espiritual no les estemos sujetos hasta que termine en completa victoria la lucha". Pablo dice: "Y el Dios de paz aplastará en breve a Satanás bajo vuestros pies" (Romanos 16:20). Y Juan dice: "Entonces vi el cielo abierto; y he aquí un caballo blanco, y el que lo montaba se llamaba Fiel y Verdadero, y con justicia juzga y pelea ... Y los ejércitos celestiales, vestidos de lino finísimo, blanco y limpio, le seguían en caballos blancos" (Apocalipsis 19:11, 14).

Día 362 **La conclusión de la oración** (Domingo 52, **P.** y **R.** 128, parte 1)

P. ¿Cómo es que concluyes esta oración? "Tuyo es el reino, el poder y la gloria en la eternidad"

R. *Con ella oramos: te hacemos todas estas peticiones porque tú eres nuestro rey, tienes poder sobre todas las cosas, y puedes y quieres darnos toda buena dádiva.*

Las palabras concluyentes de la Oración del Señor faltan en las ediciones modernas del Nuevo Testamento griego; muy probablemente habían sido agregadas a manuscritos posteriores por razones litúrgicas, después de que los primeros cristianos se habían acostumbrado a decir la Oración del Señor en la iglesia (véase Día 337). Si esto es correcto, vale mucho la pena mantenerlas precisamente por estas razones. Al final de la oración, es altamente adecuado llevar a Dios una palabra de alabanza y adoración, celebrándolo como el Rey omnipotente y completamente glorioso del universo. De hecho, numerosas oraciones judías empiezan: "Bendito eres, Dios Señor nuestro, Rey del universo…". Enfatizan el hecho de que tanto los judíos como los cristianos dirigen sus oraciones a un Dios que no solamente está dispuesto a responderlas, sino que también es capaz de hacerlo y dar a los creyentes "todo lo que es bueno", como dice el catecismo.

Estas palabras nos recuerdan con fuerza la oración del Rey David: "Bendito seas tú, oh Jehová, Dios de Israel *nuestro padre*, desde el siglo y hasta el siglo. Tuya es, oh Jehová, la magnificencia y el *poder*, la *gloria*, la victoria y el honor; porque todas las cosas que *están en los cielos* y *en la tierra* son tuyas. *Tuyo, oh Jehová, es el reino*, y tú eres excelso sobre todos. Las riquezas y la gloria proceden de ti, y tú dominas sobre todo; en tu mano está la fuerza y el poder, y en tu mano el hacer grande y el dar poder a todos. Ahora pues, Dios nuestro, nosotros alabamos y loamos tu glorioso *nombre*" (1 Crónicas 29:10-13). Observe en cursivas todas las palabras en esta oración que también encontramos en la Oración del Señor.

Hablando proféticamente, David emitió estas palabras con vista en el gran reino de su hijo, Salomón. David y Salomón juntos constituyen un maravilloso doble tipo de Cristo, el gran Rey de Reyes. Cada vez que decimos: "tuyo es el reino", pensamos en el glorioso reino del Padre (*cfr.* Mateo 13:43; 25:34; 26:29), "en la dispensación del cumplimiento de los tiempos", en el cual el habrá de "reunir todas las cosas en Cristo… así las que están en los cielos, como las que están en la tierra" (Efesios 1:10).

Día 363 Toda la alabanza a Dios (Domingo 52, P. y R. 128, parte 2)

R. ...*para que con ello no a nosotros, sino a tu santo nombre sea dada eterna alabanza.*

El Catecismo Mayor de Westminster empieza con el enunciado "el fin principal y más alto propósito del hombre es glorificar a Dios y gozar plenamente de él para siempre". Estas palabras corresponden de una manera llamativa a la PyR 6 del Catecismo Católico Romano de Baltimore: "Dios me hizo conocerle, amarle y servirle en este mundo, y ser feliz con él para siempre del cielo".

Sea lo que fuere que vayamos a hacer en la venidera eternidad, dos cosas son ciertas: eternamente glorificaremos, alabaremos y adoraremos a Dios, y "gozaremos" de él para siempre, "seremos felices con el para siempre del cielo". Podemos agregar que los creyentes pueden experimentar este gozo con Dios ahora, en la intimidad de nuestra relación con él (1 Juan 1:3-4). Esto es inclusive un prerrequisito para la verdadera adoración. ¿Como podríamos esperar que una persona alabe y adore con entusiasmo a Dios si no fuese "feliz" con él? ¿Por qué se dirían palabras dulces dos amantes si no estuviesen felices el uno con el otro? La verdadera alabanza presupone comunión, compañerismo, relación, intimidad, amor. La Oración del Señor puede tener un carácter colectivo ("nuestro", "nosotros"), pero siempre es también una oración muy *íntima*.

Esta alabanza es incluso mutua. De seguro, como indica el catecismo, nosotros mismos no merecemos ninguna alabanza —toda la adoración es debida a Dios. No obstante, el Señor dice a sus fieles: "Bien, buen siervo y fiel" (Mateo 25:21, 23; *cfr.* Lucas 19:17). Hay apreciación mutua. Nuestra alabanza es una muestra de nuestro amor a Dios, pero ¿cómo podría mantenerse este amor si no estuviésemos convencidos de su amor para nosotros? En la canción de Salomón, las alabanzas de la novia al novio están contrabalanceadas por las alabanzas de *él* a *ella*. La alabanza verdadera nunca puede ser obtenida extorsionando a alguien; debe ser la expresión espontánea de aprecio y admiración. Somos para él "como el lirio entre los espinos" (Cantares 2:2), él es para nosotros como "como el manzano entre los árboles silvestres" (v. 3). La novia de Cristo es *todo* para él, así como nuestro Novio es todo para nosotros. En el duradero lenguaje del amor, nos mantendremos alabándonos el uno al otro, hablándonos el uno al otro acerca de la belleza y magnificencia del otro. ¡Cuán glorioso será eso!

Día 364 El amén concluyente (Domingo 52, P. y R. 129, parte 1)

P. ¿Qué significa la palabra "amén"?

R. *¡Que es verdadero y cierto!*

La palabra "amén" es una de unas cuantas palabras hebreas que se encuentran en el Nuevo Testamento griego; otras son aleluya, hosana, Mamón, sabbat, Sabaot. "Amén" está relacionada con la palabra hebrea para "verdad" e involucra una especie de confirmación, tal como "es verdadero" o "verdaderamente será". La encontramos al final de las oraciones (*cfr.* Romanos 15:33; Gálatas 6:18) o las doxologías (Romanos 1:25; 9:5; 11:36; Gálatas 1:5) o ciertas exclamaciones (Deuteronomio 27:15-26; Nehemías 5:13; etcétera). Decimos "amén" a las oraciones de otros si estamos de acuerdo con ellos (1 Corintios 14:16), diciendo como quien dice: "¡así es!". O "¡así sea!". Decimos "amén" a las promesas de Dios (2 Corintios 1:20), expresando así nuestra firme esperanza de que habrán de ser plenamente cumplidas. Conocer a Dios significa conocer que lo que él dice habrá de convertirse en verdadero.

Hay muchas cosas en nuestras vidas que son muy inciertas. Podríamos ni siquiera saber de seguro qué quiere Dios, o que hará, en ciertas circunstancias. Esto es, podríamos no estar seguro de los "tratos" de Dios con nosotros o con el mundo —pero podemos estar muy seguros de su "consejo". Podremos no estar seguros de *cómo* habrá de ejecutarlo, pero estamos seguros de *que* él logrará lo que "se había propuesto en sí mismo, de reunir todas las cosas en Cristo, en la dispensación del cumplimiento de los tiempos, así las que están en los cielos, como las que están en la tierra" (Efesios 1:9-10). Podemos no estar ciertos acerca de todos los detalles, pero *estamos* ciertos de que un día él entregará "el reino al Dios y Padre, cuando haya suprimido todo dominio, toda autoridad y potencia" (1 Corintios 15:24-28).

Los cristianos no están seguros acerca de sus itinerarios, pero pueden estar seguros acerca de su destino: el reino de Dios. Él está anunciando "lo por venir desde el principio, y desde la antigüedad lo que aún no era hecho; que digo: Mi consejo permanecerá, y haré todo lo que quiero" (Isaías 46:10).

Día 365 Dios responde a la oración (Domingo 52, P. y R. 129, parte 1)

R. *Pues más cierto es que nuestra oración es escuchada por Dios, que el sentir en mi corazón de que yo deseo de él todas estas cosas.*

¡Qué gran enunciado para terminar el catecismo de Heidelberg! No solamente puedo estar seguro de Dios, puedo estar más seguro de él que lo que puedo estar de mí mismo. Él me conoce, así como mis deseos y motivaciones, mejor que lo que yo me conozco a mí mismo. Los padres frecuentemente ven y entienden cosas acerca de sus hijos que sus propios hijos no entienden. Es una característica de nuestro Padre celestial también, que él sabe más que lo que nosotros jamás podríamos saber (*cfr.* Salmo 139).

Ésta es una de las grandes cosas acerca del tribunal de Cristo (*cfr.* Romanos 14:10; 2 Corintios 5:10): "Ahora conozco en parte; pero entonces conoceré como fui conocido" (1 Corintios 13:12). Un día habremos de reinar con Cristo. Pero ¿cómo podemos hacer esto mientras no veamos todas las cosas del modo en que él las ve, o las conozcamos como él las conoce? ¿Y cómo habrá de ser esto posible en tanto que no nos conozcamos a nosotros mismos del modo en que él nos conoce? Ésta es una de las razones por las cuales el tribunal de Dios es tan precioso para nosotros.

Hoy es todavía diferente. "Conocemos en parte", incluye el conocimiento de nosotros mismos. Oramos consciente de que Dios conoce mejor que nosotros lo que se encuentra en el fondo de nuestros corazones. Con Pedro decimos al Señor: "Señor, tú lo sabes todo; tú sabes que te amo" (Juan 21:17). Incluso si no siempre mostramos propiamente este amor, el Señor ve que está ahí. Con David oramos: "Examíname, oh Dios, y conoce mi corazón; Pruébame y conoce mis pensamientos; y ve si hay en mí camino de perversidad, y guíame en el camino eterno" (Salmo 139:23-24). Y Salomón dijo: "sólo tú conoces el corazón de los hijos de los hombres" (2 Crónicas 6:30). Dios "conoce los secretos del corazón" (Salmo 44:21).

Y es así que el catecismo termina con una nota de intimidad. Dios nos conoce, y no obstante nos ama. El nos conocerá y nos amará siempre, y nosotros le conoceremos y le amaremos. Este es nuestro prospecto: ¡entendimiento eterno, intimidad eterna, amor eterno!

Índice de Escrituras